함께
읽기는
힘이
세다

함께 읽기는 힘이 세다

초판 1쇄 발행 2014년 11월 10일 **초판 8쇄 발행** 2019년 5월 1일
지은이 송승훈 외 · 경기도중등독서교육연구회 **펴낸이** 이영선 **편집 이사** 강영선 김선정
주간 김문정 **편집** 김종훈 이현정 **디자인** 김회량 정경아
독자본부 김일신 김진규 김연수 정혜영 박정래 손미경 김동욱

펴낸곳 서해문집 **출판등록** 1989년 3월 16일(제406-2005-000047호)
주소 경기도 파주시 광인사길 217(파주출판도시) **전화** (031)955-7470 **팩스** (031)955-7469
홈페이지 www.booksea.co.kr **이메일** shmj21@hanmail.net

ISBN 978-89-7483-693-1 03370

이 도서의 국립중앙도서관 출판시도서목록(CIP)은 e-CIP 홈페이지(http://www.nl.go.kr/ecip)에서 이용하실 수 있습니다.(CIP제어번호: CIP2014030072)

※ 이 책의 본문에서 소개된 각 저자의 재직 학교는 2014년 초판 출간 당시의 학교입니다.
현재 재직 중인 학교는 표지 앞날개에 소개돼 있습니다.

경기도중등독서교육연구회 교사모임

송승훈 | 김진영 | 김현주 | 김현민 | 정태윤 | 남승림 | 김재광 | 우현주 | 허진만

지치지 않는 독서교육을 꿈꾸는 보통 교사들의 새로운 교실 이야기
책을 읽는다는 것 혹은 그것을 가르친다는 것에 대하여

서해문집

"가르칠 수 있는 용기, 그것은 곧 나 자신에게로 달려가는 용기이다."

"가르치는 행위는 인간의 내면에서 흘러나오는 것이다.
우리는 지금까지 '무엇을' '어떻게' '왜' 가르칠 것인가만 이야기했지,
가르치는 '누구'에 대해서는 무관심했다.
이제 그 '누구'를 이야기할 때다."

파커 J 파머, 《가르칠 수 있는 용기》에서

함께 읽으면 힘이 세다

"선생님은 수업에서 독서토론이 진짜 되십니까? 저는 안 되던데요."

서울 성동교육청에서 독서교육에 대해 강의하는데, 선생님 한 분이 벌떡 일어나서 말했다. 얼떨결에 "저는 되던데요"라고 썰렁하게 대답하고 말았다. 양복 정장에 넥타이까지 단정하게 맨 그 분은 독서교육 성공 사례를 들으며, 놀랍게도 분노하고 있었다. 십여 년 전의 일인데 오래도록 기억에 남았다.

교육 철학과 관점을 바로 세우면 나머지는 저절로 된다는 말이 있다. 이 말은 사려 깊지 못한 사람이 하는 말이다. 무엇보다 사실이 아니다. 좋은 교육이 무엇인지 알고 실천하려는 선생님이 교실에서 수업이 잘 되지 않아 속상해하는 모습을 나는 수없이 많이 보아왔다. 철학을 바로 세우면 교육이 바로 선다는 말은 사람의 능력을 과신하며 하는 말이다. 어떤 사람이 무엇이 옳은지 안다고 해서 그것을 현실에 구현할 능력이 생기지는 않는다.

대학을 졸업하고 교사가 되어 학생을 가르치면서 교사들은 자신이 배운 이론들이 이상적인 학습자를 가정하고 만들어진 것임을 곧 알게 된다. 교사 지도서에는 교과서를 수업시간에 읽으면 시간 낭비이니 집에서 읽어오게 하고 수업 때는 활동을 하라고 되어 있다. 하지만 그렇게 하면, 집에서 글을 읽어오는 학생이 한 반에 몇 명밖에 없어서 수업시간에 다시 교과서를 읽을 수밖에 없다. 수업 시작 때 학생들의 사전 배경지식을 자극하면 집중이 된다고 하지만, 실제 해보면 학생들은 그 정도로는 꿈쩍도 하지 않았다. 수업과 연관된 지식을 예로 드는 일은 좋지만, 그 방법을 학생에게 통하는 수준으로 적용하는 능력이 교사마다 천차만별인 까닭이다.

옳은 교육이 무엇인지 강변하기만 해서는 수업이 달라지지 않는다. 좋은 수업이 어떤지 어느 교사가 모를까. 다 아는데도 잘 안 되니까, 상처 받기 싫어서 마음의 문을 닫고, 자기가 중고등학교 때 배운 방식으로 가르치고 만다. 핀란드, 미국, 일본, 덴마크 등 여러 나라의 교육 방법이 시기마다 유행처럼 소개되지만, 별 영향이 없다. 그 외국 사례가 우리 여건에서 어떻게 구현될 수 있는지를 자세히 안내하지 않아서이다. 좋은 수업이 우리 현실에서 어떻게 가능한지 보여주어야만 교사는 마음이 움직인다.

우리 연구회 이름은 경기도중등독서토론교육연구회이다. 경기도교육청에서 2008년부터 한 독서토론 실기 직무연수에서 생겨난 모임이다. 독서토론 실기 연수는 강사 한 명이 연수생 15명과 함께 책 읽고 이야기를 나누는 연수였다. 보통 연수가 큰 도시 두세 곳에서 진행된다면, 독서토론 연수는 15개 지역에서 동시에 했다. 참가자들은 자신의 학교나 집에서 가까운 곳에서 연수에 참여할 수 있었다. 수원, 안산, 평택, 부천, 고양, 파주, 의정부, 포천, 구리, 성남, 양평, 이천, 안양, 용인, 화성 지역에서 연수가 열렸다.

퇴근하고 나서 저녁 6시 반에 모여 9시 반까지, 2주에 한 번씩 자신들이 정한 책을 읽고 서너 달 동안 열 번을 만났다. 그러다 보니 책 이야기를 하다가 각자가 사는 이야기를 많이 나누게 되고, 나중에는 정이 들어서 헤어지기가 아쉬운 사람들이 생겨났다. 이들이 모여 공부 모임을 만들어 지금도 계속 만나고 있다. 전체 모임은 일 년에 두 번만 하고, 대부분은 자기 지역에서 만난다. 지역마다 알아서 계획을 세우고 실천하니 모임은 여러 빛깔이다. 현재 모이는 사람 수는 200여 명이고, 모임이 이루어지는 지역은 열 곳이 넘는다.

교사의 학교생활은 학생을 가르치는 귀한 일이지만, 학교 안에 있다 보면 정신이 하나도 없다. 시간이 지나면서 자신이 마모되어가는 느낌이 들어 자존감이 떨어지는 교사가 하나둘이 아니다. 선생님들이 책 읽고 대화 나누는 자리에 모여든 이유는 이곳에서 숨통을 틔우고 자신을 되살리기 위해서였다. 다르게 말하면, 교사답게 지내고 싶은 마음에 모인 것이다. 처음에 이 연수를 교육청에 제안했을 때, 담당자는 "네 시 반 퇴근시간 이후에 하는 연수에 교사는 오지 않는다"며 부정적이었다. 그런데 실제 해보니 연수 신청자가 언제나 정원보다 두 배 이상 많았다.

그때 이 연수를 가능하게 해준 장학관 최석렬 선생의 이름을 남겨, 감사를 표한다. 최석렬 선생은 교장을 거쳐 지금은 정년퇴직을 했는데, 교육청과 시민사회의 협력이 어떠해야 하는지를 보여주었다. 연수 제안자에게 강사 선정 권한을 모두 주고, 행정 지원을 세심하게 하며, 절대 간섭하지 않았다. 그 덕분에 연수 강사는 여러 교과 모임 활동가들이 맡았고, 모임 경험이 있는 강사들은 연수생들의 인간관계를 잘 이끌 수 있었다. 일이 잘 되려면, 행정 쪽에 사려 깊은 관료가 있고 시민사회 쪽에 능력 있는 사람이 있어야 한다.

"여기에 오면 마음을 놓게 되고 편안해요."

올 여름 연구회에서 한 워크숍 행사가 끝나갈 무렵 옆에 있는 선생님이 한 말이다. 그 말을 듣고 내가 웃으며 얼굴을 살짝 보자, 그 선생님이 이어서 말했다.

"학교에 가면 교사들도 요즘에 스펙이니 뭐니 경력을 쌓는다고 하는데, 여기에 오면 그런 허기진 욕망이 없어요. 있는 그대로 자기를 보여주는 사람들이라 좋아요."

우리가 하는 일이 밥 한 그릇 같으면 좋겠다. 날마다 먹어도 질리지 않고, 눈에 뜨이지 않지만 사람의 일상을 유지시키는 밥 한 그릇과 닮은 독서교육이면 좋겠다.

이 책에서 우리는 우리가 직접 해본 수업만 이야기했다. 보통의 교사들이 정규 수업시간에 학생들과 같이 한 사례를 모았다. 수업을 하면서 이루어낸 것과 이루지 못한 부분, 그 과정에서 느낀 고민을 있는 그대로 솔직하게 담으려 했다. 더 잘하고 싶었지만 수업에서 그 이상 안 되는 부분은, 거기까지만 된다고 썼다. 어디서 들은 이야기지만 실제로 해보지 않은 내용은 한 줄도 쓰지 않았다.

그러다 보니 화려한 독서교육 모형이 이 책에는 없다. 일 년에 학생들에게 책을 백 권이나 읽혀서 대통령상을 받은 교사가 있는데 우리와는 거리가 멀다. 어려운 고전을 학생들에게 읽혔다고 해서 세상의 관심을 얻는 이야기도 없다. 그런 교육은 훌륭한 사람들이나 해야지, 우리가 하지 못하는 일들이었다. 우리는 아무나 할 수 있는 독서교육을 하려 했다.

한때 영웅처럼 멋진 수업 사례를 발표하는 분들이 우리 연구회에도 있었다. 그 선생님들이 말하기를, 처음에 청중의 우레와 같은 박수 소리에 기운이 났지만, 나중에 사람들이 손뼉만 치고 동참하지 않는 모습을 보고서 꽤 씁쓸했다고 했다. 보통 사람이 할 수 없는 실천은 강렬한 영감을 세상 사람들에게 주지만, 대다수 사람들을 그 자리에 머물러 있게 하는 부작용이 있다. 응원받기보다, 그렇게 하고 싶다는 이야기를 듣는 게 훨씬 기분 좋은 일이다. 우리는 쉬운 길을 택하는 사람들이다.

아무리 좋은 교육도 그 교사가 살아 있는 동안에 계속 해야지, 한때 멋지게 해서 주목을 받고 시간이 지나면서 희미해지면 의미가 퇴색한다. 언론의 주목을 받으며 사람들 귀를 솔깃하게 하는 달콤한 말들이 없더라도, 이 책에 담긴 선생님들의 이야기가 소중한 줄 알아주는 분들이 있기를 바란다. 화려하지는 않지만, 교사가 세월을 견디며 실천할 수 있을 만한 방법을 이야기했다. 교사가 지치지 않는 방법이어야, 오래, 여러 사람이 함께 할 수 있다.

하지 않으려 한 일들도 있었다. 뻔한 내용을 어렵게 증명하려 하지 않았고, 기존 연구를 설명하다가 진을 다 빼지 않았고, 연구실에서 생각해낸 개념을 현장에서 적용해보지 않고 글을 쓰지 않았다. 그런 글은 멋있는데, 막상 교실에서 쓸 거리를 찾으려 하면 쓸 게 별로 없어서 허무하다. 사회구조를 문제 삼으며 교육 불가능성을 탐색하기보다, 현재의 교육 환경에서 교사 한 사람이 할 수 있는 일에 초점을 두었다.

어느 현장이나 실제 그 일을 하는 사람들이 얻는 깨우침이 있다. 현장지, 암묵지와 같은 말로 표현되는데, 이 책에는 그런 내용이 많다. 학교에서는 작은 일들이 발목을 잡아 제대로 된 교육을 하지 못할 때가 많다. 우리는 우리가 교실에서 실천하며 겪은 어려움을 기록하고, 실패를 고백하고, 그 실패 속에서 찾아낸 성공의 길을 정리하려 했다.

이 책이 우리나라 교과교육 연구에 자그마한 참고자료가 되기를 바란다. 이 글들은 교사들이 수업에서 어떤 어려움을 겪는지 살필 수 있는 자료이다. 수업 연구의 대가인 이혁규 선생은 교사의 전문성을 '임상적 전문성'이라고 했는데, 그 사례라고 생각한다. 교사가 자기 실천을 가만히 들여다보며 글을 썼기에, 교사의 내면 심리가 어떻게 움직이는지 알 수 있다.

세상 곳곳에서 제대로 가르쳐보려는 선생님들에게 이 책이 멀리서 찾아온 '말이 통하는 친구'가 되면 기쁘겠다.

2014년 가을
송 승 훈

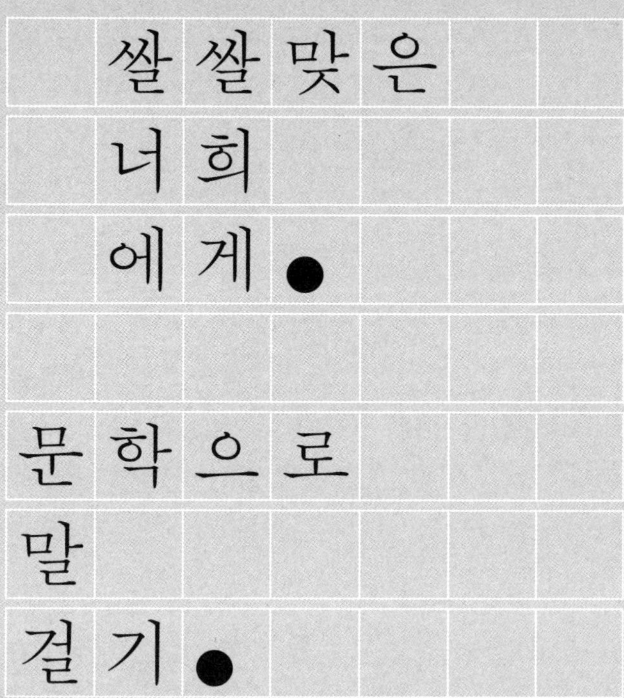

김진영
국어, 호매실고등학교
2459466@hanmail.net

01

두근두근 내 인생

“힘들지만, 의미 있어. 도전해볼 만해.”

오랜 시간 함께 공부했던 선배의 이야기는 무엇보다도 강력하게 나를 끌었다. 내가 어디에 몸담고 있다 한들 의미가 없을까 싶기도 하지만, 그 무렵 대규모의 인문계 고등학교에서 무엇 하나 내 뜻대로 해볼 수 없는 구조가 갑갑해오던 차였다.

누구에게나 결정적 순간이라는 것이 있다. 나는 내 교직 생활의 전환점이 된 그 결정적 순간이, 멀쩡히 잘 다니던 훌륭한 학교를 2년 만에 박차고 나와 모두가 말리던 신설 학교를 희망하는 내신서의 발송 버튼을 누른 바로 그 순간이었다고 생각한다. 내신서의 접수 마감 날, 나는 더군다나 개인인증서를 챙겨오지 않아 접수조차 할 수 없던 상황이었다. 그런데도 나는 교감선생님께 달려가 책상 끄트머리에 매달리며, 가지 말라던 그분의 만류를 뿌리치고 발송 버튼을 대신 눌러달라고 졸라댔다. 나에게는 분명 패기가 있었다. 더불어 새로운 도전은 늘 아름답고 멋진 것이라는 환상이 있었다. 울고불고 가지 말라며 강당이 떠나가라 소리를 치는, 편지를 뭉텅이로 써서 품에 안겨주던 꽃 같은 제자들을 뒤로 하고 나는 그렇게 학교를 떠났다.

새롭게 내가 선택한 학교는 수원의 외곽 황량한 벌판 한가운데에 세워진 2년차 신설 학교였다. 원래 논밭만 끝없이 펼쳐진 곳에 지어진 학교인지라 사방에는 공사장만 을씨년스러웠고, 학교 바로 앞에는 도대체 믿을 수 없게도 학교보다도 더 큰 고깃집이 뚝딱뚝딱 몸채를 불려가고 있었다. 2월에 처음 인사를 하려고 찾아간 학교는 그렇게 추울 수가 없었다. 여기만 뜬금없이 북쪽인 것처럼 칼바람이 쌩쌩 불어오고, 옷깃 사이로는 모래바람이 들이쳤다. '황폐하다.' 그게 이 학교의 첫 이미지였다.

나와 친한 국어과 선배 둘은 이미 전년도 개교년에 이 학교에 와 있었다. 나에게 끊임없이 함께 국어과를 끌어보자는 이야기를 해왔었고, 나도 이런 기회는 인생에 두 번 다시 생기기 어려울 것이라는 판단이 섰었다. 집에서 한 시간 걸리는 먼 거리, 그리고 학교에 대한 주변의 좋지 않은 소문들, 신설 학교이니만큼 잡무가 많을 것이라는 당연한 예상, 아이들이 거칠고 힘들다는 선생님들의 푸념…. 너무나도 사랑스러운 아이들과 존경할 만한 동료 교사들과 친근한 학부모님들이 계시던, 집에서 20분 거리의 학교를 다니던 내가 새로 선택한 학교는 바로 그런 학교였다. 오로지 마음 맞는 선배 교사가 있는 작은 학교라는, 그 단 한 가지 이유 때문에.

새로 옮긴 학교는 아직 졸업생이 배출되지 않은, 2학년이 최고 학년인 학교였다. 나는 자연스럽게 그 선배와 같은 2학년에 배치되었고, 아주 다행스럽게도 옆자리에 터전을 마련할 수 있었다. 마침 그해에는 새롭게 교육청에서 서술형/논술형 평가를 35퍼센트 이상 확대하라는 지침이 나온 해였다. 신설이라 특별히 뭘 해오던 관습도 없었기에, 고등학교 2학년 문학을 맡게 된 나와 선배는 지필평가 40퍼센트, 수행평가 60퍼센트로 큰 줄기를 정했고, 1학기 수행은 시와 소설의 문학작품 감상에 초점을 두기로 했다. 수행평가의 큰 부분이 서평 쓰기의 형식을 빌려 서술식으로 진행될 것이었으므로, 지필평가는 객관식으로만 치르면 될 일이었다. 두근두근, 새 학교에서 펼쳐질 나의 새로운 시작이 그렇게 떨리고 설렐 수가 없었던 2월이었다.

나, 고립되다

새 학교로 옮긴다는 스트레스가 있었던 걸까. 만성습진이 또 스멀스멀 기승을 부리기 시작했다. 한번 시작되면 잠을 이루지도 못하고, 온몸이 간지러움증 때문에 덜덜 떨려와 아무 일에도 집중을 할 수 없게 만들던 무서운 지병. 하지만 학교를 새로 옮기자마자 휴직을 할 수도 없었기에 일단은 버틸 수 있는 데까지 버티자고 마음을 먹었다.

첫 주, 나는 내 소개에 쓸 파워포인트 자료를 정성껏 만들어 아이들 앞에 펼쳐놓았고, 새 학교로 옮긴 나의 기대감과 설렘을 이야기했다. 너희들과 함께 할 수업의 모양새는 대체로 모둠 활동의 모습이 될 것이며, 나는 실제로 읽고 쓰고 말하고 듣는 활동에 초점을 두고 수업을 진행할 것이라는 계획들까지. 첫 시간부터 책상에 엎드리는 아이들이 있는 생경한 교실 풍경이 놀라웠지만, 난 그 아이들을 모두 깨울 수 있을 것이라고 자신했다. 수업시간에 자는 친구들은 의자 위로 올라가서 수업을 듣게 될 것이라는, 엄포 아닌 엄포도 당당하게 늘어놓았다. 그때는 몰랐다. 내가 지금 어디에 서 있는 것인지.

존경하던 연장자 선생님께서 그 학교에 계셨던지라 점심 급식을 함께 먹으며 이야기했다.

"첫 시간인데도 엎드려 자는 아이들이 있더라고요. 보통 첫 시간은 긴장되기도 하고, 선생님이 궁금해서라도 쳐다볼 텐데."

"누가 들어오든 관심 없다는 거죠. 이제 앞으로는 아이들 자는 모습 엄청 보게 되실 거예요."

"저는 전 학교에서도 아이들을 재운 적이 별로 없거든요. 자면 막 등짝을 때리고 의자 위로 올려 보내고 그랬어요. 가끔씩은 개그 섞어 욕도 하고요."

"여기서는 아이들 깨우기가 조금 힘드실 거예요. 밤늦게까지 아르바이트하는 아이들이 꽤 많아서 수업시간에 깨우기가 쉽지 않아요. 저 같은 경우에는 슬리핑 존을 만들어주기도 해요. 하루에 몇 명씩 정말 졸린 애들은 돌아가면서 자라고. 그러면 아이들이 자기들끼리 순번 정해서 자거든요. 아무튼 선생님 열심히 해보시고, 아이들 안 재울 수 있는 방법 발견하게 되면 저에게도 이야기해주세요."

왜 그분께서 교실 안에 슬리핑 존을 만들 수밖에 없었는지, 왜 그토록 강인하던 내 선배가 말끝마다 "힘들기는 해"라는 이야기를 반복해서 했었는지, 나는 3월이 지나가기 전 이미 뼈저리게 깨닫게 되었다.

수업시간에 아이들은 말을 하지 않았다. 학기 초이고 나와 친하지 않아서 그러려니 하고 게임도 해보고, 사탕도 줘보고, 모기소리 같은 대답에도 칭찬도 해보고, 어떤 날은 수행평가 점수를 깎겠다고 윽박질러 보기도 했다. 하지만 아이들은 끄떡하지 않았다. 네 명씩 얼굴을 붙여놓고 모둠 활동을 시켜보아도 서로 말을 꺼내지 않았다. 이끎이, 기록이, 입큰이, 도우미 이렇게 역할을 정해주고 멘트까지 알려주어도, 이끎이는 모둠을 이끌지 않았다.

물론 수업이 그런대로 잘 진행되는 반도 있었다. 하지만 무언가 마음 한구석이 답답했다. 이게 아닌데, 하는 생각만 계속 들었다. 내 수업을 어떻게 바꾸어야 하지? 이 아이들에게 맞추려면 이 방법으로는 불가능할 것 같은데, 라는 생각이 내 머릿속을 지배했다. 꿈속에서도 아이들과 월드카페• 토론을 했다. 이리 저리 모둠도 바꿔보고, 사정도 하고, 동정심도 유발해보았다. 하지만 엎드리는 아이들은 늘어가고, 대답은 들리지 않았다.

3월 둘째 주, 김소진의 〈자전거 도둑〉을 수업하는 날이었다. 모둠별로 작품을 읽으며 이해가 되지 않는 내용들을 질문으로 만들고, 그 질문에 대한 답을 스스로 찾아 별을 따가는 질문게임 수업이었다. 읽는 중간 중간 내가 던진 의문부호들 때문이었는지 아이들은 소설의 핵심에 도달하기 위한 질문들을 그런대로 잘 만들어냈다. '서미혜는 왜 자전거를 훔칠까?', '서미혜가 김승호에게 오빠의 이야기를 한 이유는?', '함정이란 말은 무엇을 의미할까?', '마지막 장면에서 서미혜가 김승호를 보고도 모른 척한 이유는?' 등등. 나는 칠판을 삼등분으로 크게 나눈 후, 아이들에게서 나온 질문들을 난이도별로 정리하여 주욱 적어 내려갔다. 그 질문에 대한 답을 모둠 토의를 통해 찾고, 입큰이의 발표로 질문 난이도에 해당하는 별을 따가기만 하면 되는 것이 이 수업의 다음 과제.

• 각 모둠마다 주제를 정해주고, 자신이 원하는 주제가 마련되어 있는 모둠에 가서 이야기를 하는 토론 방식.

아이들은 질문의 답을 찾는 과정에서는 대체로 뾰로통했다. 야릇한 줄거리를 가진 작품의 내용에는 흥미를 가지다가도 질문에 대해서는 도대체 알 수 없다는 표정을 지었다. 이 작품이 예전 학교에서는 질문게임으로 아이들이 가장 재미있어했던 수업이었기에 여기서도 가능할 것이라고 생각했는데 낭패였다. 그래도 그 반의 1등 아이가 근근이 대답을 해주어 고요한 가운데 지루하게 수업을 이어가고 있는데, 한 남학생이 툭 내뱉었다.

"근데 서미혜가 어떤 생각을 하는지 우리가 왜 알아야 돼요?"

"그건 상대방을 이해하기 위해서지. 문학작품을 읽다 보면 다른 사람들에게 공감하는 방법을 알게 되거든."

"왜 공감해야 돼요?"

"다른 사람에 대해서 알려고 하지 않으면 인간은 외로워지게 돼 있으니까."

"알고 싶지 않은데요?"

"그러다가 너, 다른 아이들과 소통하지 못하고 고립된다?"

"지금 제가 아니라 선생님이 고립되셨어요."

"……"

"아, 수업 안 해. 짜증나."

겉으로 드러나는 공격성은 나를 압도할 정도였다. 그리고 순간, 나도 모르게, 나 스스로도 내가 고립되었다고 느꼈던 것 같다. 아이들은 그 친구의 말에 크게 동조를 하는 것 같지도 않았지만 비난하는 것 같지도 않았다. 마치 고요한 교실의 한가운데 그 아이의 목소리가 퉁, 하고 부딪혔다가 다시 어디론가 퉁, 하고 되돌아가는 것만 같았다. 짧은 시간이었지만 나는 나의 숨소리를 들었다.

수업이 끝나고 나는 그 아이를 불렀다.

"오늘 네가 한 이야기 때문에 나는 많이 불쾌했어. 내 수업 중에 너한테 마음에 들지 않는 점이 있으면 이야기해. 내가 고쳐볼게."

"없어요."

"그러면 뭐 다른 일로 기분이 나쁜 일이 있었니?"

"없어요."

"그러면 선생님한테 왜 그렇게 공격적으로 이야기를 한 건데? 그런 이야기를 들으면 어떤 사람이라도 속상하지 않을 수 있겠어?"

"알았다고요. 앞으로 안 해요."

"꼭 그렇게 이야기해야 해?"

"아, 진짜 나 좀 내버려 둬요. 진짜 짜증나요."

짜증 때문에 꼭지가 돌아버린 그 아이를 나는 그대로 보내주었다. 이 아이를 붙잡고 어떤 말을 한다고 해도 들어줄 것 같지 않았기 때문에. 그리고 사실은, 내가 너무나 힘이 빠져 더 이상 이야기를 계속할 수가 없었다. 그동안 이런 일 안 겪어본 것도 아닌데, 별일도 아닌데, 더한 일도 많았는데, 쓸데없이 내가 감상적으로 슬퍼한다는 생각마저 들었다.

어느 날은 교실 안으로 담배연기가 기어들어 왔다.

"담배 냄새 나요."

한 아이가 신경질적으로 외쳤다. 교실 앞문을 열자 복도가 뿌연 담배연기로 가득했다. 여긴 어디지? 난 왜 이곳을 내 발로 찾아들어 왔지? 난 뭘 할 수 있지? 눈앞이 뿌옇게 흐려지며 가슴이 쿵쿵쿵 뛰었다.

그즈음 예전 학교의 아이들로부터 끊이지 않고 메시지가 왔다. "선생님이 그리워요." "선생님 수업 방식이 좋았어요." "새로 오신 국어 선생님 좀 려요." "담임선생님 이상해요." "새로 가신 학교 아이들 저희보다 괜찮아요?" 등등. 나는 녹초가 되어 집 침대에 쓰러지듯 잠들고는 새벽에 일어나 휴대전화 메시지를 확인할 때면 미칠 것 같은 두려움에 휩싸이곤 했다. 그 두려움은 다름 아닌 '내 선택에 대한 후회'라는 두려움이었다.

예전의 학교 역시 공부를 잘하는 학교는 아니었다. 일제고사를 보아도 늘 중하위권을 맴돌았고, 학급 내에 가정환경이 어려운 아이들도 많았다. 편부모 가정인 아이가 반마다 열 명이 넘었고, 기초생활수급자도 다수 있는 학교였다. 소위 말하는 어려운 조건을 갖추고 있는 학교였지만, 난 남학생반 담임만 맡아 하면서도 그 아이들과 매일 함께 책을 읽고, 토론을 하고, 연극 수업을 했다. 교실 안에는 까르르 하는 웃음소리가 넘쳤고, 그런 아이들의 모습이 좋아 수업시간에 수없이 사진과 동영상을 찍어두었다. 그리고 내가 학교를 떠나는 날, 함께 독서토론 동아리 활동을 해오던 여자아이들은 교무실을 울음바다로 만들어놓았었다. 그런 학교를 떠나서 내가 지금 어디에 있는 거지? 내가 왜 여기에 왔지? 무얼 바라고.

나는 어떤 교사가 되고 싶었나

8년 전 나는 임용고시를 준비하는 임용 재수생이었다. 어머니와 단둘이 살면서도 우리는 아침과 밤, 하루에 이렇게 두 번 짧게 얼굴을 보았다. 어머니는 오리고기 식당 노동자셨는데, 아침 10시부터 밤 10시까지 12시간을 꼬박 불판을 닦고, 음식을 만들고, 음식을 나르는 그 모든 일을 하셨다. 나는 아침 7시에 나가 밤 12시까지 17시간을 꼬박 독서실에 박혀 책상에 앉아 시간을 보냈다. 어머니는 가끔 공부하고 있는 나를 불러 숨겨놓았던 반찬이 담긴 비닐봉지를 건네주기도 하셨고, 또 아주 가끔은 식당에서 오리고기를 사와 불판에 구워주기도 하셨다.

12시간의 고된 노동을 하시는 어머니는 내가 집에 돌아올 때 즈음에는 늘 곯아떨어져 주무시고 계셨다. 몸의 피로감 때문에 아침에는 늦게 일어날 법도 한데, 늘 새벽에 내가 움직이는 소리가 들리면 반사작용처럼 벌떡 일어나 아침밥을 짓고 도시락을 싸고 상을 차려 나에게 내어주셨다. 서로의 생활이 너무나도 고되었던 어머니와 나는 많은 이야기를 하지 않았다. 내 청소년기 내내 어머니는 늘 생활고 때문에 멀리서 돈을 벌어 언니와 나를 뒷바라지하셨고, 그런 탓에 꼭 13년 만에 처음으로 함께 사는 것이었기에 우리의 서먹함이 더했을지도 모른다.

어머니는 가끔 나에게 "일이 너무 힘들다"고 짧게 말씀하시거나 "무릎이 아프네"라고 간단하게 말씀하셨지, 일이 어떠어떠하고 사장이 뭐라뭐라 해서 내가 이러이러하다고 길게 이야기하시지 않았다. 그러면 나도 가끔은 가슴이 저릿하면서도 "세상에 쉬운 일이 없지 뭐"라며 철없는 위로를 했다. 이런 말을 하면 어머니는 장난스럽게 웃으시며 "그래, 우리 딸은 그 힘든 공부도 하루 종일 하는데"라고 말씀하셨다.

나는 어머니가 말하는 '힘들다'라는 말 안에 숨겨진 깊이를 잘 알지 못했다. 우리는 흔히 '힘들다'라는 말을 버릇처럼 내뱉고는 하니까. 어머니의 표현력의 한계였을 수도, 혹은 공부하는 딸에게 내색하고 싶지 않은 마음이었을 수도, 둘 다였을 수도 있을 것 같다.

그해 겨울, 나는 다행히 교사가 될 수 있었다. 학교에서 아이들을 만나고 함께 책 읽고 이야기 나누는 것을 좋아했던 나는 2010년《4천원 인생》

(안수찬 외)이라는 책을 만나게 되었다. 사회부 기자 네 명이 감자탕 집, 난로 공장, 가구 공장, 대형 마트에 위장 취업하여 그들의 열악한 노동 환경을 사실적으로 서술한 기사를 엮은 책이었다. 서울에서 진행된 연수에 참가했다가 수원으로 돌아오는 버스 안, 책을 읽다가 그만 눈물 콧물이 뒤범벅이 될 때까지 눈물을 쏟고야 말았다. 이렇게까지 힘들었을 줄은 몰랐다는 건 구차한 변명이었을까. 어머니라는 존재에게 애써 그토록 미안하고 싶지 않았던, 외면하는 것으로 어머니에 대한 내 부채를 숨기고 싶었던 마음이었을까. 갓 서른이 된 사회부 여기자가 감자탕 집에서 한 달간 몸을 부대끼며 쓴 노동 일기에는 이런 구절이 있었다.

"변화의 시작은 현실을 냉정하고 세밀하게 들여다보는 일에서부터 시작된다."

그 이후로는 아이들과 현실을 냉정하고 세밀하게 들여다보는 작업부터 시작하려고 노력했다. 아이들이 세상에 떠도는 이야기에 휩쓸려 표면적인 사고에 갇히지 않을 수 있도록, 나처럼 자신만의 틀 안에서 세상을 비좁게 보지 않을 수 있도록. 아는 것 그리고 그것을 제대로 된 눈으로 들여다볼 수 있는 것에서부터, 나 그리고 내가 살아가고 있는 세상은 변화하기 시작한다고.

그런 까닭에 나는 학교 안에서 아이들과 쉬지 않고 책을 읽었다. 책을 통해 아이들은 자신이 알고 있던 세상에 관한 의문을 품게 되었다. 그리고 서로에게 질문을 던지고 대화를 하고 글을 썼다. 나는 그것이 교사로서 내가 아이들과 할 수 있는 최선이라 생각했다.

말 없는 아이들, 날마다 '내일이 오지 않았으면…' 하는 선생님

점점 눈물이 나는 날이 많아졌다. 까닭 없이 누군가에게 "수업이 힘들어요"라는 말을 꺼낼라치면 내 의지와는 상관없이 눈물이 주르륵 흘러 넘쳤다. 가슴 한복판이 묵직하게 답답하고, 손으로 주먹을 쥐어 쿵쿵 때리는 일이 늘었다. 아이들의 얼굴만 보아도 가슴이 내려앉았고, 온몸으로 번진 간지러움증은 극에 달해 있었다. 새벽에 나도 모르게 몸을 긁다가 시커멓게 손톱에 밀려 떨어진 살점을 보았다.

문득 어느 날은 자리에 누웠는데, 내일 눈을 뜨지 않았으면 좋겠다는 생각이 들었다. 아침에 일어나 머리를 감는데, 학교로 가지 말고 이대로 어디론가 도망쳐버릴까 하는 생각이 들었다. 토의 수업을 진행하던 도중 아무 말도 하지 않는 아이들을 바라보다 가슴이 터져버릴 것만 같아 말을 멈추고, 20분 동안 그 자리에 서서 아무것도 하지 않은 날도 있었다. 마치 라디오 생방송 도중 방송 사고가 난 것처럼, 그 시간은 아득하게 길고도 묘한 느낌을 주었다. 무기력하게 깊이 잠들어 있던 아이들까지도 그 이상한 정적에 놀라 하나 둘 일어나더니 아무 말 없이 책상만 바라보았다.

신경정신과 병원 홈페이지를 클릭해 우울증 증상 간단검사를 실시했다. '정신과 전문의와의 상담이 필요합니다'라는 결과 문구가 떴다. 예전 학교에 늘 우울감을 지녔던 여학생이 있었는데 우리는 둘 다 책 읽고 이야기하는 것을 좋아해 친구처럼 아주 친하게 지냈었다. 그 친구는 자살 충동도 높아 얼마간 입원 치료를 받기도 했었기에 나의 최근 증상을 이야기하니 정신과 진료를 받아보는 것이 좋겠다는 이야기를 해주었다. 괜찮다고,

진료도 받고 약도 먹어보면 나아질 거라고. 열아홉 여학생에게 받은 그 위로가 참 많이도 힘이 되었다.

나는 용기를 내어 병원을 찾았다. 진료실을 배정받고 의사 선생님의 진료실 문을 여는데 눈물이 폭포수처럼 쏟아졌다. "울어도 괜찮아요"라는 여의사 선생님의 말을 들으며, 나는 그로부터 한 시간을 서럽게 울었다.

"나는 살면서 훨씬 힘든 일들도 많았어요. 입에 올릴 수 없을 만큼 두려웠던 경험들도 있어요. 하지만 그런 경험들도 나를 이렇게 만들지는 않았어요. 모르겠어요. 내가 도대체 왜 이러는지. 이유를 모르니 더 답답하고 미치겠어요. 매일 오늘이 끝이었으면 좋겠다고 생각해요. 이런 제가 싫어요. 에너지 넘치고 밝던 예전의 나로 돌아가고 싶어요."

그때 처방받은 약은 일주일간 극도의 어지러움과 울렁증을 동반하며 나를 괴롭히다 차츰 익숙해져 갔다. 2주가 지나자 눈에 띄는 심신 안정이 찾아왔고, 한 달이 지나자 묵직하던 가슴속의 돌이 빠져나가는 것처럼, 더 이상 등굣길에 '이대로 도망쳐야겠다'는 생각이 들지 않게 되었다. 의사 선생님은 자신에게 너무 가혹하게 하지 말라는 이야기를 하셨다. 그럴 수도 있다고, 화가 날 수도, 때로는 가슴이 답답할 수도, 수업을 망칠 수도 있다고, 그리고 아이들이 수업에 참여하지 않는 이유가 꼭 선생님 탓은 아니라고.

경기도 교육청에서 하는 독서토론직무연수 강사를 맡아 2년간 진행한 적이 있었다. 그 연수는 2학기 4개월간 30시간에 걸쳐 그 지역의 선생님들과 함께 책을 읽고 토론을 하는 연수였다. 연수 자체의 기획 의도가 좋았고 실질적으로 선생님들에게 많은 위로와 용기를 주는 연수였기에 내가 맡은 2년 내내 연수는 성공적으로 잘 진행되었다. 나는 그때 스물아홉

살이었고, 연배가 많은 수강생 선생님들은 나를 '강사님'이라고 칭하며 깍듯이 대해주셨다. 그때 친분이 있던 한 선생님께서 나에게 그런 조언을 해주셨다.

"연수 진행이 잘 되고 후속 공부 모임이 잘 이끌어진다고 해서 너무 우쭐하면 안 돼. 강사가 잘해서 모임이 잘 된다고 생각하면 혹시라도 나중에 어려움에 부딪혔을 때 모든 걸 자기 탓으로 돌리게 될 수 있어. 운이 좋게 좋은 사람들이 모여서 연수가 잘 된 거라고 생각해."

처음에는 그 말이 못내 서운했었는데, 지금 와 생각해보면 내가 그 조언의 뜻을 제대로 이해하지 못했던 게 아니었나 싶다. 수업도 마찬가지였다. 난 늘 노력했고, 그런 까닭에 수업의 실패는 오롯이 교사의 실패라고 믿었다. 난 왜 그리도 자신만만했을까.

책읽기,
먼 항해의 시작

문학은 일주일에 4시간이 배정되어 있었고, 그중 한 시간은 같은 학년 선생님과 협의하여 책 읽는 시간으로 정해두고 있었다. 예전 학교에서도 하고 싶었지만 학년 협의가 되지 않아 하지 못하던 수업이었다. 아이들에게 추천도서를 15~20권 정도 정해주고 그중 한 권을 직접 사서 읽고 서평을 쓰는 것이 1학기 문학 수행평가였다. 마음이 잘 맞는 선생님과 같은 학년을 맡은 만큼 지필평가 비중을 줄이고 아이들에게 의미 있는 수행평가를 해보고 싶었다. 언어 능력은 지필평가로 측정할 수 없다. 언어 능력은 실제로 말하고 듣고 읽고 쓰는 능력을 통해서만 측정될 수 있으며, 문학 감상 능력도 문제 풀이를 통해서는 향상되지 않는다. 따라서 2학년 문학 수업을 통해 실제 그런 활동을 많이 해보고자 했다.

추천도서는 쉬운 수준, 평이한(중간) 수준, 어려운 수준으로 정해 알려주었다. 추천도서는 아이들을 만나기 전 2월에 내 나름대로 만들어 준비한 것이었고, 교과서 위주로 수업하지 않을 예정이었기에 되도록이면 교과서에 수록된 작품들을 포함하자는 원칙을 세웠었다. 지금 와서 생각해 보면 평이한 수준에 넣었던 책들은 아이들의 수준에 전혀 평이하지 않았고, 어려운 수준의 책들은 먼 나라의 언어들처럼 너무 난해했다.• 그래서 책읽기 진도가 끝내 나가지 않던 아이들은 개인적인 상담을 통해 4월 말쯤 웹툰•• 으로 갈아탈 마지막 찬스를 주기도 했었다.

추천도서 목록을 나누어준 뒤에는 수업시간에 책을 하나하나 보여주며 설명을 해주었다. 내가 읽었을 때 인상 깊었던 부분이라든지, 이 책을 읽

• 추천도서 목록에는 책 제목뿐 아니라 아이들의 흥미를 끌기 위한 내 나름대로의 간략한 소개 글을 덧붙여 나눠주었다. 3월 첫 주 아이들에게 나간 추천도서는 다음과 같다.
1. 쉬운 수준 : 《거대한 뿌리》(김중미), 《바르톨로메는 개가 아니다》(라헐 판 코에이), 《나》(이경화), 《위저드 베이커리》(구병모), 《꼴찌들이 떴다》(양호문), 《키싱 마이 라이프》(이옥수)
2. 중간 수준 : 《연을 쫓는 아이》(할레드 호세이니), 《남한산성》(김훈), 《촐라체》(박범신), 《나의 아름다운 정원》(심윤경), 《삼미 슈퍼스타즈의 마지막 팬클럽》(박민규)
3. 어려운 수준 : 《새》(오정희), 《무소의 뿔처럼 혼자서 가라》(공지영), 《당신들의 천국》(이청준), 《나목》(박완서), 《바리데기》(황석영)
중간 수준 이상의 책들은 모두 현 교육 과정 내의 검인정 문학 교과서에 수록된 작품들이다. 하지만 《촐라체》나 《새》, 《바리데기》, 《당신들의 천국》 같은 작품들은 일반적인 고등학생들이 이해하기에는 어려운 내용들이었다. 교과서에 수록된 작품들은 그저 기성세대가 바라는 아이들의 독서 수준일 뿐. 서평 쓰기를 진행하던 5월이 되어서야 나의 잘못된 추천도서 목록에 대해 얼마나 후회를 했는지 모른다.

•• 웹툰의 목록은 《3단합체 김창남(1, 2, 3)》(하일권), 《삼봉이발소(1, 2, 3)》(하일권), 《그대를 사랑합니다(1, 2, 3)》(강풀), 《100℃》(최규석), 《은밀하게 위대하게(1, 2)》(최종훈), 《신과 함께(저승편/이승편/신화편 전8권)》(주호민) 등이었다.

었을 때의 아이들의 반응, 어떤 고민을 하고 있는 친구가 읽었으면 좋겠는지 등등. 나는 학급문고를 시작하기 전에도, 그리고 수업시간에 아이들에게 책을 준비해오라고 이야기하기 전에도 이렇게 책을 들고 이야기하는 것을 참 좋아했는데, 이때만큼 아이들이 집중해주는 시간도 드물기 때문이다.

선생님이 책장사 하는 것처럼 잔뜩 책을 이고 와서 이야기해주는 것이 좋았는지, 아니면 수업시간을 때운다고 생각되어 마음에 들었는지 모르겠지만 아이들은 생각보다도 흥미롭게 나를 지켜봐 주었다. 이중에서 도저히 읽을 책이 마땅치 않다고 이야기하는 아이들에게는《우아한 거짓말》(김려령)이나《쥐를 잡자》(임태희)와 같은 책을 따로 추천해주기도 했다.

성적이 상위권이고 글 좀 쓴다 하는 친구들은 어려운 수준의《새》를 많이 선택했다. 책의 마지막 책장을 덮고 나서 한동안 정신을 차리지 못했다는 내 경험을 이야기해주며 현실을 있는 그대로 바라보는 정공법이 뛰어난 소설이라고 소개한 탓이었으리라. 실제로 그 아이들의 글에서는 어린 남매를 버려두는 세상에 대한 날카로운 시선이 돋보였다. 또 공부에 취미가 없고 책을 처음 읽는 친구들은《키싱 마이 라이프》를 주로 선택했다. 아무래도 10대 임신이라는 자극적인 소재가 아이들의 마음을 사로잡은 듯했다. 책이 어려울 수 있으니 쉬운 수준의 책을 고르라고 침을 튀며 열변했지만, 한 학급의 반 정도는 중간 수준이나 어려운 수준의 책을 골랐다. 처음부터 쉬운 수준의 책을 고르고 싶지 않은 일종의 자존심 같은 것이었을까.

책을 쓱쓱 넘겨본다고 책에 대해 더 알겠느냐마는, 아이들은 내가 준비해온 책들의 실물을 주의 깊게 살펴보았다. 책의 두께를 보기도 했을 것이고 분명 가격을 보기도 했을 것이다. 표지 디자인이 마음에 들지 않는다고 다른 책을 고르는 아이들도 있었다.

추천도서를 선정하고 그 책을 준비해올 시간을 3주 정도 주었다. 가정 형편이 어려워 책을 사기가 어려운 사람은 나에게 직접 찾아오라고 일러두었다. 그러면 담임선생님과 이야기를 해본 후 내가 사주면 될 일이었다. 그래도 책을 사오는 속도가 무척이나 더디어서, 매번 준비해오지 않은 아이들을 일으켜 세우고, 어르고 달래고 설득도 하고, 으름장도 놓았다. 그래도 끝끝내 책을 준비해오지 않는 아이들이 한 반에 두세 명씩 있었다.

그중에는 나를 수업시간에 '고립'시켰던 그 남학생도 끼어 있었다. 그 아이는 나와 친한 선배 교사의 작년 학급 아이였는데, 집안 형편이 많이 어렵고 불안정하다는 이야기를 들었다. 감정 조절이 잘 되지 않아 본인 스스로도 많이 힘들어한다고. 마침 《키싱 마이 라이프》를 골라놓고 계속 사오지 않는 터였기에, 새 책을 사다가 그 안에 쪽지를 넣어 수업시간에 슬며시 책상 위에 놓아주었다. 수업시간에 언뜻 보니 책 안에 든 쪽지를 읽고는 슬며시 웃는 것 같기도 했다. 다음 날 수업이 끝난 후 그 아이는 나를 따라 나와 "선생님, 책 감사합니다" 하고 인사를 건넸다. 따라 나와 인사까지 하기가 쉽지 않았을 텐데 용기를 내준 그 아이를 보며 나도 용기를 내야겠다는 생각이 들었다. 그 외에도 형편이 어려운 누군가에게는 내 책을 빌려주기도 했고, 중고 서점에서 책을 사다가 꼭 그만큼의 돈을 받고 건네주기도 했다. 그렇게 힘겹고도 지난한 서평 쓰기가 시작되었다.

빛나는 치유 일기

: 덩어리에서 존재로, 아이들이 내게 다가오다

서평 쓰기를 통해 아이들에게 듣고 싶었던 것은 '책을 통해 생각하게 된 나의 이야기', '책을 통해 바라본 세상 이야기'였다. 지난 6년 동안 학급문고와 방과후교실을 통해 수없이 많은 책을 아이들에게 읽혀보면서, 교사가 좋은 의도로 좋은 책을 골라 아이들에게 권해주는 것만으로 아이들이 그 책의 의도를 제대로 이해하는 것은 아니라는 것을 알게 되었다. 사람은 누구나 자기가 가지고 있는 틀 안에서 세상을 바라보고, 책 역시 그 틀 안에서 해석된다. 그 과정에서 정작 책이 전하고자 한 의도는 왜곡되거나 축소되기도 하고, 생각이 깊이 뻗어가지 못하는 경우도 많다. 책읽기 과정에서 누군가가 개입해 질문 하나만 제대로 던져주어도, 혹은 생각의 가지를 조금만 더 뻗게 해주어도 아이들은 한 권의 책을 통해 많은 생각 타래를 엮어낼 수 있다. 그래서 이제 한 권의 책을 읽더라도 제대로 읽기, 그리고 책을 통해 제대로 생각해보기를 문학 수업의 목표로 삼았다.

책은 매주 한 시간씩 두 달에 걸쳐 읽어나갔다. 우리가 정한 책 읽는 날은 금요일이었는데, 목요일 오후가 되면 이미 한 주가 다 지난 것 같은 느낌이 들었다. 책을 빨리 읽은 아이들을 위해 별도로 책 100권 정도를 바퀴 달린 여행 가방에 담아, 각 학급의 문학부장이 수업시간마다 가지고 들어갔다. 금요일마다 여행 가방을 끄는 아이들의 발걸음이 그렇게 경쾌할 수가 없었다. 6반의 문학부장을 맡은 아이는 아주 능청스럽고 재치가 넘치는 남학생이었는데, 그 친구가 가방을 끌며 "올모스 패~러다이스" 하는 〈꽃보다 남자〉 주제가를 부를 때에는 폭소가 터져나왔다. 사방에서 친구들이 "너 여행 가냐?" 하는 인사를 빼놓지 않았고, 그럴 때마다 이 친구는 "뉴칼레도니아!", "하와~이" 하면서 응수해주었다. 금요일마다 수업을 빼먹는 우리의 행복한 풍경이었다.

속도가 빠른 친구들은 몇 시간 만에 책을 다 읽어내는 경우도 있었고, 두 달이 지나도록 책의 3분의 1도 넘기지 못하는 친구들도 있었다. 4월 말쯤에는 매번 읽은 분량을 확인 후 적어두었고, 주말 동안 읽을 다짐을 받거나 아니면 컴퓨터나 휴대전화로도 볼 수 있는 웹툰으로 갈아탈 기회를 주어, 5월이 되었을 때는 모두 책읽기를 마칠 수 있도록 했다.

서평 쓰기를 본격적으로 시작하게 되었을 때, 아이들에게 열 개의 질문을 제시한 A4 두 장짜리의 서평 초안지(참고자료 1)를 나누어주었다. 명장면/명대사, 책의 첫 느낌, 책 속 내용과 비슷한 자신의 경험, 저자에 대한 상상, 책읽기 후의 깨달음 등 인터넷에서 쉽게 베껴 쓸 수 없는 내용인 만큼 아이들은 내용을 채워 쓰는 데 아주 힘들어했다.

물론 서평 초안지 쓰기는 수업시간에만 이루어진 것은 아니었다. 수업시간에 다 작성하지 못한 친구들에게는 며칠간의 시간을 더 주고 써오게 했다. 그래도 써오지 않은 아이들은 방과 후 한 교실에 남아, 다 써야만 집에 갈 수 있는 형벌을 맛보아야 했다. 나와 함께 문학을 담당하고 있는 선배 선생님은 30대 중반의 남자 선생님이셨는데, 화를 내지 않아도 아이들은 그 선생님을 무서워했다. 그 선생님은 종례 시간마다 서평 초안지를 쓰지 않은 아이들의 명단을 반별로 정리해 담임선생님들께 나누어주면서, 종례 후 아이들을 찾으러 갈 테니 이 아이들을 집에 보내지 말아달라고 당부하셨다. 그리고 꼭 말미에는 이렇게 적었다.

'오직 사랑으로만 지도합니다.'

그러고는 아이들을 방과 후에 한 교실에 모아놓고 "사랑한다, 얘들아. 집에 가고 싶지? 이 교실에서 나가는 방법은 오늘 이 초안지를 완성하는 방법밖에는 없어"라고 이야기를 하시는데, 그제야 비로소 아이들이 그 선생님을 왜 무서워하는지 알게 되었다. 사랑에는 '미저리'적인 집착과 끈기가 필요하다는 것도 배웠다.

서평 초안지의 질문들에 걸맞은 대답을 궁리하면서 아이들은 생각을 하기 시작했다. 그리고 소설을 다시 보기 시작했다. 이 이야기가 나의 삶과 어떤 연관이 있는지, 지금 여기로 소설 속 이야기를 가져왔다. 그리고 소설 속 주인공들의 생각을 통해, 작품 속에 그려진 사회의 모습을 통해, 내가 살고 있는 세계의 모습을 돌아보았다. 이 세계는 어떻게 움직이고 있는가, 그 속에서 나는 어떻게 살아가고 있는가.

자신의 삶에 대해 좀처럼 질문해보지 않던 아이들이었다. 자신에 관한 새로운 질문이 생긴다는 것, 그것만으로도 서평 쓰기의 의의는 충분히 있어 보였다. 서평 초안지를 쓴 지 일주일이 지난 후, 그 내용을 적절히 배열하고 보충하여 만든 첫 번째 서평이 메일로 속속 도착했다. 물론 협박과 회유와 칭찬과 격려로 이루어진 인내의 과정이었다. 머리털 나고 한 번도 긴 글을 써본 적이 없던 아이들에게 A4 세 장 이상 분량의 글을 받는다는 것은 실로 고통스러운 일이었다. 손글씨로 써낸 초안지를 완성시키고 그걸 들고 컴퓨터실로 가서, 오락을 향한 욕구를 분출시키는 아이들의 컴퓨터 전원을 내려가며 힘겹게 받아낸 1차 서평들이었다. 아이들의 첫 번째 글을 읽고 잘한 점과 수정이 필요한 점을 적어주는 피드백 과정을 거치기 위해 나는 엄청난 뭉치의 종이더미들을 가득 이고 집으로 왔다.

처음 아이들의 글을 대하던 그 순간을 어떻게 표현해야 할까. 아이들은 그동안 단지 나에게 덩어리로서만 존재했다. 말이 없고 적대적인 5반, 엎드려 자는 아이들이 많은 6반, 수업이 시작돼도 좀처럼 자리에 앉지 않는 7반, 책을 잘 챙겨오지 않는 8반… 이렇게. 그런데 아이들 하나하나의 글을 읽어 내려가면서, 희미하던 아이들의 모습이 저마다의 이야기를 가지고 내 앞에 선명하게 존재로서 떠오르기 시작했다. 시간이 어떻게 흐르는지도 모르는 채 작품(그건 과제물이 아니라 작품이라 해야 옳았다)을 읽어 내려가다, 어느 순간 머리가 웅웅 울리며 눈물이 뿌옇게 서렸다. 새벽 4시였다.

이미 아이들의 글은 반별로 서로 돌려보며 오탈자 수정을 한 후였기에 붉고 푸른 펜 자국이 이리저리 뒤엉켜 있었다. 그 뒤엉킴 속에서 나는 아이들의 얼굴을 떠올렸다. 작품 속 흔들리는 가족의 모습을 통해 자기 아버지의 무력감을 이해하게 된 아이, 버림받은 형제의 이야기를 통해 자신을 일으켜 세운 어머니의 사랑을 확인한 아이, 세상이 지닌 여성 불평등의 구조를 통해 자기 미래의 모습을 상상해보게 된 아이, 저마다의 유토피아를 찾아가는 이야기를 통해 장애를 지닌 자신의 삶에 대해 생각하게 된 아이 등등.

서툴고 멋없는 글들이었지만 그 글들 속에는 아이들 자신의 '이야기'가 있었다. 글 속에서 만난 아이들의 고민과 아픔과 고통들이 지금 내가 겪고 있는 두려움과 다르지 않음을 느꼈다. 새로운 환경에 적응하려 하지 않고 아이들을 개별적 존재로 보려고 하지 않았던 나의 무지. 공격적이고 배타적인 아이들에게서 도망칠 궁리만 했지 이 아이들을 정면으로 바라보고 그들의 이야기를 들어볼 생각을 하지 못했던 나는 백 편이 넘는 글들을 읽어 내려가며 가슴 한구석이 환하게 밝혀지는 느낌이 들었다.

우리 집의 분위기와 엄마 아빠가 싸우실 때 모습들을 보면 동구네와 많이 비슷하다. 우리 집에는 강하고 모든 것을 해결하는 엄마, 그에 비해 하는 일 없고 답답한 아빠가 있다. 엄마 아빠가 싸울 때를 보면 아빠는 자기가 잘못했음에도 오히려 자기가 화내고 윽박지른다. 동구네 가족도 마찬가지다. 동구가 그런 엄마 아빠의 모습을 보면서 아빠를 미워하고 엄마를 불쌍하게 여겼던 것처럼 나도 그랬다. 엄마만 좋아하고 아빠는 그저 엄마를 힘들게만 하는 존재로 봐왔다. 그래서 당연히 내가 아빠에 대해 느끼는 것들은 좋지 않고, 아빠의 행동들은 이해하지 못할 때가 많다. 사실 이해해보려고 해도 이해가 되지 않았다. 그런데 이제는 이해해볼 수 있을 것 같기도 하다.

"그래. 그것도 틀린 말은 아니지. 하지만 그렇게 단순하게 생각해버리면 어떤 일에도 해결 방법을 찾을 길이 없어. 남을 이해하려면 네가 그 사람이 되었다고 생각하고 진심으로 그 사람의 마음을 헤아려봐야 하거든. 어렵더라도, 그 사람을 위해서 깊이깊이 생각해봐야 한 인간을 이해할 수 있는 거야. 특히 이해하기 힘든 사람일수록 정성을 다해서 더 깊이 생각해야 해. 내 생각엔 말이야, 동구 할머님은 아마 다섯, 아니 네 식구 중에 당신이 가장 불행하다고 생각하고 계시는 것 같아."(302쪽)

이 말을 듣고 나도 아버지라는 존재에 대해 다시 생각해보고 이해해보게 되었다. 아버지가 느끼는 감정들과 무력함에 대해 생각해봤다. 나는 아버지가 될 일도 없고 아버지라는 그 위치에 대해 잘 모르지만, 이 책을 읽으면서 아버지에게 있는 나름대로 어려운 처지에 대해 조금은 이해가 갔다. 아버지도 자신이 아무것도 하지 못하는 그런 끔찍한 무력함 때문에 힘들지도 모른다.

(《나의 아름다운 정원》을 읽고, '되돌아본 나의 삶', 2학년, 김은희)

자신의 행복을 찾는다는 이유로 자신의 아이들을 버리는 것이 옳을까? 적어도 나는 그것이 옳지 않은 것 같다. 자식은 나의 분신이자 나의 의무이다. 내 속에서 나온 것을 내가 책임지지 않으면 누구도 책임질 수 없다. 부모님이 우리를 키운 것처럼 그들도 그들의 자식은 지켜야 할 의무가 있다고 생각한다. 가정폭력 또한 심각하다. 단순히 폭력으로 인한 상해뿐만 아니라 그로 인한 가정의 해체, 아이들 마음속의 상처, 그 외에도 많은 문제가 생겨난다. 이런 위기의 가정을 위해 우리가 할 일을 찾아 해야 하지 않을까? 이 책을 다 읽으며 여러 가지 생각들이 마음속을 채워갔다. 어려운 문제들이었지만 이 문제의 해답은 의외로 단순했다. 사랑이었다.

나에게도 작지만 아픈 상처가 있다. 우리 집의 부모님들 또한 사이가 좋지 않으셨다. 물론 지금은 괜찮지만 몇 년 전까지만 해도 정말 자주 싸우셨다. 그중에서도 가장 무서웠던 순간은 엄마와 아빠가 말다툼을 할 때였다. 폭력은 없었지만 방문을 뚫고 들어올 정도로 큰소리였다. 그 와중에서도 내가 이만큼이나마 자랄 수 있었던 것은 어머니의 사랑 덕분이었다. 어머니의 사랑 덕분에 나는 그 어두움을 걷어낼 수 있었다. 누군가의 사랑은 생각보다 큰 힘을 가지고 있었다. 부모님이 싸우실 때 말고도 내가 힘들고 지칠 때 어머니는 항상 나를 위한 그늘을 만들고 계셨다. 그녀의 사랑으로 이때껏 내가 살아 있는지도 모른다. 이 책을 다 읽었을 때, 나만의 방식으로 작가가 이 소설을 쓴 이유에 대해 생각해보았다. 한 아이의 비극을 통해 작가는 어떤 말을 하고 싶었을까? 내가 내린 이 소설의 주제는 세대를 향한 경고 같았다. '만약 당신이 놓아버린 당신의 아이가 이렇게 될 수 있다면 당신은 당신 아이 손을 놓을 수 있겠는가?' 작가는 내 마음에 이렇게 외쳤다.

(《새》를 읽고, '절망 속에서 사는 아이 이야기', 2학년, 고준혁)

나는 어렸을 적에 다리를 다쳐서 휠체어를 타며 지내야 했다. 휠체어를 타고 다니면서 나는 어렸음에도 불구하고 사람들의 동정어린 눈빛이 나와 그들이 다르다는 것을 보여주는 것 같아서 너무 싫었다. 학교 활동에서도 네가 편하기 위해서라며 각종 활동을 빼주곤 하였다. 대표적인 것이 체육 시간이었는데 물론 실제로 편하고 좋았을 때도 있었다. 그러나 내 마음속엔 언제나 나 혼자서 그 모습을 보고 있는 것이 무력해 보이고 건강한 아이와 나를 구분하는 보이지 않는 벽이 쳐진 것 같은 기분이 들었다. 그래서 최대한 많은 활동에 참여하고 그들과 동등한 조건에서 우리들의 룰을 만들고 같이 활동을 해나가려고 했다. 그러한 과정에서 나는 힘들다는 생각보다는 나를 인간 대 인간으로서 대해주는 것 같아서 정말 즐겁고 기뻤었다.

이 책 속에서 나오는 원생들도 결국은 다 같은 인간이고 나병환자로서가 아니라 인간으로서 그들이 대해지는 것을 원했을 것이다. 그러나 사람들은 나병환자라고 하면서 피하기 일쑤고 원장이라고 부임하는 사람들은 이미 문둥이와 일반인인 자신이 다르다는 전제 하에 행동하니 그들의 배신감과 분노는 이루 말할 수 없을 정도였을 것이다. 그러한 배신감이 사람과 사회에 대한 불신감이 되어 그들이 바다를 헤엄쳐 섬을 탈출하거나 줄곧 냉소적인 태도를 보이게 만든 것이다. 조 원장으로선 이해가 가지 않았겠지만 그 행동들은 그들이 지금껏 배신당함의 연속에서 나온 지극히 당연한 처사인 것이다. **(《당신들의 천국》을 읽고, '진정한 천국이란', 2학년, 황은주)**

난 이 책을 읽으며, 어르신 분들께서 많이 나오셨는데 내가 옛날에 촌에 살았을 때 외할아버지와 같이 메뚜기 잡아 구워 먹고, 잠자리도 잡으러 다니고, 해바라기 꽃에 있는 씨를 뽑아 햄스터도 주고 했던 기억이 나며 '외할아버지가 보고 싶다'는 생각을 많이 하곤 했다. 지금은 볼 수 없는 먼 곳에 계시지만 아마도 우리 외할아버지는 구름을 밟고 뛰어다니시며 건강히 잘 지내고 계실 것이다. 내가 어렸을 때, 외할아버지께서 돌아가신 며칠 뒤 학교에서 애국가 부른 다음에 묵념을 하는데 갑자기 외할아버지 생각이 나서 혼자 펑펑 울었던 기억이 난다. 어린 나에게 그만큼 추억이 많았던 우리 외할아버지였기 때문이다. 우리 남매를 정말 아껴주시고 재미있게 해주셨었다. 지금도 계셨으면 내가 나중에 멋진 남자친구와 결혼하는 것을 보시고 가셨으면 좋았을 텐데 아쉽게도 너무 일찍 돌아가 버리셨다. 그래도 지금은 외할머니도 계시고 친할머니, 친할아버지 모두 계시니까 더 예의바르게 후회하지 않도록 잘하고 효도도 해드리고 시원하게 안마도 해드려야겠다. 내 악력은 40이니까 정말 시원해하실 것이다. 가끔 안부 전화도 한 번씩 해드려야겠다. 이 책을 읽으며 안심 되었던 부분은 우리 외할아버지는 이 책에 나오는 할아버지 분들보다는 편하게 사셨다는 생각이 들었다는 것이다. **(《꼴찌들이 떴다》를 읽고, '이젠', 2학년, 권수빈)**

그리고 5월의 봄이 뜨겁던 어느 날, 마지막 서평을 받았다. 아이들의 글은 1차 서평을 받았을 때보다 눈에 띄게 좋아져 있었다. 이전에 비해 글이 솔직해져 있었고, 자신들의 언어로 쓰고자 하는 노력들이 보였다. 생애 최초로 이렇게나 긴 글들을 써내느라 고민했을 아이들의 정성이, 그 노력들이 느껴져 가슴이 쿵쾅쿵쾅 뛰었다. 밤을 새워 썼다는 아이, 일요일 하루를 온전히 글 쓰는 데만 보냈다는 아이, 8시간을 컴퓨터 앞에 앉아 끙끙댔다던 아이…. 그 아이들의 모습이 눈앞에 선명하게 떠올랐다. 써도 써도 더 이상 할 말이 없어요, 라며 푸념을 늘어놓던 귀여운 아이들의 모습이 떠올라 슬며시 미소가 지어졌다.

이 순간의 기분을 잊고 싶지 않아 서평 뭉치를 한 가득 쌓아놓고 사진으로 찍어 휴대전화에 저장해두었다. 그저 행복감을 느끼고 싶은 이 순간을. 그리고 나는 그 어둡던 우울의 긴 터널에서 비로소 빠져나올 수 있었다.

물론 내가 아이들의 서평을 읽고 스스로 치유되어감을 느꼈다고 해서 이후의 상황이 크게 달라진 것은 아니었다. 하지만 아이들이 나를 싫어해서 의도적으로 수업을 안 듣는 것은 아니라는 것을 이해하고 받아들이게 되었다.

여전히 아이들은 수업시간에 엎드리고 벙어리의 자세로 일관했지만 나는 좀 더 초연해질 수 있었다. 그것은 포기를 했다기보다는 나에게 좀 덜 가혹해졌다는 뜻이기도 했다. 수업 중간중간 나는 한 번씩 밭을 갈아엎듯 아이들을 주르륵 일으켜 세웠다. 눈이 시뻘겋게 충혈되어 정신이 없는 아이들을 토닥이며 최소한 지금이 문학 시간이라는 것만은 일깨워주고자 했고, 일부러 소리를 더 크게 드높여 신나게 아이들에게 인사를 하기도 했다. 언젠가는 아이들이 하나 둘 마음의 문을 열어줄 거라 기대하면서. 아니면 어떠랴. 그래도 나는 간다. 수업 시작할 때 혼자서 "즐거운 문학 시간이죠?"라면서 활개를 치면, 이제는 한두 명은 헛소리로라도 맞받아친다. 머쓱하기는 해도, 이제 슬프거나 가슴이 답답하지는 않다.

"즐거운 문학 시간이죠?"
: 한 발짝 더, 시 영상 만들기

차차 수업시간에 대꾸를 하기 시작한 아이들과 내가 1학기 두 번째 프로젝트로 진행한 것은 시(詩) 영상 만들기였다. 5월 이후 아이들과 시 공부를 한참 진행한 끝에 시작하게 된 과제였다. 아이들을 교실 안에 가둬두지 않고 따뜻한 봄기운을 맞으며 움직이게 하면 어떨까. 교실 안에서 활자로 배운 시를, 나름대로 해석하고 가공하여 카메라 속에 담게 한다면 어떨까. 시를 자신의 삶과 나란히 두고 일상에서 다시 바라보게 한다면 어떨까. 소설 감상을 무겁고 진지한 서평 쓰기로 했다면, 아이들이 더 어려워하는 시 감상은 조금이나마 발랄하고 창조적인 영상 만들기로 진행하기로 한 것이다(참고자료 2).

시 영상 만들기 수업은 총 5차시로 이루어졌다. 첫 번째 시간에는 총 25편의 시를 엄선하여 아이들에게 나누어주었다.• 그 안에는 시인들의 작품과 더불어 아이들이 쓴 시••들도 들어 있었다. 되도록 아이들의 삶과 밀접한 시를 고르고자 했고, 난해하거나 너무 긴 시들은 제외했다. 첫 번째 시간에는 오롯이 시들을 감상하며 가장 마음에 드는 시를 고르고, 그 시에서 누가 어떤 상황에서, 무엇에 대해 어떻게 말하고 있는지를 적어보도록

• 〈너를 기다리는 동안〉(황지우) / 〈담쟁이〉, 〈흔들리며 피는 꽃〉(도종환) / 〈진달래꽃〉(김소월) / 〈민지의 꽃〉, 〈학교 가는 길〉(정희성) / 〈스승의 날〉(배상환) / 〈이웃〉(이정록) / 〈용서를 받다〉(박성우) / 〈아배 생각〉(안상학) / 〈방광에 고인 그리움〉(권혁웅) / 〈국어선생은 달팽이〉(함기석) / 〈번호들의 세상〉(윤재철) / 〈사평역에서〉(곽재구) / 〈네네치킨〉(이훈) / 〈꾸중〉, 〈노근이 엄마〉, 〈성의〉(정호승) / 〈못난 사과〉(조향미) / 〈아버지의 등을 밀며〉, 〈흰둥이 생각〉(손택수) / 〈절정〉(이육사) / 〈사랑법〉(강은교) / 〈야채사〉(김경미)

•• 《내일도 담임은 울삘이다》(정윤혜 엮음)에는 살아 있는 생생한 공고 학생들의 시가 수록되어 있다.

했다.

2차시에는 각자가 적은 내용들을 모둠 친구들끼리 공유하고, 모둠에서 함께 영상으로 만들 시를 한 편 고르도록 했다. 영상은 동영상으로 구성해도 좋고 애니메이션으로 구성해도 좋고 사진을 찍어 그것을 넘겨가는 형식으로 만들어도 좋다고 했다. 이때 하이앵글이나 풀샷, 오버숄더샷 등의 카메라 촬영 기법에 대한 간단한 수업을 했는데, 장기하의 〈그렇고 그런 사이〉라는 뮤직비디오가 오직 손가락을 이용한 익스트림 클로즈업 기법으로 만들어졌다고 설명하니 아이들이 제법 흥미로워했다.

3차시와 4차시에는 스토리 보드를 짜게 했다. 물론 이 모든 과정이 잘 안내되어 있는 유인물을 통해 이루어졌다. 아이들과 과제 사이에 최대한 징검다리를 많이 놓아 아이들이 추상성에 겁먹지 않게 하는 것, 그리고 최대한 잘 못한 예시 작품들도 보여주어 의욕 없는 아이들도 과제를 별것 아니게 느끼게 하는 것, 그것이 내가 의도한 수업의 모습이었다. 그래서 같은 독서 모임 선생님의 제자들이 찍은 시 영상을 허접한 것부터 보여주었는데, '저 정도는 나도 하겠다'며 아이들이 코웃음을 쳤다. 제작 모둠에서 총감독(PD)과 촬영감독, 음향감독, 편집감독 등을 정하게 하고, 방과 후에 따로 만날 시간을 논의하게 했다. 모든 대화 과정은 간단하게라도 기록하게 하여, 아이들의 의견이 잘 모아지지 않는 지점이 어디인지 세심하게 살피려 노력했다. 수시로 총감독을 불러서 작품이 어디까지 만들어졌는지 진행 상황을 체크했다. 아이들은 역시 서로 약속을 정해 따로 만나는 일을 가장 힘겨워했다.

마지막 5차시는 2주 후에 영상제로 마무리되었다. 아이들이 찍어온 시 영상들을 함께 관람하고 상호 평가를 하는 시간이었다. 이 날은 교실에서 단 한 명도 엎드려 있는 아이가 발견되지 않았다. 그뿐 아니라 모든 아이들이 깔깔거리며 서로의 작품을 칭찬하고 즐거워했다. 아이들의 생기 넘치는 기운이 다가오는 여름만큼이나 강렬해 나도 덩달아 신이 났다. 아이들은 모두가 수업의 주인공이 되어 친구들이 저마다 찍어온 사소한 이야기들에 집중했고, 서로의 유머 코드를 나무라며 들떠 있었다. 차마 눈뜨고 지켜볼 수 없는 조악한 영상들도 있었지만, 아이들은 그것마저도 나름의 재미있는 부분을 찾아 이야깃거리로 만들었다. 뛰어난 촬영 감각이 돋보이는 아이들도, 개그 넘치는 연기력이 주목받는 아이들도, 그림체가 남달라 화려한 영상을 만들어내는 아이들도 모두 여기, 한 교실에 있었다.

나는 그날 보았다. 자신의 무기력한 삶에서 그늘을 털고 앞으로 한 걸음 나아가는 아이들의 모습을. 비록 손택수 님의 시가, 정호승 님의 시가, 곽재구 님의 시가 아이들의 삶을 일으켜 세우지는 못했을지라도, 젊은 그 아이들의 한때, 뜨거운 태양이 내리쬐기 시작하는 아이들의 2학년 여름을 잠시나마 사색에 잠기게 했을 것이다. 서툴게나마 휴대전화 카메라에 이야기를 담아내며 아이들은 저마다의 삶을 바라보는 듯했다. 〈흔들리며 피는 꽃〉이라는 시를 통해 아이들에게서 소외당하고 외면받던 스스로에게 '흔들리지 않고 피는 꽃이 어디 있느냐'며 위로를 건네는 아이를 발견했고, 〈너를 기다리는 동안〉이라는 시를 통해 '절절하게 좋아하는 너를 기다리며 핸드폰을 만지작거리던 나의 초조'를 깨달은 아이를 보았다. 〈학교 가는 길〉이라는 시를 통해 늘 축 처져서 힘없이 살아가던 자신의 '진짜 꿈은 무엇일까'라는 질문을 던지는 아이를 만나기도 했다. 그것은 아이들의 생기였다. 아이들 개개인이 여전히 살아 숨 쉬고 있었음을 세상을 향해 알리는 언어이기도 했다.

선생님의 가방에는 100권의 책이 있다!

한 학기 동안 일주일에 한 번씩 책을 읽는 시간은 아이들과 가까워질 수 있는 기회의 시간이었다. 나는 의미 없이 글자만 읽고 있거나 졸고 있는 아이들을 위해 '괴물' 제도•를 운영했는데, 아이들에게 미리 아무 때나 괴물이 출현할 수 있다는 것을 주지시키고(괴물은 물론 나다), 괴물이 출현했을 시에는 괴물을 퇴치하기 위해 지금 읽고 있는 부분에 대한 내용이나 느낌을 이야기해야 한다고 일러두었다.

처음에는 아이들이 어이가 없다는 듯 피식피식 웃었다. 다섯 살도 아닌 열여덟 청년들에게 괴물이 웬 말이랴. 하지만 나만 용기내면 된다는 생각이 들었고, 막상 시작하니 은근히 그걸 기다리는 아이들도 있었다. 봄날 병든 닭마냥 꾸벅꾸벅 졸다가도 괴물 출현에 아이들은 주섬주섬 자신이 읽고 있는 부분에 대한 내용을 어설프게 이야기했고, 그러다 보면 잠에서 깨어날 수 있었다. 나는 일부러 책상 높이만큼 몸을 쭈그리고 앉아 아이들과 눈높이를 맞추고, 아이들의 이야기를 들었다. 그러다가 어떤 때는 아이들의 학교생활이나 일상사를 묻기도 했고, 요즘 연애에 대한 고민이나 가정문제로 인한 어려움을 듣기도 했다.

그런 시간들은 아이들의 마음 열기에 힘겨워하고 있던 나에게 뜻밖의 수확이었다. 수업만 들어가는 반 아이들은 개별적으로 목소리를 들어볼

• '괴물' 제도에 관한 아이디어는 교육과학기술부에서 편찬한 독서교육 매뉴얼《2012 국어》에 실려 있다. 현장 선생님들이 모여 만든 책으로, 독서수업에 관한 정보들이 가득하니 일독을 권한다.

기회가 거의 없는데, 오직 이 시간을 통해서 아이와 둘만의 이야기가 가능했다. 요즘은 왜 더 특히 수업을 힘들어했는지, 학교생활에 어떤 문제가 있었는지 아이의 개인적 이야기를 들으며 내가 도와줄 수 있는 부분들을 찾아나갔다.

우리 학교는 신설인지라 도서관은 황량하기 그지없고, 게다가 사서 선생님이 안 계신 탓에 학교 도서관에서 책을 빌려 보는 아이들이 거의 없다. 책도 다양하지 못해 내가 200여 권 학급문고를 운영하고 100여 권을 여행 가방에 넣어 교실마다 가지고 다니는 게 전부인데, 아이들 중에 책에 관심이 생겨 책 추천을 해달라고 오는 아이들이 생겨나기 시작했다. 진로에 관한 책을 원하는 아이, 가치관 형성에 도움이 될 만한 책을 추천해달라는 아이…. 열악한 환경 속에서도 책에 대한 관심이 생겼다는 것 자체로 나는 신이 나서, 이 책 저 책 캐비닛 속에 꿍쳐둔 책들을 보여주며 책 광고를 해댔다. 척박한 학교 환경에서 아이들이 나에게 빌린 책을 손에 들고 책 이야기를 나누는 모습들이 마치 어떤 따스한 온기를 서로 나누는 모습처럼 가슴 떨리게 다가왔다.

그렇게 1학기가 끝나갈 무렵, 나는 아이들에게 수업 평가를 했다. 그중 '선생님이 가장 잘했다고 생각하는 것'이라는 문항이 있었는데, 내가 가장 힘들어하던 5반 아이들이 쓴 대답들이 재미있었다. 인내, 끈기, 참는 거, 끝까지 포기하지 않은 거…. 5반은 내가 유일하게 들어가는 문과 반이었는데, 내가 가장 힘들어했던 반이었다. 그래서 그 반 수업을 들어가려고만 하면 가슴 한구석이 답답해지고 막상 수업에 들어가서도 혼자 수업하는 것 같은 느낌에 외로웠던, 내가 아이들 사이에서 고립되었음을 최초로 공표해주었던 반. 마치 아이들에게 따돌림을 당하고 있다는 생각마저 들었던 반이었다.

일으켜 세우기가 무섭게 다시 엎드리고, 모둠별로 앉혀놓아도 그 누구도 말 한마디 하지 않는 아이들을 바라보며, 난 너희들을 포기하고 싶지 않다고 말했었다. 사실 선생님이 너무 많이 힘든데 그 이유는 너희들과의 관계가 좀처럼 좁혀지지 않아서라고, 선생님은 어떻게 하면 너희들이 수업을 잘 따라와 줄 수 있을까 늘 고민하고 꿈속에서까지 너희들과 수업을 한다고, 내가 동영상을 구하고 수업 자료를 준비하고 하는 것은 늘 너희 반 때문이며, 유일하게 내가 들어가는 문과 반인 너희들과 나는 더 잘해보고 싶다고, 내가 바꾸어야 할 점이 있다면 누구라도 편하게 이야기해달라고, 나를 좀 도와줄 수 없겠냐고, 그리고 혹시라도 내가 마음에 들지 않더라도 절대로 문학을 포기하면 안 된다고….

이런 이야기를 나 혼자 심각하게 주욱 늘어놓고 있을 때에도 아이들은 아무 말이 없었다. 내 목소리가 울먹거려 떨리게 될까 봐 혼자 심호흡을 하고 있는데, 저쪽 구석에서 준수가 작은 목소리로 말했다.

"선생님, 문학 시간도 재미있어요."

그때 내 표정은 어땠을까. 고맙다고 말하며 힘없이 웃었던 것도 같다. 아니, 내가 안쓰러워 어쩔 수 없이 그렇게 말해주는 것 같은 분위기에 부끄러움을 더 느꼈던 것도 같다. 그래도 두고두고 준수에게 고마워했던 기억이 난다.

그리고 '선생님이 고쳤으면 하는 점'에 쓰여 있던 준혁이의 대답도 기억에 남는다. 끝까지 아무도 대답이 없을 때 내가 최후의 카드로 그 아이의 얼굴을 바라보면 "제가 대답해드리죠" 하며 정답을 이야기하던 아이, 그나마 인사에 호응도 해주고 따라오며 농담도 하는, '개드립의 황제'라

불리는 재밌는 캐릭터의 아이였는데, 그 아이의 대답은 이랬다.

“수업 방법이나 내용이 바뀌면 아이들이 모두 수업을 들어줄 거라는 환상.”

수업 방법이나 내용이 문제가 아니라고, 그런 부분에서는 더 이상 어떻게 노력해도 아이들이 수업을 듣지 않을 것이니 헛된 노력으로 삶을 낭비하지 말라는 조언이었다. 가슴 아프지만 새겨들을 부분이 있다고 느꼈다.

나는 어느 순간부터 ‘가르친다’는 말이 부끄러워 잘 쓰지 않기 시작했다. 내가 아이들보다 고작 몇 년 더 산 것일 뿐 그 아이들에게 전수해줄 것도 없거니와, 대부분의 아이들은 선생님들로부터 이미 무언가를 ‘배우고’ 싶어 하지 않기 때문이다. 그 대신 나는 ‘함께 나눈다’라는 말을 쓴다. 특히 책을 읽고 아이들과 함께 몇 마디를 주고받다 보면 애초에 내가 아이들에게 전해줄 ‘지식’이라는 것이 존재했었는지도 의문이 생긴다. ‘지식’이라는 것, ‘배움’이라는 것은 오고가는 문답 속에서 함께 발견하고 함께 구성해나가는 것이라는 생각이 든다. 책은 그런 너와 나 사이에 놓인 ‘질문’이었다.

그렇게 나의 한 학기는 지나갔다. 나의 2013년 1학기는 내가 아이들에게 어떤 독서교육을 왜 했는지에 관한 이야기가 아니라, 아이들과 함께 책을 읽고 말하고 글로 쓰는 활동이 ‘나’를 어떻게 구했는지에 대한 이야기다. 아이들의 성장이 아닌, 내 성장을 기록한 이야기다.

꿈을 잃고 공부할 의욕마저 박탈당한, 한없는 성적 추락에 아슬아슬해 보이던 한 남학생이 있었다. 인생 경험이 짧은 나는 그 아이에게 해줄 이야기가 없었다. 그저 “이 책 한번 읽어볼래?” 하며 책 한 권[•]을 슬며시 건네줄 수밖에. 2학기에 진행되었던 진로 서평 쓰기 수업에서 그 친구는 ‘내 인생의 책'을 만났다며 나를 향해 활짝 웃었다. 내가 수업시간에 아이들에게 소설을, 시를, 그리고 수없는 책들을 권한 이유는 거창하게 이유를 댈 것도 없이 바로 이것 때문이 아니었을까? 나는 아이들에게 해줄 수 있는 것이 너무나도 없었으므로.

'인생'의 길에서 만나는 우리들의 이야기
-《내가 걸은 만큼만 내 인생이다》를 읽고

강연 도중, 어느 학생이 한 질문에 이런 부분이 있다. "죽기 전에 못 먹은 밥이 생각나겠나, 아니면 못 이룬 꿈이 생각나겠나?" 이 대사의 정확한 출처는 〈무한동력〉 이라는 만화이다. 그 학생은 이 부분을 인용해서 질문을 한 것인데 이 대목이 정말 좋았다. 나의 가치관이라는 작은 불씨에 휘발유를 끼얹은 느낌이었다. 누구든지 "당연히 못 이룬 꿈이 생각나겠지"라고 할 것이다. 아이러니한 점은 다들 알고는 있다는 것이다. 돈을 위해 살아가는 것보다 조금 굶더라도 꿈을 이루는 것이 더 가치 있다는 것을 알면서도 왜 돈을 택하냐는 것이다. 돈을 위해 사는 삶에는 100퍼센트 만족이라는 게 없고 허무할 것이다.

예화를 들어보자. 한 소년이 있었다. 그 소년의 친구들 중 한 명은 화장실이 집 안에 있는 곳에서 살고 있었다. 그것을 매우 부러워한 소년은 부모님께 성적을 잘 받으으면 집 안에 화장실이 있는 곳으로 이사를 가자고 하였

• 내가 추천해준 책은《내가 걸은 만큼만 내 인생이다》(강풀 외)라는 강연집이다. 한겨레신문사에서 매년 특정한 키워드를 가지고 다양한 사람들이 모여 강연을 하는데 그해의 키워드는 '청춘'이었다. 강풀, 홍세화, 김여진, 김어준, 정재승 등의 연사들이 강연에 참여했다.

다. 원하는 것을 이룬 뒤 소년은 대학생이 되었다. 소년은 대학에서 새로 사귄 친구의 집에 놀러갔는데 그 집에는 화장실이 2개가 있었다. 이를 부러워한 소년은 열심히 일해서 화장실이 2개 있는 집으로 이사를 가게 되었다. 이후 가정을 꾸린 소년은 회사 일로 직장 상사의 집에 가게 되었다. 그런데 그 집에는 화장실이 3개가 있었다. 가장이 된 소년은 더욱 열심히 일을 해 화장실이 3개 있는 집으로 이사를 가게 되었다. 이후 승진에 승진을 거듭하게 된 소년은 본부장이라는 자리까지 올라 사장의 집에 갔는데 화장실이 4개나 있었다. 소년은 그때서야 깨달았다. 자신이 일평생을 화장실을 위해 살았다는 것을.

이 이야기에서 소년은 어떠한 생각을 할까. 내가 그 소년이라면 자신의 삶을 돌아볼 것이다. 그리고 행복에 대해서 생각한 후 행복을 얻기 위해서는 무엇을 해야 하는지 고민할 것이다. 그리고 자신이 좋아하는 일이 무엇인지 생각해볼 것이다. 물론 소년은 가정을 꾸리고 화장실이 3개인 집에서 행복하게 살 수도 있다. 하지만 자신의 삶을 돌아보고 생각할 때 허무함이 밀려오는 것은 어쩔 수 없을 것이다. 후회 없는 삶을 살기 위해 노력하고 이루는 것이 모두가 가져야 할 삶의 목표가 아닐까 하는 생각이 든다. (…)

《내가 걸은 만큼만 내 인생이다》 이 책은 정말 나에게 많은 생각을 하게 만들어주었다. 내 과거도 돌아보게 해주었고 나의 비전, 꿈의 변천사를 정리할 수 있게 해주었다. 또 나의 가치관을 명확히 적어낼 수 있게 하였고 내가 가야 할 길을 가르쳐주었으며 우리나라의 교육제도에 가지고 있는 불만을 내뱉을 수 있게 해주었다. 책이 아니고 선생님 같다는 느낌이 들었다. 왜 책을 통해 세상을 배워나간다고 하는지 알 것 같다. 수행평가가 목적이 아니라 꿈을 두 번이나 접은 나의 현실, 이 상황에서 내가 할 수 있는 최선의 일을 하기 위한 목적으로 글을 썼다. 덕분에 내가 무엇을 해야 하는지 명확히 알았고 흔들리던 생각을 다잡을 수 있었다. 구체적으로 말해본다면, 올 겨울방학 때 약 2주 동안 동남아 쪽을 쭉 돌아볼 계획이다. 원래는 공부하기 바쁜 시기라 많이 고민하고 있었지만 이 책을 통해 확실히 알게 되었다. 더 넓은 곳을 바라보며, 더 높은 하늘을 바라보며, 더 깊은 생각을 하기 위해 여행을 가야겠다는 것을. 아직도 부모님께서는 염려의 말씀을 하신다. 이제 수험생인데 공부를 해야 되는 게 맞는 것 아니냐고. 내가 걸은 만큼만 내 인생이라고 했다. 고작 수능이라는 눈앞에 있는 문제 때문에 인생에 대해 생각해볼 기회를 버리고 싶지는 않다. 이에 대한 결정을 결코 후회하는 일은 없을 것이다. 내가 선택한 길이고 그에 대한 책임을 질 각오가 되어 있기 때문에 당당하게 부모님께 허락을 받을 수 있던 것이니까.

아직은 인생이라는 단어를 논하기에는 많이 부족하지만 내가 원하는 나의 모습을 다져가며 내 인생을 남에게 당당히 말할 수 있게 될 때, 다시 이 책을 찾아볼 것이다. 과거를 돌이키기 위해. 그리고 그때의 할 일을 더욱 열심히 하기 위해. **(2학년, 조건희)**

참고자료 01

서평 초안지•

1~3. 명장면, 명대사

책 내용 중 가장 기억에 남는 내용을 적고 그 이유를 자세하게 씁니다.

4. 첫 느낌

자신이 읽은 책의 이름, 저자, 출판사를 적고 자신이 이 책을 처음 봤을 때 느낌을 솔직하게 적어봅니다. 이 책을 고른 이유를 말해봅니다. (제목이나 책 표지를 본 느낌을 솔직하게 씁니다.)

5. 데자뷰

책 속 내용과 비슷한 경험이 있다면 구체적으로 써봅니다. (자신이 겪지 않았더라도 또래 친구에게 들은 이야기도 상관없습니다.)

6. 누구냐, 넌?

이 책을 쓴 사람은 어떤 사람일지 상상해봅시다. 글쓴이는 언제, 어디서, 그리고 어떤 상황에서 이 책을 썼을지 상상해봅시다.

7. 아! 왜?…

글쓴이는 이 책을 왜 썼을까 생각해서 적어봅니다. 그리고 저자의 생각에 대한 자신의 생각을 자유롭게 씁니다. (글쓴이의 생각에 동의해도 좋고, 비판해도 좋습니다.)

8. 링크링크

책을 읽으면서 떠올랐던 책, TV 프로그램, 뉴스, 신문 기사, 영화, 음악, 인터넷 정보 등이 있으면 적어봅니다. (책의 내용과 우리 사회의 모습을 연결해서 써봅니다.)

9. 깨달음

책을 다 읽은 후 새롭게 깨달은 점이 있으면 적어봅니다. (책을 읽기 전과 책을 읽은 후, 내 생각이 어떻게 달라졌는지 자세히 풀어씁니다.)

10. 기타등등 기세등등

그 외 이 책에 대해 하고 싶은 말을 아무거나 써봅시다.

• 원래 이 양식은 인천 송천고등학교에서 근무하시는 김병섭 선생님이 만든 양식이다. 독서교육 모임인 '물꼬방'에서 함께 공부하고 있는데 서평 활동을 진행하며 참 많은 도움을 받았다.

"시를 영상으로 만들어보자!"

(개별 활동) 선생님이 제시한 시 중에서 한 편을 골라 시의 내용을 정리해보자.

※ 시를 고를 때, 각 모둠에서는 시가 겹치지 않도록 해야 함.

제목		글쓴이	
시적 화자			
시적 상황			
시적 대상			
정서 및 태도			
고른 이유			

이 시에서는,

(모둠 활동)

1. 고른 시를 모둠원들에게 서로 소개해보고, 영상으로 만들 작품을 골라보자.

고른 사람	시의 제목	글쓴이	적합도	적합한(적합하지 않은) 이유
시를 고르기 위해 모둠에서 나눈 대화	※ 모둠원이 고른 시 각각에 대한 모둠원들의 의견이 담길 수 있도록 모둠원 이름을 밝히고 대화체로 씁니다.			

• 실제 아이들에게 제공된 활동지는 A4 용지 14장 분량이나 이 책에서는 여백 부분을 최소화하여 싣는다.

2. 모둠에서 고른 시의 내용을 정리해보자.

제목		적합도	
시적 화자			
시적 상황			
시적 대상			
정서 및 태도			
고른 이유			

이 시에서는,

3. 고른 시를 영상으로 만들기 위해 스토리보드를 작성해보자.•

스토리보드(Storyboard)란 촬영에 들어가기 전 종이에 작품의 전체나 일부분을 그림으로 나타내는 것을 말한다. 한마디로 제작진이나 연기자들에게 이 영상을 시각적, 청각적으로 어떻게 만들고자 하는지를 비슷하게 보여주는 일종의 계획서라고 생각하면 된다.

스토리보드에는 그림, 대사, 음악, 음향, 특수효과, 장면과 장면의 연결 방식, 각 쇼트의 길이 등을 표시할 수 있다. 그렇다고 이런 요소들이 모두 포함되어야 하는 것은 아니다. 단, 그림은 반드시 표시되어야 한다. 그림 없는 스토리보드란 있을 수 없다.

스토리보드를 그리기 위해 여러분의 대단한 그림 실력을 필요로 하진 않는다. 스토리보드의 목적은 여러분이 생각하는 바를 정확하게 보여주고자 하는 데 있다.

'영상' 부분에는 실제로 촬영하고자 하는 화면을 그려보고 '장면 설명'에 그 장면에 대한 설명을 적는다. '소리' 부분은 대사, 음악, 음향 등을 표시하고, '자막' 부분은 그 영상에 해당하는 글의 내용을 써넣는다.

• 실제 아이들에게 나눠준 활동지에는 스토리보드의 예시 사례를 제시하였고, 분량도 A4 용지 5장 정도로 넉넉히 제공하였다.

장면 번호	영상	효과	내용
		장면 설명	
		소리	
		자막	
		장면 설명	
		소리	
		자막	
		장면 설명	
		소리	
		자막	
		장면 설명	
		소리	
		자막	
		장면 설명	
		소리	
		자막	

4. 영상을 촬영할 계획을 세워보자.

촬영 일시	
촬영 장소	
준비물	
촬영 계획을 세우기 위해 모둠에서 나눈 대화	

5. 촬영한 영상을 편집할 계획을 세워보자.

편집 일시	
편집 장소	
준비물	
편집 계획을 세우기 위해 모둠에서 나눈 대화	

※ 편집은 윈도우 무비 메이커, 알씨 등 다양한 프로그램을 사용할 수 있으며, 편집 기술에 대한 정보는 인터넷을 통해 쉽게 검색할 수 있다.

6. 촬영과 편집을 위해 모둠원의 역할을 나누어보자.

역 할		이 름
감 독		
촬 영		
음 향		
편 집		
미 술		
배 역		

7. 시 영상 및 활동지 제출 방법

○월 ○일 아침 8시까지 선생님 메일로 파일을 전송하고, 활동지는 오후 4시까지 모둠장이 걷어서 국어 도우미에게 제출한다.

– 이메일 보낼 곳 : 김진영 2459466@hanmail.net

– 파일 이름 : 2학년 ○반 ○모둠

8. 친구들이 만든 시 영상을 함께 감상하고 평가해보자.

아래와 같은 기준으로 평가할 수 있습니다.

– 좋은 작품을 선택하는 안목이 있는가?

– 시의 내용이 영상과 잘 어울리는가?

– 영상과 소리가 잘 어울리는가?

– 화면의 흐름이 자연스럽게 느껴지는가?

– 모둠원들의 협동과 노력이 작품 속에서 느껴지는가?

모둠	작품 이름	한줄평	별점
			☆☆☆☆☆

최우수작품상은 (   ) 모둠입니다. 왜나하면, ______________________________

______________________________ 때문입니다."

9. 시 영상을 만들고 감상한 소감을 적어보자.

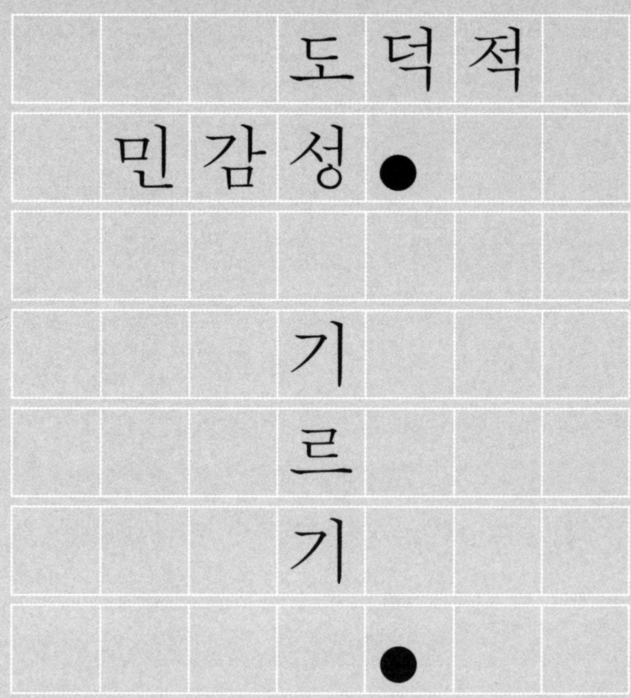

김현주
윤리, 생연중학교
arrosoir@naver.com

프롤로그, 긴 여행의 시작

고등학교 2학년 학생들과 '윤리와 사상' 수업을 시작하는 3월마다 사실 아득하고 막막한 느낌이었다.• 교과서에는 공자, 맹자, 소크라테스와 같은 무수한 사상가들이 어떠한 이야기를 했다고, 그들 각각에 대해 책 한 권 분량으로 설명해도 부족할 이야기들이 한 쪽 혹은 한 단락에 압축되어 있다. 그러나 선현들의 그 주옥같은 이야기들이 21세기에 스마트폰을 쥐고 살아가는 우리 아이들에게도 여전히 가치 있고 의미 있다는 것을 깨닫도록 돕는 일은 만만치 않다. 그 사상가들이 살았던 시대의 공기가 오늘과 다르고, 그들의 인간적 품격과 지적 엄밀함에 대해 아이들은 짐작조차 하기 어렵기 때문이다. 교과서의 도식화된 개념과 몇 마디 문장으로 박제된 지식에 생명을 불어넣어 아이들 가슴속에 파닥거리게 하는 일은 결코 쉽

• 2005년부터 2013년까지 고등학교에서 2학년 학생들에게 윤리를 가르쳤다. 2014년에 생연중학교로 전근했고, 이 글은 2009년부터 2013년까지 동두천 ○○고에서 겪었던 일들을 중심으로 서술하였다. 따라서 이 글에서 지칭하는 '우리 학교'는 동두천 ○○고등학교이다.

지 않은 일이다.

우리 학교는 인문계와 실업계•가 함께 있는 종합고등학교이다. 처음 이 학교에 발령받은 해에 나는 실업계 2학년 담임을 맡게 되었다. 당시 실업계 학급은 진학반과 취업반으로 나누어 반 편성을 했는데, 우리 반은 순수 취업을 희망하는 학생들로 편성된 반이었다. 인문계 고등학교에서 근무하다가 전근 온 교사에게 순수 취업반의 담임을 맡기는 것을 보면 반 편성과 담임 배정에 교육적 고려가 세심하게 들어 있었던 것 같지는 않다.

정확히 말하자면 나는 3월 한 달 내내 실업계 내에서 반 편성이 어떤 방식으로 이루어졌는지 모르고 있었다. 그래서 옆 반 출석부는 아주 깨끗한데 왜 유독 우리 반은 첫날부터 무단결석에 지각·조퇴가 수두룩한지 한동안 이해할 수 없었다. 나중에 이유를 알고 나니 분노가 밀려왔다. 명분이 진학반, 취업반이지 실제로 진학반은 저녁에 야간자율학습을 시킨다는 이유로 세 반 중 한 반에다 착하고 성실한 아이들을 몰아넣고, 또 한 반에다는 학교에 잘 나오지 않거나 방과 후에 아르바이트를 해야 하는 아이들을 몰아넣은 형국이나 마찬가지였던 것이다.

그래서인지 우리 반에는 기초생활수급자나 한부모 가정 등으로 학비와 급식비를 지원받지 않는 아이들이 손에 꼽을 정도로 형편이 어려운 아이들이 많았다. 징계 누적으로 한 번만 더 걸리면 퇴학 조치를 당해야 하는 아이들도 수두룩했고, 담배 피우다 걸린 반 아이들 때문에 매번 선도위원

• 실업계 고등학교라는 이름을 전문계 고등학교로, 그리고 특성화 고등학교로 바꾼 지 몇 년 되었으나 이 글에서는 실업계라는 명칭을 그대로 쓰고자 한다. 그것이 현 실업계 고등학교의 본 모습과 더 정직하게 어울린다고 생각하기 때문이다.

회에 담임으로 불려가야 했다. 수업시간에 불손한 태도를 보인 학생과 교과 담당 교사 사이에 문제가 생겨 중재해야 할 일도 많았고, 아침마다 학교에 오지 않은 아이들과 그 부모들에게, 받지도 않는 전화를 수십 통씩 돌려야 했다.

가장 괴로웠던 것은 출석부 정리였다. 대부분 학교에 나오기 싫거나 밤늦게까지 아르바이트를 하느라 늦게 일어났기 때문에 학교에 늦거나 오지 않는 학생들이 많았지만, 출결을 무단으로 처리하면 나중에 징계도 받고 졸업 후에도 취업에 불이익이 갈까 봐 병원에 들러서 처방전이라도 하나 받아오는 경우가 많은데, 그 처방전을 모은 파일만 해도 학년말엔 두툼한 책 정도의 두께로 3권이 나왔을 정도였다.

강의 중심에서 독서수업으로

사람은 구식이어서 사실 어떤 결정적인 계기가 있지 않고서는 자기가 하던 방식을 잘 바꾸지 못한다. 교사들도 마찬가지여서 수업 개선과 평가 개선에 관한 많은 연수와 사례 발표를 들어봐도 사실 지금 수업 방식이 그렇게 나쁘지 않다는 생각이 들면 바꾸려 들지 않는 경우가 많다.

나 역시 수업에서 실제로 아이들에게 배움이 일어나고 있는가 아닌가 하는 문제는 두 번째 문제였고, 일단 수업시간에는 교사가 교단에 서서 수업을 해야 떳떳하다는 고정관념이 아주 강했다. 수업시간에 진도를 나가지 않고 아이들에게 책을 읽히는 장면은 이전에는 상상하지 못했던 것이다. 개인적으로 독서를 아주 좋아해서 방과후 활동이나 동아리 활동과 같은 소그룹 지도에서는 학생들에게 좋은 책을 권하고 함께 읽고 토론해왔지만, 정규 수업에서 모든 학생들에게 책을 읽히는 수업은 이 학교에 부임하지 않았다면 시도하지 않았을지도 모른다.

전임 학교가 ○○여고였는데, 평준화 전이었던 당시 그 학교는 명문고이고 대부분 수능을 통해 정시전형으로 대학에 진학하는 학생들이 많은 편이어서 교사가 그냥 열심히 수업만 해도 되는 학교였다. 개념을 설명하고 이런저런 예시를 말로 풀어서 이야기해도 잘 따라와 주었기 때문에 수업은 거의 강의식으로 진행되었다. 아이들이 수업 내용을 자기 것으로 잘 만들고 있나 체크하기 위해서 그때 수행평가의 수업 태도 평가로 쓴 방법은 '5줄 정리하기'였다. 매 시간 수업을 듣고 노트(또는 교과서)에 오늘 수업 내용 중 새로 알게 된 사실과 느낀 점을 5줄 정도 쓰게 하고, 나중에 노트를 걷어 읽어보면서 답글을 달아주거나 잘 쓴 것을 칭찬하며 다른 학생들에게 읽어주었다. 배운 내용을 자기 지식으로 만들려면 반드시 자신의 언어로 정리해야 한다고 강조했다.

그러나 그런 방식의 수행평가를 하든 안 하든 ○○여고에는 학습 동기가 높은 아이들이 많았다. 수업시간에 제시하는 개념이나 예시의 출처와 관련된 책들을 소개하면서, 나중에 대학 가서 도서관을 서성이다가 혹 그 책들이 눈에 띄면 꼭 읽어보라고만 당부했었다. 그렇게 수많은 책 이름을 소개하면서도 직접 수업시간에 읽혀야겠다는 생각을 그 당시엔 하지 못했다. 그러나 지금 생각해보면, 그 아이들 중 몇 명이나 그 책을 나중에 스스로 도서관에서 펼쳐 읽었을까 싶다. 차라리 수업시간 중 몇 시간만이라도 그 책들을 손에 쥐여주고 직접 읽어보는 활동을 했더라면 더 좋지 않았을까. 그러나 그때에는 독서수업이 스스로에게 그렇게 절실하지 않았다.

윤리 교과서, 아이들의 삶에서는 먼 나라 이야기였을 뿐

그러다가 동두천 ○○고로 전근해 오면서 수업의 중심을 강의에서 독서교육으로 옮기지 않을 수 없는 절박함 같은 것이 생겨났다. 수시전형으로 대학 가는 아이들이 대부분인 학교와 이른바 비평준 '명문' 고등학교 학생들 사이에는 상당한 학력 차이가 있었다. 이전 학교에서 했던 수업 내용을 많이 덜어내고 교과서에 나온 개념만으로 단순하게 수업을 진행했는데도 아이들은 졸거나 힘들어했다. 한마디로 윤리 교과서에 나오는 이데올로기니 칸트니 헤겔이니 하는 얘기는 수능시험 치를 것도 아닌 아이들의 삶과는 하등 관계없는 먼 나라 이야기였던 것이다. 수업 방식을 바꿔야 했다.

그럼에도 그 아이들의 삶을 들여다보면, 사람에게 왜 윤리적 사고가 필요하고 학교는 왜 학생들을 장차 제 삶의 주인으로 살게끔 도와주어야 하며 또한 올바른 정치 참여를 하는 시민으로 길러야 하는지에 대한 진정한 이유들을 찾아볼 수 있었다. 아이들은 자기 상처가 너무도 커서 남의 상처를 돌보려 들지 않았고, 본인 스스로 가꾸어가야 할 자신의 삶과 미래에 대한 전망이 너무나 막연했다. 또 학력 위주 사회의 사회적 약자로서 가져야 할 문제의식이나 정의로운 사회에 대한 도덕적 민감성 같은 것들은 거의 생각하지도 못한 채 하루하루 어렵고도 지루한 개념 주입식 수업에 몸만 출석해야 했다. 사실 교과서 내용에 대한 문해력 자체가 낮은 편이어서, 교과서에 나오는 인물마다 수염을 그리거나 점을 찍거나 낙서를 하면서 수업시간이 의미 없고 지루하다는 사인을 보내거나, 아예 교과서를 가져오지 않는 경우도 있었다. 우리 아이들에게 필요한 건 입시용 윤리 개념 학습이 아니라, 살아가는 데 필요한 기본 마음가짐이나 사고방식과 관련된 실전용 윤리 교육이었던 것이다.

게다가 우리 학교는 규모가 작아서 윤리 교사는 나 혼자였고, 가장 많게는 한 학기에 수업시수 22시간에 도덕, 윤리와 사상, 전통윤리, 시민윤리 이렇게 4과목을 가르쳐야 했다.• 시험문제 출제도 수행평가도 4과목을 혼자 진행해야 했다. 처음 1년 동안은 반쯤 잠든 아이들 앞에서 피곤하고 지친 채 세계의 위기를 운운하고 자본주의니 참여민주주의니 하며 거창한 이야기를 외롭게 혼잣말하고 있었음을 고백한다. 그나마 수업을 듣는 몇몇 성실한 아이들에게도 그것은 결코 와 닿는 이야기가 아니었을 것이다.

윤리 교과서에서 배우는 지식이 자신의 삶과 이 세계와 어떻게 관계 맺고 있는지를 의미화해주는 것이야말로 윤리 수업의 궁극적 목적일 것이다. 의미화는 개념을 이해한 후에야 가능한데, 개념 이해는 그 개념에 대한 인지적·경험적·정서적 기본기가 형성되어 있지 않으면 쉽게 이루어지기 어렵기 마련이다. 수학이나 영어만 기초가 필요한 것이 아니라 윤리를 배울 때에도 개념 이해에 필요한 인지적·정서적 기본기는 필요하다. 인간과 세상을 보는 안목을 갖추게 하려고 가르치는 윤리나 사회 교과가 아직 경험의 폭이 좁은 학생들에게는 그저 단순한 암기과목에 지나지 않게 되는 이유는 이 때문이다. 나 나름대로는 쉽게 풀어서 간략하게 가르치

• 교육 과정 개편 전에는 이렇게 4과목이었지만 현재는 '윤리와 사상', '생활과 윤리' 두 과목이 선택과목으로 되어 있다.

고 있다고 생각했는데도 학생들 반응은 너무 어렵다고 했다.

정말 많이 고민되었다. 과연 내가 가르치는 것이 이 아이들에게 어떤 의미를 가질까. 윤리를 '교과'로서 어렵다고 느끼면 느낄수록, 어쩌면 가장 중요한 윤리적 감수성, 즉 타인의 고통이라든지 이 세상(자신 또한 그 일부일 수밖에 없는)의 여러 가지 윤리적 문제들에 대한 도덕적 민감성 같은 것으로부터 오히려 더 멀어지게 하는 건 아닐까. 타인의 고통은 둘째 치고, 자기 자신에 대한 자존감과 무엇인가 추구할 만한 가치가 있는 삶을 향한 의지, 또 어엿한 정치적 주체로 살아갈 시민의식 같은 것들을 일깨워 주어야 할 시간에, 뭔가 잔뜩 추상적인데 알아들을 수 없는 이야기로 좌절감과 졸음만을 불러일으키고 있는 건 아닐까. 이런 고민 끝에 시작한 것이 독서수업이었다.

지금, 여기에서 일어나는 일에 대한 도덕적 민감성을 위하여

독서수업의 목표는 '지금, 여기에서 일어나는 일에 대한 도덕적 민감성 기르기'로 정하였다. 개념 전에 현실이 있는데 그 현실에 대해 전혀 인식하지 못하면 개념으로 들어갈 수 없다. 우리 아이들에게는 현실에서 윤리적으로 사고할 필요가 있는 일들이 무엇인지, 즉 어떤 일들이 일어나고 있는지 제대로 인지하고 감응하는 것이 가장 먼저 필요한 일이라는 생각이 들었다. 그것은 윤리 공부에서 기본기, 곧 기초체력과도 같은 일이다.

그래서 1학기에는 《힐 더 월드》(국제아동돕기연합)라는 책을 40권 마련해 함께 읽고, 2학기에는 EBS에서 방영됐던 《지식e》(전8권)를 각 5~7권 씩 사서 수업시간에 함께 읽었다. 두 책 모두 사진과 그림이 많고 내용이 아주 쉽고 함축적이며, 무엇보다 더 나은 세상을 바라는 바람직한 교양인의 시각과 윤리적 메시지가 담겨 있다. 각 장마다 주제가 독립적이어서 책의 어디를 펼쳐서 읽기 시작해도 무방하며, 하나의 주제에 20~30분 정도의 독서 시간을 들이면 대체로 그 문제의 심각성 내지는 관심의 필요성을 이해할 수 있도록 되어 있다.

2010년에 처음 독서수업을 시작했을 때는 학기당 5회를 하다가 2011년에는 7회, 2012년에는 9회로 점차 횟수를 늘려갔다. 그리고 2013년 1학기에는 주당 4시간 중 1시간을 독서수업 시간으로 했으며, 3월부터 수행평가 제출 기간 전인 6월 초까지 총 10회를 진행했다. 2학기에도 같은 방식으로 총 9회를 독서활동 수업으로 하였다.•

독서활동을 하면서 아이들은 지구상에서 지금도 계속 일어나고 있는 빈곤, 가난, 아동노동, 분쟁으로 인한 대량학살, 생물종 멸종, 지구온난화, 자원고갈 같은 문제들에 대해 자세히 알게 되면서 관심을 갖게 되었고, 그러한 말도 안 되는 상황이 벌어지는 게 안타깝고 화가 난다고 했다. 이러한 감정의 동요야말로 도덕적 민감성이 움트는 씨앗 같은 것 아닐까.

• 독서활동을 하지 않는 나머지 시간에는 주로 교과서에 나오는 개념을 소개하고, 관련 영상을 보고 생각하는 글쓰기를 하는 강의식 수업을 진행하였다.

힐 더 월드
: 마음을 두드리다

《힐 더 월드》는 환경, 기아, 전쟁, 질병 등 지구촌에 산재한 문제들을 마치 팸플릿처럼 가독성 높게 정리해놓은 책이다. 책을 읽기 전에 흥미를 유도하고 자신의 관심사를 체크해보는 체크리스트(참고자료 1)를 주어 학생들 스스로 한 학기 뒤에는 얼마나 변화했는지를 점검해보도록 하였다. 독서수업 시간에는 목차에서 하나의 주제를 골라 20~30분 정도 읽고, 남는 시간에는 독서활동 기록지(참고자료 2)를 작성했는데, 이 주제에 대하여 '새로 알게 된 사실'과 '느낀 점(나의 삶과 연관 짓기)', '인상 깊은 문장'을 쓰도록 했다. 그리고 이 기록지를 모아두었다가 나중에 학기말 수행평가 때 독서활동 보고서로 묶어냈다. 아이들이 작성한 독서활동 기록지 중 몇 편을 소개해본다.

급식에서 먹기 싫다는 이유로 잔반통에 버려지는 당근, 콩 죄송합니다ㅠㅠㅠ 이런 것들도 없어 눈이 멀고 굶주리고 생명을 잃는 사람들이 있는데… 정말 스스로 반성하는 계기가 되었다. 현재 힘들더라도 굶어 죽지는 않는 정도인 우리나라 서민들도 올라간 물가에 허리띠를 졸라매고 있는데 아프리카, 필리핀 등 삼순구식이 흔한 나라의 사정은 불 보듯 뻔하다. 그런데 그 식량 가격 폭등의 원인이 시카고 국제 식량거래처라니? 나는 지구온난화가 진행되어서 가뭄이 들어 식량 생산이 줄어들고 물가가 폭등했을 거라 생각했는데 이는 실로 새로 알게 된 사실이다. 대부분의 사람들이 자신의 이익을 추구하지만 윗선에서 이익을 보다 많이 추구하려 할 때 많은 사람들은 피해를 본다. 소수로 인해 다수가 죽어가는 아이러니한 약육강식이 반복된다. 그 소수의 사람들에게도 식량이 없어서 죽어가는 사람들을 불쌍히 여기고 이해할 수 있는 기회, 아니 능력이 주어졌으면 좋겠다. 태어난 환경, 출신 등 태어나서 주어지는 것들로 차별을 받으면 안 된다 했는데 지금 이 상황에선 '생존' 자체가 차별받고 있다. 그것이 당연히 여겨지고 있는 것이 참 안타깝다. **(2학년, 김혜선)**

기아 난민 문제를 다룬 〈우리는 왜 지구의 절반이 굶주리는지 알고 있다〉 편을 읽고 쓴 글이다. 내용을 보면 식량의 절대량이 부족하여 기아 난민이 생기기보다는, 소수 곡물 메이저 기업들이 매주 수백만 달러를 벌어들이기 위해 세우는 전략에 따라 전 세계의 식량 가격이 좌우되기 때문에, 곡물 가격이 폭등하면 식량 자급자족이 되지 않는 나라의 사람들은 굶주릴 수밖에 없는 구조라는 것을 알게 된다. 혜선이는 책을 읽는 동안 이런 문제를 정확히 인지하고 도덕적 가치판단을 내리고 있다.

우리 공장에서 일하는 '살로메'라는 케냐 여성이 있다. 살로메는 한국에 온 지 다섯 달째라서 한국말이 능숙치 않다. 나는 그녀를 '샬롬'이라고 부른다. '나트'는 샬롬의 남편인데 가나 사람이고 한국에 온 지 3년 정도 되었다고 한다. 나는 매주 토요일 오후에 공장에 가서 샬롬과 대화를 하는데 기막힌 말을 들었다. 샬롬이 케냐에서 유치원 선생님이었다는 것. 샬롬과 나트 모두 대학을 나왔지만 나라가 가난하니 자식도 둘이나 있는데 한국에 온 것이다. 엄마께 여쭤보니 샬롬의 한 달 월급은 110만 원이라고 했다. 케냐에서 샬롬은 50만 원을 받았다고 한다. 이러니 한국에 올 수밖에 없었던 것이다. 왜 원조가 블랙홀인지 알게 되었을 때에는 '앞으로 기부하지 말까'라는 생각도 했다. 내가 아이스크림 살 돈 천 원 아껴서 기부하면 니제르의 아이 한 명이 영양주사를 맞고 살 수 있음에도. 우리는 이미 가지고 태어났기에 없을 때의 고통을, 그게 고통이라는 것조차 모르는 것이다.

(2학년, 신지현)

지현이는 〈원조의 블랙홀〉 편을 읽고 성과주의에 치우친 선진국의 일방적 원조는 소모성 비용이 상당이 많고 밑 빠진 독에 물 붓기라는 것을 이해했다. 중요한 것은 시혜가 아니라 그들의 자립 능력을 키워주는 것이며, 어떻게 돕는 것이 더 효율적인지에 대해서 책을 읽고 정리하였다. 왜 외국인들이 이주노동을 할 수밖에 없는지에 대해 이해하려는 자세를 가지고 자신의 주변에서 사례를 찾아보면서 배운 것과 연결시키는 태도를 엿볼 수 있었다.

이 페이지를 펴는 순간 나는 귀여운 하프물범 사진에서 눈을 뗄 수가 없었다. 이 하얗고 말똥말똥한 눈을 가진 아이가 모피의 재료가 된다는 것에 대해 놀랐지만 바로 옆 장에 있는 이야기를 읽고 더 놀란다. 이 귀여운 아이가 그렇게 잔인한 방법으로 죽고 부유한 사람들의 사치품이 되다니. 가끔 TV에서 모피를 반대하는 연예인이나 광고에서 모피 반대를 하는 걸 보면, 동물들이 불쌍하긴 하지만 그 비싼 모피를 일반 사람들은 못 입고 부유한 사람들만 몇몇 입으면 그 수가 적으니까 괜찮지 않을까라고 생각했는데 이 글을 읽고 아예 생각이 바뀌어버렸다. 이렇게 작고 귀여운 아이들이 몇천만 마리씩 잔인한 방법으로 죽어나간다니… 동물들도

생명인데…. (2학년, 이지혜)

〈모피 잔혹사〉 편을 읽고 쓴 글이다. 많은 학생들이 하프물범의 귀여운 모습에 이끌려 이 주제를 읽고 모피산업이 얼마나 잔혹한 인간의 만행인지를 이해한다. 매년 8,000만~1억 마리의 동물이 모피를 위해 죽임을 당한다는 사실과 질 좋은 모피를 얻기 위해 산 채로 가죽을 벗긴다는 사실을 알고 충격을 받는다. 지혜는 이 사실에 너무 놀라서 모피 반대를 검색해 여러 동영상들을 찾아보고 중요한 장면들을 자세히 캡처해서 심화 주제탐구로 정리하였다.

내가 열 살일 때, 친구 문제가 세상에서 제일 힘든 줄만 알았다. 좋아하는 것은 하고 싫어하는 것은 하지 않으면서 마음 편히 지내왔다. 하지만 그때 세계 곳곳의 아이들은 너무 일찍 세상의 무게를 알아버렸다. 고등학생인 우리들도 9~10시간 공부하기가 힘든데, 아동 노동자들은 하루의 반을 강제 노동에 시달린다. 누군가에게는 가장 달콤한 시간을 선사하는 초콜릿이 아동 노동자들에게는 약보다 쓴 고통이 되고, 누군가에게는 가장 따뜻한 보금자리를 마련해주는 양탄자가 이 아이들에게는 차가운 공장 바닥에서 일해야만 하는 슬픔이 되는 것이다. (…) 아동 노동이 생기는 근본적인 원인을 생각해보았다. 아동들이 이른 시기에 공장에 가게 되는 이유는 부모의 양육 능력이 부족하기 때문이다. 그것은 부모가 무능해서가 아니라, 그들의 노동량에 상응하는 보수를 주지 않아 생기는 문제다. 아동 노동자를 구출함과 동시에 노동자들에게 적절한 임금을 줄 수 있도록 국가가 나서야만 한다. 국가의 경제력이 부족한 개발도상국은 선진국들이 그들 스스로 경제 발전을 시킬 수 있도록 자생력을 키워주고 말이다. 단순한 줄 알았던 아동 노동 문제도 다른 사회적 문제들이 연쇄고리처럼 얽혀 있단 것을 이번 시간을 통해 처음 알았다." **(2학년, 임혜련)**

아동 노동 문제를 다룬 〈키드〉 편을 읽고 쓴 글이다. 전 세계 아동 노동자의 수는 2억 1,800만 명이고 그중 3분의 1은 10세 이하이며, 하루에 10~14시간씩 일해 100원 정도 받는다고 한다. 이런 사실을 접한 아이들은 그 부조리함에 놀라고 자신의 삶이 그나마 덜 고통스럽다는 것을 자각하게 된다. 또한 아동 노동 문제의 근본 원인이 일하는 부모의 임금만으로는 생계를 정상적으로 이어나가기 어려운 불합리한 저임금 상황과 맞물려 있다는 점을 알게 된다. 40여 년 전까지만 해도 우리나라에서 빈번하게 일어났었던 일임을, 전태일은 근로감독관과 대통령에게 보낸 편지에서 증언하고 있다.

"2만여 명 중 40퍼센트를 차지하는 시다공들은 평균 연령 15세의 어린이들로서 (…) 굶주림과 어려운 현실을 이기려고 하루에 90원 내지 100원의 급료를 받으며 1일 16시간의 작업을 합니다."

가난이 야기한 노동 학대 상황은 시공간을 옮겨가며 되풀이되고 있다.

무지와 가난에서 벗어나려면 경제가 발전해야 하는데, 가장 활발하게 경제활동을 해야 할 청장년층의 에이즈 감염률과 사망률이 높아 사회 발전에 장애가 되고 있단다. 가난하니까 약을 먹지 못하고 약을 먹지 못하니까 젊은이들이 죽거나 경제활동을 하지 못하고, 결국은 가난해진다. 이 끔찍한 악순환이 언제까지 계속될는지, 이들의 고통을 덜어줄 수 없는 건지. 영토를 얻기 위한 무의미한 희생과 전쟁은 멈춰야 하지 않을까. 우선 가난하고 아프고 병든 이들을 돌보는 게 국가의 일이 아닐까 생각이 들었다.

(2학년, 김수진)

아프리카의 에이즈 실태를 보여주는 〈무키뮈 무키뮈〉 편을 읽고 쓴 글이다. 에이즈 치료약의 특허권 로열티가 너무 비싸서 아프리카 사람들은 감염에 노출되어도 치료할 수가 없다. 수진이는 중학교 시절 암 투병을 해서 한동안 학교에 나오지 못하고 휠체어를 타고 생활했었다고 한다. 그래서 아픈 사람들이 치료받지 못하는 상황에 대해 더욱 민감하게 반응하는 것인지도 모른다. 어린 시절의 장래 희망이었던 여군의 꿈을 접고 다른 길을 모색하고 있는 수진이의 마지막 글은 이렇게 끝난다.

책을 읽기 전에 나는 내가 불행한 사람이라고 생각했지만 그게 아니라는 걸 깨달았다. 다리 한 쪽 불편한 게 대수인가 싶었다. 아예 없는 것도, 쓸 수 없는 것도 아닌데. 물론 예전에는 일 년 넘게 휠체어만 타고 내 의지대로 움직일 수 없었지만 지금은 내 발로 걸어다니면서 내 삶을 살고 있다. 그렇게 되기까진 많은 사람들의 도움이 있었다. 내가 혼자 모든 것을 감내해낸 것이 아니듯 세상의 불우한 사람들에게도 우리가 여러 도움을 준다면 그들도 언젠가는 행복하게 자신의 삶을 살아갈 수 있지 않을까.

(2학년, 김수진)

수진이의 글을 읽으면서 시련이 사람을 얼마나 성숙하게 만드는지 생각해보게 되었다. 교실에서 읽어주면서 나는 수진이의 속 깊은 이야기에 감동했다고, 그리고 너를 응원한다고 말해주었다. 그 후 수진이는 나를 찾아와서 실컷 울고 싶다며 자신의 이야기를 꺼내놓았다. 너무 큰 슬픔 때문에 더 열심히 괜찮은 척하며 살아온 것이 무척 힘들었었던 것 같았다. 그래도 수진이는 알고 있었다. 자기 혼자 모든 것을 감내해낸 것은 아니라는 것을. 그래서 세상의 고통은 나누어 짊어져야 한다는 것을. 수진이의 글을 읽고 나는 생활기록부 교과 독서활동 상황란에 이렇게 기록해주었다.

"《힐 더 월드》를 읽고 현대 사회의 윤리 문제에 관한 독서활동 보고서를 작성함. 특히 아동 노동 문제, 아프리카의 지하자원 채굴 현장에서 벌어지는 저임금과 인권 침해 문제, 환경보호와 채식주의를 실천하는 사회 유명인사들에 대하여 심화 주제탐구를 충실히 하였으며, 자신보다 훨씬 고통 받고 살아가는 이 시대 사람들의 삶을 통해 자신의 고통을 돌아보고, 고통을 혼자 감내하지 않고 극복할 수 있도록 서로 도와야 한다는 생각을 자신의 삶과 연관 지어 진솔하고 감동적으로 표현함."

지식e
: 감성을 열고 이성을 깨우다

2학기 책은《지식e》인데, 현재 8권까지 발간된 이 책은《힐 더 월드》와 비슷하게 내용이 간결하고 사진 자료가 많지만《힐 더 월드》보다 다루는 주제가 광범위하고, 시사적인(혹은 역사적인) 맥락을 모르면 이해하기 다소 어려운 부분이 좀 있다.《힐 더 월드》가 기아, 난민, 환경, 자원 등 보편적인 세계시민 윤리에 관한 것이라면,《지식e》는 좀 더 구체적인 사례를 들어 우리 사회의 현실을 바라보거나 역사를 돌아보도록 한다. 시사적인 이슈와 과학기술, 경제, 인물, 사회 문제 등 넓은 의미의 '교양'에 목적을 두고 만들어진 5분짜리 방송을 책에 담은 것이라서 윤리 시간에 학생들에게 읽힐 가치가 있다. 주제가 광범위한 만큼 학생들에게는 자기의 진로 목표와 관련된 인물이나 소재들을 찾아보거나, 윤리 교과서에서 다루는 여러 가지 윤리적 딜레마 논쟁과 관련된 주제들을 찾아서 읽어보라고 권했다. 책을 읽은 후에는 역시 아이들에게 독서활동 기록지를 작성해보도록 했는데, 그중 몇 편을 소개해본다.

링컨이 다 잘한 것만은 아니다. 흑인 노예들의 힘으로 전쟁에서 승리를 하게 되었지만 그들의 참정권이나 투표권 등 정치적으로 참여 가능한 방법들은 모른 척하고 넘어간 것은 비판받아야 된다고 생각한다. 그리고 흑인 노예들은 어느 한 부분에선 우리 청소년들과 비슷하다고 생각했다. 내가 알바를 해봤는데, 일은 엄청 시키고 힘든데 돈은 너무 적게 준다. 미국 북부에서 애초에 노예 해방을 주장한 것도 값싼 가격에 흑인 노예들의 노동력을 이용하려 한 것과 지금의 청소년들을 저임금에 쓰는 것과 닮은 것 같다는 생각을 해보게 되었다. **(2학년, 이승훈)**

노예 해방과 민주주의에 관한 연설로 유명한 링컨이 사실은 노예들을 민주시민의 한 구성원으로 받아들이기 위해 싸웠던 정의의 투사는 아니라는 점을 정확히 지적하고 있다. 노예 해방은 남부의 노동력을 북부 공업지대로 유인하기 위한 하나의 경제적 결정이었다. 노예 신분에서 해방된다는 것은 결국 제 입을 제 노동으로 먹여 살리지 않으면 안 되는, 자유롭지만 처절한 취업 전선에 선다는 의미인 것이다. 당장 무슨 일이든 하지 않으면 삶이 지속되지 않는 가난한 사람들은 부당한 처우와 저임금을 감수할 수밖에 없다. 이 점을 오늘날 우리 사회의 청소년 아르바이트와 연관지어 생각한 점이 신선했다.

이 글을 쓴 승훈이는 수업을 아주 열심히 듣거나 성적이 아주 좋은 모범생은 아니다. 지각도 잦고 수업시간에 잘 때도 있고 잡담도 가끔 하는 여드름 많은 남학생이다. 그러나 이 아이는 매번 통찰력 있는 글을 쓴다. 투기를 조장하는 금융 파생상품과 잘못된 금융제도에 대한 탁월한 식견을 보여주는가 하면 장애인 정책에서 부양의무제라는 제도가 왜 잘못된 제도인지 비판하기도 하고, 수업시간에 강조한 롤스의 '정의론'을 들어 사회적 약자 배려의 의미를 정리하기도 한다. 시험 점수나 석차에서는 드러나지 않는 승훈이의 이러한 통찰력을 글에서 발견하는 즐거움이 크다. 이 점을 칭찬해주니 무뚝뚝한 승훈이는 나중에 이런 쪽지를 내게 보내주었다.

"선생님 열정이 담긴 수업 잘 들었습니다. 선생님은 윤리 선생님답게 노력한 만큼은 인정해주시는 것 같아서 감사합니다. 다른 학교에 가서도 그 모습 변치 마시고 건강하세요."

루이스 칸이라는 건축가는 정말 대단한 것 같다. 비록 집안이 가난하여서 가족들이 어린 칸이 목탄으로 그린 그림을 팔아서 살림으로 보태야만 했지만, 이러한 상황에서 아르바이트를 해서 건축학과까지 졸업한 그를 보면 정말 본받을 점도 많은 것 같고 후회했던 일도 생각이 난다. 요리사라는 꿈을 5년 동안 꾸면서 열심히 준비해왔는데 집이 가난하다는 이유 때문에 한순간에 꿈을 바꿔버렸던 내 자신을 생각하면 아직도 후회하고 있는 것 같다. 그때 루이스 칸처럼 집안 사정에 연연하지 않고 더 열심히 했다면 지금까지 요리사라는 꿈을 가지고 있을 것이다. **(2학년, 홍지원)**

지원이의 현재 꿈은 사회복지사이다. 원래 요리사가 꿈이었다는 것을 이 글을 읽고 알았다. 그 꿈을 뒷받침해줄 수 없는 자신의 형편을 고려해서 사회복지사의 길을 가기로 한 지원이는 소외된 이웃에 대한 이야기, 그들을 돕는 이야기들을 찾아 읽는다. 노숙자들의 자활을 돕기 위한《빅 이슈》라는 잡지에 관하여 읽으면서 봉사활동의 방식이 여러 가지라는 점을 깨닫고, 자폐증에 대하여 읽고 장애인 인권을 고민하며, 철거 명령에 맞서 자기 몸에 불을 지르면서 싸우는 떡볶이 노점상의 이야기에 안타까워한다. 지원이는 분명 좋은 사회복지사가 될 것이다. 그리고 50세가 넘어 비로소 건축가의 직함을 갖게 되었던 루이스 칸처럼, 지원이 또한 느리고 더디더라도 마침내 요리사의 꿈을 이룰 수 있을 거라 믿는다.

이 주제를 읽으면서 인간의 당연할 수 없지만 당연해지는 행동과 심리에 대해 많은 생각을 하게 되었다. 사람들은 모두 비인간적인 행동과 비윤리적인 행동을 비난하고 자신은 그렇지 않다고 말하지만 권력자의 억압과 그 두려움 앞에서는 비윤리적이고 비인간적인 행동을 아무렇지 않게 한다. 나 또한 작년에 무서운 선배들에게 이유 없이 욕을 먹고 눈치를 받았지만 당당히 따질 수가 없었다. 내가 그 비윤리적인 행동을 따지고 난 뒤 선배들의 보복이 두려웠기 때문이다. 나는 이유 없이 욕을 들어도 친구가 욕을 들어도 가만히 있을 수밖에 없는 것이 당연하지 않으나 당연한 것처럼 행동했다. 나도 어쩌면 450볼트의 버튼을 누른 57퍼센트의 사람과 다

를 것이 없다는 생각을 했다. (2학년, 손예인)

스탠리 밀그램의 전기충격 실험은 우리가 얼마나 권위에 쉽게 복종하게 되는지를 돌아보게 한다. 사람들은 차마 남에게 고통을 주는 일은 하지 않겠다고 막연히 생각하지만, 실제로는 어떤 행동의 결정권자가 내가 아닐 때, 그 책임을 내게 묻지 않을 때, 분명 옳지 않다고 판단해야 마땅한 상황에서도 명령대로 움직이는 경우가 많다. 《예루살렘의 아이히만》에서 한나 아렌트가 '악의 평범성' 개념으로 밝혔듯이, 가장 큰 악은 외부 권력의 명령에 복종하면서 스스로 옳고 그름을 사고하지 않는 것에서 비롯된다. 예인이는 이 실험에 대해 읽고 용기를 내지 못했던 지난날의 자기 자신을 돌아본다. 당연하지 않은데 당연한 것처럼 행동했다는 양심적인 자기 고백과 성찰이 묻어나는 글이다. 권위와 권력에서 자유롭지 않은 인간 조건 속에서 어떻게 양심을 지켜낼 것인지 스스로에게 묻는 예인이는 지금 바르게 잘 자라고 있다. 참 예쁘다.

전태일이 분신할 때 근로기준법은 잘 되어 있었다는데 '전태일은 왜 자신의 몸에 불을 질렀을까?'라는 생각도 잠시, 그가 자신의 몸에 불을 지를 때 외친 말이 눈에 밟힌다. 전태일은 근로기준법을 마련하라고 불을 지른 게 아니라 근로기준법을 지키라고 불을 지른 것이다. 사실상 법은 잘 마련되어 있는데, 이것을 지키면 모두 행복해질 수 있는데, 이를 지키지 않으면 무슨 소용일까라는 생각이 든다. 이 사건 이후 노동 환경을 나아지게 한 것은 국가가 아니라 사실상 노동조합이 결성되고 난 뒤였다. 이를 통해서도 알 수 있듯이 법이 아무리 잘 되어 있어도 결국 세상을 바꾸는 것은 국

민의 관심이라고 생각한다. **(2학년, 박유민)**

이런 글을 읽으면 교사가 구구절절 말로 설명하는 것보다 좋은 책 한 권을 학생 앞에 놓아주는 것이 백 번 낫다는 생각이 든다. '근로기준법을 준수하라'고 외쳤던 전태일의 유언에서 문제는 법이 아니라 법을 무시하는 관행, 법을 비웃는 권력에 있음을 간파해내고 있다. 유민이는 이 외에도 독서활동을 통해《시사저널》에서《시사인》이 무슨 이유로 분리되어 나왔는지도 알게 되어 언론 자유의 가치를 수호한 기자들이 멋있다고 느꼈고, 전 세계의 언어가 2주일에 1개꼴로 사멸하고 있다는 사실에 안타까워했으며, 〈은하철도의 밤〉•에 담긴 문명 비판과 작가 미야자와 겐지의 철학에서 진정성을 발견하기도 했다. 그리고 마지막 감상문에 이렇게 썼다.

"《힐 더 월드》를 통해서 마음을 활짝 열어 주위를 둘러보는 포용력을 얻었다면,《지식e》를 통해서는 열린 마음으로 사람들이 힘들어하는 이유, 해결 방안 등을 배울 수 있었다."

정말 유민이 혼자 다 배웠다. 나는 책 한 권 줬을 뿐인데. 기특하다.

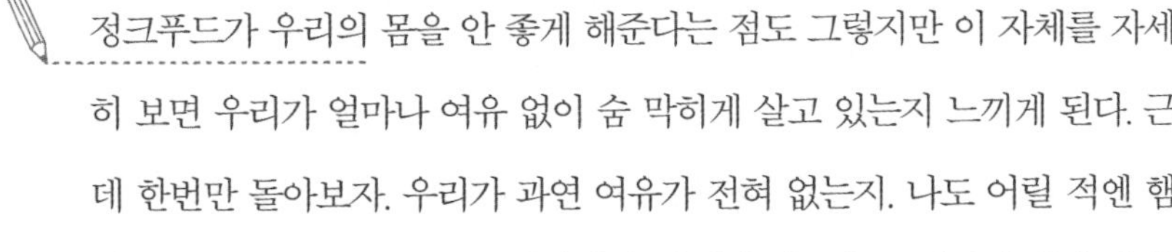

정크푸드가 우리의 몸을 안 좋게 해준다는 점도 그렇지만 이 자체를 자세히 보면 우리가 얼마나 여유 없이 숨 막히게 살고 있는지 느끼게 된다. 근데 한번만 돌아보자. 우리가 과연 여유가 전혀 없는지. 나도 어릴 적엔 햄버거, 감자튀김 하면 너무 좋아했었다. 하지만 지금은 그것들이 내 속에 부

• 1980년대에 한국에서 방영되었던 만화영화 〈은하철도 999〉의 원작이다.

담이 될 때가 있다. 그러나 여전히 종종 아침을 거르고 오는 편이다. 말이 '슬로푸드' 운동이지만 우리 한번 '슬로 라이프' 운동을 해보는 건 어떨까. 그리고 나도 이젠 아침, 저녁을 느긋하게 집에서 밥 좀 먹어볼까. 이번 주제를 읽으니 엄마 밥이 그립다. (2학년, 윤범모)

독서활동 기록지에 쓴 '엄마 밥이 그립다'는 범모의 이야기는 처음엔 큰 감흥이 없었다. 패스트푸드 말고 정성이 담긴 밥을 먹고 싶은가 보다 했다. 그런데 범모의 심화 주제탐구 보고서를 보고 나서야 왜 엄마 밥이 그리웠는지, 그리고 범모가 그동안 왜 그렇게 밝게 웃는 모습이 드물었는지도 이해되었다.

그리고 우리나라가 점점 성장하면서 국민이 소비하는 의료 수준도 높아지는 것이다. 그런데 이를 국가가 부담하기에는 무리가 있다는 것이다. 그 이야기를 들었을 때 어느 사회복지국가가 생각났다. 하지만 얼마만큼의 무리가 가는지는 짐작이 안 가기 때문에 그렇게까지 와 닿지는 않았지만 이전처럼 극단적으로 인간성 문제까지는 들어가지 않게 되었다. 하지만 난 여전히 의료보험 민영화에 반대하는 입장엔 변함이 없다. 내 친엄마께서 위암 말기로 초등학교 6학년 때 돌아가셨다. 결국은 돌아가셨지만 만약 우리 집이 너무 가난해서 병원에서 암 진단 받을 수 있을 정도의 돈이 없어 진단도 받지 못하고 갑자기 이별해버렸다면 이유도 모른 채 나는 울지도 못했을지 모른다. 돈 없는 사람들에겐 진료받을 기회가 없다는 것이 아닌가. 역시 의료보험 민영화는 그리 좋은 정책 같진 않다. (2학년, 윤범모)

처음에 범모는 의료 민영화를 무조건 반대하면서 민영화를 밀어붙이는 정치인들의 인간성까지 공격했었다. 그러나 민영화를 주장하는 사람들의 논리를 조사해본 결과 나름대로 근거가 있다는 점은 인정하게 되었다. 그럼에도 민영화를 반대하는 자신의 입장에는 큰 변화가 없었는데, 그 이유가 바로 본인이 겪었던 어머니의 암 투병이었던 것이다. 나는 범모에게 논리의 타당성보다 더 중요한 것은 논리의 건전성이며, 무엇이 더 건전한가를 가르는 기준은 그것이 생명이나 인권과 같은 윤리적으로 중요한 가치를 수호하려 노력하는가 아닌가에 달려 있는 것이라고 말해주었다. 그리고 범모를 엄마의 마음으로 한번 꼭 안아주었다.

우리는 그렇게 함께 책을 읽었다!

1년의 독서활동을 마무리하면서 아이들 보고서를 읽는다. 수업시간에 매주 한 번 독서를 하자며 좋은 책을 골라 손에 쥐여주는 것은 교사가 했지만, 무엇을 읽을지 정하고 그중 어떤 것을 더 심도 있게 탐구해볼지는 전적으로 아이들 스스로 정했다. 아이들의 관심사와 마음가짐, 사고의 깊이에 따라 독서활동 보고서는 천차만별이었다. 자기가 가지고 있는 바탕만큼, 딱 그만큼의 바탕 위에서 각자 생각을 키우고 의미를 만들어갔다.

윤리적 사고의 기본기는 현실 인식이다. 현실에서 무슨 일이 일어나고 있는지 일단 알아야 하고, 그것에 대하여 옳고 그름의 가치판단을 할 수 있어야 한다. 이러한 현실 인식이 전제되지 않은 상태에서 윤리 교과서에 나오는 무수한 개념을 접하게 되면, 뭔가 잔뜩 추상적이기만 하고 와 닿지 않는 이야기라서 그저 시험용으로 외우고는 잊어버리기 십상이다. 독서활동은 이렇게 아직은 경험의 폭이 적은 학생들에게 현실 인식의 시야를 넓혀주고 간접경험을 할 수 있게 해주기 때문에, 수업 내용과 연관될 경우 그 개념이 더욱 생생해지도록 하는 역할을 한다. 그리고 자신이 속해 있는 시공간에서 세상에 기여하는 방식으로 어떻게 자신의 미래를 만들어나갈지 궁리하고 구체적인 그림을 그릴 수 있도록 한다.

그런 보고서 중 하나를 소개해본다. 수업시간에 독서활동을 하는 목적을 정확하게 보고서로 구현한 학생의 최종 활동 감상문이다. 책을 읽기 전과 후의 자신을 성찰하는 태도뿐만 아니라 자신의 미래를 설계하는 당찬 모습이 교사인 내 마음에도 뭉클하게 다가왔다.

읽기 전 우리나라 시사 상식에 대해서는 아침 뉴스에서 간략하게 정리해주는 것만 수박 겉핥기식으로 들었었다. 사회 문제에 대한 기사를 읽으면 한 순간 감동이나 문제의식을 느끼곤 잊어버렸다. 가볍게 들은 지식으로 편견과 고정관념을 가지고 있었다. 장래에 이루고 싶은 꿈을 막연하게만 생각하고 있었다.

읽은 후 우리나라에서 있었던 주요한 사건들의 일어난 원인과 문제점, 해결 방안을 찾아보게 됐다. 어떤 사건이 일어나면 무조건 편견을 가지고 봤던 나쁜 습관을 버리고 객관적으로 파악하려 노력하게 됐다. 〈구멍 없는 구멍가게〉, 〈3년〉, 〈'위험'한 힘〉, 〈감자굴 상학이〉 등을 읽고 우리나라의 사회적 약자들, 빈민층들의 아픔을 함께 느끼고 해결할 방법을 찾아보았다. 〈대한민국에서 초딩으로 산다는 것〉을 읽고 심각한 교육열로 인해 몸서리를 앓는 청소년들의 삶을 돌아보고, 단지 학력을 쌓기 위해서 하는 공부가 아닌, 자신의 꿈을 이루기 위한 공부를 해야겠다고 다짐했다. 〈물이 되는 꿈〉을 읽고 그동안은 접할 기회가 없었던 해녀들의 힘겨운 삶과 일제 강점기 당시 사람들의 항일운동에 대해 알게 되었다. 〈토론의 달인〉에서는 민주주의에서 토론의 중요성, 표현의 자유에 대해 알았고, 한때 이슈가 되었던 미네르바 사건의 전말을 알게 되었다. 〈그걸 바꿔봐〉, 〈훈맹정음〉, 〈위험한 힘〉은 특히 기억에 남는데, 장래 출판 편집자로서 사회에 유익하고 소외된 이들의 마음을 치유하며 장애인을 배려하는 가슴 따뜻한 책을 출판해야겠다고 다짐하게 됐기 때문이다. 고등학생이 돼서도 그냥 막연히 꿈꿔왔던 장래 희망을 확실히 정하고 그 직업을 가진 후의 목표에 대해서도 구체적으로 생각해보았다. 그리고 윤리 수업을 들으면서 이해되지 않았던 것이나 마음에 절실히 와 닿지 않았던 것들을 보완할 수 있었다. 특히 〈3년〉에 대한 심화탐구를 하면서 윤리 시간에 들었던 노동윤리에 대한 내용을 현실 생활에 적용해볼 수 있었다. 이번 독서 시간을 통해 지식과 내면의 성숙함을 한층 더 발전시켜 마음이 뿌듯하다.

앞으로 책을 읽은 후 세상을 보는 시선이 달라졌다. 앞으로는 어떤 문제가 일어나면 먼 나라 이야기처럼 흘려듣지 않기로 했다. 그 사건이 왜 일어났는지, 지금 어떤 쟁점을 가지고 논의 중인지, 우리는 그것에 대해 무엇을 할 수 있을지 생각해볼 것이다. 소외된 이웃들을 위한 모금 광고가 나올 때 신경 쓰지 않고 채널을 돌리지 않을 것이고, 길거리의 노숙인들을 무시하거나 비하하지 않을 것이며, 파업이 일어났을 때 불편하다고 불평하는 대신 노동자들을 이해하고 응원할 것이다. 물론 지금 당장 돈을 기부하거나 같이 시위에 참여할 순 없을 것이다. 북한이나 아프리카에 가서 봉사활동을 하기도 어려울 것이다. 하지만 적어도 그들 앞에서 눈을 감고 등을 돌리진 않을 것이다. 이번에 독서활동을 한 우리 반 친구들 40여 명을 시작으로 점점 더 눈을 뜬 사람이 늘어난다면 우리 사회에도 조금이나마 변화가 생길 것이다. 그것이 나비의 날갯짓이 되어 지구 반대편에서 큰 폭풍이 일어날지도 모를 일이다. 〈그걸 바꿔봐〉에서 개의 목줄을 푸는 작은 변화가 가족의 화목함을 불러왔던 것처럼 말이다. 윤리 독서시간은 《힐 더 월드》와 《지식e》를 끝으로 다시 돌아오지 않겠지만 앞으로 또 이런 활동을 계속 해나가고 싶다. 이 시간을 통해 얻은 것이 정말 많기 때문이다. 이렇게 보고서와 독후감을 직접 작성하고 하나의 책처럼 묶는 과정이 즐겁고 보람이 느껴진다. 이제 곧 수험생이라서 지금 당장 할 순 없겠지만 나중에 수능이 끝나고 한가로워질 때 이 독후활동을 한 번 더 해보고 싶다.

1년간의 독후활동을 마치며 맨 처음에 《힐 더 월드》를 읽기 전 자가진단표를 체크했을 때 부끄러운 마음이 들었었다. 너무 기본 배경지식이 없어서 대부분 처음 들어보는 이야기였기 때문이다. 그 다음부터 책을 한 주제씩 읽어나가고 글로 정리하니 그냥 읽고 지나쳤을 때보다 더 기억에 많이 남았다. 생소했던 이야기들이 점점 익숙해지고 좁은 시야를 세계로 넓혀 다양한 지식을 접할 수 있었다. 그 다음에 《지식e》를 읽고서 우리나라의 문제들을 자세하게 알 수 있었다. 기록지가 밀렸을 때는 힘들기도 했지만 다 완성하고 보니 왜 기록이 중요한지를 알았다. 가볍게 날아갈 수 있었던 지식의 씨앗이 마음속에 자리 잡아 싹을 틔우고 꽃을 피웠다. 진정한 독서를 한 것 같은 느낌이다. 1년간의 독후활동이 끝나니 아쉽기도 하고 후련하기도 하다. 확실한 것은 이 활동이 잊지 못할 추억이 될 거라는 것이다.

(2학년, 임혜련)

학기말에 보고서로 묶어낼 때에는 매 시간 기록한 독서활동 기록지에다가, 특별히 인상 깊거나 심각성이 느껴지는 주제 3가지를 골라 심화 주제탐구를 한 내용을 첨부하도록 했는데, 심화탐구는 한 주제당 A4 용지 한 장 이내로 정리하되 책에 나온 내용보다 더 확산되고 심도 있는 내용이어야 한다고 했다. 그중 한 편을 소개해본다.

주제 선정 이유 《지식e》 중에서 〈산소의 무게〉를 심화탐구 주제로 선정한 이유는 산소를 돈 내고 사서 겨우 생명을 연장해나가는 중증 환자들과 같이 정부의 대대적인 지원도, 돈의 여유도 없는 환자들의 현실을 더 탐구해보고 싶었기 때문입니다. 보건의료 계통에 종사하고 싶은 저로서도 제 진로와 관련해 이 심화탐구 주제가 뜻 깊은 일이 될 것 같습니다.

우리나라에서 중환자로 산다는 것은 신체의 고통은 말할 것도 없고 하루에도 어마어마하게 청구되는 중환자실 비용, 약물 비용 등 천문학적인 수준인 병원 비용을 감당해내기가 힘겨운 실정이다. 정부가 지정한 4대 중증질환인 "암, 심장질환, 뇌혈관질환, 희귀성 난치질환"들은 실제로 병원비 고액 질환 중에 30퍼센트 정도밖에 차지하지 않는다. 그렇다는 것은 4대 중증질환에 포함되지 않는 질환들의 병원비는 환자 본인의 부담이 너무 크다는 것을 의미한다. 보건복지부에서는 이러한 문제들이 형평성과 공평성에 어긋난다는 지적을 받게 되고 2016년까지 "4대 중증질환의 치료 비용을 건강보험으로 더욱 확실하게 해결하겠다"고 보도했다. 하지만 4대 중증질환의 혜택을 받는 대상자 중에 소득수준 상위 30퍼센트 이상의 고소득층이 전체 대상자의 50퍼센트 이상을 차지하는 것으로 밝혀졌다. 이에 대해 국회 최 의원은 "4대 중증질환을 겪는 환자들에게만 혜택을 더 주겠다고 하는 것은 결국 저소득층보다 부유층에게 더 많은 혜택을 주겠다는 것밖에 되지 않는다"며 이 정책을 비판했다. 이처럼 4대 질환에 포함되지 않는 질환을 겪고 있는 중증 환자들은 병원비가 무서워 더 이상 아프기도 두려운 상황을 겪고 있는 것이다. 나는 우리나라의 보험 시스템이 잘 되어 있다고 생각했다. 단지 표면적으로만 "건강보험 대상자/혜택의 확대"라는 것만 보고 그렇게 생각했던 것이 조금 머쓱하다. 우리나라 보건시스템에 대하여 한 단계 더 알게 되어 내가 나중에 종사하고 싶은 직업 세계에 대한 이해를 넓힐 수 있게 되었지만, 수치로만 볼 때 환자들의 부담이 대폭 줄어든 것 같아 보였던 현실의 실상을 깨닫게 되어서 마음이 심각해졌다. 나의 꿈은 단지 아픈 환자들이 나로 인해 힘을 얻게 되는 그런 일이라 생각했는데 현실은 여러 가지 이해관계가 복잡하게 얽혀 있는 실타래였다. 아픈 환자에게 똑똑한 의사와 따뜻한 간호사, 약이 필요하면 약을 지어주는 약사, 이들만이 있는 것이 아니라 병원이라는 큰 틀 속에 내가 아픈 곳이 어딘지, 얼마나 아플지보다 병원에 가면 병원비가 얼마나 나올지, 혹시 보험이 적용 안 되는 병명인지, 비싼 병실에 며칠이나 더 있어야 하는지에 급급해져 버린 것이다. 이러한 현실이 눈물 나게 슬프다. 모든 인간이라면 당연히 인간답게, 아프면 아픈 곳을 치료받을 수 있었으면 좋겠다. 아픈 몸보다 치료비의 청구서를 보며 한숨 쉬며 눈물 흘리지 않기를 바래본다. 미래의 나는 지금과 같은 마음으로 의료 환경 개선에 힘쓰고 있을까? 내가 바꿀 수 있을까? 힘이 되고 싶다. 돈이 없어서, 치료비에 덜컥 겁을 먹고 더욱 상처받고 있는 사람들에게. **(2학년, 조수지)**

"선생님, 그런데 의료 민영화 되면 의사들은 좋은 거 아닌가요? 의사들은 왜 반대하죠?" 하는 질문을 받은 적이 있다. 《지식e》에서 의료 민영화 관련 주제를 읽던 차에 민영화를 반대하는 의사들이 있다는 뉴스를 접한 모양이다. 이해관계의 관점에서 풀어 설명할 수도 있겠으나 나는 좀 더 의사의 본질적인 측면을 염두에 두고 대답해주려고 노력했다.

"진정한 의사라면 환자의 진료와 치료에만 모든 관심을 두고 싶겠지? 내 환자가 돈이 많은가, 보험이 있나 없나를 상관하고 싶을까? 의사가 가장 의사답게 자신의 직분을 수행해서 세상에 기여할 수 있는 최적의 의료 시스템은 무엇일까?"

수지의 심화 주제탐구는 의료 계통으로 진학해서 직업을 갖고 싶은 아이가 마땅히 거쳐야 할 의료인으로서의 윤리적 고민과 갈등을 보여준다. 아픈 사람은 치료받아야 한다. 사실 가난한 사람이 부자보다 삶의 조건이 고단하여 통계적으로 더 많이 아프다. 그렇다면 의료인의 눈과 손은 누구를 향해 있어야 하는가. 이것이 의료인 한 개인의 양심에 달려 있는 문제라기보다는 의료 시스템의 문제임을 이해하고 수지는 마음이 복잡하고 심각해졌다. 심각해진 수지의 글을 읽는 내 마음은 두 갈래로 나뉜다. 책을 통해 어른들의 고민에 동참하게 된 수지가 대견한 마음 하나와, 한편으로는 그 마음 그대로 꼭 원하는 길로 가서 그곳에서 좋은 의료 시스템을 만드는 편에 서주길 바라는 마음 하나.

교육은 변화이다. 아이들이 좋은 사람이 되도록 돕는 것이다. 매일 가르치지만 실제로 아이가 변했는지, 교사인 나를 통해 아이가 조금씩이라도 실제로 좋은 사람이 되어가고 있는지 시험 점수만으로는 유의미한 답을 발견하기 힘들다. 독서활동과 그 결과물인 보고서는 시험 점수보다 훨씬 믿을 만한 아이 성장의 기록이다. 교사는 아이가 어떤 생각을 했었고 독서활동 후에 어떻게 생각이 바뀌었는지 그 궤적을 고스란히 지켜보며 격려하고 조언해줄 수 있는 것이다.

책이 의미가 되어 삶에 스미다

독서수업의 효과는 여러 가지로 나타났다.

하나, 일단 아이들이 이 시간을 매우 좋아한다. 책이 재미있고 유익하다는 반응도 많다. 그리고 많은 아이들이 독서활동 기록지를 깨알같이 작성한다. 느낀 점도 생각보다 아주 감동적으로 쓴다. 그리고 나중에 보고서에 넣는 심화탐구 내용도 읽어볼 만한 것이 많다. 한마디로 읽은 책의 내용이 아이들에게 '의미 있는 것'이 되어 스미는 것을 느끼게 된다.

둘, 교사가 매 시간 강의로 일관했을 때보다 상대적으로 훨씬 지치지 않게 된다. 독서수업 시간에 주로 하는 일은 아이들이 쓰는 글을 곁눈질로 함께 읽기, 누가 무엇에 대해 읽고 있나 관찰하기이다. 때로는 졸고 있는 아이를 깨우기도 하고, 어려운 단어나 생소한 개념을 물어보면 소곤소곤 설명해주기도 한다. 활동지를 다 쓴 아이들의 글을 읽고 이런저런 내 생각을 말해주기도 한다. 보통《힐 더 월드》같은 책을 읽고 느낀 점을 쓰라고 하면 '나도 이런 문제를 해결하기 위해 앞으로 노력하겠다' 같은 무난하고 착한 결말로 끝맺는 경우가 많은데, 그런 부분을 지적하면서 그렇게 정답 같은 문장을 쓰지 말고 정말 솔직한 자신의 생각을 쓰고, 자신의 현재 처지에서 책임질 수 있는 다짐만 써보라고 충고하곤 하였다. 때로 내가 읽고 있는 책을 가지고 들어가 아이들에게 소개해주면서 수업을 시작하기도 했다. 교과 수업 시간보다는 독서수업 시간을 아이들도 편안하게 받아들이고 교사에게도 부담 없는 시간이 되었다.

셋, 아이들의 면면을 재발견하게 된다. 독서활동 보고서, 특히 심화탐구 내용을 읽어보면 보기보다 훨씬 마음이 고운 아이, 생각이 성숙한 아이, 참으로 창의적인 아이, 지적 호기심이 왕성한 아이, 점수에 상관없이 주어진 일에 최선을 다하는 아이들을 재발견하게 된다. 감추어졌던 아이의 빛나는 내면과 대화하게 되는 것이다. 그런 교사의 느낌을 보고서에 적어주고 꼭 칭찬해준다. 학생들과 교육적 관계 맺음을 잘하면 수업의 반 이상은 이미 성공한 것이다. 어느 학생도 자기 글의 좋은 독자 역할을 해주는 선생님을 싫어하지는 않는다. 그리고 사람은 자기를 잘 모르는 사람의 이야기보다 자기 존재를 알아주는 사람의 이야기를 더 경청하게 되는 것도 인지상정이다. 인상 깊은 보고서들을 학기말에 하나하나 소개하면서, 어떤 점이 어떻게 좋았는지 아이들에게 널리 알려준다. 그리고 그 보고서의 당사자에게 칭찬과 격려를 해준다. 그러면 아이들은 참으로 좋아하면서 다음 학기 보고서에 이렇게 써주기도 한다. "윤리 수행평가는 참 재밌어서 열심히 하게 돼요." 보통 수행평가도 교과서 개념에 대한 인지적 이해력이 뛰어난 아이들이 더 좋은 점수를 받는 경우가 많다. 하지만 독서활동

보고서는 수업시간에 책을 꾸준히 읽고 기록하고 정리하는 성의만 가지고 있으면 누구나 만점을 받을 수 있다는 점에서 아이들의 호응이 좋았다.

넷, 수업시간에 참고자료로 삼을 만한 것이 생긴다. 어떤 개념에 대해 설명할 때 아이들이 읽었던 책의 내용을 가지고 예시를 들어주면 아이들은 '아는 것이 나왔다'는 눈빛으로 반짝거린다. 개념 이해 전에 필요한 인지적·정서적 기본기를 독서가 다져주어서 개념과 링크되는 경험을 안겨주는 셈이다. 그러면 수업도 훨씬 수월해진다.

다섯, 학기말 수업도 의미 있게 마감할 수 있다. 《지식e》를 읽었던 2학기 말에는 학생들이 책으로 접한 내용 중 인상적인 주제를 골라 EBS 홈페이지에서 동영상을 찾아 함께 보았는데 참 좋은 시간이었다. 《힐 더 월드》를 읽은 후에는 책의 내용과 관련된 사진 슬라이드를 보면서 아이들에게 어떤 주제와 관련된 내용인지 맞혀보도록 하면서 한 학기 독서수업을 정리하는 시간을 가진다.

여섯, 독서활동을 통해 발견한 학생의 특성을 생활기록부에 적어줄 수 있다. 독서활동 내용을 생활기록부의 과목별 독서활동 상황란에 입력해주면 아이들은 자기가 한 일에 무척 보람을 느끼는 것 같다. 보고서를 성실하게 작성한 아이라면 가능한 한 상세하게, 독서활동 보고서를 어떻게 작성했고 무엇이 좋았는지를 적어준다. 그리고 학생이 요청하면 보고서를 수시전형이나 입학사정관 전형 때 독서활동 증빙으로 제출하도록 돌려준다.

독서수업이든 교과 수업이든 어떤 수업에도 흥미를 보이지 않는 학생들이 아주 없는 것은 아니다. 20퍼센트 정도의 학생들은 매 시간 충실히 독서활동 기록지를 작성하지는 못한다. 책을 읽기는 하지만 글 쓰는 것을 싫어하는 학생도 있고, 엎드려 자거나 다른 책을 보는 학생도 있다. 하지만 분명한 건 교단에서 강의식 수업을 할 때보다는 교사가 더 자유롭기 때문에, 아이들을 깨우거나 이야기를 나눠보거나 아이들을 관찰할 시간이 많다는 것이다. 평소 수업에 흥미를 느끼지 못하던 아이가 책을 열심히 읽는 경우에는 이를 크게 칭찬하고, 그 아이가 쓴 글을 더 성의 있게 읽고 조언을 해준다. 그러면서 그 아이와 친한 아이들에게 멋지다고 추켜세우면서 함께 할 것을 제안하기도 한다. 아이들과 수업시간 외에 따로 시간 내서 대화하기는 쉽지 않은데, 독서수업 시간에는 아이들과의 대화가 자연스럽게 이루어지면서 새로운 관계가 만들어지기도 한다. 물론 전혀 아무것도 하지 않으려 드는 경우도 있는데, 그런 아이에게는 강풀의 만화책을 읽도록 권하기도 한다. 이렇듯 교사에게 독서수업 시간은 아이들을 관찰하고 대화의 물꼬를 트는 시간으로 사용하기에 적당하다.

배움과 삶과 세상을 잇는 독서교육

마지막으로, 몇 년 동안 현장에서 독서교육을 실천해본 입장에서 독서교육을 처음 시도하고자 하는 다른 선생님들께 꼭 전하고 싶은 몇 가지가 있다.

하나, 독서교육은 정규 수업시간에 하는 것이 좋다는 것. 우리 아이들은 과도한 사교육과 스마트폰, 인터넷으로 인해 소수의 학생들을 제외하고는 자기 스스로 책 읽는 시간을 확보하지 못하고 있다. 책을 읽고 그 내용에 대한 자기 생각을 글로 정리하는 것은 성찰적 지혜를 얻는 아주 좋은 방법이며, 전승된 지혜를 습득하는 인류의 오래된 배움의 방식이다. 그 배움의 기회를 수업시간에 열어주어야 한다. 따라서 정규 교과 수업시간에서 주당 한 시간 정도를 확보하여 책을 읽히거나 중간고사 또는 기말고사 직후 서너 시간을 몰아서 책읽기 시간을 확보한다. 책 읽어오기를 과제로 내주고 아이들이 따로 시간을 내어 책을 읽도록 하는 방법은 몇몇 아이들만이 할 수 있는 일이므로 좋은 방법이 아니니다. 수업시간에 진행하여 독서 과정을 직접 살피고 도와주는 것이 더 좋다.

둘, 교사는 학생 글의 좋은 독자가 되어야 한다. 교과 시간에 책을 읽히는 수업은 반드시 보고서나 서평으로 결과물이 만들어지게 되는데, 학생들이 자기 생각을 담아 글을 쓰게 하는 가장 좋은 방법은 교사가 학생 글의 좋은 독자가 되어주는 것이다. 아무도 읽지 않는 글에는 누구도 성의를 담지 않는다. 자신이 쓴 글을 교사가 성심껏 읽고 칭찬과 조언, 격려를 해줄 때 아이들은 자기가 한 일에 보상을 받은 것 같은 보람을 느낀다. 글을 통해 아이들의 개성과 내면세계를 일 대 일로 만나고 그 아이에게 맞는 조언을 해주면 교사와 학생 간 관계가 아주 좋아져서 교육적이고 인격적인 관계가 형성된다. 그러면 수업시간에도 서로 경청하고 이해해주는 분위기가 되어서 수업 분위기도 저절로 좋아진다. 아이가 쓴 글을 교사가 성실히 읽지 않으면 그러한 독서교육은 성공하기 어렵다.

셋, 학생과 교사 모두 지치지 않고 꾸준히 할 수 있어야 한다. 독서교육에서 아이들이 지치는 경우는 아이들의 정서와 수준에 맞지 않는 어려운 권장도서나 필독도서 목록에서 책을 고른 경우다. 함께 읽을 책을 고를 때에는 아이들의 눈높이에 맞되, 교과 안목의 입장에서 보았을 때 교육 목표와 내용에 부합하는 책인지 꼼꼼히 살펴볼 필요가 있다. 각기 다른 수준과 흥미에 맞는 책을 여러 권 준비하여 고르게 하는 방법이 가장 좋으며, 같은 책을 함께 읽을 경우에는 책 한 권이 처음부터 죽 내용이 이어지는 것보다는, 각 장의 주제가 독립적이어서 흥미 있는 부분부터 골라 읽을 수 있게 편집된 책을 고르는 것이 좋다. 그리고 교사 입장에서는 아이들이 제출해야 할 과제가 너무 과도하여 검토에 지나치게 많은 시간과 노력을 쏟게 될 경우 오히려 지치게 되어 오래 지속하기 어렵다. 아이들이 한 학기에 각자 한 권의 책을 읽도록 하는 게 가장 무난하다.

넷, 모든 학생이 질적으로 의미 있는 독서를 할 수 있도록 돕는다. 동아리나 방과후수업에서 하는 독서교육은 소수 엘리트 학생 위주의 독서교육이지만, 정규 수업시간의 독서활동은 모든 학생이 독서를 하고 각자의 처지와 자리에서 의미 있는 배움을 얻도록 지도하는 것이다. 그러므로 개성과 선호도가 모두 다른 아이들에게 어떤 부분을 읽을지, 어떤 책을 읽을지 선택할 수 있는 폭이 넓어야 자발적 독서활동을 이끌어낼 수 있다. 교사는 아이들의 독서 과정을 살피면서, 아이들이 책을 어떻게 자기 것으로 의미화해 나가는지 지켜보고 격려해주어야 한다. 사람의 마음이 다 그렇듯, 아이들도 의미 있는 타인인 교사에게 인정받고 싶은 욕구는 무척 크다. 학창시절에 그 욕구가 좀처럼 채워지지 않는 이유는 성적에 따른 서열이 존재하고, 그 하나의 잣대에서 자신의 자리가 밀려나 있으면 스스로를 존중하기도 교사에게 존중받기도 어려운 경우가 많기 때문이다. 하지만 독서교육 시간에 교사는 아이들 한 명 한 명의 다른 빛깔과 다른 생각에 귀 기울여줄 수 있다. 독서 시간은 성의를 가지고 열심히만 하면 누구나 칭찬받을 수 있는 시간으로 만들자. 정답은 없지만 책을 매개로 각자의 자리에서 각자의 고민과 마음을 담은 글을 쓰고 소통하는 것, 그것이 질적으로 의미 있는 독서교육이 아닐까.

인류가 축적해온 많은 지식이 좋은 책을 읽고 떠오르는 생각들을 정리하는 것으로부터 시작되었다면, 독서교육은 그 본질적인 학습의 방식을 수업시간에 구현하는 것이리라. 가장 검증된 배움의 방법을 전수하는 것이다. 배움은 능동적인 활동이다. 교사는 세상의 문으로 안내하는 좋은 책을 제시하고, 학생은 무엇을 읽을지 스스로 정해서 읽고 이를 자신의 삶과 세상과 연관 지어 생각해보는 글을 쓴다. 교사는 그 글을 성의 있게 읽고 아이들의 현재 상태에서 필요한 조언과 사고를 확장시키는 질문을 던짐으로써 학생의 배움을 돕는다. 독서교육은 이렇게 배움과 삶과 세상을 이어준다.

또 하나의 프롤로그
: 한 아이를 생각하며

처음 이 학교에 부임해서 실업계 담임을 했던 한 해 동안, 나는 교사의 첫 번째 소임이 가르치는 데 있지 않고 돌보는 데 있다는 것을 배우게 되었다. 몸과 마음을 돌보지 않고는 그 어떤 가르침도 공염불이라는 것을 어렵게 배울 수 있었다.

그해 5월 수학여행 기간이었다. 수학여행비가 없어서 가고 싶어도 못 가는 아이들이 우리 반에 아홉 명이나 있었다. 당시 나는 돌이 채 안 된 아기를 모유수유 중이어서, 담임이지만 수학여행 인솔을 할 수 없었다. 마침 우리 반 아이들이 전교에서 가장 많이 불참했던 관계로 불참 학생 지도를 핑계 삼아 학교에서 함께 다트게임도 하고 이런저런 얘기도 하면서 3일을 함께 보냈다.

그중 한 아이는 복학생이었는데, 아버지는 안 계시고 어머니는 경제적으로 뒷바라지를 해줄 수 없는 처지였다. 학비와 급식비는 지원받을 수 있었지만 생활비는 직접 마련해야 했다. 그래서 그 아이는 고시원에 혼자 살면서 생계형 아르바이트를 하며 학교에 다니고 있었다. 밤새 치킨 배달을 하고 아침에 누가 깨워주지도 않으니 매일같이 지각을 하거나 결석을 하곤 했다. 그래서 시험기간에는 직접 고시원으로 찾아가 깨워오기도 했는데, 담임으로서 돌봐야 할 아이가 한두 명이 아닌 상태에서 그 아이에게 많은 에너지를 쓰기는 역부족이었다.

그날, 그 아이는 제법 이른 시각에 학교 앞 횡단보도에 서 있었다. 반가운 마음에 '일찍 왔네?' 하고 어깨라도 두드려주러 다가가다가 멈칫 목이 메고 말았다. 그 아이의 손에 사발면이 하나 들려 있었기 때문이다. 고시원에 살면서 얼마나 많은 사발면이 그 아이의 주린 창자를 채우고 따뜻하게 몸을 덥혔을까 생각하니 울컥해졌던 것이다. 급식이 없는 날이었다.

그 아이는 결국 출석일수를 다 못 채우고 학교를 떠나고 말았다. 몇 번을 고시원에 찾아가서 자고 있는 녀석을 깨워도 보고, 어머니께 아이를 잘 깨워서 보내달라고 당부도 드리고 다짐도 받아보았지만, 함께 살지 못하는 어머니 마음만 아프게 했을 뿐 소용이 없었다. 어떻게든 졸업장만은 받고 싶어 하던 그 작은 소망조차, 그 아이의 삶에서는 너무나 버겁고 이루기 힘든 일이었던 것이다.

3월 초 가정환경조사서 양식 끝에 담임선생님께 하고 싶은 말을 쓰는 난이 있었는데, 그 아이가 쓴 글은 단 여섯 글자였다.

'짜르지나 말길.'

처음에 읽을 때는 좀 반항적인 아이인가 하는 오해도 일으켰던 그 여섯 글자는 글자 그대로 아이가 학교에게 가장 바라는 것이었다는 걸 나중에야 십분 이해하게 되면서, 졸업 못 시킨 담임의 마음에 계속해서 가책으로 남게 되었다.

그 아이의 눈으로 세상을 볼 때, 저렴하게 배를 채우는 사발면 외에 그 무엇 하나 정당한 것이 없고 구조적 폭력 아닌 게 없어 보일 것 같았다. 나는 인간의 자유로운 삶과 사회의 정의로운 제도에 대해 말해야 하는 윤리 선생님인데, 도대체 그 아이에게 무슨 이야기를 해줄 수 있을까. 결론 있는 정답을 미리 알려주고 그것을 잘 이해하고 암기했나 확인하는 식으로 가르치는 것은 단지 가르치는 시늉에 지나지 않는다는 것을, 그 아이의 사발면은 알려주고 있었다. 일단 아이의 배를 채우고 마음을 덥혀주고 시작할 것.

그 아이뿐만이 아니라 그해 만났던 우리 반 아이들의 삶이 거의 다 녹록치 않았다. 처음에는 어떻게 이렇게 반 편성을 해서 담임을 맡길 수 있느냐고 분노했던 내 억울함이, 이 죄 없는 아이들이 로또에 걸리듯 무작위로 할당받은 것이나 다름없는 가난과 삶의 신산함에 비하면 아무것도 아니라는 점을 깨닫자 많이 누그러졌다. 큰 고통이 작은 고통을 상쇄하면서 고통이 사람을 성숙하게 한다는 것의 의미를 깨달을 수 있었다. 사람은 살면서 배운다. 아이들이 구체적 삶의 곤란함 속에서 나를 가르쳤듯, 자신이 겪는 것보다 더 큰 고통에 대한 감수성과 도덕적 민감성을 실제 예를 들어가며 발견하도록 돕는 것이 내가 이곳에서 해야 할 일이 아닌가 하는 생각이 들었다. 윤리 시간에 책읽기는 이러한 개인적 경험이 뒷받침되지 않았더라면 시도하지 않았을 것이다.

개인의 '자유'와 사회의 '정의'는 윤리 교과에서 아주 잘 가르쳐야 하는 중요한 개념이다. 나는 '정의'에 대해 가르칠 때마다 수행평가로 논술을 쓰게 하는데, 주로 '구조적 모순'에 의해서 정의롭지 않은 우리 사회의 현실을 비판하고 제도적 대안을 제시하라는 논제를 많이 내곤 했다. 특히 실업계 반에서는 논제가 추상적이면 아무도 글을 쓰지 않기 때문에 좀 더 쉬운 방식으로 접근한다. 예컨대 청소년노동인권네트워크의 배경내 씨가 10대 아르바이트생을 인터뷰해서 쓴 글을 읽어보게 한 후, 아이들 자신이 겪은 아르바이트 경험 가운데 억울했던 경험을 써보라고 한다. 아래는 그 중 한 아이의 글이다.

중3 때 닭구이 집에서 알바를 3개월간 했다. 나이를 속이고 시작한 알바였다. 최저임금보다 덜 받고 일을 했다. 이것저것 시키는 거 다 하고 열심히 했다. 저녁 시간에 밥을 먹는데 사람이 들어와 밥을 먹지 말라고 했다. 알바가 손님이 있는데 밥을 먹었다고 뭐라고 한 거다. 너무 화났다. 왜 밥을 먹지 못하게 하는지. 손님도 그렇게 많지 않았는데 말이다. 그러면서 내 알바비를 깎았다. 그러고선 갑자기 우유를 사오라 했다. 돈을 줄 거냐고 물어보니 내 돈으로 그냥 사라 했다. 우유 이름까지 자세히 알려주었다. 마트를 가서 보니 3,500원이 넘는 우유였다. 그 우유를 세 번이나 사갔다. 알바비를 최저임금만도 못하게 주면서 시키는 거 내 돈으로 다 썼다. 그래도 참고 해봤지만 날이 갈수록 심해져 알바를 그만두었다. 지금은 다른 고깃집에서 한다. 그래도 사장님이 착하여 밥도 잘 주고 재밌기도 하다. 장사가 잘 되어 손님이 많고 철판 닦는 것도 많지만 저번에 일했던 곳보다 훨씬 좋은 것 같다. 시급은 지금 4,500원이지만 한 지 얼마 안 돼서 그렇고, 조만간 시급도 올라가니 맘 편히 일할 수 있다. 진짜 가끔 보면 알바한다는 이유로 막 대하고 개 대하듯 대하는 곳이 있다. 진짜 그런 곳은 이제 없어져야 한다. 또 알바를 하다 보면 건강에 너무 해롭다. 불을 쓰거나 연탄을 쓰는데 직접 알바가 갈거나 불을 피운다. 불을 피우는 과정에서 연기가 나오는데 정말 독하다. 눈 코 입으로 다 들어간다. 눈이 맵고 코가 아려도 끝까지 참고 해야 한다. 정말 죽을 맛이다. 이제 불 피우는 과정이 끝나면 연탄이나 불을 걸러야 되는데 이게 제일 고통이다. 불이나 연탄이 다 타면 재가 된다. 그 재는 살짝 바람이 불거나 입김을 불어도 날아가 버린다. 그걸 계속 맡아야 되는 거다. 이제 연탄을 다 거르고 나면 입에 가루가 한 가득 생긴다. 그걸 이제 한데 모아 버려야 하는데 먼지가 너무 심하다. 코가 막히고 숨이 잘 안 쉬어지는 느낌이다. 이제 갖다버리고 코를 풀면 휴지가 까맣게 된다. 말을 해도 잘 안 믿겠지만 해본 사람은 안다. 얼마나 몸이 안 좋아지는지. 하루 종일 서 있고 일하다 보면 다리랑 허리가 너무 아프다. 쉬는 시간도 잘 안 주고 집을 가면 바로 잠들고 파스를 붙인다. 진짜 젊은 나이에 몸이 다 망가지는 거 같다. 이 문제들은 어떻게 해결되었으면 좋겠다.

(1학년, 현상진)

상진이는 수업시간에 얼굴을 제대로 본 적이 없었다. 계속 엎드려 자기만 하기 때문이었다. 밤늦게까지 고깃집에서 숯불을 피우고 철판을 닦는 아이에게, 자유가 강물처럼 흐르고 정의가 산처럼 우람한 그런 인간과 세상에 대한 희망은 얼마나 뜬금없는지…. 나는 내 수업을 그 피곤한 아이에게 들으라고 강요할 배짱도 염치도 없다. 그저 격려와 응원의 사탕 하나를 손에 쥐여줄 뿐.

그렇게 동두천 ○○고에서 5년을 보내고 2014년도에 동두천 생연중학교에 부임했다. 도자기에 비유를 하자면 고등학생은 초벌구이한 도자기이고, 중학생은 물레 위에서 형태를 빚어내는 흙이라고 할 수 있겠다. 고등학교에서 교사가 학생에게 할 수 있는 일은 도자기 위에 그림을 그리는 정도라면, 중학교에서는 교사가 아이의 마음 틀을 잡고 형태를 만드는 작업부터 할 수가 있다. 아직 생명의 역동성과 인간의 가소성이 더 많이 남아 있는 상태인 것이다. 당연히 손이 더 많이 가야 하는데, 한 반 아이는 40명에다 1년 동안 수업에서 만나야 할 아이는 거의 400명이니 그도 쉽지 않다.

꼼꼼히 한 명씩 챙겨주던 초등학교를 졸업하고 중학교로 오면 아이들은 갑자기 자기 이름도 몰라주는 여러 선생님한테 배우게 되고, 그러다 보니 교과 선생님이 어떤 사람인지도 관심이 없어져 버린다. 이른바 중2병은 사춘기 호르몬 증상이기도 하지만, 한편으로는 집단 속에서 자신의 익명성에 처음 노출되는 경험에서 나오는 '인정투쟁'의 부작용이 아닐까 하는 생각도 든다.

꽉 짜인 일과와 중2병 증상으로 바람 잘 날 없는 생활지도 · 상담의 부담 속에서, 수업시간에 아이들과 함께 책 읽고 글쓰기 활동을 하며 각자의 마음결을 찾아 반응해주는 것은 물리적으로 쉽지 않은 일임을 느낀다. 그래도 이 아이들과 '도덕적 민감성을 기르기' 위한 새로운 독서수업을 꿈꾸며 오늘도 교실 문을 연다. 함께 읽을 책들을 아이의 손에 건네며 천천히 눈을 맞춘다.

독서활동 전/후 비교표(자가진단)

힐 더 월드 : 지구 행복 프로젝트

다음 내용을 읽고 해당란에 0표하세요.

① 정확히 어떤 내용인지 알고 있으며 이 문제에 관심도 있다. ② 대체로 어떤 내용인지 알고 있다.
③ 이런 문제가 있다는 것 정도만 알고 있다. ④ 얼핏 들어본 것 같다. ⑤ 전혀 들어본 적이 없다.

	분쟁 / 빈곤 / 인권	1	2	3	4	5
1	아프리카 르완다 내전의 근본 원인은 19C 서구 열강의 식민지 정책이다.					
2	아프리카에서는 15세 미만의 아이들이 지하자원인 콜탄을 채굴하는 노동을 하고 있다.					
3	'갈등과 분쟁이 없는 지역'에서 상품을 구매하는 것이 갈등과 분쟁을 줄이는 방법이다.					
4	에이즈 치료제의 특허권 로열티가 비싸서 아프리카인들은 치료받지 못하고 있다.					
5	인도의 가난한 아이들은 하루에 14시간 동안 양탄자 만드는 노동을 한다.					
6	전 세계 10명 중 3명의 아이는 굶주림으로 인한 발육부진 상태이다.					
7	무담보 소액대출(마이크로크레딧)은 빈곤을 벗어나 자립을 도울 수 있는 방안 중 하나이다.					
8	국경없는의사회는 자연재해나 분쟁으로 막대한 피해가 발생한 곳으로 가서 응급구호 활동을 펼치는 인권단체이다.					
	환경 / 모피산업 / 멸종 / 에너지	**1**	**2**	**3**	**4**	**5**
9	오존층 보호를 위해 UN은 선진국 2030년, 개도국 2040년까지 오존층 파괴 물질을 규제하자는 국제협약을 채택했다.					
10	지구온난화로 인해 지난 100여 년간 지구 온도는 0.6도 상승했다.					
11	땅의 사막화를 방지하는 가장 좋은 방법은 나무를 심는 것이다.					
12	중형차를 타고 시속 60km로 1시간을 달리면 20kg의 이산화탄소 발생, 이를 상쇄시키려면 600그루의 나무를 심어야 한다.					
13	모피코트 한 벌에는 50마리의 털실쥐, 20마리의 여우, 70마리의 밍크가 필요하다. 매년 1억 마리의 동물이 모피를 위해 죽임을 당한다.					
14	어떤 종이 상품가치가 있는 동물이 되면 빠른 속도로 멸종되고 만다.					
15	석유는 세계를 혼란에 빠뜨리고, 죄 없는 이들을 전쟁 난민으로 만들고, 나라끼리 집단끼리 경쟁하도록 부추기는 원인이 되고 있다.					
16	석유를 대신할 친환경 대체에너지로 야트로파, 바이오디젤, 섬유소 에탄올 등이 있다.					
	환경보호 / 공정무역 / 원조 / 기업의 사회적 책임 / 건강한 식단	**1**	**2**	**3**	**4**	**5**
17	환경보호를 위해 나만의 BMW를 이용한다.					
18	공정무역은 플랜테이션 농장의 저임금을 적정한 수준으로 올리는 효과가 있다.					
19	진정한 원조는 현지인들이 경제적으로 자립하여 자생력과 자긍심을 갖게 하는 것이다.					
20	기업이 더 나은 세상을 위해 기부, 봉사, 사회적 서비스를 하는 것을 CSR이라 한다.					
21	환경보호와 건강한 삶을 위해 가공식품 및 육류 섭취를 줄여야 한다.					
22	푸드 마일리지가 적을수록 에너지를 절약하고 환경을 보호하는 식품이다.					

내가 평소에 실천하는 친환경 활동이 있다면?	지구를 구하기 위해 가장 시급한 일? (우선순위 순)

독서활동 기록지

<table>
<tr><td colspan="2">독서활동 기록지(　　)</td><td>학번 :</td><td>이름 :</td></tr>
<tr><td>주제</td><td></td><td>페이지 :</td><td>날짜 :</td></tr>
<tr><td colspan="2">새로 알게 된 사실</td><td colspan="2">느낀 점(나의 삶과 연관지어 보기)</td></tr>
<tr><td colspan="2"></td><td colspan="2"></td></tr>
<tr><td colspan="4">인상 깊은 문장</td></tr>
<tr><td colspan="4"></td></tr>
</table>

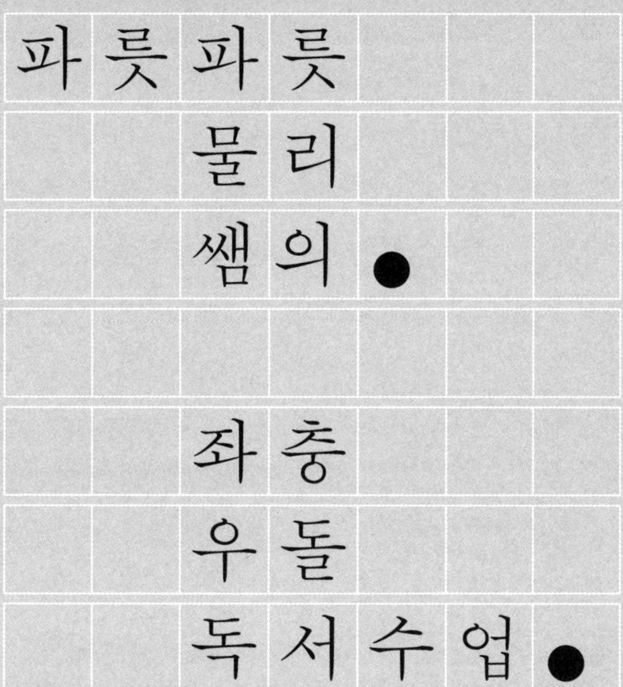

김현민
물리, 다산고등학교
shootingstar153@daum.net

고작 4편(?)의 서평에 감동 먹다

평소에 나는 그림을 감상할 때 그림의 이미지만 보고 그림을 감상해왔는데 이 책을 읽는 도중 물감에 관한 과학적 의미와 화학적 성분 그리고 물감과 종이가 당시의 사회를 반영한다는 사실을 깨달은 후, 나는 그림의 겉만 본 것이지 그림에 대한 탄생이나 그림이 어떻게 그려졌는지 등 과정을 보지 않고 결과만 봐왔던 내 자신을 깨달았다. 그리고 책을 읽으면서 떠오른 시가 있다. 마지막으로 이 시를 그 당시에 힘들게 살았던 작가들에게 들려주고 싶다. 부디 이 시를 읽고 현대의 많은 미술가들이 절망에 빠지지 않고 희망을 가지고 멋지고 감동적인 예술작품을 많이 탄생시켜주었으면 좋겠다.

하나의 깨어진 꿈은 / 모든 꿈에 마지막이 아니니다. //
하나의 부서진 희망은 / 모든 희망의 마지막이 아니니다. //
폭풍우와 비바람 너머로 / 별들은 빛나고 있으니 / 그대의 성곽들이 무너져 내릴지라도 / 그대로 다시 성곽 짓기를 계획하라. //

비록 많은 꿈이 재난에 무너져 내리면 / 고통과 상한 마음이 / 세월의 물결에서 그대를 넘어뜨릴지라도 //
그리고 그대의 눈물에서 / 새로운 교훈을 배우기를 힘쓰라.
- 에드가 게스트

(3학년, 김슬이, 《미술관에 간 화학자》를 읽고)

올해(2014년 2월) 졸업하는 아이들이 쓴 서평의 일부다. 3학년 2학기 동안 128명의 학생들에게 책을 읽히고 받은 서평은 4편이다. '고작 4편?'이라고 할 수도 있겠지만, 대학 입시를 눈앞에 둔 아이들이 자유롭게 제출한 과제라는 걸 생각하면 4편은 결코 적지 않다. 그리고 이 글들은 나에게 정말 값지고 아린 글이다. 슬이와 선영이는 1학년 때 담임을 맡았던 아이들이다. 2학년으로 진급하면서 문과를 선택했지만 3학년 때 다시 한 번 수업시간에 만나게 되었다. 또 범이는 담임을 맡은 적은 없지만 이과를 선택해서 졸업 때까지 매주 3시간씩 만난 아이다.

슬이는 힘들어하는 현대 예술가들에게 시를 한 편 소개하며 '절망에 빠지지 말고 희망을 품어 감동적인 예술작품을 많이 탄생시켜주었으면 좋겠다'는 소망을 썼다. 절망에 빠져 있는 예술가라는 지칭에 슬이의 모습이 겹쳐 보인다. 슬이는 비올라가 좋아서 전공을 하고 싶어 했지만, '재능이 없다'는 어느 교수의 한마디 때문에 비올라 전공을 포기한 소녀다. 그리고 대학 진학을 하지 않고 졸업식 다음날에 호주로 갔다.

"세상은 널 돌봐줄 의무가 없다."(29쪽)

이제 고등학교의 마지막 시점을 달리고 있는 나는 앞으로 짧게는 4년 후

흔히 말하는 세상으로 나가 하나의 사회인으로 살아가야 할 것이다. 가정이나 학교처럼 나를 봐주고 돌봐주는 사람이 없는 사회에 나간다는 것이 두렵고 겁이 나기만 한다.

"나란 인간, 과연 살 가치가 있는 걸까?"(39쪽)

얼마 전에 인생에서 가장 중요한 시험 중 하나인 수능을 보았다. 수능을 본 후 사건·사고들이 많이 발생한다. 자기 자신을 변화하려는 노력을 해 보지도 않고 죽음을 결정한 사람들이다. 이 책의 주인공도 '나란 인간, 과연 살 가치가 있는 걸까?'라는 생각을 가지며 죽음을 결심하지만 최소한 스스로에게 자신을 변화시킬 시간을 준다. 나 또한 이런 생각을 안 해보지 않았다. 사람이라면 누구나 한 번쯤은 생각해볼 수 있다고 생각한다. 그러나 그것을 어떻게 극복하느냐가 중요한 것 같다. 이 말의 증거는 나의 친구에게서 찾을 수 있다. 아무에게도 말하지 않아서 나도 고2 때 들을 수 있었던 얘기다.

고1 때 친구의 아버지가 돌아가셨고, 친구는 어려운 형편으로 고등학교를 다니던 도중 고등학교 대신 기술을 배울 수 있는 위탁 학교에 가야만 했다. 아버지가 돌아가셨을 당시 힘들고 죽고 싶다는 생각을 하였다고 했다. 하지만 자신이 집의 가장이라는 책임감으로 죽음을 선택할 수 없었다고 했다. 지금 그 친구는 죽음 대신 새로운 길을 선택했다. 대학은 못 가지만 자신의 분야에서 성공하고 싶다고 했다. 이렇듯 어린 나이에 자신의 인생에서 가장 힘든 날을 보냈지만 올바른 길로 나가는 사람들도 있다.

"분명 괜찮을 것이다. 그런 기분이 든다. 무너져버릴 것 같은 순간은 앞으로도 여러 번 겪을 것이다. 그럴 때마다 주위 사람이나 사물로부터 용기를 얻으면 된다. 모두들 그렇게 힘을 내고 살아간다." -오쿠다 히데오, 《공중

그네》

"당신이 무언가를 간절히 원할 때, 온 우주는 당신의 소망이 이루어질 수 있도록 도와주지." -파울로 코엘료, 《연금술사》

(3학년, 최선영, 《스물아홉 생일, 1년 후 죽기로 결심했다》를 읽고)

선영이는 중학교 내신 점수가 가장 좋아서 주목받는 신입생이었다. 조용하고 말 수가 적은 선영이는 위 글의 직업학교를 가야 했던 친구뿐 아니라 가장 친한 친구가 2학년 때 가정형편 때문에 전학을 갔다. 그 친구는 엄마가 없었고 아빠는 여기저기 돌아다니며 잠깐씩 일을 해야 하는 직종에 있어서 고모 집에 살았는데 그마저도 여의치 않아 이사를 갔다고 한다.

졸업하는 순간까지 선영이는, 2학년으로 진급하는 겨울방학 때 잠깐 흔들렸던 시기 외에는 성실함과 꾸준함을 유지했다. 함께 지내는 친구들 가운데 낙방의 경험 없이 희망 대학에 가장 먼저 진학이 결정된 아이다. 수시전형 시즌부터 정시전형 시즌까지 친구들의 낙방 소식과 그들의 어려운 상황을 접하면서 선영이도 끊임없이 함께 고민하고 괴로워했음이 짐작이 된다.

선영이는 경쟁 사회가 겁이 난단다. 그 경쟁의 시작이 대학 학벌임을 눈치 챈 것일까? 그 두려움과 친구들의 가정문제가 자살을 고민하게 한다. 다른 친구들과 자신의 마음을 투영한 것이겠지. 그리고 친구들과 이야기를 나누며 '상황을 어떻게 극복할 것인가?'가 관건이라는 해답을 찾은 것 같다. 선영이가 여러 작가들의 입을 빌려 자신과 친구들에게 "제발 죽지 마!" "괜찮아, 우주가 우리의 소망을 돕고 있어"라고 외치는 듯해 마음을 떨리게 한다.

물리 시간에 선생님이 수행평가로 내주신 과학 관련 책을 읽고 독후감 쓰기. 선생님이 제시한 50권 정도의 책에서 그중 하나를 골라 독후감을 쓰라는 것이다. 나는 원하는 책을 사서 읽었다. 《일반화학의 이해》라는 대학교 과정 책이다. 이 책은 소설도, 인문도, 자기계발 책도 아닌 일반화학 기본 입문서이다.

물리 선생님 시간에는 책을 자주 읽는다. 처음에는 왜 과학 시간에 책을 읽는지 궁금했지만 나에게 스스로 질문을 몇 번 던지니 어느 정도 답이 나왔다. 이 세상은 과학적인 힘으로만 살 수 없고 반드시 인문과 자연이 서로 공존해야 진정으로 세상을 살아갈 수 있는 것이다. 그리고 물리 선생님께선 우리에게 성적을 올리는 방법보다는 세상을 참되고 바르게 사는 방법을 알려주셨다. 세상을 살아가면서, 사람들이랑 어울리면서 '이해'란 반드시 있어야 하는 단어다. 그리고 '인내'란 단어도 내가 세상을 살아가면서 반드시 가져가야 할 단어다. **(3학년, 허범, 《일반화학의 이해》를 읽고)**

범이는 1학년 때부터 3년 동안 한결같이 진지하게 수업을 들은 탐구력이 좋은 아이이다. 노력도 엄청나다. 그런데 시험 점수는 중간 이하다. (실은 나도 고등학교 시절 그랬다. 공부를 해도 성적은 잘 안 나오는….) 학교에서 선생님들이 가장 안타깝게 생각하는 유형의 학생 중 하나다. 이런 학생에게 방향을 제시하는 것이 교사의 일이지만, 공부 방법이나 학습 태도, 일상생활을 점검해도 고칠 것이 없는 경우에는 참 난감하다. 포기하라고 할 수도 없고, 더 열심히 하란 말도 못 한다. 얼마나 열심히 하는지 알기 때문이다. 범이가 선택한 책과 서평에는 범이의 고민과 학업에 대한 아쉬움이 보인다.

이 아이들의 글은 한 해 동안의 수업을 돌아볼 수 있는 귀한 견책이었다.

슬림라인 세미정장 입고 인터넷 강사 흉내 내기!

2010년도에 지금 근무하는 학교로 옮겨오면서 더럭 겁이 났다. 인문계와 전문계가 함께 있는 종합고등학교에서 수업을 어떻게 진행해야 할지 막막했기 때문이다. 새로 갈 학교가 결정된 2월 한 달 동안 EBS를 포함한, 수업을 잘한다고 소문난 강사의 인강(인터넷 강의)을 들으며 시중의 문제집을 열심히 풀기 시작했고, 교과서에 있는 실험과 구할 수 있는 실험 매뉴얼을 살피며 나름대로 단단히 준비를 했다.

학교에 처음 방문한 날. 어느 곳보다 과학실을 먼저 둘러보았다. 과학실의 첫인상은 '깔끔하다'였다. 음, 그리고… '깔끔했다.' 막상 실험을 할 만한 기구가 없었고, 기본적인 실험기구들은 10년 가까이 돼서 녹이 슬거나 제대로 작동하는 것이 없었다. 그동안 물리 정교사가 없어 실험기구 관리가 안 됐단다. '근무하면서 하나씩 정비하고 가꿔가야겠다'는 생각에 앞서 '아, 실험수업은 어떻게 해야 하나' 하는 걱정이 앞섰다. 그렇게 봄 학기가 시작되었다.

그런데 여기저기서 '우리 애들은 수준이 떨어져서… ', '뭘 해도 안 돼'라는 말이 들려온다. 학생들은 '우리 학교'라는 단어 대신 '다산'이라고 부른다. 학생들이 학교에 대한 자부심을 갖기는커녕 자존감도 낮다는 증거다. 지역적 특색이 고스란히 학교에 나타난다. 비평준화 지역의 하위권 학교가 대개 그렇듯, 우리 아이들 대부분이 가정의 돌봄을 제대로 받지 못한다.

그럼에도 내 눈에는 순박하고 착해 보이며 대화를 나눌 수 있는 학생들이 참 좋았다. 푸르스름한 면도 자국이 남은 얼굴에 깔끔한 슬림라인 세미

정장을 입고 교실에 들어가 수업을 진행한다. 틈틈이 인강도 보고 수업 자료도 만든다. 수업시간이 신났다.

'어쩜 난 이렇게 문제를 잘 푸니. 군더더기 없이 정갈하잖아.'

'이 부분은 대한민국에서 나만이 이렇게 설명할 수 있지.'

속으로 이렇게 외치며 즐거워했다. 그리고 다른 과학과 선생님들의 배려로 연간 학교에서 사용할 수 있는 200여만 원의 실험실습비 예산 대부분을 활용해 기구들을 바꾸고 실험수업을 진행했다. 풍성하진 않지만 나름의 최선이었다.

2010년 2학년 이과반 수업. 중간고사 즈음해서 뭔가 찜찜한 것이 느껴졌다. 두 물체의 충돌을 설명하는 운동량 보존 법칙을 설명하려고 속도와 가속도의 개념을 이야기하는데 학생들의 반응이 생소하다. 분명 인강에서 이 부분을 이렇게 설명할 때 '빵' 터지며 웃었는데… 분위기가 싸하다. 학생들의 표정을 살피니 가속도가 뭐냐는 눈치다. 사실 속도와 가속도는 '물리1'에서 가장 처음 나오는 개념이자 '역학'의 대단원을 이해하는 가장 기초가 되는 개념이다. 봄 학기가 시작되고 두 달을 수업하는 동안 거의 매일 '가속도'라는 단어를 사용하며 100번은 족히 그래프를 그리고 문제를 풀었는데, 이 생소한 반응은 뭐지?

중간고사 셋째 날 오후. 과목별 점수 일람표를 출력하려는 순간 '조회' 버튼을 몇 번이나 눌렀는지 모른다. 과목 설정을 다시 하고 누르고, 학년 설정, 과목 설정 조회를 또다시 눌렀다. 화면에 나타난 점수가 믿기지 않았다. 아니, 믿을 수 없었다. 우리 학교엔 이과반이 한 반이라 수업도 시험문제 출제도 나 혼자 한다. 내가 가르친 것만 문제로 낼 수 있다. 그래서 학생들을 배려(?)하는 마음으로 수업시간에 풀어준 문제를 중심으로 문항을 만들었다. 그런데 아이들 점수가…. 두 명을 제외하고 모두 20~40점에 걸쳐 있다니! 시험 점수는 아이들의 점수이기도 하지만 얼마나 아이들을 잘 이해시켰는가를 가늠하는 교사의 점수이기도 하다. 수업시간에 그렇게 신나게 수업을 했는데 이게 가능한 점수인 건가? 기운이 쫙 빠졌다. 도대체 내가 뭘 한 건가 싶었다. 몇몇 아이들이 찾아와, 정말 공부했는데 점수가 형편없어서 죄송하다, 다음 시험은 잘 볼 것이다라는 말을 건네왔다. 그래도 위로가 되지 않는다.

동료 선생님들과 이런저런 이야기를 하다가 시험 결과에 대한 이야기가 나왔다. 물리 점수를 얘기하자 다른 과목 점수들도 대동소이함을 이야기해주었다. 그리고 여러 과목에서 학생들이 작성한 서술형 문항 답안과 수업시간에 있었던 이야기들을 나누었다. 가만히 종합해보니 '어휘력'이 문제였다. 그러니까 너무 기본적인 단어라고 생각해서 설명하지 않았던 단어의 의미를 모르는 상태에서 진도를 나갔으니 개념이 형성되지 않았다는 진단이다. 한편으로 생각하니 아이들이 참 안쓰러웠고, 그런데도 수업을 잘 들어준 것이 고맙다는 생각마저 들었다.

수업시간에 아이들의 얼굴을 보니 학생들의 얼굴이 참 생소했다. 대면해서 만났던 아이들의 면면이 남아 있지 않다. 수업은 들을 만한데 남는 게 없단다. 선생님이 문제 푸는 걸 보면 다 풀 수 있을 것 같은데 막상 풀려면 모르겠단다. 돌이켜보니 내 수업에 나와 아이들은 없고, 인터넷 강사를 흉내 내고 있는 나만 있다. 아이들과의 교감 없이, 그저 문제집으로 삽질만 한 기분이 들었다.

삶의 족적이 인생이라면, 그 족적을 남길 수 있는 첫 조건은 시간을 사용할 수 있다는 것이다. 삶을 꾸려갈 수 있는 이유는 시간이 주어졌기 때문이다. 그러므로 시간은 생명이라고 할 수 있다. 이 지구상에서 시간을 사용한다는 것, 그것은 생명을 사용하고 있는 것과 같다. 사람은 재능과 함께 생명을 갖고 태어난다. 주어진 생명을 가지고 재능을 계발하여 나름의 삶을 가꾸는 것, 이것이 삶이다. 이런 관점에서 한 시간의 수업은 생명을 나누는 일이며, 교실은 그 재능과 가능성이 더불어 자라고 있는 공간이다. 그래서 매 시간이 '의미' 있게 가꾸어져야 한다. 그런데 나의 수업은 나에게, 그리고 아이들에게 어떤 의미였는가? 나는 내 생명을 어떻게 사용했으며, 아이들의 생명에는 어떤 영향을 주었을까?

첫사랑

학교를 옮겨와 처음 담임을 맡은 1학년 4반 첫사랑들이 졸업을 앞둔 2013년 2월. 보통 잘해준 것보다 잘 못해준 것이 기억에 많이 남는 게 사람이다. 더욱이 첫사랑에게는 그 마음이 더하다. 수능시험까지 마친 고3 아이들에게 앞으로 하고 싶은 것과, 고등학교 시절에 하고 싶었는데 못 했던 것들에 대해 얘기해보자며 한 사람씩 이야기를 하는 시간을 가졌다. 서로의 이야기를 듣고 서로에게 응원의 박수와 용기를 주고받는 시간을 만들어주고 싶었다.

첫 이야기를 자연스럽게 시작하도록, 아이들과 1학년 봄에 찍은 벚꽃놀이 사진과 짧은 메시지를 PPT 영상으로 만들어 보여주었다. 아이들은 1학년 때 모습이 꽤나 쑥스러운지 보는 내내 웃고 난리다. 영상이 끝나자 하나 둘씩 이야길 풀어놓는다. 특히 강철이와 혁수는 학교의 의미와 나의 수업을 진지하게 돌아보게 만들었다.

강철이는 동생이 둘이 있다. 막내동생과 열 살 정도 차이가 난다. 강철이는 잘생겼고 춤도 잘 춘다. 여학생 팬 그룹도 있고, 남자 친구들도 인정하는 좋은 남자다.

"선생님, 저는 2학년 때 선생님이 ○○랑 물고기로 대회 나간 거… 그거 하고 싶었었어요."

아, 그러고 보니 2011년 5월 전국과학전람회(이건 체육으로 치면 전국체전에 해당하는 대회다)를 준비하느라 아이들과 함께 늦은 시간까지 과학실에서 시간을 보냈었다. 그러던 어느 날, 화장실에 다녀온 나에게 한 아이가 물었다.

"선생님, 2학년 형 중에 저만큼 물고기를 잘 아는 선배가 있는데 혹시 이름 아세요?"

"왜? 무슨 일 있었어?"

"제가 이 표본들에 이름 붙이려고 하는데, 어떤 형이 와서 물고기들 보면서 이름을 주주죽 부르더니 나가잖아요."

"그래? 누구지???"

헉, 그때 그 2학년생이 강철이였구나….

강철이는 물고기를 좋아하고 거의 모든 물고기의 특징과 습성 그리고 생태까지 다 꿰고 있다. 좀 더 일찍 알았더라면 강철이에게도 좋은 기억을 하나 만들어줬을 텐데…. 학생에 대해 파악하지 못한 직무유기다.

그리고 혁수. 혁수는 성격이 밝고 수학을 좋아했다. 그런데 2학년 여름방학을 마치고 난 후부터는 혁수가 이상해졌다. 매일 수업시간에 잠을 잔다. 내 수업뿐 아니라 거의 모든 시간에 잠만 잔단다. 2학년 담임선생님께

물으니, 여러 번 상담도 했지만 태도 변화가 없다며 뭔가 있긴 한데 얘기를 안 하려고 한단다. 약간 걱정이 됐다. 한 주 정도 지나자, 혁수만 자는 게 아니라 남학생 5~7명이 함께 잠을 자서 수업 진행이 안 된단다. 1학년 때 담임을 맡았던 아이들이다. 여기서 그냥 두면 걷잡을 수 없는 반 분위기가 될 것 같았다.

"김혁수. 일어나!"

"일어나!!"

"혁수 일어나!!!"

혁수가 벌떡 일어났다. 그리고 뒷문으로 저벅저벅 걸어간다. 문을 쾅! 닫고 나가며,

"선생님까지 저한테 이러시면 제가 어떻게 살아요?"

혁수는 후다닥 달린다.

'이게 뭐지?'라는 생각과 함께, 혁수가 이대로 가면 다시는 얼굴을 못 볼 것 같다는 느낌이 들었다. 반장에게 교실을 맡기고 혁수를 따라 달렸다. 숨을 헐떡이며 달려가 후문 근처에서 겨우 따라잡았다. 그리고 아무 말 없이, 혁수를 안았다.

혁수가 운다. 엉엉 운다. 산만 한 덩치로 눈물 콧물 흘리면서 운다. 울면서 큰 소리로 속 이야기를 한다.

"아빠가 엄마를 때려서, 엄마가 집 나갔어요. 아빠도 거의 집에 안 오고 가끔 집에 오는데, 갑자기 내가 알바해서 산 오토바이 뺏더니 팔아버리고, 저보고 나가래요."

"그래서… 지금은 어떻게 지내?"

"돈 필요해서 밤에 알바하고, 새벽에 끝나면 친구 집 가서 씻고 학교

와요.”

울음을 그치고 목소리도 낮아졌다.

“엄마랑 연락은 되고?”

“이모 통해서 소식만 들어요.”

혁수를 데리고 국밥 집에 가서 국밥을 먹었다. 그게 내가 해준 전부다. 혁수의 알바는 좋아하는 오토바이를 맘껏 탈 수 있게 해주는 동시에 생계를 해결하는 수단이다. 그러니 학교에서 잠만 잘 수밖에…. 혁수는 고등학교 시절의 절반 이상을 집 밖에서 생활했다. 그리고 졸업 직전에야 2, 3학년 때 담임선생님의 노력으로 다행히 아빠와 화해했고, 엄마와도 연락을 하며 지낸다.

과학, 책을 만나다!

: 어린아이와도 같은 상상력의 결정체

첫사랑들을 떠나보내고 다시 새 학기를 맞는다. 2013년 1학기에는 3학년 문과 3개 반과 이과 1개 반, 2학년 보건간호과 2개 반 수업을, 2학기에는 1학기와 같이 3학년 4개 반과 2학년 의료정보과 2개 반 수업을 맡았다.

3학년 문과반의 물리 수업시간. 문과반 학생들은 물리가 필요없단다. 그래서 수업을 안 듣는단다(사실 문과 학생들에게 필요한(?) 국어·영어도 안 듣는 것 같지만). 그런데 리비히의 ‘최소량의 법칙’이라는 게 있다. 생물의 생장에 필요한 양분 중 어느 한 가지라도 부족하면 나머지 원소가 아무리 충분해도, 가장 적게 존재하는 원소에 의해 생장이 결정되는 현상을 말한다. 학교는 학생들이 자라는 곳이다. 자랄 수 있게 양분을 공급하는 것이 학교다. 성장에 필요한 양분이 한쪽으로 치우치지 않도록 균형을 유지해야 한다. 아이들의 인생 중 가장 아름답고 반짝반짝할 고등학교 시절을 만들어주기 위해 필요한 양분을 넉넉히 담아내는 학교. 이것이 학교의 지향점이자, 교과와 교과가 유기적으로 연결되어야 하는 이유다.

더럭 겁이 났다. 교실에서 나 혼자 떠들고 나 혼자 문제를 풀고 있는 모습이 상상되면서, 혁수와 강철이의 얼굴이 교차한다. 그런 수업이 아이들에게 어떤 의미가 있을까? 과연 학교의 기능은 무엇이고, 교사는 수업을 통해 무엇을 할 수 있을까? 과학 교사로서 나는 아이들에게 어떤 삶의 지표를 제시해야 하는가?

어린 시절 나는 서울 성곽으로 둘러싸인 성북동 산동네에 살았다. 아버지의 본가가 강릉에 있어서 제사와 명절, 휴가를 보내기 위해 많게는 1년에 5~6차례나 아흔아홉 굽이의 대관령 고갯길을 아버지의 차로 다녔다. 아버지는 장사하는 시간을 확보하고 차 막히는 시간을 피하고자 항상 저녁 무렵 출발하여 새벽에야 본가에 도착했다. 그때 밤하늘의 달은 서울에서부터 강릉까지 계속 우리 차를 따라다닌다고, 어린 나는 생각했다.

"아빠, 왜 달은 계속 우리만 따라와요?"

"따라오긴 뭐가 따라와. 달은 그냥 있는 거지. 내일 재미있게 놀려면 잠이나 자."

참… 멋없는 아빠의 답이다. 그 멋없는 답 덕분에 난 '내가 굉장히 중요한 존재구나'라는 생각을 했다. '얼마나 중요한 존재면 이렇게 달이 따라다니면서 나를 지켜줄까' 싶었던 것이다.

성북동 성곽 길에 가장 많은 나무는 아카시아 나무였고, 가장 많았던 꽃은 코스모스였다. 성곽을 여기저기 뛰어다니며 코스모스를 많이 봤는데, 어디서 주워들은 건 있어서 '코스모스'가 '우주'를 뜻하는 단어라는 걸 알았다. 그 얘기를 듣고 꽃을 들여다보는데 꽃의 중앙부에 별이 빽빽하게 있는 게 아닌가!

"오, 오, 오~~~ 중대 발견 중대 발견. 이리 와봐, 이거 봐봐, 별이야 별!!"

노벨상을 탄 듯한 기세였다. 중병이다.

또 하루는 감자 한 개와 커다란 팔각 성냥갑 한 통을 들고 친구들과 성곽에 올랐다. 감자를 하늘로 날려볼 요량이었다. 성냥개비를 모두 감자의 한쪽에 꽂았는데, 만화영화에서 아톰이 발목에서 불을 내뿜으며 날아가는 걸 보고 따라한 것이다. 성냥에 불을 붙이자마자 불길이 확 치솟았는데, 감자가 날지는 않고 뜨겁기만 했다. 놀란 나는 감자를 손에서 떨어뜨렸다. 감자는 내 왼쪽 머리카락과 친구의 눈썹을 태워먹고 바닥으로 처박혔다.

이런 망상과 엉뚱한 실험들이 어쩌면 나를 과학과 자연스럽게 엮어준 게 아니었을까. 극히 작아서 보이지 않는 나노 세계부터 너무 커서 보이지 않는 우주까지, 하나의 원리와 법칙으로 설명되는 물리학은 우주와 자연에 대한 호기심을 해결할 단서들을 주었다. 어떤 녀석이든(사물이나 현상) 그 생김은 나름의 특성과 기능을 가지며, 그 특성과 기능이 그 녀석의 정체성을 규정한다. 그러므로 생김엔 이유와 의미가 있다. 그런 특징에 의미를 부여하고 가치를 새롭게 하는 것이 진짜 물리라고 생각한다. 관찰에서 시작해서 통찰로 생각을 확장한다. 스케이트라는 신발이 '김연아가 소치에서 신었던 스케이트'가 되면 완전히 다른 의미의 신발이 되는 것처럼.

관찰과 경험이 자신의 삶과 닿을 때 의미가 완성되고, 고유의 가치가 부여된다.

과학은 자연에서 일어나는 현상을 관찰하는 것을 시작으로 규칙을 찾고, 실험이라는 검증 가능한 방법을 거쳐 합리적으로 설명하는 것을 뜻한다. 그래서 '과학적'이라는 말은 '합리'와 '논리'를 포함한다. 즉 과학을 배운다는 것은 사고하는 방식을 배우는 것이며, 삶의 지혜를 쌓는 것이다. "하늘은 왜 파래요?", "물은 왜 얼음도 되고 연기도 돼요?", "불은 왜 뜨거워요?" 아이들은 끊임없이 질문하고 생각한다. 하지만 교실 속의 학생들은 자연에 대해 질문할 '최소한의 기회'조차 박탈당하고 있는 것은 아닌가? 그러니 교실에서 자연을, 우주를 물어볼 기회를 갖게 해주고 싶다. 우리 주변을 둘러싼 물질계에 대한 인간의 원초적인 궁금증과 흥미, 물질 현상에 대한 어린아이 같은 물음이야말로 물리 교사가 모든 학생들에게 줄 수 있는 배움의 본질이 아닐까.

과학에는 실험이라는 멋진 방법이 있다. 실험을 통해 질문하고 탐구하며 결론을 찾아간다. 이렇게 좋은 실험수업을 훌륭하게 진행하는 과학 선생님도 계시지만 이런 실험을 지속적으로 준비하는 것은 매우 큰 짐이다. 특히 우리 학교처럼 과학과의 예산이 적고 실험 선생님이 없는 상황이면 학기당 두 번 정도의 실험도 버겁다. 그래서 대부분 학교에서 하고 있는 실험은 약간 기형적이다. 매뉴얼이 있고 그 실험 과정을 따라하는 형태여서, 학생들 스스로 질문하고 본질에 대해 생각하는 것과는 거리가 있다. 이런저런 고민 끝에, 우리 학교의 상황에서 내가 지속적으로 실천할 수 있으면서도 아이들이 자연 현상의 본질에 대한 생각을 확장하고 자신의 삶을 돌아보게 할 수 있는 방법으로 내가 선택한 것이 바로 독서수업이었다.

책을 읽고 이야기를 나누는 과정에서 자연에 대해 질문하고 생각하는 방식을 배우며 더불어 살아가는 방식을 익히길 바랐다. 무엇보다 자연과 더불어 살아가는 '나의 삶'에 대해 생각하면서, 상상할 수 없을 만큼 큰 우주에 유일한 존재로서의 '각 사람의 가치'를 인식하는 기회를 제공하는 것이 내 과학 독서수업의 목표다.

의기양양, 과학 시간에 스마트하게 책읽기

2013년 3월, 우리 학교 190여 명의 학생들에게 독서와 관련된 몇 가지 설문을 하였다. 응답해준 학생들의 96퍼센트는 온·오프라인 서점을 한 달에 한 번도 방문하지 않는다고 했으며, 91퍼센트의 학생들은 학교 도서관을 포함한 도서관을 한 달에 한 번도 방문하지 않는다고 답했다. 과학책은 고사하고 교과서 외의 책은 접하지 않는다는 것이다.

학생들이 책과 친해지도록 하는 것이 우선이었다. 그래서 동료 선생님과 함께 '책과 친해지기' 프로젝트인 '만사소통(만남四疏通) 열린 도서관 프로젝트'를 시작하였다. '책과 만나는, 나와 만나는, 너와 만나는, 우리가 만나는 도서관' 만들어가기다. 그리고 여력이 되는 몇몇 선생님이 정규 교과 시간에 독서수업을 진행하기로 했다.

학생들을 가만히 관찰해보니 스마트폰이나 컴퓨터로 웹툰이나 웹문서를 읽는 것을 볼 수 있었다. 그래서 내가 선택한 방법은 학생들이 친숙한 스마트폰으로 책과 친해지기였다.

"주당 3시간의 물리 시간 중 1시간은 책을 읽고 이야기를 합니다."

3학년 첫 수업시간에 한 첫마디다. 학생들은 물리 시간에 무슨 책을 읽느냐는 듯한 눈빛으로 책을 사야 하는 건가, 무슨 책을 읽는가 등을 묻느라 소란스럽다. 분위기를 가라앉히고 인쇄물을 나눠주며, 4명이 한 모둠을 이루어 책을 읽으며 활동지를 작성한다는 것, 책은 각자 구입하지 않고 제공한다는 것, 활동지에 기록한 것들을 서술형 · 논술형 시험으로 반영하고 수행평가에 포함한다는 것, 생활기록부의 과목별 독서란에 적어준다는 것 등에 대해 설명하자 술렁거림은 없어졌다. 생각보다 부담스럽지 않으면서 여러 가지로 유리한 점이 많다는 것을 확인하자 스마트폰으로 책을 읽는 아이디어가 어떻게 진행될지 궁금해하는 눈치다.

모둠별로 단행본 한 권과, 스마트폰으로 책을 읽을 수 있도록 작업한 활동지를 나눠주었다. 과학책은 주로 개념형 정보를 담고 있어서 글이 건조하고 박진감이나 긴장감을 느끼게 하는 드라마틱한 요소가 없다. 그래서 과학책을 처음부터 끝까지 읽고 무언가를 생각하거나 말하는 것이 쉽지 않다. 하지만 계속적인 호기심을 자극하는 질문과 참신한 설명을 만나면 책을 놓지 못하는 경험을 하기도 하는 게 과학책의 매력이다. 사실 이런 매력을 느끼기도 전에 과학책을 포기하는 경우가 대부분일 것이다. 더욱이 책과 친하지 않은 학생들에게는 더욱 그러하다. 그래서 학생들과 함께 과학책을 읽기 위해서는 몇 가지 장치가 필요했다.

첫째, 일상의 소소한 주제를 과학적 원리로 설명하는 책들의 일부를 발췌해서 친숙함을 높이고 읽는 부담을 줄였다. 둘째, 4명씩 모둠을 정해 함께 활동지를 작성하게 하여, 정해진 분량을 끝까지 읽게 할 뿐 아니라 친구들과 이야기하는 과정을 통해 책 내용을 파악하고 생각을 확장할 수 있도록 하였다. 세 번째는 글과 만나는 통로로 스마트폰과 단행본 두 가지를 함께 사용했다. 스마트폰을 사용한 것은 아이들이 친숙한 도구로 책과 만나게 하기 위함이고, 단행본 책을 함께 사용한 것은 스마트폰이 없는 친구들을 위한 배려이자 글은 책으로 읽는 것이 가장 편하고 좋다는 것을 강조하기 위함이기도 하다. 작은 화면으로 만나는 글은 답답하고 책으로 읽을 때만큼 눈도 자세도 편안하지 않기 때문에 서서히 스마트폰에서 책으로 학생들의 시선을 돌리기 위한 장치이다.

스마트폰으로 책을 읽을 수 있게 만드는 작업은 기본적으로 블로그를 활용했다. 단 블로그에 올리는 책 내용은 수업시간에만 '공개'로 하고 수업이 마치면 '비공개'로 전환한다. 블로그에 올리는 형태는 책의 내용을 타이핑하여 텍스트로 올리는 방법이 있고 스캔하여 그림으로 올리는 방법이 있는데, 책의 내용과 형태에 따라 적절한 방법을 사용한다. 그리고 학생들이 작성할 활동지에 해당 책으로 바로 연결되는 QR코드를 만들어 붙여준다. 학생들은 QR코드를 스마트폰으로 찍어 해당 책을 읽을 수 있다.

각 모둠별로 작성해야 하는 활동지는 책을 읽으면서 다른 것과 융합하여 생각하고 통찰하도록 하는 장치를 담았다. 생각에 생각을 더하는 과정을 모둠별로 하게 하고, 가장 멋스러운 소재를 잡아 자세히 서술하도록 했다. 우리 생활 속 과학 원리를 찾아보고 이러한 과학 원리와 개념으로 설명할 수 있는 사회 현상이나 다른 교과목으로 전이하여 생각하는 과정이다.

- 자유롭게 메모하기
- 떠오르는 것 적어보기
- 친구에게 이야기하기

- 친구 이야기 듣기
- 가장 좋은 소재를 모둠이 선택하여 자세히 하기

책을 읽으며 가장 핵심이라고 생각되는 단어 2개씩을 3×3 빙고 칸의 가장자리에 적는다. 그리고 4명이 적은 핵심 단어들에 대해 왜 이 단어를 선택했는지 서로 이야기를 나누고, 가장 핵심이라고 생각하는 단어 1개를 선택해 중앙에 적는다. 각자가 생각한 핵심 단어 2개를 일상생활, 직간접 경험 또는 다른 영역과 연결하여 떠오른 것을 적고 모둠원에게 설명한다. 그리고 그중 하나를 선택하여 논리적으로 자세히 설명하는 글을 작성한다. 《세계가 만일 100명의 마을이라면》(이케다 가요코), 《수학이 수근수근》(샤르탄 포스키트), 《국어 선생님의 과학으로 세상 읽기》(김보일), 《하리하라의 생물학 카페》(이은희), 《아줌마들의 과학수다》(박문영 외), 《교실 밖 화학 이야기》(진정일), 《자연은 천재돌이》(제영갑), 《놀라운 인체백과》(데이비드 맥컬레이) 등의 책과 네이버캐스터 '오늘의 과학'에서 '9, 숫자마술', '머피의 법칙'으로 10차시 동안 진행하였다. 《과학에 둘러싸인 하루》(김형자)나 《갈라파고스로 간 철학자》(신승철)도 활용하기에 좋다.

"물리 시간에 책을 읽습니다"

드디어 첫 독서수업 시간. 수업시간에 책을 읽는다니… 두근두근하다. 어떻게 진행될지, 학생들이 활동지에 어떤 내용을 쓸지 나도 궁금하다. 처음 택한 책은《세계가 만일 100명의 마을이라면》이다.

요즘 뭐든 일이 안 돼서 힘들었는데 이 책을 보는 타이밍이 조금 힘든 게 없어지고 나는 잘사는 애들만 보고 살았던 거 같다. 못사는 사람들을 보면서 힘을 내야겠다. (3학년, 황현택)

헉! 이게 아닌데…라는 생각이 든 현택이의 첫 번째 소감이다. 하지만 이어지는 책들을 읽고 나오는 현택이의 반응은 "선생님, 이거 슬퍼요", "선생님, 저도 세상에서 쓸모 있는 사람으로 살 수 있을까요?"였다. 책을 읽으며 자신의 감정을 풀어내기 시작했다. 지금껏 누구에게도 표현하지 못했던, 부모님을 향한 분노와 세상에 대한 불신을 이야기하는 현택이의 마음과 번민의 깊이를 조금씩 알아갈 수 있었다.

뭘 말하고 싶은 걸까. 선생님은 우리가 뭘 얻길 바라는 걸까.

뭘 요약하지…?

요지가 무엇인가, 넌 행복하다인가, 남을 도우라인가.

선생님은 32명의 사람이 한 권의 책을 보고 같은 걸 느끼길 바라는 걸까.

극빈층한테나 읽는 사람한테나 둘 다 참담? 어이없을 듯.

'빈곤한 사람이 있다'만 나오고 이유가 나오지 않잖아. 이 책 좀 잔인하다.

저런 불쌍한 사람도 있으니 난 괜찮아 하고 자기 위로하는 거네.

나보다 환경이 불편한 사람이 있다고 해서 내 불행이 없어지는 게 아닌데 왜 위안을 얻는 거죠. 그렇게 따지면 고3 스트레스 왜 있음? 왜 이해해줌?

(3학년, 박영숙)

영숙이는 1학년 때부터 매우 조용한 아이였다. 신경을 써서 찾지 않으면 교실에서 잘 찾아볼 수 없는 아이. 처음 이 메모를 보고, 이름을 보고, 영숙? 영숙이?? 영숙이… 아!! 얼굴을 떠올리는 데 요 정도 시간이 걸렸다. 하지만 영숙이는 독서수업이 진행될수록 성격이 밝아졌고 친구들도 많아졌으며 수다스러워졌다. 사실 원래 그런 면이 있었는데 강의식 수업에서는 그런 모습을 보일 수 없었을지도 모른다. 영숙이와 모둠을 이룬 성민이, 가현이, 희주 역시 비슷한 성향의 아이들이었는데, 똘똘 뭉쳐 진지하게 생각을 나누며 성장이 눈에 보이는 모둠이었고, 내게 가장 큰 감동과 보람을 안겨준 모둠이다.

자신들이 좋아라 하는 스마트폰으로 글을 읽으니 모두가 혹하여 잘 참여하였다. 스마트폰으로 글을 읽으면 시야가 답답해 종이책을 찾을 거라고 생각했는데 역시 예상을 벗어나지 않는다. 단행본 책을 요청하는 학생이 하나 둘씩 늘어나더니 준비해간 책이 부족했다. 애교 쟁탈전이 시작됐다(남학생들의 애교는 여학생의 애교보다 볼 만하다). 다음은 《국어 선생님의 과학으로 세상 읽기》를 읽고 아이들이 쓴 글들의 일부이다.

하찮게 보이는 지렁이가 없으면 땅이 척박해지므로 실상 농사에서 없어서는 안 되는 중요한 존재이다. 노동자도 마찬가지다. 소외된 계층이고 아무것도 아닌 것처럼 보이지만 없으면 사회가 제대로 돌아가지 않아 우리 사회에서 무척 중요한 존재이다. **(3학년, 김성민 · 한가현 · 이희주 · 박영숙 모둠)**

인간의 욕심은 인간에게는 필수적인 요인이지만 우리가 그 욕심에 휘말리게 되면 욕심에게 인간이 끌려다니는 노예 같은 존재이기도 한, 어떻게 보면 조심해야 하는 것이기도 하고, 무엇이든 적절하게 지킬 수 있는 사람이 되어야 한다는 것을 알 수 있다. 요즘 사회는 욕심의 끝이 없어 자기의 개인 이익보다는 사회 전체를 생각할 수 있는 협동하고 타협할 수 있는 사람이 되어야 한다. (3학년, 김건룡 · 김범진 · 이세화 · 임서현 모둠)

나는 이 글을 읽으면서 할미꽃이라는 단어가 기억에 남는다. 그 이유는 진정한 아름다움은 보기 좋은 것인 황금비율이 아닌 그 사람이 지니고 있는 정신적인 가치와 그 사람의 가치 또는 그것의 가치라고 생각을 한다. 나는 아직 19년을 살았지만 조금은 알 것 같다. 나중에 기억에 남는 사람은 외형이 아름다운 사람이 아닌 정신적인 가치와 본질이 아름다운 사람이 생각날 것이다. (3학년, 김수현 · 오경환 · 임수지 · 김나혜 모둠)

요즘 우리는 다문화 세계에 살고 있다. 그만큼 우리의 생김새와 언어에 다양함을 인정해주고 우리가 가지고 있는 외국인에 대한 편견을 버려야 한다고 생각한다. 또한 우리와 다른 문화의 가치를 존중해줄 때만이 이 시대에 알맞은 사람이 될 수 있을 것이라고 생각했다.

(3학년, 김이슬 · 최선영 · 박윤경 · 김송이 모둠)

독서수업의 만족도는 대체로 좋았다. 이는 강의식 수업에도 좋은 영향을 주어 수업 분위기가 좋아졌을 뿐 아니라, 독서수업을 하지 않던 예년보다 빠른 수업 진행을 할 수 있었다. 또한 스마트폰으로 시작한 '책과 친해지기'는 서서히 종이책을 선호하는 형태로 나타나고, 다른 책을 보러 학교 도서관을 찾는 학생들이 눈에 띄게 늘었음을 확인할 수 있었다. 동료 선생님들과 함께 진행한 '책과 친해지기' 프로젝트의 결과다.

그리고 2학년 수업은 보건간호과 2개 반을 맡았는데, 대부분 간호사를 희망하는 학생들로 진로 목표가 뚜렷하고 여학생으로 구성된 반이라 차분하게 잘 진행되었다. 서로의 다른 생각에 조금은 당황하긴 했지만 전체적으로 잘 진행되었고, 의도된 성과도 나타났다. 학생들의 변화와 활동 그리고 작성한 글들을 잘 모아 수행평가에 반영하고, 생활기록부의 과목별 독서란에도 기록했다. 한 사람 한 사람 62명 모두의 이야기를 입력하는 것이 일이라면 일이었지만, 그래도 아이들의 살아 있는 이야기를 적어주는 것이라 다른 때보다 수월했고 가치 있는 일이라 생각되었다.

2학년 수업에서는 '간호의 기초' 선생님과 협력하여 간호과 실습으로 연결해보았다. 《놀라운 인체백과》를 읽으며 심장을 비롯한 내부기관을 그림으로 그리고 심폐소생술(CPR)을 실습했다. 또 《하리하라의 생물학 카페》를 읽고 임신중절수술에 대한 글쓰기와 임산부 옷을 입고 산모 체험을 해보고 글쓰기를 했다. 특히 《하리하라의 생물학 카페》는 3학년 수업에서도 피임, 사랑, 호르몬 등과 관련해 가장 활발하게 토론이 진행된 책이기도 했다.

뜻밖의 저항(?)과 진검승부(!)

1학기 1차 지필평가 직후는 분위기가 어수선해 수업이 잘 진행되지 않는다. 그래서 보통 이 시기에 실험수업을 몰아서 2차시를 진행한다. 그런데 2차시의 실험수업 후 수업시간에 위기가 왔다. 그동안의 패턴과 동일하게 진행된 탓인지 아니면 여러 가지 수시 입시에 관한 정보들을 접해서인지, 술렁이는 교실이 안정되지 않는 느낌이다. 그나마 독서 시간에는 그런대로 책을 읽고 이야기를 나누었지만, 강의식 수업시간은 전과 같지 않다.

내 수업만 그런 줄 알았는데 거의 모든 수업이 그렇단다. 보통 이런 현상은 1학기 2차 지필고사가 끝나고 나타나는데, 그해에는 수시 1차 시즌이 다른 해보다 일찍 시작된 데다 고3의 평균학력이 예년보다 떨어져서 더 빨리 나타난 것 같다고, 선배 교사들이 이야기해주었다. 우리 학교의 문제만이 아니라 특목고를 제외한 대한민국 일반 고등학교의 전반적인 문제란다. 자신의 전국 석차를 확인하고 대학 입시라는 현실을 인식하는 그때부터 수업이 엉망이 된단다.

독서수업이 없었으면 이런 상황을 어찌 버텨냈을까 싶었는데, 그마저도 3주쯤 지나자 특정 반 학생들이 독서수업도 대충 하는 느낌이 들기 시작했다. 잘하고 있는 학생들에게 집중하면 덜 고민스러울 텐데, 손가시가 성가시고 계속 신경 쓰이듯이 특정 반 학생들이 자꾸 눈에 밟혔다.

나는 우리 집 아이들(네 살짜리 꼬마와 갓 낳은 아기)을 두고 다른 집 아이들(학생들)을 위해 시간을 쓴다. 내 아이랑 보내는 시간을 줄이고 반강제로 재우다시피 하면서, 잠을 줄여가며 '읽고', '활동지를 만들고', '활동지에 첨삭하고' 준비하는데… 학생들은 너무 성의 없이 대충 읽고 대충 쓴다. 수업 준비를 하면서 울컥해서 동네를 빙글빙글 돌아다닌 것이 몇 날인지 모른다. 학생들의 속내는 '귀찮음'이다. 입시에도 별 영향을 주지 못하는 활동을 열심히 할 필요가 없다는 듯한 태도다. 이 아이들의 무기력은 어디서부터 온 것이란 말인가? 정말 당황스럽고 고통스러웠던 것은, 내가 학생들에게 해줄 것이 없다는 것이었다. 책의 내용을 질문도 해보고 써놓은 글에 대해 더 생각해볼 수 있게 물어도 봤지만 진척도 반응도 없다.

그나마 힘을 내고 보람을 찾은 통로는 2학년 수업이었고, 3학년의 몇몇 아이들이 보여준 변화였다. 책을 통해 사물과 현상의 의미를 발견하고 삶과 연결하는 학생들의 표정이 밝아졌다. 친구가 없어 점심시간에 그 넓은 식당에서 혼자 밥을 먹던 아이가, 함께 책을 읽는 모둠 친구들과 함께 밥을 먹고 산책을 하며 웃는 모습을 보니 용기가 났다. 학생들의 질문만으로 시간이 다 채워지는 수업이 진행될 때는 정말 신이 났다.

아무튼 자꾸만 신경이 쓰이는 3학년 학생들에게, 왜 책을 읽어야 하고 생각을 해야 하는지를 충분히 설명하지 않은 것 같았다. 동기부여 말이다. 직접적으로 설명하는 것보다는 다시 책으로 이야기하는 것이 좋겠다 싶어 내가 선택한 검(劍)이 《생각의 좌표》(홍세화)였다. 나는 이 책을 통해 아이들이 '독서'의 의미를 찾기를 바랐다. 그래서 다른 때와는 다르게 100퍼센트 인쇄물을 준비했다. 각자 독립된 책상에서 독립된 글을 개인적으로 대면하게 해주기 위해서다. 아이들도 내가 오늘은 진검승부(?)하러 온 것을 느꼈는지 제법 진지하고 엄숙하다.

아이들을 향한 기대가 홍세화 님의 글을 통해 학생들에게 전달된 것 같았다. 학생들의 진솔한 이야기를 들을 수 있었다. 단연 입시 스트레스다. 당장의 고민거리 때문에 책읽기도 생각하기도 뭔가를 쓰는 것도 다 싫단다. 단 몇 시간이라도 아무 생각 없이 편하게 있고 싶단다. 그냥 흘러가는 대로, 될 대로 되도록 두고 싶단다. 그런데 책을 읽으니, 그게 도망가고 싶은 본질이라는 걸 알았단다. 그런데 지금 할 수 있는 게 없어서 뭘 어찌해야 할지 모르겠단다.

"얘들아! 꿈을 가지라는 말은 안 할게. 지금 상황에서 '꿈 이야기'는 '희망고문'이라는 박진영의 표현에 동의해. 하지만 '생각하면서 살지 않으면 살아가는 대로 생각한다'는 말이 있어. 생각을 하고 그 생각을 나누는 연습을 했으면 좋겠어. 이건 '정의관'과 '가치관'의 영역이야. '정의관'은 옳고 그름을 나누는 기준이고, '가치관'은 사물이나 사건을 접했을 때 그것이 나에게 가치 있는 것이냐를 판단하는 기준이지. 이 두 가지 기준은 A와 B를 상대적으로 비교하는 감각이 아니라, A와 B의 본질을 통찰하는 감각이야. 너희 말대로라면 대학이 최고로 가치 있는 것이 되는 거지. 하지만 얘들아, 정말 너희 인생에서 대학이 가장 가치 있는 것이니? 대학이 가치가 없다는 것이 아니라, 대학은 단지 정말로 가치 있는 것을 갖기 위한 여러 방법 중 한 가지 방법은 아닐까라고 묻는 거야."

말은 이렇게 했지만 머릿속으로는 대한민국의 학벌주의와 보이지 않는 계급 구조가 떠오르고 있었고, '그럼 어떻게 아이들의 고민을 해결하지?' 생각하고 있었다. 아무튼 아이들의 이야기를 들으면서 1학기에 진행한 독서수업의 형태를 다시 점검하게 되었다.

- 1차 지필평가를 기준으로 독서수업의 형식에 변화를 줄 것.
- 몇 가지 간단한 질문을 통해 책 내용을 꼼꼼히 읽을 수 있도록 할 것.
- 이야기를 나누는 것은 4명으로 하되, 뭔가를 함께 쓰는 것은 최대 2인이 넘지 않도록 할 것.
- 이것저것을 강제로 연결하여 생각하기보다는, 경험과 느낌을 중심으로 자기 생각을 정리할 수 있도록 도울 것.
- 과학책은 정보와 개념을 전달하는 책과 함께, 경험과 사회 현상을 반영한 책으로 선정할 것.

작정하고 물리 시간에 독서수업을 한 첫해. 해결해야 할 고민이 남았지만 그래도 학생들은 성장했고, 생각이 자랐으며, 친구들 그리고 더불어 살아가는 사람들을 이해해갔다. 수업을 통해 교사인 내가 할 수 있는 건 그저 여러 가지 생각할 거리와 생각의 고리를 널어놓고 학생들이 스스로 찾아가도록 돕는 게 전부다. 생각의 고리에 '책'이라는, 세상과 연결된 '통로'를 달았을 뿐. 하지만 이 통로는 평생을 살아가면서 점점 넓어질 것이고, 인생의 많은 고민을 해결할 수 있는 지혜를 찾는 데 도움이 될 것이라 믿는다.

독서수업을 위한 여러 가지 방법과 연구들을 살펴보면서 든 생각 중 하나는, 독서토론이나 논술 교육이 입시를 위한 수단이 되지 않았으면 한다는 것이다. 100년 전의 사람과 대면하는 접견실이자 한 사람의 인생을 깊이 살펴볼 수 있는 현미경이며, 빠르고 복잡한 세상에서 여유를 찾고 숨을 고르며 자신의 내면과 삶을 볼 수 있게 해주는 '독서'가 왜곡되지 않기를 바란다. 그리고 이 즐거움을 모든 아이들이 함께 누리기를 희망한다. 그런 면에서 정규 시간의 책읽기는 중요하다.

어느 여름 날,
신발이 벗겨진 꼬마아이를 보며

어느 여름 날 저녁, 운전 중에 건널목에서 길을 건너려는 일행을 보았다. 일행 중 엄마는 아이의 손을 잡고 걸으며 다른 여성들과 대화를 하고 있었다. 건널목에 다다르자 아이가 엄마 팔을 붙잡고 걷질 안고 버틴다.

엄마는 계속 다른 여성들과 이야기를 하며 아이의 팔을 당긴다. 아이도 계속 버틴다. 내 눈은 아이를 스캔한다.

'아… 아이의 신발이 벗겨져서, 아이는 신발을 신으려고 하는 거구나. 신발을 잃어버리면 안 되니까….'

난 급하게 창문을 내리며 "아이 신발이요!!"를 두 번 외쳤다. 엄마가 겸연쩍은 듯 웃으며 아이의 신발을 신겨준다. 신발을 신은 아이는 길을 건너며 날 돌아보고는 해맑게 웃어준다. 귀여운 아이다. 난 조용히 엄지를 치켜들며 아이에게 잘했다는 신호를 보낸다.

잠자리에 누워 잠을 청하는데 저녁 무렵 보았던 아이와 엄마가 떠오른다. 그리고 개학을 했지만 여전히 수업을 진행할 마음의 준비가 돼 있지 않은 나의 모습이 교차된다. 길을 걸으려는 엄마와 아이, 교실에서 수업을 진행하려는 교사와 학생…. 나는 신발이 벗겨져 앞으로 걷지 못하는 학생을 살펴보지 못한 채 그저 진도를 나가야 한다는 당위(?)에 떠밀려 가는 것 아닐까? 나는 가르치지만 학생은 배움이 없는 수업을 하는 것은 아닌가? 돌아보게 된다.

수업시간이 즐겁지 못한 원인은 '교사'다, 라고 생각하지만, 굳이 핑계를 찾아본다. 하나, 교실 온도 38도를 육박하는 더위에도 전기 공사로 인해 에어컨을 켜지 못하는 상황. 둘, 고3 학생들의 무기력한 태도. 셋, 취지는 좋으나 방법이 아쉬운 수준별 수업의 진행. 넷, 고3 학생들 대학 입시 자료 반영을 위한 학생생활기록부 확인. 다섯, 학기 초 NEIS 교육 과정과 시간표 세팅 및 교과서 주문과 관련된 업무 집중.

세 번째 핑계는 수준별 수업의 구성과 진행에서의 갈등 때문에 학생들의 마음이 모이지 않는 것이 문제요, 네 번째와 다섯 번째 핑계는 (교사들만 이해할 수 있는 손가락·눈동자 노동으로) 시간은 많이 들지만 아무도 그 노고를 알아주지 않는다는 섭섭함이 내재돼 있다. 사실 이 중 가장 큰 고민은 고3 학생들의 무기력이다. 아무것도 하지 않으려고 하는 이 학생들을 위해 무엇을 어떻게 해야 할까, 하는 고민이 방학을 보내면서도 답을 찾지 못했기 때문일 것이다.

이제 막 시작한 2학기. 고3 수업, 그리고 집중이수로 새롭게 시작하는 특성화과(의료정보과) 2학년 수업을 어떻게 만들어가야 할까?

독서수업 시즌 1
: '나만 또 열심히 했나?'

2학기가 시작되었다. 방학 중 고민을 하며 2학기에 읽을 책을 선택하고(참고자료 1), 꼼꼼하게 책을 읽히기 위해 활동지를 업그레이드했다. 헉! 3학년 교실의 공기가 다르다. 입시에 필요한 공부가 끝났기 때문이다. 게다가 여기저기 학교를 알아보던 학생들이 현실과 직면하고는 의욕이 없어졌다. 음, 이 아이들에게 의미 있는 무엇인가를 찾아야겠는데… 잘 모르겠다. 일단 방학 동안 준비한 7차시분의 독서활동을 진행한다.

2학기 독서수업의 목표는 "자연과 더불어 살아가는 '나의 삶' 발견하기". 그리고 수업 방식은 '함께 책을 읽고 이야기하기'(7차시)와 '각각 책을 읽고 글로 이야기하기'(7차시)로 구성하였다.

먼저 '함께 책을 읽고 이야기하기'는 4명이 한 모둠을 이루어 책을 함께 읽고 활동지를 작성하면서, 제시된 주제에 대해 이야기를 나누는 활동이다. 함께 책을 읽고 타인과 대화하는 경험을 통해 배려하고 공감하며 생각이 확장되기를 희망한다.

2학기 독서수업의 목표에 적합하면서도 현재 아이들의 독서 습관을 고려하여 선택한 책은《인문학으로 과학 읽기》(김보일)였다. 과학적 주제로 이야기를 시작하여 사회 현상과 우리 일상으로 확장시켜 과학 원리를 풀어낸 만화 형식의 책이다. 역시 1학기 때처럼 스마트폰으로 읽을 수 있도록 미리 작업(?)을 해두고, 모둠별로 활동지와 단행본 한 권을 나누어준다.

학생들이 한 시간에 읽을 수 있는 분량은 27~30쪽 정도다. 활동지에는 책을 읽으며 찾을 수 있는 간단한 질문 10여 개와, 관련 지어 토론할 수 있는 주제를 담고 있다(참고자료 2). 질문들은 책을 꼼꼼히 읽도록 하기 위한 장치이고, 토론 주제는 책을 읽고 세상과 연결하여 생각을 나누도록 하기 위한 장치이다. 모둠별 토론이 잘 되지 않으면 그 질문들로 토론의 방향을 잡아주었는데, 50분이라는 짧은 시간의 제약으로 각 모둠별 공유는 하지 못했다. 그래서 학생들이 활동지에 적은 글에 코멘트를 달아 SNS 앱인 '밴드'에 올려 공유하였다. 소통의 도구로 수업시간에도 활용하고, 모두가 서로의 글을 읽고 그 글에 대한 자신의 생각을 또 덧붙여서 생각에 생각을 더하게 만들고자 하는 의도다. (2학년 의료정보과 학생들은 좀 더 직설적인 아이들인지라, 좀 더 부지런해지자고 생각하고 2개 반의 '밴드'를 각각 만들었다.)

그러나… 3주가 지나도록 내가 첨삭하여 '밴드'에 올린 글에 답이 없다. 네티즌이 그렇게 무서워하는 '무플'이다. '나만 또 열심히 했나?'라는 생각이 들자 기운이 빠진다. 학생들에게 책을 읽히기 위해 여러 책을 먼저 읽어보고, 스마트폰으로 읽을 수 있도록 준비하고, 읽다가 지치거나 읽기를 포기하는 학생이 있을까 봐 질문을 만들고, 함께 생각하며 토론할 수 있도록 발문을 만들고, 활동이 끝나면 학생들이 쓴 글에 하나하나 답글을 달아 스캔해서 다시 '밴드'에 올려주는 '나만의 노력'이 어떻게 보면 별거 아닐지 모르지만, 또 누군가는 '교사가 지치지 않는 독서교육'이라고 했지만… 막상 지친다. 힘이 들고 '이걸 끝까지 해야 하는가?'라는 생각이 들기까지 한다.

학생들의 반응이 없으면 체력이 더 빨리 떨어진다. 온라인이 아닌 수업 현장의 변화에만 집중하면서 만족할 수도 있겠지만, 온라인을 통해 활발하게 각자의 이야기를 하길 기대하고 힘을 쏟은 내 입장에서는 기분이 별로다. 처음 2주 동안은 학생들이 이런 걸 처음 해서 잘 모르고 글을 올렸을 때 다른 학생들의 반응이 두려워서 그럴 것이다, 라며 이해했는데 3주째가 돼가니 확실히 지친다.

그러던 어느 날, 그날은 소풍 가는 날이었다. 2학년 학생 중 가장 거칠어 보여서 선생님들도 잘 건드리지 않는 학생이 터벅터벅 걷고 있는 내게 말을 걸어왔다.

"쌤!~ 제가 읽어봐도 상욱이 글은 억지스럽고 성의가 없어요."

그러자 옆에 있던 아이는 "쌤! 준경이 아이디어는 제가 먼저 생각한 거예요~"란다. 뜬금없이 이게 무슨 말인가 싶었는데, 아이들은 내가 꾸준히 '밴드'에 글을 올리는 모습과 '밴드'에 올라온 글을 보고 있었던 것이다!

갑자기 힘이 난다. 아이들은 사랑을 먹고 자라고, 선생님은 학생들의 반응에 힘을 낸단다. 그 말 맞다. 소풍 가는 날 아침 그 학생의 한마디가, 터벅터벅 걷는 내 발걸음을 '사뿐사뿐'으로 바꿔주었다. 학생들이 반응하지 않아서 매일의 모습이 똑같은 것처럼 보여도, 아이들은 하루만큼 성장하고 하루만큼 예뻐지고 있는 것이다. 바람이 불면 코스모스가 흔들리는 것처럼, 콩나물에 물이 스쳐가는 동안 성장하는 것처럼, 아이들은 교사가 스쳐가는 동안 마음이 흔들리고 성장해간다. 다만 그 흔들림과 성장이 눈에 보이지 않는 경우가 더 많다는 것이 인내가 필요한 이유이다.

이렇게 함께 책읽기를 하는 7차시 수업은 마무리되어간다. 학생들의 글은 엉뚱하기도 하고 정말 밑도 끝도 없이 어디서 튀어나온 자신감인지 모를 당당함으로 우겨대는 것이 귀엽기도 했다. 잠자는 학생 하나 없이 책을 읽으며 활동지를 작성하고, 주어진 주제에 대해 나름의 생각을 이야기하고 글로 적는다. 학생들의 짧은 글을 읽노라니 좀 더 깊이 있는 글쓰기와 삶의 이야기를 끌어내고 싶다는 욕심이 들었다. 7차시 동안 모둠별로 토론한 주제는 다음과 같다.

Q1. 과학자나 기술자들의 '사물의 본질을 잘 이해해서 인간에게 유용한 도구로 변환하자'는 생각에 대한 자신의 생각을 모둠원과 토론하고 정리해보세요.

Q2. '유전자 조작은 인류의 먹거리를 풍성하게 했다'라는 주장에 대한 자신의 생각을 모둠원과 토론하고 정리해보세요.

Q3. '우월한 유전자를 가진 사람은 행복하다'라는 주장에 대한 자신의 생각을 모둠원과 토론하고 정리해보세요.

Q4. '인간의 가치를 결정하는 방법'에 대한 자신의 생각을 모둠원과 토론하고 정리해보세요.

Q5. 'White lies : 선한 거짓말'에 대한 자신의 생각을 모둠원과 토론하고 정리해보세요.

Q6. '지구의 한편에는 기아로 죽어가는 사람이 있는 반면, 다른 한쪽의 사람들은 육식 편식으로 비만, 심장병, 당뇨, 암 등으로 죽어가는 사람도 있다.' 이러한

현상을 해결하는 방안에 대해 모둠원과 토론하고 정리해보세요.

'지치지 않는 독서교육'을 위하여
: 실천하는 교사들과의 만남

7교시 수업을 마치는 종이 울린다. 나는 조용히 가방을 들었다. 이천에서 서울까지 무슨 생각을 하면서 운전을 했는지 모르겠다. 지나칠 정도로 쏟아져 들어오는 업무와, 아무도 듣지 않는 3학년 교실에서 외로이 수업을 하고 나온 허탈감에 뇌가 정지한 듯하다. 집 근처에 차를 두고 다시 지하철 6호선을 타고 합정역에 하차. 스마트폰으로 지도를 보며 약속 장소를 찾았다.

일곱 명의 현직 선생님들과 출판사 편집자 두 분이 둘러앉아 있다. 교과서 외의 책으로 수업을 하는 선생님들이고, 그들의 교실 이야기를 엮어 책으로 내보자고 시작된 모임이다. 나는 솔직히 책에 글을 쓰려고 그 자리에 참석한 것이 아니었다. 다만 나의 독서수업에 뭔가가 빠졌다는 생각과 함께 3학년 2학기 수업에 대한 고민이 해결되지 않아, 다른 선생님들의 이야기를 들으면 혹시 도움을 받을 수 있지 않을까 하는 생각으로 자리를 찾았다.

자신의 이야기를 글로 쓴 선생님들의 이야기를 읽고, 들었다. 저마다의 자리에서, 비슷한 고민과 나름의 빛깔로 학생들과 부대끼는 모습, 그 고군분투하는 모습이 감동스러웠다. 윤리 선생님의 '도덕적 민감성 기르기' 프로젝트, 체육 선생님의 봉산탈춤 수업 이야기, 중학교 1학년 학생들과 깊이 있는 삶의 이야기 나누기, 과학고등학교 국어 선생님이 들려주신 3학년 학생들의 이야기(솔직히 그들의 이야기는 그 현장의 교사가 아니면 이해할 수 없겠구나 싶었다)…. 무엇보다 그날 내 가슴을 먹먹하게 한 것은 수원 호매실고등학교의 한 국어 선생님의 글이었다.

이 선생님은 2012년 가을에 처음 만났다. 독서토론 실기직무연수의 수원 지역 강사였는데, 전체 개강식 인사에서 "경기의 중심, 연수의 핵, 수원입니다!"라는 인사로 전체 분위기를 밝게 만들었다. 정말 밝은 에너지를 가진 선생님이구나 싶었는데, 글을 읽으며 '여러 아픔과 속앓이가 그를 그렇게 밝게 하는구나'라는 생각이 들었다. 그리고 진솔하게 풀어낸 자신의 이야기와 학생들의 이야기와 여러 선생님들의 이야기가 내게 큰 용기를 주었다.

독서수업 시즌2
: 자연과 더불어 살아가는 '나의 삶' 발견하기

2학기 1차 지필고사가 끝난 후의 월요일. 학생들은 수업을 위해 과학실로 모였다. 시험이 끝난 후라 학생들은 과학실에서 재미(?)있는 무언가를 기대하는 눈치다. 책상 아래 숨겨둔 40여 권의 책을 꺼내 책상 위로 탑을 쌓았다. 그리고 이 책들 가운데 마음에 드는 책을 골라 읽고 글쓰기를 할 것이라고 설명해주었다. 독서수업 시즌2다!

2학기 독서수업의 두 번째 활동인 '각각 책을 읽고 글로 이야기하기'는 각자 책을 읽으며 자연과 사회 그리고 자신의 삶을 연결하는 서평을 쓰는 활동이다. 책 속에서 관찰한 자연과 사회를 연결하여 생각하고, 자신이 접하는 사물이나 경험한 현상을 재구성하여 사물과 현상에 자신만의 '의미'를 부여하여 자신의 삶을 반짝반짝하게 가꾸길 바란다.

주당 3시간의 과학 시간 중 1시간씩 각자 책을 읽고 서평을 쓰는데, 기간은 2차 지필평가 전까지이다. 각자 서평을 써서 제출하면 교사가 개인적으로 피드백을 해주면서 글을 다듬어 완성한다. 물론 서평 쓰기를 빨리 마치면 나머지 시간은 친구들을 방해하지 않는 수준에서 자유 시간이 된다고 약속했다. 모둠별로 나와서 어떤 책이 있는지 모두 구경한 다음, 자유롭게 서로 합의하여 책을 선택하도록 하였다. 다소 소란하긴 했지만 대체로 학생들의 상호 합의가 원만하게 이뤄졌다. 또한 제시한 40여 권의 책 중 자신과 궁합(?)이 맞는 책이 없으면 자신이 원하는 책을 선택해도 된다고 열어주었다. 서평의 분량은 최소 A4 2장이며, 내용에는 다음 4가지를 포함하도록 했다.

1. 명장면, 명대사 책 내용 중 가장 기억에 남는 내용이나 새롭게 알게 된 과학적 원리, 법칙, 해석 등과 그 이유를 자세히 적기.

2. 링크링크 책을 읽으면서 떠올랐던 책이나 TV 프로그램, 뉴스, 신문 기사, 영화, 음악, 인터넷 정보 또는 다른 교과목 내용 등. 책의 내용과 우리 사회의 모습을 연결하고 왜 그렇게 연결했는지에 대해 설명하기.

3. 데자뷰 책 속 내용 또는 '링크링크'에 기록한 내용과 비슷한 자신의 경험 또는 자신과 가까운 사람의 경험이 있다면 구체적으로 쓰기.

4. 기타등등 기세등등 그 외에 이 책에 대해 하고 싶은 말 쓰기. 그림, 시, 만화 등으로 표현해도 좋음.

사실 이 구성은 호매실고등학교의 김진영 선생님이 제시한 8가지의 내용 중에서 우리 학생들과 과학 교과에 맞게 수정한 것이다. 처음 학생들에게 설명할 때는 그 8가지를 모두 제시해주었는데, 안내지를 받은 학생들의 눈이 커지고 숨이 빨라짐을 감지했다. 한숨까지 내뱉는다. 예상했던 반응이다.

"자, 자, 빨간펜 들고!!"

"쌤, 뭘 이렇게 많이 써요~~~?"

"허허… 빨간펜 들자니까!! 1번 '명장면, 명대사!!' 책을 읽으면서 마음에 밑줄이 그어지는 부분이 적어도 3~4곳은 있게 마련이야. 그 밑줄을 종이에 옮겨 적고, 왜 그 부분에 밑줄이 그어졌는지 자세하게 자기 마음을 써봐. 그리고 2번 '첫 느낌!' 자기가 읽은 책의 이름, 저자, 출판사를 적고 자기가 이 책을 처음 봤을 때의 느낌을 솔직하게 적으라는 건데… 이건 지우자. 그리고 4번 '누구냐, 넌?', 5번 '아! 왜?', 7번 '깨달음'도 지우고… 남은 4가지! 자, 요렇게 4가지 항목을 포함해서 서평을 작성하고 제출합니다~."

서평 쓰기는, 글쓰기를 통해 과학과 삶을 연결하고 그 과정에서 자연과 더불어 살아가는 사람의 가치를 높이기 위한 목표로 진행하였다. 그래서 서평에 자신의 삶과 직간접 경험이 나타나도록 하였다.

'대부분의 과학책은 정보 전달이 목적이라 건조하다. 삶이 드러나야 재미있어지고 읽히는 글이 된다. 그리고 읽히는 글에 과학 용어가 더해지면 글이 더 멋있어진다.'

학생들이 쓴 글을 서로 돌려 읽으며 나온 이야기다. 이렇게 학생들의 글을 읽고 대화를 하면서 생각을 나누고 각자의 삶을 살피는 동안, 나도 학생들도 서로 보이지 않는 끈으로 묶이는 듯한 느낌이 들었다. '공감의 힘'인 듯하다. 뿐만 아니라 읽기를 넘어 '쓰는 경험'은 학생들을 '지식의 생산자, 재구성자'로 세우는 것이라 할 수 있다. 특정한 주제에 대해 글을 쓰려면 자료를 찾아야 하고, 관련 지식을 폭넓게 살피면서 생각해야 하며, 재구성의 과정을 통해 자신만의 의미를 담아내야 하기 때문이다.

게임과 스포츠 외엔 눈길조차 주지 않던 아이들이 서평 쓰기를 하는 동안 사회 문제에도 관심을 보였다. 원전 문제, 파업, 《의자놀이》, 쌍용차 문제, '안녕하십니까?' 대자보와 철도 민영화가 이슈가 되자 수업시간에 묻기 시작한다. 관련 사항에 대해 알고 있는 사람이 있으면 이야기해달라고 하자, 여기저기서 시각이 다른 이야기를 하기 시작했다. 특정 시각과 주장이 부각되는 것이 아니라 다양한 시각으로 현상을 이야기하는 것이 의미 있었다. 사회와 세상의 소리에 귀를 기울이고 신문과 뉴스를 보고 듣는다. '자연과 더불어 사는 우리 삶'에 대한 고민을 하고 있다는 것이고, 이러한 과정을 통해 아이들이 성장하고 있는 것이다.

무엇보다 '질문'을 하는 것이 가장 감동적이다. 그것이 교사를 향한 질문이든, 책을 읽고 서로 이야기를 하면서 생기는 궁금증이든 상관없다. 《논어》에 가장 많이 나오는 말은 "자왈(子曰)"이다. 그리고 공자와 동시대에 서양에는 소크라테스가 살았다. 소크라테스는 '질문하는 사람'이요 공자는 '질문'을 받는 사람이지만, '질문'이라는 공통 요소를 통해 '배움'이 있었다.• '질문'이 우리 교실에서 살아난다면 그것만으로도 가치 있는 것이라 생각한다. 과제를 던져주고 과제를 해결하기 위한 단서와 생각의 고

• 경기중등독서토론연구회 2013년 8월 워크숍, 한양대학교 이권우 강연 중에서.

리들을 늘어놓은 공간에서, 학생들이 스스로 관찰과 유추를 통해 근거를 찾아 타인을 설득하는 과정! 그 과정에서 배움과 통찰이 일어나도록 하는 과학 독서수업, 정말 멋지지 아니한가!

검은 민들레

-《하나뿐인 지구》를 읽고

들레 들레 민들레야 상봉동의 민들레야
필 적에는 곱더니만 질 적에는 까맣구나
피우지 못한 노오란 꿈 안고 다시 태어나거들랑
상봉동에 피지 말고 저 들녘에 피워보렴.(136쪽)

〈검은 민들레〉 편의 주인공 박길래 씨는 상봉동으로 이사를 오고 3년이 지난 후부터 이상하게 피곤함을 자주 느끼고 감기가 잦고 심한 기침과 가슴의 통증 때문에 견딜 수가 없어서 병원을 찾아가 보니 진폐증이라는 진단을 받게 된다. 탄가루가 폐에 붙어 있어서 그렇게 아팠던 것이라고 한다. 이 여자는 연탄공장이 있는 마을에 살고 있었고 공해병 환자였다. 이 사람이 사는 마을은 물론이고 다른 연탄공장이 있는 마을에서도 엄청난 연탄은 덮개도 씌워지지 않은 채로 마을을 지나 트럭에 실려나가고 있었다. 그러니 그것들이 공기 중으로 날아다니게 되면서 빨래나 집 벽에 바른 페인트들은 남아날 날이 없었다.

마냥 이런 상황을 보고만 있을 수 없었던 박길래 씨는 대기업을 상대로 소송을 걸었다. 누구도 이기지 못할 것이라고 했다. 나 또한 그럴 것만 같았다. 대기업을 상대로 소송을 해서 이겼다는 사람들은 소수였기 때문이었다. 그리고 이것은 글로 쓰여지기 전에 실제로 있었던 일이기 때문이다. 하지만 내 예상을 뒤엎기라도 하듯이 이 여자는 재판에서 이겼다. 그러나 여기에서 그치지 않고 그 아픈 몸을 이끌며 진폐증 환자를 가려내는 데 앞장서서 싸우고 있다고 한다. 이런 일들이 우리 사회에 있다는 것은 어렴풋이 알고 있었다. 하지만 듣기만 했을 뿐 그다지 심각한 것인 줄은 몰랐다. 내가 경험해보지 못했기 때문이었다. 이렇듯 나는 내가 경험해야만 그것이 얼마나 심각한지를 느끼게 된다.

나는 산을 깎아서 골프장을 만들면 그냥 그것이 끝인 줄만 알았다. 그 뒤의 폐해들은 생각해보지 않았다. 보통 크기인 40~50만 평을 만들기 위해 그 엄청난 규모의 땅 위에 있는 나무들을 뽑고 뭉개고 계곡을 막고 물줄기를 바꾼다고 한다. 그렇게 된다면 산 아래 주민들의 하천과 지하수는 말라버리고, 수입 잔디를 보호하기 위해 일반 농약보다 7배가 독한 농약을 쉴 사이 없이 뿌려서 만약 비가 온다면 그 물이 아래 주민들의 농작물로 흘러가 피해가 상당해진다고 한다. 뿐만 아니라 골프장에서는 엄청난 물을 필요로 하기 때문에 지하수를 뽑아 쓰고 저수지의 물을 끌어올려 쓰게 된다면 농민들은 물이 없어 농사를 지을 수 없게 돼버린다. 만약 그렇게 된다면 그 사람들의 삶에는 치명적인 피해가 가게 되어 말로 표현 못 할 상실감에 빠질 것 같다는 생각이 든다.

이렇듯 자연을 파괴하고 연탄의 운반 등을 제대로 하지 않으면서 받는 피해는 이것들을 주도한 사람이 아니라 다른 사람이 받게 된다. 이렇듯 자신이 아닌 다른 사람들이 그 피해를 받게 되니 아마 그 사람들도 그것들이 얼마나 좋지 않은 것들인지를 인식하지 못하는 것 같다는 생각을 갖게 되었다. 자신의 가족이 그렇게 아팠다면, 자신이 마을의 주민이었다면 과연 그것들을 그렇게 실천해야 된다고 생각할 수 있었을까? 우리가 파괴하고 더럽힌 자연은 다른 사람이 아니라 바로 우리들에게 돌아오고 있다는 것을 이제는 인식해야 할 때이다. **(2학년, 김승현)**

기다리고 있었어요 나는, 여기서 계속 기다리고 있었어요

–《후쿠시마에 남겨진 동물들》을 읽고

이 책은 첫 장부터 읽는 내내 마음이 너무 안 좋았다. 지진과 해일이 한꺼번에 덮친 상황에서 긴급 대피령이 내려지고 급하게 대피를 해야만 하는 상황에서 동물들까지 챙기지 못한 상황에 대해서는 이해가 충분히 갔다. 그렇게 긴박했던 상황에 대해서 너무 안타까웠고 그 지역에 남겨진 동물들의 상황이 너무 안타까웠다. 이 책을 보면 가축들도, 강아지도 고양이도 모두 돌봐주는 사람이 없기 때문에 밥도 못 먹고 물도 못 마시고 굶어 죽어가고 있었다. 목줄이 풀려진 개들도 집을 떠나지 못하고 집을 지키며 주인을 기다리는 그 기약 없는 기다림이 너무 슬펐다. 가축들은 우리 안에서 굶어 죽었고, 썩어 냄새가 진동을 하고 있었다. 같이 살던 친구들이 죽어 썩어가는 모습을 지켜봤을 가축들은 배고픔과 외로움 그리고 죽음이라는 상황에 맞서 얼마나 막막한 시간을 보냈을까.

예전에 언니가 해준 이야기다. 장마 피해로 집은 폐허가 되고 가족이 새로 이사 가게 된 집에서 강아지를 더 이상 키울 수가 없어서 키우던 강아지의 목줄을 풀어주고 밥을 잔뜩 준 후에 강아지를 버리고 떠났고, 강아지는 돌아오지 않는 주인을 그 자리에서 계속 기다렸다는 그런 이야기였다. 혼자서 폐허가 된 집을 지키며 주인을 하염없이 기다리고 있었을 강아지가 너무 안쓰러웠다. 그 긴 기다림의 시간 동안 강아지가 홀로 배고픔과 고독한 외로움을 견뎠을 생각을 하니 내 마음이 너무 아팠다. 그 강아지에게 가장 슬펐던 일은 배고픔보다도 주인에게 버림을 받았다는 사실이 아닐까 싶었다. 이 이야기 속의 강아지와 후쿠시마의 버려진 강아지들의 상황은 약간 다르지만 그들이 겪어야 했던 슬픔은 같았을 것이라고 생각한다. SBS의 〈동물농장〉이라는 프로그램을 보다 보면 인간에게 버림받는 유기동물들에 대한 이야기를 접할 수가 있다. 유기동물들도, 후쿠시마의 동물들의 경우도 어느 정도는 인간의 무책임함 때문에 발생한 안타까운 일이라는 생각이 든다.

이 책을 읽으면서 《북극곰은 걷고 싶다》라는 책이 떠올랐다. 책을 읽으면서 사람이 동물들에게 얼마나 무책임하고 이기적인가를 생각하게 된다는 점에서 이 두 책은 많이 닮아 있었다. 《북극곰은 걷고 싶다》라는 책은 사람들의 무분별한 개발로 인해, 그리고 지구온난화로 인해 북극곰들의 생태계가 위협을 받고 있는 그런 내용이었다. 북극곰들은 빙하가 줄어들어 헤엄으로 이동해야 하는 거리가 길어져 이동에 제약을 받는가 하면, 이로 인해 긴 세월 동안 이들이 지켜온 생활 패턴이 변하였고 이로 인해 북극곰들은 먹이를 찾기 위해 사람들의 눈을 피해 쓰레기장을 뒤져야만 했다. 이는 북극곰들만의 이야기가 아니었다. 물론 후쿠시마의 동물들은 사람들에게 길들여지고 육식을 위해 가축으로서 길러졌지만, 이들은 오히려 사람이라는 존재가 사라졌을 때 생명의 위협을 받고 있었다. 어느 정도 차이는 존재하지만 인간의 욕심으로 인해 북극에서도, 후쿠시마에서도 이런 안타까운 일이 발생하고 있구나 싶었다.

이 책은 나에게 동물들의 권리에 대해 많은 생각을 하게 해주었다. 인간들이 만들어낸 다양한 환경오염으로 인해 지구가 오염되어 동물들이 보금자리를 잃고 생존을 위협받는 일들을 보면서, 과연 사람이 지구의 주인으로 군림하며 지구를 맘대로 훼손할 권리가 있는 것인가, 다른 동물들보다 우위의 입장에 있다고 말할 수 있는 것인가 하는 생각이 들었다. 인간 때문에 발생한 재난으로 인해 고통 받고 있는 동물들을 더 이상 외면해서는 안 된다. 지구의 주인이라 주장하고 싶다면 그에 상응하는 책임감을 보여야 한다고 생각한다. **(2학년, 전보라)**

알면 사랑한다 - 꿀벌 사회의 민주주의

-《생명이 있는 것은 다 아름답다》를 읽고

꿀벌 사회에도 인간들 세상처럼 민주주의가 존재해서 처음에는 신선했다. 정찰벌들은 자신이 본 꿀의 위치를 제각기 다른 모양으로 춤을 춰 다른 꿀벌들에게 알려준다. 그리고 여기서 놀라운 점은 정찰벌들은 절대 거짓말을 해서는 안 된다는 것이다. 이유는 금방 들통 나기 때문이다. 꿀의 위치가 어디 있는지 말해줌으로써 꿀벌들은 다른 꿀벌들의 신뢰를 얻게 된다. 결국 이 말은 정직한 사람들이 다른 이들에게 신뢰, 믿음을 얻게 된다는 것이다. 하지만 우리나라 정치는 거짓 공약을 말하는 사람이 너무나도 많다. 바람직한 정치가 우리 사회에서도 꾸준히 일어났으면 좋겠다.

나는 여기서 이러한 것을 말하고 싶다. 정치인들 중에 거짓 공약을 발표해서 뽑힌 정치인들은 결국에는 들통 나게 된다. 이와 같이 친구들 관계에서도 보면 진정한 친구들은 거짓 없이 진실만 말한다. 그러나 그렇지 않은 거짓말만 하는 친구는 결국에는 들통 나서 진정한 친구가 되지 않는다.

나는 정찰벌들처럼 친구관계, 선거 등 이 세상 사람들이 거짓 없이 말하고 살았으면 좋겠다. 그리고 나도 이 정찰벌들처럼 거짓 없이 사는 사람이 되어야겠고, 이제부터라도 실천하면서 살 것이다.

"여왕벌이 군림하는 사회지만 이 모든 과정에 여왕의 입김은 전혀 미치지 않고 오로지 민중의 뜻만이 있을 따름이다."(38쪽)

이 글은 벌 중에 높은 위치에 있는 벌이 있음에도 불구하고 민중들, 즉 나머지 벌들에 의해서 결정하는 것을 말하고 있는데 이 글귀가 마음에 들었다. 이유는 우리나라는 계층이 높은 사람들의 의견을 많이 반영하고 있는데 이 벌들의 세계에서는 그런 것이 존재하지 않기 때문이다. 우리나라도 하루 빨리 이 벌들 세계처럼 오로지 민중의 뜻만 있는 날들이 왔으면 좋겠다.

(2학년, 박은정)

1년간의 독서수업을 돌아보며

과학책은 '개념형 정보와 지식'을 담고 있다. 그래서 과학책을 읽고 이야기를 나누고 글을 쓴다는 것은 쉬운 일이 아니다. 하지만 글을 읽고 자신의 경험이나 주변 사람들의 경험과 연결하여 생각하면, 그 경험들이 자연 현상과 사물의 원리로 설명될 수 있고 개념형 정보와 지식이 재구성됨을 알 수 있다. 또 현상과 원리가 개개인에게 특별한 의미와 가치를 갖게 된다.

'함께 읽고 이야기하기'와 '각각 읽고 글로 이야기하기' 활동을 하며 학생들은 자연에 대한 관찰과 삶에 대한 통찰의 첫걸음을 시작하였다. 수업이 진행될수록 학생들이 나누는 이야기가 진지해졌고, 서평에서는 각자의 생각이 훨씬 깊어졌다. 물론 글로 표현하는 것이 익숙하지 않아 그 의미를 파악하기 위해 긴 시간 대화를 해야 했다. 이러한 대화를 통해 일상적(?) 상담을 넘어 학생 개인과의 친밀한 관계를 형성할 수 있었다.

어떤 사람은 '언제 진도를 나갈 것이냐?', '학생들에게 실험을 하고 있는 것은 아니냐?'라며 과학과에서의 독서수업에 대한 우려를 나타낸다. 하지만 우선 진도 측면에서도 독서수업을 하지 않았을 때와 비교해 결코 늦지 않았다. 다루는 내용이 줄어들지도 않았다. 주 3회의 수업 중 1시간을 독서에 할애하면서 2시간 수업이 더욱 밀도 높게 진행되었기 때문이다. 학생들의 참여가 높아졌기에 가능한 일이라 생각된다. 아마도 독서수업을 하며 학생들과 맺은 돈독한(?) 관계가 한몫을 한 것 같다. 물론 여전히 자는 학생이 있기는 했지만, 수업을 방해하거나 하려는 불순한(?) 태도는 없어졌다. 오히려 잘 참여하지 못해 미안함을 표현했고, 비록 말뿐(?)이지만 다음 시간엔 졸지 않겠노라는 다짐도 곧잘 한다.

가장 귀여운 모습은 지필고사를 보고 나서다. 이번 시험 엄청 잘 봤다고, 공부 열심히 했다고 막 이야기를 한다. 그리 좋아하며 자랑을 하니 일단 "잘했다. 고생했다. 멋지다"고 칭찬을 해준다. 그리고 성적 일람표를 뽑아 확인해본다. 역시… 40점이 조금 넘는 점수다. 하지만 질적으로 다른 점수다. 공부를 하고 생각을 해서 받은 노력의 산물이기 때문이다. 그래서 이 점수는 귀.하.다. 그리고 사랑스럽다. 자신의 능력의 한계가 어찌되었건 노력하는 모습, 때론 실수를 하더라도 무엇인가에 도전하는 그 모습이 학생다움이요, 가장 멋진 모습이 아닌가 싶다.

아쉬운 점은 고3 수업이다. 애초에 독서수업을 계획한 것은 '한 아이도 놓치지 않기 위한 수업'이라는 교사로서의 고민에서 시작됐기 때문이다. 그러나 3학년 2학기가 되자 학생들의 수업 참여가 극도로 낮아졌다. 솔직히 수업 진행이 불가능할 정도였다. 비단 독서수업뿐 아니라 거의 모든 과목에서 나타난 현상이다. 의미 있는 수업시간으로 채워가길 바라는 마음으로 시작한 것이 입시와 맞닥뜨리는 순간 정지된 느낌이었다. 시기에 따른 아이들의 관심사를 반영하지 못한 것이 치명적이다. 고등학교 3학년 2학기 수업 진행에 대해 함께 고민하고 해결책을 찾았으면 좋겠다.

지난 한 해 동안 독서수업은 학생 주도로, 교과 수업은 교사 주도로 진행하였다. 그러면서 교과 수업을 진행할 때 이 내용은 어떤 책의 어떤 내용과 연결된다고 소개한다. 그리고 그 책을 읽은 학생에게 간단한 내용 소개를 의뢰한다. 준비가 된 학생에게는 이야기를 풀어나가도록 시간을 주었고, 그렇지 못한 학생에게는 몇 가지 질문을 통해 이야기를 할 수 있도록 도왔다. 미리 준비하도록 안내한 것은 아니고 대개 책을 읽는 시간에 간단한 대화를 통해 학생이 생각하도록 한 것이다.

1년의 시간 동안 학생들의 변화와 활동을 지켜보면서 교과 수업의 진행도 학생에게 무게를 주는 것이 가능하겠다는 판단이 들었다. 교과서에서 다루는 내용이 있는 과학책을 제시하고 '교과서-책-자기 삶-세상 이야기' 이 네 가지가 서로 연결되는 수업을 해볼 요량이다. 교사의 발문이 중심이 되는 것이 아니라 학생들의 발표가 중심이 되고, 그 가운데 질문을 통해 배움이 있는 수업. 50분의 한정된 시간 때문에 모둠별 공유를 못한 아쉬움을 반영하고자 한다. 그리고 교육 과정과의 연결, 즉 교과서와 더 밀접한 책읽기를 시도하고자 한다. 이를 위해 두 가지 방법을 구상해본다.

방법 1. 단원과 연관된 책을 모둠원 4명이 같이 읽고 토론하는 시간을 확보해준다. 그리고 모둠별로 해당 교과 내용 및 개념을 발표하되, 내용과 더불어 프로젝트 과제(예: 적정기술을 이용하여 인간을 더 편리하게 해줄 방안 등)를 포함한다. 그리고 개인별로 서평을 작성하여 제출한다. 모둠별로 서로 다른 단원을 발표하는 것이다.

방법 2는 방법 1과 형식은 같되, 단원과 연관된 책이 공통된 것이 아니라 같은 주제를 살짝 다른 각도에서 쓴 책들이다. 모둠원이 각자 같은 주제의 다른 책을 읽고 토론하는 것이다. 이 방법은 좀 더 깊은 이야기를 할 수 있다는 장점이 있다. 학생들이 독서토론 습관이 어느 정도 갖춰진 다음에 시도해볼 만하다고 생각한다.

교육 과정과 좀 더 밀접하고 우리 학생들의 독서 습관을 반영하여 새로이 후보로 선택한 책은 《인문학의 창으로 본 과학》(김용석 외), 《고릴라는 핸드폰을 미워해》(박경화), 《오늘의 지구를 말씀드리겠습니다》(김추령), 《십대, 별과 우주를 사색해야 하는 이유》(이광식), 《후쿠시마에 남겨진 동물들》(오오타 야스스케), 《세 바퀴로 가는 과학자전거》(강양구), 《어메이징 그래비티》(조진호), 《트리니티》(조너선 페터봄) 등이 있다.

모든 수업이 그러하듯, 독서수업도 학생에게 선택의 기회와 자기 표현의 기회를 많이 제공할수록 참여도가 높아진다. '틀 안에서의 자유'가 핵심이다. 전체 수업의 틀을 갖추고, 그 안에 학생들이 선택할 수 있는 요소와 자기 표현의 기회를 학생들의 능력에 맞게 안배하는 것이 의미 있는 수업을 만드는 열쇠다. 사실 독서수업은 수업시간 자체보다 수업을 위한 준비와 학생들이 작성한 활동지를 꼼꼼히 읽고 적절한 반응을 하는 것에 더 많은 에너지가 필요하다. 꾸준히 학생과 상호작용을 하는 것이 핵심이다.

그래서 지속적으로 실행할 수 있을 적정 범위를 정하는 것이 좋다. 책읽기 습관이 형성되지 않은 학생들과 책을 읽고 이야기하는 수업을 한다는 것은, 다소 버거운 면이 있지만 의미 있는 수업이다.

새 봄, 새 학기, 새 도전

2014년 2월, 우석헌자연사박물관에서 '지질학자의 가방'이라는 프로그램을 접했다. 암모나이트 3종과 삼엽충 3종의 화석을 마음껏 관찰하고, 이 화석들의 진화 순서를 결정하여 발표하는 프로그램이었다. 과학의 기본기를 기를 수 있는 프로그램이라는 생각이 들었다. 집에 와서 곰곰이 생각해보니, 내가 독서수업에서 이루고자 하는 '자연에 대해, 우주에 대해 질문하는 기회를 찾아주자'는 목표와 결이 같다는 생각이 들었다. 그래서 이제 3월부터 만나게 될 아이들과 진행할 독서수업을 다시 생각하게 되었다. 내가 교실에서 구현하고자 하는 것이, 여러 가지 생각할 거리들을 늘어놓고 학생들이 관찰하면서 생각하고 추론하여 질문하고 대화하며 무엇인가 배워가는 것이라면, 독서의 과정에 그러한 장치를 더 넣어야겠다는 생각이 들었다. 무엇보다 물질계에 대한 궁금증과 현상의 원리가 무엇일까라는 물리적 관점의 질문을 할 수 있도록 해야겠다는 생각이다.

우석헌자연사박물관의 학예실장에게 화석 대여를 의뢰하고, 학교장의 허락을 받아 공문을 보냈다. 그리고 학교에서 '지질학자의 가방' 프로그램을 진행하였다. 물리 과목의 수업이 아니라고도 생각할 수 있지만 '관찰,

생각-추론, 설득'이라는 과학의 기본기를 다진다는 의미를 부여하였고, 발표와 토론을 통해 과학자들의 이론을 정리하고 그것을 법칙으로 인정하는 과정으로 시뮬레이션화하니 학생들의 반응이 뜨거웠다. 무엇보다 박물관이나 과학관에 가면 '눈으로만 보시오', '손대지 마시오'라고 써 있는 진짜 화석을 마음껏 만져보고 관찰하는 경험이 인상적이었다는 반응이다. 학생들에게 이러한 수업을 매번 할 수 없는 현실에 대해 이야기해주자 약간 실망하는 기색이 보여서, 우리가 이를 현실적으로 구현할 수 있는 것이 '독서'라고 이야기해주었다. 작년과는 다르게 확실한 동기부여가 된 느낌이다.

올해 독서수업의 전체적인 구성 역시 지난해 2학기 때처럼 '함께 책을 읽고 이야기하기'와 '각각 읽고 글로 이야기하기'이다. 함께 읽을 책으로 선정한 것은 지난해에 사용한《인문학으로 과학 읽기》와 새로 선택한《어메이징 그래비티》인데, 특히《어메이징 그래비티》는 물리 교과와 직접적 관계가 있는 책으로 학생들에게 본질에 대해 질문할 수 있는 기회를 주기 위해 선택하였다. 기존 활동지에 '더 알고 싶거나 궁금한 것'을 추가하고, 상상력을 발휘해 생각을 표현할 수 있도록 질문을 구성하였다.

Q1. '중력'이 없다면 어떤 일이 일어날지 '상상력'을 발휘하여 이야기해보세요.

Q2. 지구를 비롯한 천체들이 왜 '구'의 형태여야 하는지 상상력을 발휘하여 이야기해보세요.

Q3. '지구의 자전 속도와 공전 속도가 지금보다 빠르다면 혹은 느리다면 어떨까?' 상상력을 발휘하여 이야기해보세요.

첫 수업 후 학생들이 써낸 활동지를 살펴보니, 살짝 집중력이 흐트러졌는지 성의 없어 보이는 남학생들이 보이기 시작했다. 헉! 작년 3학년의 트라우마가 마음을 괴롭히기 시작해 며칠간 잠이 오지 않았다. 그래서 다음 수업시간 첫머리에는 독서수업을 위해 내가 들이는 노력에 대해 이야기했다.

"얘들아, 잠깐 선생님 이야기를 해도 되겠니? 이 수업은 선생님 편하자고 하는 수업일까? 너희 좋으라고 하는 수업일까?"

"저희 좋으라고 하는 수업이요~"

대답들은 잘한다.ㅠㅠ

"너희 좋으라고 하는 수업인 걸 알아줘서 고맙다. 그런데 선생님이 지난 시간에 너희들이 써낸 활동지를 보고 고민을 하다가 얘기하는 거니까, 좀 들어줄래? 선생님이 이 책을 선택할 때, 딱 읽자마자 '이거야!' 했을까? 아니야, 여러 권의 책을 읽어야 했지. 또 활동지를 만들 때도, 선생님은 한 번 읽으면 질문 10여 개가 다다닥 하고 나올까? 아니야, 이 질문들 만들려고 여러 번 읽어. 그리고 스캔하는 거, 시간 오래 걸리는 거 알지? 그리고 블로그에 사진 올리는 것도, 한 파일당 용량이 정해져 있는 거 해본 사람은 알지? 근데 용량을 일괄 변경하면 너희 읽을 때 터치해서 확대하면 글씨가 깨져 보이기 때문에 하나씩 포토샵으로 작업해야 해. 그리고 교무실에서 이거 인쇄할 때 눈치도 엄청 보면서 인쇄한다. 여기까지는 준비이고, 또 수업 후에 선생님이 하는 일의 일부를 이야기하면, 독서수업을 15번 하게 되니까 매 시간 너희가 쓰는 활동지가 개인당 총 15장이 되는 거지. 4개 반 125명이 이 수업을 들으니까 내가 읽어야 하는 활동지는 125×15장이고, 중간고사 이후에 서평 쓰기를 할 텐데 그것도 개인당 3번은 읽게 될 거야. 그리고 약속한 대로 개인별로 생활기록부에 써주는 일을 해야 하지. 이게 선생님이 독서수업에 들이고 있는 노력이야."

여기까지 이야기하는 동안 공감해주는 아이, 무덤덤한 아이 등 여러 반응이 눈에 보였다.

"그런데 선생님이 속이 상하는 건, 내가 이런 노력을 하고 있는데 너희가 아무 의미 없이 활동을 하고 있어서가 아니라, 지난번 '지질학자의 가방' 수업을 진행하면서 봤던 너희의 반짝반짝한 능력과 가치를 한 줄의 글로 평가절하하고 있기 때문이야. 능력이 70인데 2로 표현하고 있다는 거지. 자, 따라합니다.

'안 하는 것과 (안 하는 것과) 못하는 것은 (못하는 것은) 다르다! (다르다!)'

한 번 더 합니다.

'안 하는 것과 (안 하는 것과) 못하는 것은 (못하는 것은) 다르다! (다르다!)'

스스로의 가치를 낮추지 말았으면 좋겠어. 학생이 보일 수 있는 가장 예쁜 모습은 바짓단을 줄여 맵시 있게 보이는 교복이 아니고, 비비크림 바른 뽀얀 얼굴이나 틴트를 바른 붉은 입술도 아니야. 뭔가 했는데 실수를 할 수도 있고 잘 못할 수도 있어. 그때 '다시 해볼게요. 잘 몰라서 그랬어요' 하면서 다시 도전하는 그 모습이야. 그게 학생이 보일 수 있는 가장 아름다운 모습이고, 학생이기 때문에 누릴 수 있는 특권이기도 해. 얘들아, 단 한 순간일지라도, 성의 있고 의미 있는 시간으로 만들어갔으면 해. 스스로의 가치를 높여가길 선생님은 응원한다. 그리고 선생님도 그런 수업을 할 수 있도록 할게."

듣고 있는 학생들의 반응이 심상치 않다. 수업을 마치고 교무실에 돌아와 학생들이 써낸 글을 읽는다. 눈시울이 뜨거워지고, 심장이 뛴다. 아이들의 글이 나를 교사로 만들어준다. 그래, 이런 순간 때문에 교사는 아이를 포기할 수 없다. 학교를 떠날 수 없고, 귀찮음을 마다할 수 없다. 이 감동스러운 녀석들과 만들어갈 한 해가 참 기대된다. 올해의 푸른 봄은 더 예쁠 것 같다.

과학 추천도서 목록

1	강양구, 《세 바퀴로 가는 과학자전거》, 뿌리와이파리
2	강윤재, 《과학시간에 사회 공부하기》, 웅진주니어
3	과학교사모임, 《선생님도 궁금한 101가지 과학 질문 사전》, 북멘토
4	김보일, 《인문학으로 과학 읽기》, 휴머니스트
5	김용석 외, 《인문학의 창으로 본 과학》, 한겨레출판
6	김추령, 《오늘의 지구를 말씀드리겠습니다》, 양철북
7	김태호 외, 《통하는 공부》, 살림터
8	김형근, 《1% 영어로 99% 과학을 상상하다》, 효형출판
9	닉 아놀드, 《물리가 물렁물렁》, 김영사
10	데이비드 맥컬레이, 《놀라운 인체백과》, 을파소
11	데이비드 보더니스, 《E=MC2》, 생각의나무
12	마리오 살바도리, 《왜 건물은 무너지지 않을까》, 다른
13	박경화, 《고릴라는 핸드폰을 미워해》, 북센스
14	박성래, 《친절한 과학사》, 문예춘추
15	박정훈, 《잘 먹고 잘사는 법》, 김영사
16	사마키 타케오, 《부엌에서 알 수 있는 거의 모든 것의 과학》, 휘슬러
17	아닐리르 세르칸, 《우주 엘리베이터》, 월북
18	오오타 야스스케, 《후쿠시마에 남겨진 동물들》, 책공장더불어
19	이광식, 《십대, 별과 우주를 사색해야 하는 이유》, 더숲
20	이동범, 《자연을 꿈꾸는 뒷간》, 들녘
21	이석영, 《모든 사람을 위한 빅뱅 우주론 강의》, 사이언스북스
22	이영미, 《요리로 만나는 과학 교과서》, 부키
23	이은희, 《하리하라의 생물학 카페》, 궁리
24	이재열, 《담장 속의 과학》, 사이언스북스
25	이재인, 《건축 속 재미있는 과학 이야기》, 시공사
26	이지유, 《별똥별 아줌마 우주로 날아가다》, 웅진주니어
27	장대익, 《다윈의 식탁》, 김영사
28	장자크 그리프, 《갈릴레이와 금붕어》, 거인북
29	전영석, 《체육시간에 과학 공부하기》, 웅진주니어
30	정재승, 《과학콘서트》, 동아시아
31	정재승, 《있다면? 없다면!》, 푸른숲
32	정준호, 《기생충, 우리들의 오래된 동반자》, 후마니타스
33	정창훈 외, 《해리포터 사이언스》, 과학동아
34	제영갑, 《자연은 천재돌이》, 가교
35	조너선 페터봄, 《트리니티》, 서해문집
36	조 슈워츠, 《장난꾸러기 돼지들의 화학피크닉》, 바다출판사
37	존 라이언, 《지구를 살리는 7가지 불가사의한 물건들》, 그물코
38	짐 오타비아니, 《파인만》, 서해문집
39	하시모토 히로시, 《하룻밤에 읽는 과학사》, 알에이치코리아
40	한희정, 《노빈손, 피라미드의 비밀을 풀어라》, 뜨인돌

과학독서 활동지 예시

▫ 글을 읽고, 협력하여 설명하세요.

Q1. 사물을 도구적 관점에서 바라본다는 뜻은 무엇인가?

Q2. 물질의 성질(사물의 본질)을 알기 위한 일련의 과정을 무엇이라 하는가?

Q3. 심장이 1분 동안 내보내는 혈액의 양과 계산하는 과정은?

Q4. 솔로몬의 재판 이야기와 인디언 추장이 피어슨 대통령에게 보낸 편지의 이야기의 핵심은 무엇입니까?

Q5. 프랑스 미생물학자 파스퇴르가 개발한 백신은 무엇인가?

Q6. 유추란?

Q7. 유추를 이용한 설명의 예는 어떤 것이 있는가?

Q8. 유비 추리의 타당성 여부의 기준은?

Q9. 유비 추리는 어떠한 경우에 효과적인가?

Q10. 플라톤은 왜 감각은 진리의 토대가 될 수 없다고 생각했는가?

Q11. 수학은 왜 가장 순수하고 추상적인 학문인가?

Q12. 수학의 도움을 받아 일상생활의 문제를 해결하는 것은 어떤 것이 있는가?

Q13. 기하학(geometry)의 뜻은 무엇인가?

Q14. 기하학이 이집트에서 발전하지 못하고 그리스에서 발달한 이유는 무엇인가?

Q15. '수량화의 혁명'이란 무엇인가?

▫ 모둠원과 토의하고, 개인별로 생각을 정리 · 기록하세요.

Q1. 과학자나 기술자들의 '사물의 본질을 잘 이해해서 인간에게 유용한 도구로 변환하자'는 생각에 대한 개인의 생각을 이야기해보세요.

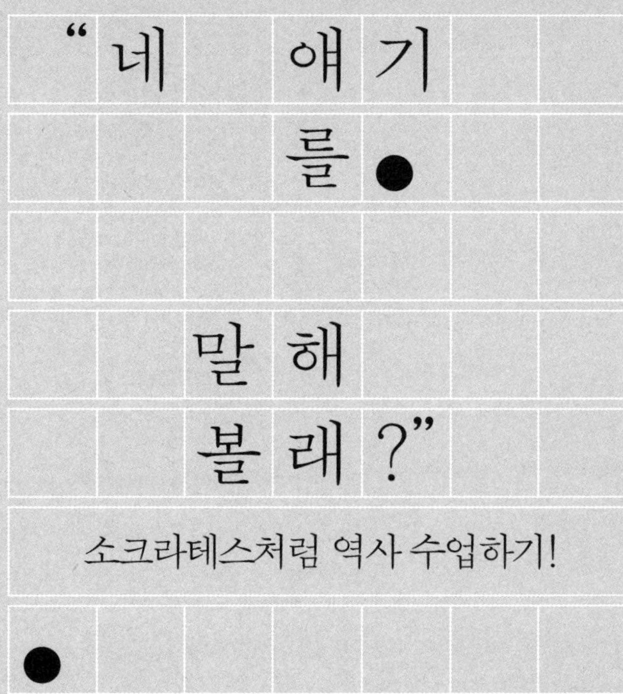

"네 얘기를 말해 볼래?"

소크라테스처럼 역사 수업하기!

정태윤
역사, 천보중학교
gilini22@hanmail.net

04

나를 돌아보게 만든 한마디

"수업에서 느끼는 교사의 두려움은 세 가지다. 첫째, 학생들에게 얼마나 똑똑한 교사인지 보여주는 것. 둘째, 학생들에게 내가 얼마나 지식이 많은지 보여주는 것. 셋째, 학생들에게 내가 얼마나 수업 준비를 충실히 하는지 보여주는 것. 나는 이처럼 교실에서 세 가지 연기를 해왔는데, 그 진정한 목적은 학생들의 공부를 도와주는 것이 아니라 학생들이 나를 훌륭하게 생각하도록 유도하려는 것이었다."

얼마 전 읽은 책•에서 나 자신을 반성하게 하는 내용이었다. 이 글을 읽자 내가 교단에 처음 섰을 때가 생각났다. 수업에서 무슨 말을 하고 있는지 나조차도 모르면서 학생들의 질문에 횡설수설 소리만 지르던 내 모습. 시간이 지나면서 쌓여가는 수업 자료를 학생들에게 보여주며 '내가 이렇게까지 준비했는데 수업을 안 들을 수 있겠니?'라고 마음속으로 잘난 척

• 파커 J. 파머, 《가르칠 수 있는 용기》, 한문화, 2005. 여기 인용된 내용은 파머가 소개한 내용으로, 《고통 받는 사람들의 교육학》에서 저자인 제인 톰스킨이 자신의 강박증을 솔직히 고백하는 장면이다.

을 하면서 뿌듯해하던 내 모습. 수업이 잘 되지 않으면 그 이유를 학생들에게서 찾으려고 했던 내 모습. 수업을 할 때 아이들이 어떤 표정을 짓는지를 보지 못하고 조용히만 하면 수업을 잘 듣는 거라고 생각했던 내 모습…. 이제까지 나는 학생들을 위한 수업을 한 것이 아니라 나를 위한 수업을 하고 있었던 것이다. 나는 이 모든 것을 통렬히 반성해야 했다.

이후 내 머릿속은 여러 질문으로 가득 찼다. 아이들이 '배운다는 것'이 무엇일까? 교사인 나는 아이들이 배우도록 하기 위해 무엇을 해야 하지? 배움을 어떻게 확인하지? 내가 이 질문들에 대답을 얻은 곳은 바로 도서관이었다. 집과 학교 주변의 여러 도서관을 어슬렁대면서 쇼핑하듯 교육과 철학 관련 책들을 카트에 넣었다. 《가르칠 수 있는 용기》(파커 J. 파머), 《침묵으로 가르치기》(도널드 L. 핀켈), 《교사의 도전》(사토 마나부), 《교사, 수업에서 나를 만나다》(김태현), 《청소년 감정코칭》(최성애·조벽), 《처음 읽는 서양 철학사》(안광복), 《청소년을 위한 서양 철학사》(서용순) 등등. 나는 해답을 교수·학습 방법론에서 찾으려 하지 않았다. 한 사람이 배운다는 것은 철학적인 문제이므로 아이들과 수업에 대한 가치관과 사고관이 변해야 한다고 믿었기 때문이다.

물론 전에도 수업을 위해 노력하지 않았던 것은 아니었다. 선배 교사나 교사 모임을 통해 다양한 자료를 모았고, 그것을 내 방식대로 재구성하였다. 다큐멘터리 프로그램을 다운받고 동영상 업로드 사이트를 돌아다니며 시청각 자료도 넉넉하게 마련했다. 교과서 내용을 어떻게 하면 구조적으로 쉽게 전달할 수 있을까 고민하였다. 어쩌면 나는 학기말 수업 평가에서 아이들에게 '역사 선생님은 수업을 열심히 준비하는 것 같다'는 말을 듣고 싶었던 건 아닐까. '선생님 수업을 통해 내가 생각하게 되었고 변했다'라는 말을 들어야 했음에도 불구하고.

하지만 아무리 수업 자료를 다양하게 마련하고 수업 방식이나 평가 방식을 새롭게 적용해봐도 아이들은 배우려 하지 않았다. 밤새도록 다큐멘터리를 보고 수업과 관련 있는 부분을 잘라내 보여주면 아이들은 내 노력에 감탄했지만 곧 지루해했다. 토론식 수업에서도 아이들은 역사적 사실을 앵무새처럼 말할 뿐 자신들의 삶과 연결시키지 못했다. 논술형 평가는 사고력을 측정하지 못하고 내용을 통째로 암기하게 할 뿐이었다.

그러다 2013년 학교를 옮기면서 새로운 경험을 하게 되었다. 새로 옮긴 학교에는 배움과 아이들에 대해 관심을 갖고 실천하는 교사들이 많았다. 그 선생님들과 여러 소모임(혁신연구회, 수업연구회, 학급운영연구회)을 통해 만나면서 학생과 수업에 대한 나의 생각의 모자람을 알게 되었다. 동료들과 같이 책을 읽고 고민을 털어놓고 문제를 공유하면서 내 생각이 바뀌기 시작했다. 학생은 가르치고 지도해야 할 '대상'이 아니라, 존중하고 공감해야 할 '존재'라고 진정으로 느꼈다.

나처럼 생각이 바뀐 교사들이 많아지면서 학교도 달라졌다. 프로젝트 수업, 통합 수업, 독서수업 등 다른 학교에서는 문서로만 존재하던 일들이 여기서는 살아 움직이고 있었다. '평화로운 학교 만들기' 프로젝트를 위해 선생님들이 다양한 아이디어를 냈고, 1년 동안 그 실천을 위해 노력했다. 학기 초에 대부분의 교과에서 독서수업을 실시하기로 하였고, 6월 말에는 각 교과에서 실시한 결과를 서로 공유하는 시간을 가졌다. 일반적으로 학교에서 특별하면 유난 떠는 사람으로 낙인찍히기가 쉬운데 우리 학교는 그런 분위기가 전혀 없이 서로 격려하고 배우는 분위기가 만들어졌다.

중2병은 없다!

중학교 2학년 담임을 다섯 번 해본 경험을 가지고 선불리 판단한다면, 언론에서 흔히 말하는 '중2병'은 없다. 중학교 2학년은 중학교 1학년에서 한 살을 더 먹어 올라온 학생이다. 그들이 갑자기 어디 다른 곳에 다녀왔다거나 새로운 것을 접해 병이 든 건 아니다. 집, 학교, 학원을 돌면서 일상을 그대로 살아가는 아이들이다. 그런 아이들이 중학교 2학년이 되었다고 갑자기 병을 얻을 수는 없지 않은가!

인간이라면 당연히 거치는 과정인 '사춘기'를 겪는 아이들이 어른들에 의해 갑자기 환자가 되었다. 아프지도 않은 아이들을 환자로 만들어놓고 치료를 해야 한다며 말도 안 되는 방법을 쓰고 있다. 그들의 행동을 학생생활기록부에 낱낱이 기재한다고 '협박'을 하고, 말하지 못한 속마음을 '운동'으로 풀라고 한다. 옛날에 어른으로 여겨지던 열다섯 살 사람이 '종속된 존재'로 인식되고 있다. 변화를 겪는 아이들을 한 교실에 몰아넣고는 공동체의 생활을 몸에 익히라고 한다. 우리가 언제 아이들을 자유롭게 둔 적이 있는가?

《에밀》을 쓴 루소의 주장을 따른다면, 인간은 태어나면서부터 자유로워야 한다. 여기에서 '자유'는 자연의 본성에 따라야 한다는 의미이다. 어른들의 역할은 아이들의 본성이 그대로 길러질 수 있도록 도와주는 데 그쳐야 한다. 어른들이 옳다고 생각한 의도대로 아이들을 키우는 것은 자연에 어긋나는 행위일 뿐이다. 아이들이 가진 의지를 존중해야 한다. 아이들은 자신들의 문제를 스스로 해결할 만한 충분한 능력을 지니고 있다.

나는 아이들이 가지고 있는 능력과 가능성을 믿는다. 학교에서 교사는 아이들을 존중하고 그들이 자신의 의지대로 행동할 수 있는 기회를 마련해주는 데 노력을 기울여야 한다. 아이들 마음속에 있는 자연의 의지를 표현할 수 있도록 도와주어야 하고, 자신의 뜻대로 했을 때 격려해야 한다. 아이들은 실수할 수 있다. 하지만 실수를 비난해서 도전하지 못하게 하는 것은 어른들이 할 일이 아니다. 실수를 해결하여 다시 도전하는 것에 두려움을 갖지 않게 해야 한다. 그들이 살아 있다는 것을 자각할 수 있게 해야 한다.

십대들의 뇌는 리모델링되고 있다. 그들의 뇌는 지속적으로 성장하고 있다. 옳은 행동을 하도록 도와주는 뇌의 전두엽은 성인의 단계에 도달할 때까지 완전하지 못하다는 것이 밝혀졌다.• 그러니 십대들이 옳지 못한 행동을 하는 것 역시 자연의 흐름이다. 그럴 수밖에 없는 상황이라면 그들을 이해해야 한다. 타인에게 의존하는 존재에서 주체로 서는 과정이므로, 존중하고 지켜보아야 한다. 성급히 처방을 내리기보다 기다려야 한다. 우리가 잘못 가르쳐서 아이가 그런 행동을 하는 것이 아니다. 그때는 당연히 그런 것이다.

그렇다고 십대들이 아무 생각 없이 살고 있는 것은 아니다. 그들도 문제를 인식하고 제대로 된 대안을 만들 수 있다. 아래 글은 우리 학교 2학년 학생들이 국어 시간에 적은 대자보다. 학생들도 수업 문제의 원인을 알고 있었고 해결 방법도 생각하고 있었다. 이제 그들을 믿을 수 있지 않겠는가!

• 바바라 스트로치, 《십대들의 뇌에서는 무슨 일이 벌어지고 있나?》, 해나무, 2004. 이 책은 십대들의 마음과 행동의 원인을 뇌과학으로 밝혀냈다.

교장선생님께

안녕하세요? 저희는 천보중학교 2학년 8반 김주은, 이건, 심민찬, 조승현입니다. 저희가 이렇게 글을 쓴 이유는 학생들이 수업시간에 집중을 하지 못하고 있습니다. 그래서 저희는 이 점을 해결하고자 교장선생님께 도움을 요청합니다.

우선 많은 학생이 수업을 지루해하고 있습니다. 그 이유는 학생들이 수업에 직접 참여하는 것이 아니라 선생님께서만 설명을 하시기 때문입니다. 또 선생님들의 수업 방식이 재미가 없어서 수업을 지루해하는 학생들도 많이 있습니다. 이에 따라 저희는 수업시간에 학생들도 선생님들과 같이 이야기하고 많이 참여하는 수업과 게임 방식처럼 하는 수업으로 진행되었으면 좋겠습니다. 실제로 학생들이 선생님의 말씀을 그냥 듣는 것보다 학생들이 직접 참여하여 재미있게 수업을 하면 두 배 더 수업의 내용이 기억에 남는다고 EBS에서도 방송되는 것을 보았습니다.

또한 요즈음 학생들이 공부의 필요성을 잘 느끼지 못하고 있습니다. 그렇기 때문에 학생들이 수업시간에 집중을 더 못 하는 것 같습니다. 그래서 공부의 필요성을 심어주기 위해 한 달에 한 번이라도 공부의 필요성과 삶의 목적을 알려주는 TV 프로그램이나 강의 등을 보여준다면 수업에 더 집중할 수 있을 거라고 생각합니다.

마지막으로 수업에 필요한 기초를 몰라서 수업에 흥미를 잃고 공부를 미리 포기하는 학생도 있습니다. 그래서 학생들이 수업에 필요한 지식을 쌓을 수 있도록 기초를 배울 수 있는 방과후수업을 만들어주셨으면 좋겠습니다.

이 요구사항을 받아들여 주신다면 수업에 집중하는 학생들이 증가할 것이라고 생각됩니다. 수업에 집중을 하면 성적도 오르고, 성적이 오르면 학교를 다니는 것이 즐거워지고, 즐거운 학교생활이 되면 우리 학교가 실천하는 평화 학급 만들기를 더 잘 실천할 수 있을 것이라고 생각됩니다. 지금까지 이 긴 글을 읽어주셔서 감사합니다.

수업이 변했다,
아이들의 표정을 바라본다

2013년 여름방학은 내게 전환점이었다. 1학기 때 했던 여러 경험과 생각을 학급 운영과 수업에서 풀어내기 위해 2학기에 변화를 시도했다. 학급은 아이들의 회의를 통해 결정된 사항으로 운영하였고, 수업은 독서를 토대로 진행하였다. 내 수업에서 독서는 두 가지 방식으로 이루어진다. 첫째는 나의 글을 학생들이 읽는 것이고, 두 번째는 학생 스스로 선택한 책을 읽는 것이다.

2학기 수업을 시작하면서 나의 수업 변화에 대해 아이들에게 구체적으로 설명했다. 나의 고민이 무엇이었는지, 내가 어떻게 답을 내렸는지를 학생들에게 솔직히 고백했다.

"솔직히 말하면 나는 여러분 같은 학생일 때 수업을 듣지 않았습니다. 수업시간에 이어폰을 숨겨서 음악을 듣거나 도시락을 먹은 적도 있어요. 당연히 기억에 남는 수업이나 선생님은 없었지요. 그래도 공부는 잘했습니다. 그 비결이 무엇이냐고요? 어차피 시험은 교과서에서만 나오니까 교과서만 달달 외워서 성적을 잘 받았습니다. 저는 수업은 듣지 않고 성적만 잘 받는 가식적인 학생이었습니다.

그런데 교사가 되면서 입장이 바뀌었습니다. 나와 같은 학생이 교실에 가득 있다고 생각하니 무서워졌습니다. 그래서 내가 왜 학창시절 수업을 듣지 않았는지 되돌아봤습니다. 제가 내린 결론은, 제가 수업시간에 말을 하지 않아서입니다. 학생 때 저는 일어나서 책만 읽으면 더듬거렸습니다. 더듬거리면서 책을 읽으면 아이들이 웃었지요. 그것 때문에 수업시간에 말을 하는 것을 두려워했습니다. 그리고 제가 학교에 다닐 때는 선생님들이 칠판에 필기하고 학생은 받아 적고, 선생님이 읽으면서 설명하는 수업으로 진행되었기 때문에 학생들이 말할 기회도 없었습니다.

이제부터 2학기 수업은 여러분의 말을 들으려고 합니다. 여러분의 말을 듣기 위해서는 내가 하는 말을 줄여야 합니다. 그래서 내가 할 말을 글로 써서 나눠줄 것입니다. 수업이 시작하면 5분 동안 제가 쓴 글을 정독하면서 자신들이 궁금한 것을 '나의 질문'란에 씁니다. 여러분은 정독을 통해 선생님이 하려는 말과 교과서 내용을 파악합니다. 그리고 질문을 통해 같이 이야기할 주제를 만듭니다. 세상에 나쁜 질문은 없습니다. 자신이 궁금한 것을 아는 것이 배우는 목적입니다. 그러니 부끄러워하지 말고 적극적으로 물어보세요. 저와 대화만 한다면 어떤 말이든지 존중하겠습니다."

이런 내용의 말을 하고 나서 아이들의 표정을 보니 놀라면서도 믿지 않는 눈치였다. 나의 학창시절 얘기에 공감하면서도 수업 계획에 대해서는 의문을 가졌다.

"선생님이 진짜 쓴 글 맞아요?"

"질문이 없으면 어떡해요?"

"제가 한 질문을 선생님이 모르면 어떡해요?"

새로운 수업 방식에 적응하려면 시간이 좀 걸릴 듯했다. 그래도 지난 학기 때 교과서를 정독하고 질문하는 방식은 했었기 때문에 어렵지는 않을 것 같았다.

이런 방식의 수업을 하기 위해서는 분위기가 자유로워야 한다. 아이들이 자신의 생각을 거침없이 표현해야 하고, 말을 했을 때 존중받아야 한다. 처음 학생들이 질문을 발표할 때 다른 학생들이 야유를 하는 경우가 있는데 그럴 때 나는 단호하게 질문자의 편을 든다. 모르는 것을 용기 있게 발표해준 것에 고마움을 표하고, 이 질문은 다른 학생들도 알아야 하는 중요한 질문이라고 칭찬한다. 존중을 하면 아이들이 입을 열기 시작한다.

내 수업에서 가장 중요한 부분은 정독 시간이다. 학생들은 텍스트를 읽으면서 학습 내용을 스스로 파악하고, 자신이 아는 것과 모르는 것을 구분한다. 학생들이 모르는 것을 해결하는 방향으로 수업을 진행하기 때문에 이 과정은 반드시 이루어져야 하는 과정이다. 내가 말한 '정독(靜讀)'은 일반적인 '정독(精讀)'과 다르게, 아무 소리도 내지 않고 조용히 텍스트를 읽는 것을 말한다. 정독 시간에는 남의 도움 없이 혼자 읽는다. 이 시간에 학생들이 모르는 내용을 교사나 친구에게 물어보는 경우가 있는데 나는 이것을 허용하지 않았다. 조그만 소리도 나지 않게 주의를 주어 도서관에 있는 것처럼 분위기를 만들어야 5분 동안 아이들이 집중하고 스스로 해결하는 시간을 가질 수 있다.

교사는 수업에서 학생들을 바라볼 수 있어야 한다. 교사가 아무리 열심히 설명해도 수업시간에 학생들의 눈을 보지 못해 아이들이 수업을 어떻게 느끼고 있는지 모른다면 수업을 잘했다고 자신할 수 없을 것이다. 수업

시간에 학생들의 반응을 살피기는 어려운데, 독서를 하면 학생들을 볼 수 있는 여유가 생긴다. 독서 시간에 교실을 돌아다니면서 학생들이 오늘은 어떤 기분일까 생각해보고, 그 분위기에 맞춰 수업 분위기를 만들려고 노력한다. 교사의 기분에 따라 수업 분위기가 만들어지는 것이 아니라, 학생들의 상황에 따라 수업의 모습이 바뀌는 것이다. 이렇게 나의 독서수업은 아이들의 표정을 바라보기 위해 시작되었다.

"내 얘기를 읽어볼래?"
: 교사가 쓴 글로 독서수업(?)

내 꿈은 책을 쓰는 것이다. 그러나 아직까지 나는 책을 쓸 능력이 없다. 그래도 나는 매년 200~300명의 새로운 독자를 만들 수 있다. 그 비결은 내 수업을 글로 표현해 학생들에게 읽히면 된다. 그러면 1년 동안 내 글을 읽을 수밖에 없는 고정적인 독자층이 생긴다. 이것은 교사만이 가진 특권이다. 아래는 내가 첫 시간에 '역사는 왜 배울까'를 주제로 쓴 글이다.

이야기 하나. 역사는 왜 배울까요?

역사(歷史)는 왜 배울까요? 역사는 지금과 상관없는 옛날 사람들 이야기라 쓸데없을 뿐이라고 생각할지 모르겠습니다. 저와 같이 공부한 대부분의 학생들이 처음에 역사를 배우면 외울 것만 많고 금방 잊어버릴 것이라고 말했습니다. 여러분들도 지금 비슷한 생각을 하고 있지요?

지난해 저와 같이 역사를 공부한 친구들은 첫 시간에 다음과 같은 질문을 하였습니다. 역사를 배우면 내 인생에 어떤 도움이 될까요? 역사란 모두 사실일까요? 옛날 일을 어떻게 알 수 있나요? 왜 과거를 공부합니까? 과거를 알면 미래가 나아지나요? 역사가 재미있나요?

이 질문에 선생님은 다 대답하지 못했습니다. 다만 제가 생각하는 '역사를 배워야 하는 이유' 한 가지를 이야기했습니다. 역사를 배워야 하는 가장 중요한 이유는 '같은 실수를 반복하지 않기 위해서'입니다. 역사는 반복된다고 합니다. 비슷한 일들이 시간을 넘어서 발생합니다. 그래서 과거를 알면 지금 벌어지는 일에 대해 잘 알 수 있고 바른 판단을 할 수 있습니다.

예를 들면, 조선은 일본에게 36년간 식민 지배를 당했습니다. 우리의 입장에서는 다시는 반복되지 말아야 할 암울한 역사이지요. 일본이 1910년 한일강제병합을 하기 5년 전인 1905년에 독도를 먼저 일본 땅으로 만들었습니다. 그때 조선 정부는 일본의 의도를 알지 못한 채 제대로 대처하지 못하다가 5년 후 나라 전체를 잃었습니다. 110년 전 일어났던 일과 비슷한 주장을 일본이 지금도 하고 있는 것을 알지요?

한 가지 예를 더 들어보겠습니다. 지금 남한과 북한의 관계가 그리 좋지 않습니다. 어떤 사람들은 미국과 남한이 군사력을 합치면 북한 정도는 간단히 제압할 수 있다는 주장을 합니다. 과연 그럴까요? 미국이 강력한 군사력을 가지긴 했지만 모든 전쟁에서 승리하지는 못했습니다. 대표적인 예가 베트남전쟁입니다. 1960년대 베트남은 우리와 비슷한 상황이었습니다. 북쪽에는 공산 정권이 수립되어 있었고, 남쪽에는 자본주의를 지지하는 정권이 있었습니다. 둘 사이에 전쟁이 벌어졌고, 미국은 남베트남을 지원하였습니다. 우리나라도 남베트남에 군사를 보냈습니다. 이 전쟁의 결과는 어떻게 되었을까요? 북쪽이 승리하여 베트남 전체는 공산화되었고, 미국은 엄청난 피해만을 남긴 채 철군할 수밖에 없었습니다. 우리나라에서 전쟁이 발생하면 비슷한 일이 벌어지지 않으리라고 누가 장담할 수 있겠습니까?

제가 생각하는, 역사를 배워야 하는 이유는 여기까지입니다. 여러분은 아직 역사를 왜 배워야 하는지 모르는 게 당연합니다. 그것은 아직 역사를 배우지 않았기 때문에 그렇습니다. 앞으로 역사를 선생님과 함께 공부하면서, 내가 역사를 왜 배우고 있는지를 항상 생각하면서 그 답을 찾길 바랍니다. 역사를 공부하면서 조지 오웰이 말한 다음의 격언을 항상 생각해보세요.

'과거를 지배하는 자가 미래를 지배하며, 현재를 지배하는 자가 과거를 지배한다(Who controls the past controls the future, Who controls the present controls the past).'

이렇게 글을 쓰면 교사와 학생에게 몇 가지 좋은 효과가 있다. 먼저 교사는 수업시간에 말을 많이 하지 않아도 된다. 들어가는 반마다 똑같은 말을 반복해야 하는 교사의 삶은 때로는 지루하고 힘들다. 그런데 수업을 글로 자세히 써서 보여주면 굳이 내가 말할 필요가 없어진다. 학생들이 내 글을 스스로 정독하고 같이 소리 내어 읽으면 내가 힘쓰지 않아도 된다. 단락의 내용을 잘 파악했는지 질문을 통해 확인하면서, 잘 이해하지 못하는 내용만 잠깐 이야기하면 된다. 학습 내용 전체를 교사가 말을 해서 가르쳐야 할 필요가 없다. 내가 말을 안 해도 가르친 것이 된다.

두 번째는 배움이 오래 지속된다. 수업에서 교사의 설명은 순간적이다. 학생들은 교사가 설명한 내용을 못 들으면 그 내용은 다시 배울 수 없다. 그래서 학생들은 하루 종일 교사의 수업에 집중해야 한다. 너무 잔인하지 않은가? 실제로 중학교 아이들의 집중 시간은 10~15분밖에 되지 않는다고 알려져 있다. 많은 아이들이 교사의 설명을 제대로 못 듣고 넘어갈 수밖에 없다. 들어서 이해했다고 해도 금방 잊어버리는 게 사람이다. 아이들이 나빠서 수업을 안 듣는 게 아니고, 그 나이 때 아이들은 원래 그럴 수밖에 없는 것이다. 그러나 글로 남기면 아이들이 배운 내용을 언제든지 찾아볼 수 있다. 생각나지 않는 내용이 있다면 교사를 찾지 않고도 쉽게 교사의 설명을 다시 읽을 수 있다.

세 번째는 교사, 학생 모두 여유가 생긴다. 내 수업에서 아이들은 45분 내내 집중할 필요가 없다. 처음 5분 동안만 집중해서 정독하면 된다. 그 이후는 자신의 질문에 대해 교사가 설명할 때 잠깐 들어주면 된다. 여유가 생긴다면 다른 아이들이 했던 질문에 관심을 갖고, 수업에서 이루어지는 대화에 참여할 수도 있다. 교사는 모두 가르쳐야 한다는 부담감을 가질 필요가 없다. 내 글을 이해한 학생에게 다시 그 내용을 가르칠 필요가 없어지고, 이해하지 못한 학생들만 따로 설명할 수도 있다. 개별 학습이 가능해진다는 얘기다. 실제로 아이들이 질문을 찾고 서로의 질문에 대해 얘기할 때 나는 학생들 곁을 슬슬 돌아다닌다. 이런 나를 붙잡고 자신들의 질문을 개별적으로 물어보는 경우가 많다.

그렇다면 글은 어떻게 써야 하는가? 나는 뛰어난 글쓰기 능력을 가진 사람이 아니다. 처음 글을 쓰고자 마음먹었을 때 '수업시간에 할 말을 그대로 옮기지 뭐'라고 쉽게 생각했다. 나는 글을 쓸 때 옆에서 이야기해주는 것처럼 쓰려고 노력한다. 실제로 아이들이 궁금해하는 내용을 솔직하게 담아내려고 했다. 그리고 교과서 내용을 토대로 중학생 수준에서 제대로 이해할 수 있도록 고친다. 어려운 단어를 풀어 쓰고, 교과서 문장과 문장 사이를 친절하게 설명해줄 수 있는 문장을 넣는다. 교과서 날개나 읽기

자료, 탐구활동도 내 글에 다 포함시킨다.

내가 이렇게 글을 쓰는 이유는 현재의 교과서를 중학교 아이들은 제대로 이해할 수 없다고 생각하기 때문이다. 우선 교과서에는 아이들이 이해하기 힘든 단어들이 너무 많다. 아이들에게 질문을 적으라고 하면 "고리타분하다가 뭐예요?", "세습의 뜻은?" 등 기본적인 개념을 묻는 질문이 많다. 하물며 역사적 개념은 접해보지 못한 것이 당연하다. 아이들의 입장에서 난해한 개념들이 난무하는 교과서 내용을 교사가 아무리 친절하게 설명한다고 해도 이해하기 어려울 것이다.

게다가 교과서는 너무 어지럽다. 본문 내용, 날개의 개념 설명, 사진과 설명, 탐구활동, 읽기 자료, 확인문제, 표, 지도, 단원정리까지 다양한 구조로 이루어져 있다. 교사의 입장에서는 어떤 맥락에서 교과서가 만들어졌는지 알 수 있지만 학생들은 모르는 경우가 많다. 본문 내용과 읽기 자료가 어떤 관계를 가지는지, 표와 지도를 어떻게 해석해야 하는지 중학생 수준에서는 이해하기 어렵다.

이러한 이유로 중학생 수준에 맞춘 이야기를 한 시간에 2~3가지만 넣어 역사적 흐름을 파악할 수 있도록 하였다. 다른 자료에 시선을 빼앗기지 않고 글 읽는 것에만 집중해 텍스트를 이해하도록 했다. 글을 제외한 다른 자료들, 예를 들어 사진이나 동영상 자료는 파워포인트를 활용하여, 글을 읽은 후 화면으로 보여주면서 설명했다.

"너희들이 궁금한 걸 말해줄래?"
: 질문하기

학생들은 정독하면서 궁금한 것을 '질문하기'에 적는다. '질문하기'는 세 가지로 이루어진다.

- 나의 질문
- Best Question
- 질문과 대답

'나의 질문'은 정독을 하면서 각자 궁금한 것을 적는 것이다. 'Best Question'은 앉은 자리에서 앞뒤로 4명을 한 모둠으로 하여, 모둠원의 질문 중 가장 좋은 질문을 뽑는다. '질문과 대답'은 반에서 나온 여러 가지 질문 중 한 가지를 선택하여 대답을 자기 나름대로 만드는 것이다.

내가 이런 방식의 수업을 하는 이유는 학생 중심 수업을 하고 싶기 때문이다. 교육 과정이나 교사가 강조하는 내용을 학생들은 궁금해하지 않는다. 나는 학생들의 호기심을 자극하지 않는 내용으로 학생들에게 말하도록 하는 것은 '강요'라고 생각한다. 교사가 제시한 질문에 학생들은 '정답'을 찾으려고 노력할 뿐이다. 그래서 생각을 바꿔보았다. 아이들이 궁금해하는 것이 무엇인지 알아보자고.

'질문하기'에서 학생들은 각자 모르는 내용을 적고 친구들과 공유한다. 나는 질문에 좋고 나쁨이 없다고 생각한다. 학생이 품은 어떤 생각도 존중해야 하고, 생각을 질문으로 표현하는 것을 격려해야 하며, 해결을 위해 같이 노력해야 한다. 이 과정에서 학생들이 무엇을 알고 모르는지, 어떤 것을 궁금해하는지 알 수 있다. 내가 하고 싶은 말은 정독해서 알았으니, 이제 아이들의 말을 들을 차례다.

질문을 받고 보니 내가 생각하는 수업의 방향과 학생들이 알고 싶어 하는 역사는 다른 점이 많았다. 다음은 선사시대와 관련된 학생들의 질문 중 일부이다.

"역사는 왜 배우나요? 역사를 공부하면 무엇이 좋나요?"

"유물을 보고 어떻게 시기를 아나요?"

"선사시대 사람들은 겨울을 어떻게 버텼나요?"

"청동기는 어떻게 발견했고, 누가 만들었나요?"

"벼를 왜 불에 태웠을까요?"

"거북이 등껍질에 글자를 새기면 거북이는 어떻게 되나요?"

"반달돌칼의 용도가 장신구일 수도 있는데, 우리가 억측하는 것은 아닐까요?"

학생들의 질문은 기발했다. 내가 생각하지 못한 것을 궁금해하고 있었다. 교과서에 나오지 않는 내용을 알고 싶어 했다. 나는 각 반마다 10개 정도의 질문을 받고 그 질문을 중심으로 수업을 하였다. 아이들의 질문을 중심으로 하니 자연스럽게 아이들이 말을 하려고 하였다. 나는 아이들의 말에 다시 질문을 하면서 생각할 기회를 주었다. 이렇게 수업하면 각 반마다 다른 수업을 할 수 있다.

물론 모든 질문을 수업시간 안에 대답하기란 불가능하다. 나는 질문에 교사가 꼭 대답해야 할 필요도 없고, 그래서도 안 된다고 생각한다. 교사가 질문에 대답하는 순간 학생들은 교사의 말을 정답으로 믿어버린다. 이것은 학생들의 사고를 제한하는 결과를 가져온다. 학생들이 텍스트를 읽고 질문을 한다는 것 자체가 의미가 있다. 의문을 가졌다는 것은 텍스트를 자기 나름대로 해석했다는 것이다. 또한 반드시 교사가 대답해주지 않더라도 학생들이 그 답을 구할 방법은 얼마든지 있다. 학생들이 교사가 답해주길 원하는 이유는 그것이 편하게 얻을 수 있는 시험의 답이기 때문이다. 행동하지 않고 얻은 지식은 오래 남지 않는다. 다만 질문 내용 중 용어나 단순한 역사적 사실을 묻는 질문은 기억해놓았다가 수업하면서 자연스럽게 설명한다.

'질문과 대답'은 반에서 나온 질문들 중 하나를 각자 선정하여 대답을 자유롭게 상상하여 쓰는 것이다. 기존의 틀에서 벗어나 생각을 트여주기 위한 의도에서 만들었다. 아이들의 다양한 대답을 들으면서 왜 그렇게 생각하였는지 되묻고 같이 이야기를 나누었다. 대화를 하면서 처음에는 역사적으로 사고할 수 있도록 유도하였지만 잘 되지 않았다. 지금은 상식적으로 생각할 수 있게 하고, 다른 측면에서 생각할 수 있는 기회를 주고 있다.

구체적으로 수업 장면을 보면 '구석기와 신석기에는 어떻게 의사소통을 하였는가?'라는 학생의 질문에, 한 학생은 "'우가 우가 우우가가'거리면서 의사소통했을 것 같다. 손짓발짓 했을 것 같다"라고 대답했다. 나는 이 대답을 듣고 직접 흉내를 내보았으면 좋겠다고 했다. 학생이 부끄러워하며 흉내 내고 내가 따라해주니 아이들이 숨넘어가게 웃는다. 그리고 나는 "학생이 생각한 대로 의사소통은 말뿐만 아니라 다양한 방식으로 할 수 있습니다. 선사시대에는 표정, 몸짓, 소리 등을 통해 소통했을 거예요.

이후 인간이 점차 진화하고 뇌 용량이 커지면서 언어라는 것을 만들어냈겠죠?"라고 말했다.

내 경험에 비추어보면 중학생들에게 처음부터 역사적으로 사고하라고 요구하는 것은 무리다. 중학생이 특정 교과의 철학과 이론을 습득하기는 어렵다. 전공자가 그 학문만 수십 년 공부해서 터득한 내용을, 하루에도 6~7과목을 접하는 학생들이 다 이해할 수는 없다. 역사적 사고력 향상이 목적이라면 아이들이 현재 가지고 있는 능력을 교사가 파악해서 그것이 발달할 수 있는 방법을 마련해야 한다. 나는 학생들이 역사를 이해할 때 먼저 '그 시대 사람들은 어떻게 살았는지'에 대해 생각할 기회를 주어 쉽게 접근하도록 하였다.

"소크라테스처럼 생각해볼까?"
: 침묵으로 가르치기

'소크라테스처럼 생각하기'는 《침묵으로 가르치기》•를 읽으면서 고안해낸 수업 방식이다. 이 책을 읽고 내가 수업에서 가장 먼저 변화를 준 것

• 도널드 L. 핀켈, 《침묵으로 가르치기》, 다산북스, 2010. 이 책에서 핀켈 교수는 '좋은 교육이란 다른 사람에게 중요한 지식을 배울 수 있는 상황을 만들어주는 것이고, 교사가 침묵하고 경청하면 학습자는 스스로 깨달을 기회를 얻게 된다'고 주장한다. 그는 침묵으로 가르치는 방법 7가지를 제시하였다. 학습 경험을 제공하는 좋은 책, 성찰의 과정으로서 토론 수업, 경험과 성찰을 반복하는 탐구, 성찰과 경험으로서의 글쓰기, 의도적으로 설계한 경험, 정치적 경험, 지켜보고 참여하기가 그것이다. 이러한 '침묵으로 가르치기'를 실천하면 말로 가르치려는 유혹에서 벗어나 학생에게 학습 경험을 제공하고 경험을 성찰해보게 할 수 있다. 여기에서 교사는 아무것도 하지 않는 게 아니라 좋은 책을 선정하고, 학생이 스스로 깨달을 수 있는 분위기를 형성하고, 학생과 같이 탐구하며 좋은 질문을 제공하고, 생각을 정리할 수 있는 글쓰기 과제를 내주고, 감상편지를 써서 피드백을 하는 역할을 한다.

은 학생들이 말할 수 있는 장치를 마련하는 것이었다. 저자인 핀켈 교수의 방법을 수업에 적용하여 '소크라테스처럼 생각하기'라는 꼭지를 학습지 말미에 제공했다. '소크라테스처럼 생각하기'는 답이 정해진 질문을 하는 것이 아니라, 학생들의 생각을 알아보기 위한 질문들로 이루어져 있다. 내가 질문을 만들 때 두는 유일한 조건은 답이 10가지 이상 나와야 한다는 것이다. 아래는 제시한 질문들이다.

- 내가 역사를 공부하는 이유는?
- 다음은 울산시 울주군 반구대 바위 그림입니다. 그린 목적은 무엇일지 생각해보고 숨은 그림 찾기를 해봅시다.
- 삼국시대가 아닌 사국시대란 말은 틀렸을까요?
- 고구려의 영토 확장은 광개토대왕뿐만 아니라 5만의 군사가 함께 이룬 것입니다. 그러나 영토 확장은 전쟁을 수반하였고, 많은 백성들의 희생을 요구하였습니다. 남학생은 전쟁에 아들을 보낸 아버지의 심정으로, 여학생은 전쟁에 남편을 보낸 부인의 심정으로 글을 써봅시다.
- 최근 남북 간의 전쟁 위험이 높아지고 있습니다. 전쟁 위험 상황에 대한 자신의 생각을 다음 기사 댓글로 달아보세요.
- 발해는 어느 나라의 역사인지 자신의 의견을 말해봅시다.
- 여행을 가서 다음과 같은 불상을 봤을 때 같이 간 사람에게 설명해봅시다.
- 우리나라 문화가 왜 훌륭한지 외국 사람한테 설명해보세요.
- 세계 지도를 참고하여 서역(현재 중동 지역) 사람들이 어떻게 신라로 오게 되었는지 서역인의 입장에서 여행기를 써보세요.
- 최치원과 최승로가 제시한 시무책은 나라의 문제를 지적하고 그것을 해결

하기 위한 방법을 제안한 것입니다. 여러분들도 지금 한국 사회의 문제가 무엇인지 지적하고 해결 방안을 써보세요.

- 자신이 고려시대 노비였다면 '만적의 난'에서 어떻게 행동할지에 대해 써보세요.
- 몽골 침입 때 고려 정부의 행동에 대해 백성의 입장에서 하고 싶은 말을 써보세요.
- 고려시대 여성의 지위와 오늘날의 여성의 지위를 비교하여 나은 점, 개선할 점을 써봅시다.
- 위안부 할머니를 위해 자신이 지금 할 수 있는 일을 써보고 실천해봅시다.
- 개태사 삼존불과 관촉사 미륵불을 본 느낌을 적어봅시다.
- 만약 내가 광해군이라면 명에 대한 의리를 지켰을까, 후금과 좋은 관계를 유지했을까?
- '노상알현도'를 보고 각 인물의 대사나 속마음을 적어봅시다.

학생들에게는 글을 쓸 때 솔직하게 자신의 생각을 써야 하고 세 줄 이상 써야 한다는 조건을 두었다. 글을 쓴 후에 서로 공유하였는데, 학생들이 자신의 생각을 말하기 부끄러워할 때는 옆사람과 바꿔 읽어보고 친구의 글을 발표하기도 하였다.

몇 가지 질문을 통해 학생들의 생각을 알아보자. '내가 역사를 공부하는 이유는?'에 대한 학생들의 대답은 크게 두 가지로 구분되었다.

"과거를 알아 미래에 일어날 일에 대한 해결책을 마련하고 일본이 뺏으려는 독도를 지키기 위해서이다. 그리고 위안부 문제를 일본과 잘 해결하기 위해서이다. 그리고 올바른 정치를 할 수 있다."

"나는 역사를 왜 배우는지 모르겠다. 그냥 역사 시간이라 공부한다. 시험 성적을 잘 받고 좋은 직장을 갖기 위해 공부하는 것 같다."

나는 위의 두 글 중 두 번째 것이 더 좋게 느껴진다. 첫 번째 글은 중학교 2학년의 글이 아니라 어른의 글 같다. 아마 학생은 '이렇게 쓰면 선생님이 칭찬하시겠지'라고 예상하며 썼을 것이다. 반면 두 번째 글은 솔직하다. 나도 중학생 때 역사를 왜 배우는지 몰랐다. 학생들은 선생님이 들어와서 책을 읽으라니깐 읽고, 말을 하니까 들어주는 것이다. 이것이 솔직한 중학생의 마음이다. 솔직한 마음을 들어주어야 학생들이 내 이야기를 들어준다. '소크라테스처럼 생각하기'는 이렇듯 학생들의 역사의식을 고취하거나 역사적 사고력을 높이기 위해서라기보다 학생들의 진심을 듣기 위해 만들었다.

다른 질문인 '고구려 백성으로서 전쟁에 나간 아들과 남편에게 편지 쓰기'는 민족을 중심에 두는 사고방식에서 벗어나 '평화'의 필요성을 실제로 느껴보도록 하기 위해 만든 질문이다. 이 질문에 학생들은 재밌는 글을 만들었다.

○○야! 고구려군이 가야와의 전투에서 거의 다 승리했다는 소식을 들었다. 몸은 무사한 거지? 지금 이기고 있으니까 금방 집에 돌아오리라 생각한다. 너랑 자주 놀던 옆집 △△가 어제 다리 부상을 당해 집에 돌아왔단다. 부상을 당해도 지지 말고 무사히만 돌아와라. 그리고 우리 군을 승리로 이끈 광개토대왕님의 말씀도 잘 듣고 충성해라. 꼭 가야를 정복해서 우리나라와 우리 가문의 영광을 찾아주길. **(2학년, 이지랑)**

여보. 나갈 수만 있다면 저도 함께 나가고 싶어요. 밥은 잘 챙겨먹고 있는지, 어디 아픈 건 아닌지 걱정이에요. 비록 지금은 힘들더라도 금방 좋은 소식이 있을 거예요. 연못가에서 가야금 연주를 들려주던 그 모습이 아직도 눈에 선한데, 언제 끝날지 모를 전쟁에 가 있는 당신이 보고 싶어요. 부디 이 전쟁이 끝나 승리를 거두고서 다시 당신의 미소와 가야금을 들려주세요. 기다릴게요. **(2학년, 정소정)**

첫 번째 글은 남학생이 썼다. 아버지가 아들의 안부를 걱정하면서도 전쟁에서 이기고 돌아오라는 부탁을 잊지 않는다. 전쟁은 무조건 이겨야 한다. 게임을 많이 해서 그런가 보다. 그런데 부상을 당해도 지지 말고 무사히 돌아오라니, 앞뒤가 안 맞는 말이다. 선생님이 아들 걱정하는 심정으로 쓰라고 문제를 낸 것 같은데 전쟁에서는 이겨야 한다고 생각하니깐 이런 방식의 글쓰기가 된 것 같다. 그래도 아이가 고민했던 모습이 느껴진다.

두 번째 글은 발표를 듣고 싶다고 여러 아이들이 추천을 했다. 한 여학생이 수줍게 일어나서 발표를 하는데, 듣고 있는 내 코허리가 시큰해졌다. 당장이라도 가야금을 배워서 그 학생에게 연주를 들려주고 싶고, 잇몸이 다 보이게 웃어주고 싶었다. 이 여학생은 나중에 꼭 군대 간 남자친구를 기다려줄 것만 같다. 읽는 사람에게 감동을 주는 글을 학생들도 충분히 쓸 수 있다.

하나 더 예를 들어보자. 고려시대 생활사 수업을 하면서 고려의 공녀, 조선의 환향녀, 일본군 위안부를 통합하여 여성사를 주제로 수업을 하였다(참고자료 1). 수업 후 '위안부 할머니를 위해 자신이 지금 할 수 있는 일을 써보고 실천해봅시다'란 질문을 통해 현재와 과거를 연결하려고 하였다. 이 질문에 한 가지 조건을 두었는데, 지금 당장 할 수 있는 일과 일주일의 시간을 가지고 할 수 있는 일, 1년 안에 할 수 있는 일로 나누어 생각하도록 했다. 예를 들어 지금 당장 할 수 있는 일은 카카오톡, 페이스북, 트위터 등 SNS를 통해 위안부 할머니에 대한 메시지를 적는 것 등이다.

어느 반에 들어가니 한 학생이 희움•에서 팔찌를 사는 것이 어떻겠냐고 제안했다. 나는 처음에 이 말을 '키움'이라고 듣고, '증권회사에서 팔찌도 파나?'라고 생각했다. 역시 여러 사람들의 머리가 모여야 새로운 아이디어가 나온다. 결국 제안한 학생이 중심이 되어 그 반은 18명의 학생이 팔찌를 구입했다. 이 소식이 다른 반에도 전해져 10반 중 3개 반이 팔찌를 단체로 구입했다. 내가 나서지 않아도 아이들이 행동한다. 또 어떤 학생은 한국정신대문제대책협의회(정대협)에 다음과 같은 글을 남겼다.

안녕하세요. 저는 경기도 의정부시에 있는 천보중학교 학생 김예진이라고 합니다. 요즘 역사 수업시간에 위안부 할머니들에 대한 책을 읽으며 알게 된 점이 많습니다. 일본군 '위안부'라고 칭해야 하는 점과 당하신 많은 고통들, 같은 여자로서 참 수치스러운 일들을 몇 년간 수없이 당해오셨는데 고향에 오셔서도 환영을 받고 위로를 받는 게 아니라 힘들게 숨기며 사시고 이제야 모든 사실이 알려지는 시점에 더욱 안타깝습니다. 추운 겨울이 오고 있는데 할머니들 건강은 괜찮으실지 걱정이 됩니다. 수요 시위에도 꼭 참석해 함께 할머니들의 인권을 지켜드리고 살아 계시는 동안 꼭 사과

• '희움'은 '(사)정신대 할머니와 함께하는 시민모임'의 브랜드이다. 사람들이 일본군 위안부 문제를 일상 속에서 접하고 해결에 참여할 수 있도록 여러 활동을 하고 있다. (참고: 희움 홈페이지 http://www.joinheeum.com)

받으실 수 있길 간절히 소망합니다. 힘내세요!! **(2학년, 김예진)**

나는 과제를 해오지 않아도 잘 야단을 치지 않는 편이다. 수업시간에 내가 화를 내면 자유로운 수업 분위기가 이루어질 수 없기 때문에 그냥 넘어가는 적이 많다. '위안부 할머니들을 위한 행동 하기' 과제도 '아이들이 수업에서 무언가를 느꼈다면 스스로 하겠지'라고 생각하고 확인을 하지 않았다. 이 글은 다른 반에서 정대협 홈페이지를 소개하러 들어갔다가 우연히 발견하게 되었다. 내가 강요하지 않아도 스스로 자신의 생각을 실천하는 모습을 보니 뿌듯함이 느껴진다.

'이것은 평생 해야 할 일이다!'
: 독서수업 2단계

첫 번째 독서수업이 교사인 내가 쓴 글을 아이들이 읽게 하는 것이었다면, 두 번째 독서수업은 '자기가 고른 책 읽기'이다. 나는 한 반당 일주일에 2시간 수업을 들어가는데, 그중 20분은 다양한 책을 자유롭게 읽을 수 있도록 하였다. 책은 아이들이 읽고 싶은 역사책을 직접 가져오게 하거나 내가 도서관에서 고른 책 40권을 가지고 들어간다(참고자료 2). 책은 한 달마다 업그레이드해서, 아이들이 고르지 않아 끝까지 남아 있는 책은 매달 바꾸었다.

독서의 필요성은 굳이 강조할 필요가 없을 것이다. 그러나 수업시간을 할애해서까지 독서를 해야 하는가에 대해서는 교사마다 의견이 다를 것이다.• 국가 수준의 교육 과정이 각 교과마다 강제되고 가르쳐야 할 내용은 1년을 다 해도 시간이 모자랄 지금의 상황에서, 수업시간에 책읽기는 거의 불가능해 보인다. 하지만 1년 동안 수업시간에 책읽기를 하고 내린 잠정적인 결론은, '이것은 평생 해야 할 일이다'라는 것이다.

그렇게 생각한 이유는 먼저 교사인 내가 책 읽는 시간이 확보되어 좋다는 것이다. 교사라면 모두 알겠지만, 한가해 보이는 교사도 학교에 있으면 책 읽을 시간이 없다. 그런데 독서수업을 하면 일주일에 20분씩 10개 반의 수업에서 교사가 책을 읽을 시간이 200분이나 된다. 나는 주로 독서시간에 학생들 주변을 슬슬 걸어다니면서 책을 읽는다. 그 시간에는 머리를 식힐 수 있는 종류의 책을 따로 정해놨다. 주로 소설이나 교육 관련 책들을 읽는데, 올해는《행복한 교실을 만드는 희망의 심리학》(김현수),《교실평화 프로젝트》(따돌림사회연구모임),《청소년 감정코칭》 등을 읽었다. 특히 아이들을 옆에 두고 교육이나 학교와 관련된 책을 읽으면, 잠을 자거나 떠드는 학생들도 잠깐이나마 이해할 수 있고 사랑스럽게 보이는 놀라운 효과를 경험할 수 있다.

두 번째, 아이들은 내 예상보다 책읽기를 좋아하고 집중을 잘한다. 나는 평소 수업을 하면 4~5명 이상은 재울 수 있는 능력을 가지고 있다. 아침에 9첩 반상을 먹고 컨디션이 최상이어서 아무리 열정적으로 강의해도

• 교사가 독서를 자신의 수업에 반영하는 이유는 두 가지로 구분할 수 있다. 첫 번째는 독서를 통해 교과 내용을 좀 더 쉽게 접근할 수 있도록 하기 위해서다. 예를 들어 수업과 관련된 도서를 선택해서 반 전체 학생들에게 읽게 하고 그 내용을 토대로 토론을 한다든지 수행평가로 활용하는 사례가 그렇다. 두 번째는 책읽기 그 자체에 의미를 두는 경우다. 교사가 교과와 관련된 책을 소개하고 수업시간에라도 학생들이 책을 접할 수 있게 하기 위해 독서수업을 한다. 이 수업은 학생들에게 '책읽기의 즐거움'을 경험하도록 하고 앞으로 독서 습관을 갖도록 독려하는 데 그 목적이 있다.

40명의 학생들을 다 만족시킬 수는 없었다. 그런데 책을 읽는 시간에는 모든 학생들이 살아 있다는 느낌을 받을 수 있다. 독서 시간에 아이들을 가만히 보고 있노라면, 말은 하지 않지만 눈빛을 보면 무언가를 하고 있다고 느낄 수 있다. 물론 독서 시간에도 다른 세계에 빠지는 학생들이 없는 건 아니지만, 그 시간에는 내가 여유가 있기 때문에 옆에 가서 가만히 서 있으면 내가 원하는 세계로 다시 돌아오게 할 수 있었다.

수업에는 다양한 요인이 영향을 미치고, 같은 주제의 수업이라도 교사에 따라 다르게 해석한다. 독서수업도 마찬가지다. 학생들에게 어떤 책을 어떻게 읽히고 무엇을 가져가게 할 것인가는 학생들의 상황, 교사의 교육철학, 학교의 방침, 정부의 정책 등에 영향을 받는다. 각 교사가 처한 현실과 상황에 따라 독서교육의 목적은 다를 수 있다. 그 현실과 상황이 어려워서 독서수업까지 할 여유가 없다고 판단되면 굳이 할 필요가 없다고 생각한다. 교사가 하고 싶은 수업을 해서 행복해야 아이들도 행복할 수 있을 테니까.

그럼에도 수업시간에 책을 읽어야 하는 이유는 바쁜 학교생활 속에서 독서가 선생님과 아이들이 서로 시간을 갖고 바라볼 수 있는 기회를 만들어주기 때문이다. 우리는 학생들을 만나면 항상 무언가를 이야기하고 행동을 보여달라고 요구한다. 조용히 집중하고 있는 학생들의 모습을 본 적이 없는 이유는 우리가 그런 기회를 주지 않았기 때문인지도 모른다. 수업시간에 책을 읽게 하고 아이들 모습을 가만히 지켜보자. 학생들이 교사가 원하는 눈빛을 하고 있을 것이다.

독후활동, 어떻게 할까?

대부분의 아이들은 독서 시간을 '수업하지 않는 시간'으로 아는 경우가 많았다. 그래서 처음에는 학생들이 온전히 독서에만 집중할 수 있도록 분위기를 만들었다. 역사부장 2명을 정해 쉬는 시간에 교무실에서 책을 가져가 학생들이 자기 책을 찾아가게 하였고, 교사가 교실에 들어간 후 책을 가지고 있지 않은 학생들은 책을 읽지 못하게 하였다. 처음에 책 읽는 분위기를 만들어야 계속 흐트러지지 않고 독서를 할 수 있다. 책읽기 시간에는 어떠한 소리도 내는 것을 허용하지 않았고, 질문도 수업이 끝나고 개인적으로 받았다. 도서관 같은 조용한 분위기에서 집중할 수 있게 하였더니, 두 번 정도 진행된 후에는 별다른 신경을 쓰지 않아도 분위기가 형성되었다.

책은 학생들이 선택할 수 있도록 하되, 한번 고른 책은 한 달 동안 바꾸지 않고 읽기로 했다. 독서의 연속성을 가지면서도 다양한 책을 접하게 하기 위해서 이런 규칙을 정했다. 물론 한 주에 20분씩, 한 달 80분 동안 한 권의 책을 완독하기는 어렵다. 그러나 독서수업의 목적은 책읽기의 즐거움을 느끼게 해주는 것이었기 때문에 완독은 염두에 두지 않았다. 학생들이 책읽기의 즐거움을 느꼈다면 수업시간 외에도 책을 찾아 읽을 것이라고 판단했기 때문이다.

독서를 교과 수업에 반영하는 데 교사들이 부담을 느끼는 것 중 하나가 '독후활동을 어떻게 하는가'이다. 과거의 독후활동에서는 감상문 쓰기, 내용 요약하기 등을 학생들에게 요구하였다면 지금은 인상 깊은 내용 쓰기, 자신의 삶과 연결하기 등 새로운 방식의 독후활동을 하고 있다. 내 수업에서는 독서 시간 끝나기 5분 전에 '독서 기록지'를 작성하게 했는데 날짜, 책 제목, '인상 깊은 내용', '한 문장으로 표현하기'로 구성하였다.

개인적으로는 독후활동을 하지 않아도 좋다고 생각한다. 교사가 독후활동에 부담을 느끼는 것과 마찬가지로 학생들도 독후활동을 좋아하지 않는다. 중학생들에게 책을 읽으라고 하면 "감상문은 몇 줄 써야 돼요?"라는 질문이 나오기 마련이다. 독후활동과 평가를 연관시키면 학생들은 책 읽기 자체의 즐거움을 느끼는 것이 아니라 평가를 잘 받기 위한 하나의 의무로 독서를 치부해버린다. 책읽기의 즐거움을 느끼려면 독후활동도 자연스러워야 하는데, 독후활동이 너무 어렵거나 평가와 연계된다면 학생들은 책읽기가 부담스럽다. 그래서 과감히 독후활동을 하지 않아도 좋다고 생각한다.

더불어 교사의 교육철학과 학생들의 상황에 따라 독후활동은 달라져야 한다고 생각한다. 독서의 목적이 '논리력 향상', '글쓰기 능력 배양'이라면 그에 맞는 독후활동을 꼭 실시해야 할 것이다. 단순히 책을 읽는 활동만으로 학생들의 논리력과 글쓰기 능력이 얼마나 이루어졌는지 알기는 어렵기 때문이다. 그러나 학생들에게 책 읽는 즐거움을 경험하게 하고 책 읽는 습관을 길러주는 것이 목적이라면 굳이 독후활동은 하지 않아도 된다고 생각한다.

그러나 나 역시 생각과 행동이 다른 미물인지라, 책을 읽히면서 '독서 기록지'를 작성하게 하고 이를 수행평가에 반영하였다. 아직 완성되지 않은 인간의 모습이다. 반성한다. 그래도 변명을 하자면, 독후활동에 학생들이 부담을 갖지 않도록 하기 위해 나름대로 노력하였다. '인상 깊은 내용'은 책에 있는 내용을 베껴서 한 문장, '한 문장으로 표현하기'는 책을 읽고 난 느낌이나 질문으로 한 문장을 쓰게 하였다. 이러한 방식이 학생들에게 크게 부담으로 느껴지지는 않았을 것이라 생각하고 싶다.

"너와 친구 이야기를 들려줘"
: 스토리텔링 역사 글쓰기

독후활동의 하나로, 책을 읽으면서 다양한 역사를 접한 학생들이 스스로 작가가 되어 자신들의 이야기를 쓰게 하고 싶었다. '역사 글쓰기'라는 제목으로 역사를 무대 삼아 주변 사람들을 등장시켜 새롭게 역사를 서술하는 수행평가를 실시하였다. 잘 모르는 내용을 단순히 외워서 점수를 잘 받기 위해 쓰는 글이 아니라, 내용을 찾아볼 수밖에 없게 만들고 자신과 주변의 인생 이야기를 솔직하고 재밌게 즐길 수 있는 글쓰기를 원했다. 그래서 아래와 같은 조건을 정하고 6월 중순에 역사 글쓰기 수행평가를 실시하였다. 이 조건들은 이오덕 선생의 글쓰기 원칙에 영향을 받아 만든 것이다.

역사 글쓰기의 조건

- 재미있어야 한다. 상상력을 발휘하고 기발한 아이디어도 넣어 지루하지 않게 쓴다.
- 시대적 배경이 과거의 특정 시점이어야 한다.
- 역사적 사실이 3가지 이상 들어가야 한다.
- 사람들이 생각했을 때 당시에 일어날 수 있을 만한 이야기구나라는 생각이

들도록 쓴다.

- 자기가 평소 하고 싶은 이야기를 쓰고, 지금 나의 삶이 나타나게 쓴다.
- 솔직하게 써야 한다. 남들이 흔히 쓰는 것, 책이나 교과서에 잘 나올 것 같은 이야기는 쓰지 않는다.
- 어른이 쓴 글을 흉내 내려 하거나 기존에 나온 것을 베끼지 않고 자신의 이야기를 쓴다.
- 감동이 느껴지도록 쓴다. 내 삶이 들어갔다면 감동은 당연히 느껴진다.
- 글씨를 알아볼 수 있게 깨끗이 쓴다.
- 적당한 분량(500자 이상)을 채운다.

새로운 글쓰기 방식이기 때문에 아무리 자세히 안내를 해도 학생들은 같은 질문을 반복하면서 어떻게 써야 하는지 감을 잡지 못하는 경우가 많았다. 그래서 내가 쓴 예시를 보여주며 구체적으로 설명해줬다. 2학년 수업에 들어가시는 4명의 선생님을 등장인물로 하여 글을 작성해서 학생들에게 보여주니 아이들이 이해하기가 쉬웠다. 아래는 내가 쓴 역사 글쓰기이다.

네 나라의 장수, 충주 벌판에서 격돌하다

4세기 말 한반도에는 전쟁의 기운이 높아지고 있었다. 백제는 한강 유역을 선점한 여세를 몰아 고구려와 신라를 공격하였다. 고구려는 태왕이 등장하여 북부를 정복하고 남쪽으로 향하고 있었다. 가야는 백제의 영향 아래 백제를 도와 신라를 같이 공격하고 있는 형세였다. 신라는 주변 나라의 공세 속에서 고구려의 도움을 받아 간신히 그 명맥을 이어가고 있었다. 영락 9년(399), 드디어 한반도의 패권을 차지하기 위해 고구려, 백제, 신라, 가야의 장수가 한 곳에서 마주쳤다.

고구려의 이정수 장군. 그는 태왕을 도와 후연, 숙신, 거란, 부여 등 북부 지방을 정복하는 데 큰 공을 세웠다. 날아오는 화살을 피할 정도로 민첩하고, 한번 휘두른 칼에 너댓 명이 날아갈 정도의 힘을 가졌다. 그가 뿜어내는 아우라는 적들이 그의 이름만 듣고 도망 갈 정도로 그 위세가 대단했다.

신라의 이지원 책사. 신라는 처음부터 왕의 힘이 약해 국력이 강하지 않았지만, 위기마다 '이지원'이라는 전략가가 신라를 위기에서 구했다. 백제, 가야, 왜 연합군이 신라를 공격하자 고구려에게 도움을 청하자고 한 사람도 바로 이지원 책사였다. 그는 한반도의 정세를 파악하는 혜안을 가졌고, 다른 사람의 마음을 읽을 수 있는 능력도 가졌다. 그의 존재는 군사력이 약한 신라가 멸망하지 않고 살아남아 있는 이유가 되었다.

가야의 김대훈 장군. 김대훈 장군은 누구도 따라올 수 없는 천리마를 가졌다. 김 장군은 지상에서는 큰 힘을 쓰지 못하지만, 말을 타면 말과 혼연일체가 되었다. 하루에 천리를 갈 수 있는 말을 타고 혼자서 다섯 개의 성을 돌아다니면서 적을 공격하였다. 그가 적진에 들어가면 웬일인지 적들이 그를 알아보지 못해 적의 동태를 쉽게 파악할 수 있었다. 김 장군이 공수에 걸쳐 활약하면서 가야는 백제와 신라 사이에서 그 생명을 이어나갈 수 있게 되었다.

백제의 정태윤 내관. 그는 사람을 설득하는 기술이 뛰어나 여러 왕을 보필하면서 자신의 뜻대로 나라를 운영하였다. 그의 나이는 올해 103세로, 열세 살에 왕궁에 들어와 80여 년 동안 백제의 2인자로 군림하였다. 빠른 판단으로 한강 유역을 선점하였고, 전쟁보다는 외교술을 통해 백제가 전성기를 구가하는 데 도움을 줬다. 그러나 나이가 들면서 자만과 아집이 심해져 백제가 쇠락하는 데 중요한 원인이 되고 있다.

과연 한반도의 패권을 누가 차지할 것인가? 모든 나라의 이목이 한반도의 가운데인 충주 벌판으로 쏠리고 있다.

이렇게 예시를 주니 아이들이 좀 감을 잡는 것 같았다. 그러나 막상 학생들의 결과물을 받아보니 내 기대와는 정반대였다. 솔직히 실망했다. 내 글의 형태를 그대로 따와 시기와 인물만 바꿔서 서술한 학생이 3분의 1 정도였다. '예를 괜히 보여줬나' 하는 생각도 들었지만, 그래도 친구들의 특징을 묘사하려고 노력했고 역사적 사실을 찾으려고 책을 뒤지거나 검색을 했으니 외워서 쓴 것보다는 낫다고 스스로를 위안하였다.

그럼에도 자신만의 글을 쓰려고 노력하는 학생도 많았다. 어떤 학생은 갓 연애를 시작한 같은 반 친구들을 등장인물로 해서 멋진 글을 발표했다. 아래는 그 슬픈 사랑 이야기다.

근홍이의 슬플 줄만 알았던 사랑 이야기

때는 7세기 중후반, 신라와 당이 연합을 하고 백제에게 위협을 주게 된다. 나는 백제의 평범한 군사이며, 내 정말 친한 동무로서 같은 부대의 군사인 근홍이는 백제의 백성인 현지와 사랑에 빠져 하루하루 행복하게 보내고 있었다. 하지만 얼마 안 돼 나당 연합군이 백제를 공격하게 된다. 우리는 어쩔 수 없이 최은애 장군의 명령을 받고 군사력이 부족한 대로 5천 결사대를 이루어 황산벌에서 전쟁을 치르게 된다. 전쟁을 하기 위해 근홍이와 나는 나당 연합군과 전쟁을 하기 위해 황산벌로 가야 하는 일이 벌어진다. 행복하게 지내던 근홍이는 절망에 빠지게 된다. 하지만 근홍이는 황산벌 전투를 치르고 살아 돌아오면 현지와 혼인을 하기로 약속을 맺었다. 우리의 수는 5천. 수적으로 훨씬 불리한 싸움이었다. 전쟁 전 최은애 장군은 죽을 각오로 싸우라는 말을 남기고 전장으로 떠난다. 나와 근홍이는 죽기살기로 싸웠다. 하지만 나는 나당 연합군 4명에게 포위되고 만다. 그때 뒤에서 근홍이가 3명을 창 하나로 찔러 꼬치로 만들어버린다. 나머지 하나는 우왕좌왕하다 내가 죽이게 된다. 근홍이가 나를 살려주었다는 일을 잊지 않고 열심히 싸우다 근홍이 뒤편에서 적군 한 명이 창을 들고 오는 것을 보았다. 나는 순간 생각했다.

'근홍이는 나를 살려주었고, 살아서 돌아가면 행복한 가정을 꾸릴 수 있을 것이야.'

나는 한 치의 망설임도 없이 몸을 던져 적군의 창을 막아냈다. 그러자 근홍이는 나를 붙잡고 울다가 정신을 차리고 싸우지만 결국 최은애 장군이 이끌던 백제군들이 황산벌에서 패하게 되고 백제가 멸망한다.

모든 군사들이 죽은 줄만 알았던 현지는 큰 정신적 고통에 시달린다. 2년을 방에 틀어박혀 술만 먹던 현지 앞에 쇠약해 보이고 팔이 하나 없어 끔찍해 보이는 남자가 찾아왔다. 전쟁에 나갔던 근홍이가 죽지 않고 살아 돌아온 것이었다. 근홍이와 현지는 서로 못 알아볼 뻔했지만, 전쟁에 나가기 전에 옥으로 만든 장식품을 쪼개어 목에 걸고 있는 것을 보고 서로를 알아볼 수 있게 된다.

근홍이는 자신을 위해 죽은 나 때문에 죄책감에 시달린다. 그렇게 행복할 것 같았는데 행복하지 않은 날을 보낸다. 몸은 좋지만 팔 두 쪽이 잘려나간, 허름한 옷을 입고 있는 사람이 근홍이 앞에 나타난다. 단번에 나인 것을 알아보지만 나는 근홍이와 현지를 알아보지 못했다. 기억상실증이었던 것이다. 죽은 줄만 알았던 내가 자신 때문에 장애를 가졌고 살아 돌아온 나를 위해 근홍이와 현지 부부는 나를 데리고 오래오래 살게 되었다.

(2학년, ○○○)

어떤 학생은 만화로 자신의 생각을 표현하기도 했다. 이 학생은 사전에 나에게 만화로 그려도 되냐고 물어봤는데, 나는 당연히 그래도 된다고 하였다. 역사 글쓰기의 목적은 자기를 표현하는 것이니 형식은 중요하지 않기 때문이다. 그래서 아래와 같은 훌륭한 작품이 나왔다. 내용은 좀 유치하지만 컴퓨터로 그림을 그린 실력이 보통이 아니다. 아이들도 그 학생의 능력에 놀라는 눈치였다. 학생이 가진 여러 가지 재능을 수업에서 표현할 수 있게 하는 것도 교사가 해야 할 일이라는 것을 깨달았다.

수행평가 후 발표를 하고 싶은 학생들은 자신의 글을 표현하는 시간을 가졌다. 평소에는 글쓰기를 발표하라고 해도 한 명도 자발적으로 나서지 않아 억지로 시키는 경우가 많았는데 이번에는 달랐다. 평균적으로 다섯 명 정도의 학생이 앞에서 발표하겠다고 나섰다. 감동했다. 어떤 반은 한 시

간에 발표를 다 못 해 다음 시간까지 이어서 발표를 했다. 발표를 듣는 아이들의 반응에는 진심이 담겼다. 친구의 이름이 나올 때마다 아이들 속에서 웃음이 터져나왔고, 발표가 끝나자 시키지도 않았는데 박수를 쳤다. 교사인 내가 없어도 아이들은 서로 즐겁게 배우고 있었다.

여러 아이들이 자기 글을 쓰면서 새로운 자신의 모습을 발견하고 있었고, 그것을 표현하기를 주저하지 않았다. 내가 원하는 아이들의 모습을 보면서 저절로 입 꼬리가 올라갔다. 그러나 수업에서 내가 빠지니 아이들이 더 즐거워하는 것 같아 섭섭하기도 했다.

'여태까지 너희들과 교감했다고 느낀 건 나만의 착각이었나? 그래도 너희들이 배운다면 나는 없어도 되겠지?'

'아이들은 내 수업을 어떻게 생각할까?'
: 두근두근 수업 평가

기말고사 후 역사 수업에 대한 평가를 하였다. 긴장됐다. 내년 수업의 성패가 여기에 달렸다. 아이들의 평가가 좋으면 기분이 좋아져 뭘 더 바꿀까 생각하겠지만, 반대의 경우라면 실망해서 강의식 수업으로 돌아갈지 모른다. 내년도 학생들의 운명을 가늠할 질문은 4가지였다.

- 수업시간에 책을 읽는 것이 좋았나요? 싫었나요?
- 수업시간에 읽은 책이 어떤 면에서 도움이 되었나요?
- 수업시간에 읽은 책 이외에 역사책을 읽어본 적이 있나요?

• 역사 글쓰기 수행평가는 좋았나요? 싫었나요?

학생들은 각각의 질문에 대한 대답과 그 이유를 썼다. 설문조사 결과 76퍼센트의 학생이 수업시간에 책읽기가 좋았다고 대답했다. 학생들은 교과서 이외의 역사를 접하는 것에 대해 거부감이 적었고 재미있다고 했다. 학생들은 역사를 알고 싶어 하지만 교과서에 나온 역사에는 흥미를 갖지 못하는 것 같다. 한국사뿐 아니라 세계 여러 나라의 역사에 대해서도 궁금해했고, 책읽기를 통해 새로운 지식을 접할 수 있게 된 것을 의미 있게 생각했다.

대체로 학생들은 역사 관련 책을 평소에 접하지 않는 것으로 보인다. 78퍼센트의 학생이 1년 동안 거의 역사 관련 책을 읽지 않았는데, 이들이 읽고 싶다고 대답한 책은 대부분 수업시간에 가지고 들어간 책이었다. 같은 반 친구들이 읽어보고 재미있다고 하니까 읽고 싶은 책으로 꼽은 것으로 판단된다.

역사책을 읽어본 적이 있다고 대답한 학생들이 읽은 책도 주로 만화책이나 단순한 흥미 위주의 책이었다. 이로 볼 때 교사가 학생들 수준에 맞는 적절한 책을 추천해주는 것이 중요하다고 생각된다. 학생들은 책을 읽어야 한다고 생각하고 있었지만 막상 어떤 책을 읽어야 하는지는 잘 모르고 있었다. 교사가 각 학생 수준과 흥미에 맞는 책을 추천하고 꾸준히 읽을 수 있는 기회를 주면 학생들은 책을 읽을 것이다.

역사 글쓰기의 경우 61퍼센트의 학생이 좋았다는 생각을 가지고 있었다. 그 이유로 '새로운 경험을 하게 되어 좋았다', '자유롭게 쓸 수 있어 쉬웠고 재밌었다', '내가 작가가 된 기분이었다', '친구들이 발표할 때 웃겼다'

등의 의견이 있었다. 역사 글쓰기가 싫었다고 대답한 학생들은 글쓰기의 어려움을 토로하는 경우가 많았다. 이야기를 구성하는 방법이나 어떤 방식으로 써야 하는지를 잘 모르겠다고 했다. 이러한 대답이 나온 이유는 아무래도 교사의 안내가 부족했기 때문이라고 생각된다. 새로운 글쓰기 방식을 학생들이 잘 이해할 수 있도록 좀 더 자세하게 설명하는 과정이 필요했다.

아무튼 안심이다. 아이들의 평가가 그렇게 박하지 않았다. 원래 평가는 냉정하게 하는 녀석들인데 이렇게까지 인심을 썼으니 괜찮았다고 위안해도 좋을 것이다. 큰 틀은 유지하되 아이들이 지적한 문제는 내년 수업에서 약간만 바꾸면 될 것 같다. 다시 자신감이 생기고 힘이 났다. 역시 아이들이 내 감정 변화의 원인이다. 내가 좋은 수업을 하려면 아이들에게 잘해야 한다는 다짐을 다시 하게 된다.

마법의 주문,
'그럴 수도 있지'

1년 동안 수업을 하면서 내가 느낀 감정은 신남, 자신감, 긴장감, 섭섭함, 고마움 등이었다. 물론 실패감이나 좌절감이 머릿속을 스쳐가는 때도 있었지만 감정으로 느끼지는 않았다. 비법을 알려드릴까? 간단하다. 교실에 들어가기 전에 '그럴 수도 있지'를 항상 되뇌면 된다. 엎드려 있는 학생에게 소리를 치기 전에 '그럴 수도 있지, 어제 학원이 늦게 끝나서 그러겠지'라고 먼저 생각한다. 그러면 "○○야~ 왜 엎드려 있니?"라고 먼저 물어보게 된다. 실전에서 그게 되겠냐고 반문하는 게 느껴진다. 처음에는 어렵지만 자꾸 하다 보면 익숙해진다. 물론 나도 실패하고 정색하기도 한다. 그래도 그렇게 생각하려고 노력 중이다. 왜냐하면 내 감정을 조절할 수 있어야 좋은 수업이 될 수 있으니까.

지금 소개한 내 수업을 아이들이 모두 좋아할까? 당연히 그렇지 않다. 설문조사 결과대로라면 반을 약간 넘는 학생들만이 내 수업이 나쁘지 않다고 평가했다. 하지만 나는 이 결과가 대단히 만족스럽다. 한 반에 20명이 넘는 학생, 총 200명 이상을 '그 수업 좀 괜찮았어'라고 설득했다는 것은 놀라운 일 아닌가?

나는 매 시간 모든 학생이 배울 수 있는 완벽한 수업을 꿈꾸지 않는다. 교실에는 똑같은 학생들이 앉아 있는 것이 아니라 40명의 다른 생각과 다른 생활 패턴을 가진 사람들이 있다. 교사는 그들을 존중해야 한다. 예를 들어 어떤 학생이 가정의 불화 때문에 고민하고 있다고 하자. 그 학생에게는 어떤 방식의 수업이라도 배움을 전하기가 어렵다. 자신이 지금 가진 고민이 해결되어야 배울 수 있는 여유가 생길 것이다. 그때 교사가 할 수 있는 일은? 기다려주는 것이다. 성급하게 수업에 참여하지 않는다고 비난하거나 배움을 강요하지 않고 서로의 얘기를 들을 수 있을 때까지 기다려준다. 기다림은 그들이 스스로 깨달을 수 있는 기회를 줄 것이다.

이 글을 쓰면서 많은 반성을 하게 된다. 자랑스러움보다는 부끄러움을 더 많이 느낀다. 나름대로 학생들이 말을 할 수 있는 수업, 학생들이 궁금함을 가질 수 있는 수업, 아이들의 질문을 존중하는 수업, 외우는 역사가 아닌 생각할 기회를 주는 수업을 마련하려고 노력했지만 말이다.

방학 동안 다음 학기 수업을 고민한다. 수업의 변화를 생각하며 아이들의 표정을 떠올린다. 지난 학기 수업할 때 어떤 부분에서 지루했는지, 즐거웠는지, 배운다는 느낌을 받았는지를 다시 생각한다. '학생들의 사고는 자유로워야 하고, 그것이 표현될 수 있어야 한다'라는 신념은 유지하면서 학생들이 즐거운 표정을 지을 수 있는 다양한 방법을 고민한다. 학생들이 텍스트와, 다른 사람들과, 자기 자신과 대화하려는 초롱초롱한 눈빛을 갖길 언제나 희망한다.

독후활동 학습지 예

고려시대 가족의 모습과 여성들의 생활은?

• 이야기 듣기

이야기 하나. 고려시대 가족의 모습과 여성들의 생활은?

고려시대에는 대략 여자는 18세 전후, 남자는 20세 전후에 혼인을 하였습니다. 혼인의 형태는 일부일처제가 일반적인 현상이었고, 같은 계층끼리 혼인하는 경향이 강하였습니다. 가족 규모는 지금과 비슷하게 부부가 3~4명의 자녀를 둔 소가족 형태였습니다. 소가족 제도가 발달했던 이유는 '장가가기' 풍습과 관련이 있습니다. 고려시대에 결혼을 하면 처음에는 사위가 처가에 들어가서 살다가 아이가 자라면 따로 살림을 차렸습니다. 이러한 풍습으로 독립된 가족이 만들어졌고, 외가와의 관계도 긴밀하였습니다.

고려시대 여성들은 대체로 남성과 동등하게 생활했습니다. 여성이 집안의 주인(호주) 역할을 하는 경우도 많았고, 족보에 기록할 때도 남녀 순서가 아니라 태어난 순서대로 적었습니다. 부모의 제사를 자식들이 돌아가면서 지냈기 때문에 재산을 자식에게 물려줄 때도 아들 딸 가리지 않고 골고루 나누어주었습니다. 여자는 친정에서 받은 재산을 남편의 재산과 별개로 관리하였습니다. 남편이 죽으면 재혼하는 것은 물론 이혼한 여성들도 새 가정을 꾸밀 수 있었습니다.

그러나 몽골의 침입으로 여성들의 삶은 힘들어졌습니다. 몽골에서 고려의 여인들을 많이 요구하였습니다. 이렇게 끌려간 여인들을 '공녀(貢女)'라고 합니다. 이곡이라는 사람이 원나라에 가서 고려 처녀를 요구하는 것을 중지해줄 것을 상소하면서 다음과 같이 말했습니다.

> 고려 사람들은 딸을 낳으면 곧 감추고, 오직 탄로날 것을 우려하여 이웃사람들도 볼 수 없다고 한다. 사신이 올 때마다 고을의 관리가 집집마다 뒤지고 찾는데, 만약 여자를 감춘 것이 밝혀지면 그 이웃까지도 잡아들이고 그 친족을 가두고 매질하고 고통을 주어 찾아내고 만다. 그리하여 한번 사신이 오면 나라 안이 소란하여 닭이나 개마저 편안할 수 없다. 이런 일이 일 년에 한두 번 있는데 그 수가 많을 때는 40~50명에 이른다. 이미 그 선발에 뽑히게 되면 그 부모나 일가 친척들이 서로 모여 밤낮으로 슬피 울었다. 국경의 헤어지는 곳에 이르러서는 옷자락을 붙잡고 발을 구르며 넘어져서 길을 막고 울부짖다가 슬프고 원통하여 우물에 몸을 던져 죽는 자도 있고, 스스로 목매달아 죽는 자도 있으며, 근심과 걱정으로 기절하는 자도 있고, 피눈물을 쏟아 눈이 먼 자도 있다. 이런 예는 기록할 수 없을 정도로 많다. (《고려사절요》)

이렇듯 나라를 빼앗기면 피해를 당하는 이는 힘이 없는 사람들입니다. 역사는 반복된다고 합니다. 이와 비슷한 일은 이후에도 계속되었습니다. 조선시대 병자호란 때 많은 여자들이 청나라로 끌려갔습니다. 영화 〈최종병기 활〉에서 여인들이 끌려가는 장면을 생각하면 됩니다. 청나라에서 갖은 고생을 하고 돌아온 여인들은 절개를 지키지 못했단 이유로 가족들에게 환영받지 못했습니다. 그녀들은 더럽혀진 몸을 깨끗이 한다는 명목으로 수차례 목욕을 하였지만 '환향녀(還鄕女)'라 하여 부모나 남편에게까지 배척당하였습니다.

식민지시대 일본에 의해 성노예로 전쟁터에 끌려간 여인들은 지금도 적절한 대우를 받지 못하고 있습니다. '일본군 위안부'라고 알려진 할머니들은 어린 나이에 일본에게 속거나 강제로 전쟁터로 끌려가 일본 군인들에게 학대를 받았습니다. 많은 여성들이 살아 돌아오지 못하였고, 돌아온 여성들도 사람들이 손가락질할까 봐 말하지 못했습니다. 그러다가 1991년 한 할머니의 용기 있는 고백으로 이 일이 세상에 알려졌습니다. 매주 수요일 낮 12시 일본 대사관 앞에서 '수요 시위'를 열고 계신 할머니들은 일본 정부에 7가지를 요구하고 있습니다. 전쟁범죄 인정, 진상규명, 공식사죄, 법적배상, 전범자 처벌, 역사 교과서에 기록, 추모비와 사료관 건립입니다. 그러나 일본 정부는 공식적으로 사과하지 않고 역사 교과서에 제대로 기록하지 않고 있습니다. 할머니들에게 시간이 얼마 남아 있지 않습니다. 여러분들도 '한국정신대문제대책협의회'에 가서 할머니들에게 힘을 드릴 수 있는 행동을 해보는 것도 좋을 것 같습니다.

• **질문하기**

나의 질문	질문과 대답
Best Question	

• **소크라테스처럼 생각하기**

– 고려시대 여성의 지위와 오늘날의 여성의 지위를 비교하여 나은 점, 개선할 점을 서술해봅시다.

– 위안부 할머니를 위해 자신이 지금 할 수 있는 일을 써보고 실천해봅시다.

참고자료 02

독서수업에서 학생들이 읽은 역사책들

내가 생각하는 독서교육은 '읽기' 그 자체를 목적으로 하기 때문에 학급 내 다양한 수준의 학생들이 읽을 수 있는 도서를 마련했다. 시대별, 주제별로 묶지 않고 학생들 수준에 따라 초급 · 중급 · 고급으로 구분하였다. 초급은 평소에 책을 잘 읽지 않았거나 역사 관련 책을 접해본 경험이 없는 경우, 중급은 책을 읽으면 내용 파악을 할 수 있고 역사 관련 책을 접해본 경험이 있는 경우, 고급은 책의 내용을 빠르고 정확하게 이해하며 역사 과목을 좋아하는 경우에 해당한다. 교사들이 다양한 도서를 구비하여 학생들 수준에 맞게 추천하면 좋다.

초급 : 평소에 책을 잘 읽지 않았거나 역사 관련 책을 접해본 경험이 없는 경우

《100℃》, 최규석, 창비
《26년》, 강풀, 재미주의
《4 · 19 혁명》, 윤석연 글 · 소복이 그림, 한겨레틴틴
《노근리 그해 여름》, 김정희 글 · 강전희 그림, 사계절
《놀면서 배우는 신나는 국사 시간》, 윤종배, 역사넷
《마주보는 한국사 교실》, 오강원, 웅진주니어
《사진과 그림으로 보는 한국사 편지》, 박은봉, 웅진주니어
《아! 그렇구나 우리 역사》, 송호정 외, 여유당
《어린이 살아있는 한국사 교과서》, 윤종배 · 이성호, 휴머니스트
《어린이의 미래를 여는 역사》, 김한조, 한겨레어린이
《역사야 나오너라》, 이은홍, 푸른숲
《이두호의 한국사 수업》, 이은홍 글 · 이두호 그림, 월드김영사
《전쟁과 평화 두 얼굴의 역사》, 실비 보시에 · 메 앙젤리, 푸른숲주니어
《처음 만나는 아프리카》, 신현수 · 전주영, 열다
《청년 노동자 전태일》, 위기철 · 안미영, 사계절
《키워드 한국사》, 김성환, 사계절
《행복한 한국사 초등학교》, 전국역사교사모임, 휴먼어린이

중급 : 책을 읽으면 내용 파악을 할 수 있고 역사 관련 책을 접해본 경험이 있는 경우

《20년간의 수요일》, 윤미향, 웅진주니어
《그 많던 싱아는 누가 다 먹었을까》, 박완서, 웅진지식하우스
《그들의 무덤은 구름 속에》, 아네트 비비오르카, 난장이
《근대를 보는 창》, 최규진, 서해문집
《김구, 전태일, 박종철이 들려주는 현대사 이야기》, 함규진, 철수와영희
《김태권의 한나라 이야기》, 김태권, 비아북
《난장이가 쏘아올린 작은 공》, 조세희, 이성과힘
《내일을 읽는 토론학교 '역사'》, 전국역사교사모임, 우리학교
《덕혜옹주》, 권비영, 다산책방
《박시백의 조선왕조실록》, 박시백, 휴머니스트

《사진과 그림으로 보는 한국현대사》, 서중석, 웅진지식하우스
《순이 삼촌》, 현기영, 창비
《식탁 위의 세계사》, 이영숙, 창비
《쏭내관의 재미있는 궁궐 기행》, 송용진, 지식프레임
《아리랑》, 님 웨일즈, 동녘
《옷장 속의 세계사》, 이영숙, 창비
《외국인을 위한 한국사》, 전국역사교사모임, 휴머니스트
《우리 궁궐이야기》, 홍순민, 청년사
《유배지에서 보낸 편지》, 정약용 지음, 박석무 옮김, 창비
《조선 통신사》, 한일공통역사교재 제작팀, 한길사
《책만 보는 바보》, 안소영, 보림
《한국사 카페 2》, 장용준, 북멘토
《한국사 상식 바로잡기》, 박은봉, 책과함께

고급 : 책의 내용을 빠르고 정확하게 이해하며 역사 과목을 좋아하는 경우

《100년 전의 한국사》, 김남수 외, 휴머니스트
《1980》, 노재열, 산지니
《20세기 우리 역사》, 강만길, 창비
《내 머리로 생각하는 역사이야기》, 유시민, 푸른나무
《내 목은 매우 짧으니 조심해서 자르게》, 박원순, 한겨레출판
《대한민국 정통성을 묻다》, 정태헌 외, 철수와영희
《만화 박정희》, 백무현, 시대의창
《아리랑(1~12)》, 조정래, 해냄
《역사 in 시사》, 이인경, 북하우스
《역사 논쟁》, 최영민, 풀빛
《오주석의 '한국의 미' 특강》, 오주석, 솔
《유배지에서 보낸 편지》, 정약용, 창비
《전태일 평전》, 조영래, 전태일기념사업회
《지금 이 순간의 역사》, 한홍구, 한겨레출판
《청소년을 위한 고려유사》, 박영수, 살림friends
《친일파는 살아있다》, 정운현, 책보세
《태백산맥(1~10)》, 조정래, 해냄
《한국 근대사 산책》, 강준만, 인물과사상사
《홀로 벼슬하며 그대를 생각하노라》, 정창권, 사계절

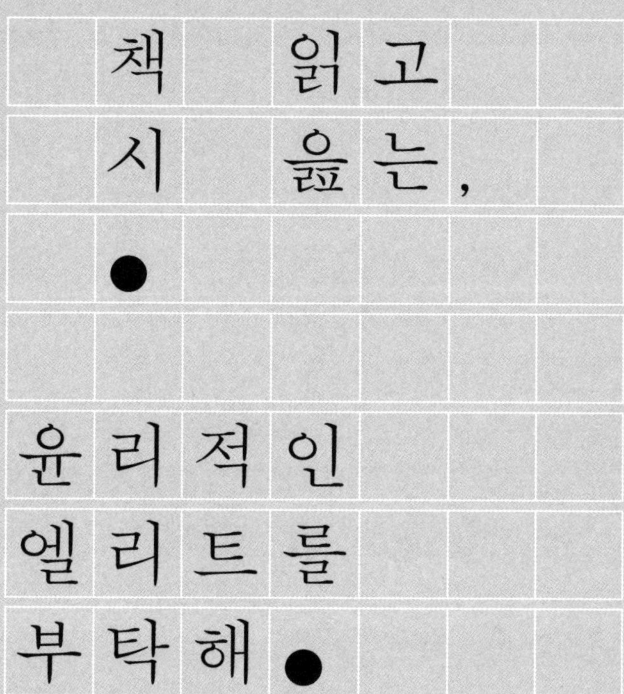

책 읽고 시 읊는, 윤리적인 엘리트를 부탁해

남승림
국어, 경기북과학고등학교
nsforest@hanmail.net

05

왜, 독서수업인가

의정부에서 다른 학교 선생님들과 책 읽고 이야기 나누는 모임을 한 지가 어언 7년째다. 2008년 가을에 처음 열렸던 경기도 중등독서토론 실기 직무연수를 통해 인연을 맺게 된 선생님들과 이렇게 오래도록 만나며 함께 공부를 이어가게 될 줄은 몰랐다. 이 연수를 안내하는 공문을 처음 보자마자 눈이 번쩍 뜨였고, 뭔가 배워보겠다는 의욕에 선뜻 신청을 했다. 연수 대상자로 선정되었다는 문자 메시지를 받고는 무슨 복권에라도 당첨된 듯 기뻐했던 기억도 난다. 그렇게 시작했던 30시간의 출석 연수를 마치고 보니, 독서교육과 관련된 방법과 지식만이 아니라 그때까지 내가 미처 생각지 못했던 배움을 많이 얻을 수 있었다.

무엇보다 이 연수에서 만나게 된 선생님들 덕분에 낯설기만 했던 의정부라는 곳에 조금씩 정이 들게 되었고, 나름대로 자부심을 갖고 홀로 해왔던 독서수업을 다시 점검해볼 수 있었으며, 지속적으로 다양한 책을 읽고 이야기 나누는 경험을 할 수 있었다. 국어 교사만이 아니라 다양한 교과의 선후배 동료 교사들과의 만남 속에서 각 교과의 수업 이야기를 들으며 좀 더 넓은 관점으로 내 수업을 돌아볼 수 있었다. 이러한 일련의 경험들은 교실 속에서 학생들과 책을 통해 어떻게 만날 것인가를 고민하는 데서 한 걸음 더 나아가 교사로서의 내 모습, 나의 삶을 성찰하는 계기가 되기도 했다. 이 배움은 지금도 여전히 현재진행형이다.

담당 교과가 국어라서 다른 어느 교과보다 독서교육을 쉽게 시작할 수 있을 것 같지만, 사실은 그렇지 않다. 초임지였던 공업고등학교에서는 보건 업무를 담당하며 국어를 가르쳤다. 그러기를 3년째가 되자 학생들은 보건 선생님이 국어를 가르치는 것으로 생각했다. 국어 교사로서의 정체성이 불분명했던 그 시절에 독서교육은 상상도 할 수 없었다.

두 번째 근무지는 평범한 인문계 고등학교였다. 그곳에서는 주로 담당한 업무가 학교 도서관과 독서교육에 관련된 것이었다. 덕분에 국어 교사로서의 정체성을 찾아가면서 독서교육에도 살짝 눈을 뜰 수 있었다. 그때 독서교육에 엄청난 열정을 지닌 선배 선생님이 계셔서 옆에서 보고 배우며, 정규 교과 시간에 단편소설을 읽고 독후활동 수업을 해본 것이 독서교육의 첫걸음이 되었다. 지금 생각해보니 그 시절의 독서교육은 대체로 교과서의 테두리를 크게 벗어나지 않는 선에서 소박하게 시도하는 수준이었고, '문학신문 만들기'처럼 이벤트성이 짙은 활동을 하는 정도가 아니었나 싶다.

현재 근무하는 과학고등학교에 와서는 함께 1학년을 가르치시는 선배 선생님의 제안으로 단행본을 읽고 토론하는 수업을 해보게 되었다. 처음엔 선배 선생님께서 기획한 독서수업을 내가 약간 거들며 동참하는 형태였다. 학생들은 개인차가 다소 나기는 했지만 비교적 집중해서 단행본을 열심히 읽어냈고, 책 속에서 토론 주제를 찾아 나름대로 거침없이 의견을 발표하며 열심히 토론에 참여했다. 처음 학생들에게 제시한 책이 《이윤기의 그리스 로마 신화》였는데, 이 책이 학생들이 흥미롭게 읽을 수 있을 만한 양서였기에 가능했던 게 아닌가 싶다. 그래도 나는 배경처럼 가만히 있는 학생들이 별로 없이 적극적으로 토론에 참여하는 다수의 학생들을 보며 경이로움을 느꼈다. 두 번째로 《당신들의 천국》(이청준)을 읽혔는데, 비교적 두툼한 소설임에도 제법 잘 읽어내는 학생들을 보면서 나도 독서수업을 제대로 해봐야겠다는 생각이 들었다.

우리 학교에 합격한 학생들의 대다수는 특목고 입시를 준비하면서 책 읽기를 멈춘 경우가 많았다. 그래서 학교에서 내가 해야 할 중요한 역할 중 하나는 도서관과 국어 수업시간을 통해 학생들이 다시 책을 가까이 할 수 있는 계기를 만들어주는 것이라고 생각했다. 책을 가까이 함으로써 학생들이 단지 견문만 넓히는 것이 아니고, 자신을 성찰하고 주위를 돌아볼 줄 알며 시대를 읽을 수 있는 바른 리더십을 가진 인재로 성장하기를 바라는 마음에서였다.

과학고등학교 학생들은 수학, 과학 공부만으로도 시간적 여유가 별로 없는 편이다. 그러나 이들이 앞으로 학교를 졸업하고 사회에 나가서 맡게 될 역할을 생각해볼 때, 학생들에게 책을, 특히 인문학 책을 권하지 않을 수가 없었다. 그래서 책을 혼자 한 번 읽고 덮는 것보다 여럿이서 함께 같은 책을 읽고 이야기 나누는 활동을 정규 수업시간은 물론 동아리 시간에도 학생들과 몇 년째 이어가고 있다.

과학고에서 인문 교과의 자리는 어디에?

우리 학교는 경기도에 하나뿐인 과학고등학교이다.• 과학 인재를 양성한다는 설립 목적에 충실하게 교육 과정에 수학, 물리, 화학, 생명과학, 지구과학, 정보 등 자연계 교과목들의 비중이 높다. 그러니 인문 교과의 입지는 상대적으로 좁을 수밖에 없다. 특히 한 학기에 이수할 수 있는 교과목을 여덟 과목으로 한정한 현행 개정교육과정의 도입 이후 그 입지는 더욱 좁아졌다.

개정교육과정으로 인해 이전까지 1학년에 있었던 사회와 2학년에 있었던 도덕 과목이 사라져버렸고, 국어도 여섯 학기 중 한 학기는 창의적 체험활동으로 대체되고 말았다. 영어는 1년 동안 한 학기가 사라졌었다가 다시 들어가게 되었지만, 국어는 여전히 한 학기를 창의적 체험활동으로 대치한 교육 과정이 운영되고 있다. 그나마 국사와 중국어는 살아남았는데, 서울대학교에서 필수적으로 이수할 것을 요구하는 교과목이었기 때문이다.

우리 학교에서는 다수의 학생들이 조기졸업을 하고 난 이후인 3학년에 정치, 세계사 같은 인문 교과가 덩그러니 들어가 있다. 그나마 2014학년도부터는 체육, 음악 같은 예체능 교과는 여덟 과목이 초과되더라도 개설

• 수원에 있는 경기과학고등학교는 2010년에 과학영재학교로 전환되었다. 과학고등학교는 초중등교육법의 적용을 받으며, 해당 학교가 있는 시 · 도 단위 소재의 중학교 3학년을 주 모집 대상으로 한다. 반면 과학영재학교는 영재교육진흥법의 적용을 받으며, 전국의 중학교 1~3학년 재학생이 모집 대상이라는 점에서 다르다.

할 수 있게 바뀌었고, 2015학년도부터는 국어과도 모든 학기에 3단위씩 들어가게 되었다. 덕분에 과거에 당연하다고 여겼던 것을 이제는 감사히 여기며 지낸다.

이런 분위기 속에서 국어 시간에 책을 읽으며 학생들의 인문학적인 상상을 자극하는 것은 더없이 소중한 시간이라고 하지 않을 수 없다. 함께 독서교육에 동참하고 있는 사회과 선생님이 계셔서 서로를 격려하며 독서교육을 할 수 있는 게 다행스럽기도 하다. 3년째 3학년에 개설된 '법과 정치' 시간을 통해 독서교육을 하고 있는 동료 김연희 선생님은 과학고에서 사회과 교사로서의 정체성에 대한 고민을 담아 교육적 노력과 실천을 하고 있다. 물론 수학이나 과학 교과에서도 책 읽는 활동을 하는 선생님들이 계시긴 하지만 수행평가 과제로 독후감을 받는 경우가 종종 있을 뿐 정규 수업시간에 독서수업을 하는 것은 보편적이지 않으며, 교과의 특성상 본격적인 인문학적 사고와도 다소 거리가 있을 수밖에 없다.

최근 스티브 잡스의 성공 이후 융합인재교육(STEAM)•이 학교 현장에 도입되는 등 변화가 있었다. 더불어 우리 학교에서도 인문학의 중요성이 강조되고 있다는 점은 반가운 소식이다. 그러나 아직 시스템적인 지원은 부족한 현실이다. 자칫하면 인문 교육의 강조 속에 과학고다운 특성이 희석되는 것 아니냐는 우려의 목소리도 있었다.

우리 학교에서 근무하기 시작한 2006년 무렵, 당시 내가 만났던 우리

• STEAM 교육은 Science, Technology, Engineering, Arts & Mathematics의 약칭으로 과학, 기술, 공학, 예술, 수학 교과 간의 통합적인 교육 방식을 의미한다. 과학기술에 대한 학생들의 흥미와 이해를 높이고 과학기술 기반의 융합적 소양과 실생활의 문제 해결력을 배양하는 교육을 통해 창의적인 과학기술 인재를 육성하고자 추진되고 있다.

학생들에게 국어 과목은 뜨거운 감자 같은 것이었다. 중학교 때는 내신 성적을 깎아먹는(?) 과목이었고, 고등학교에 와서는 수학, 과학, 영어만큼 열심히 공부하지는 않지만 그렇다고 그 밖의 교과목들처럼 소홀히 하기에는 뭔가 불편하고, 또 열심히 하자니 노력한 만큼 성적이 잘 나오지 않는 어려운 것이었다. 그래서 교과의 특성을 살리면서도 학생들이 지루하지 않게 즐거움을 경험할 수 있는 수업을 하면 좋겠다고 생각했다.

그 아이디어는 선배 교사의 독서수업에서 얻게 되었다. 교과서를 중심으로 수업 준비를 할 때보다는 준비에 품이 더 들었지만, 뭔가 새로운 것이 주어졌을 때 학생들이 흥미를 갖고 수업에 잘 참여하며 좋은 반응을 보였기에 나도 즐거웠다. 우리 학교는 대부분의 학생들이 내신 성적과 수학, 과학 분야의 여러 연구활동 실적을 가지고 수시전형으로 대학에 입학한다. 수능으로 정시전형을 통해 대학에 가는 학생이 거의 없다 보니 교과서에서 벗어나 자유롭게 수업을 구성하는 데 부담이 적었다.

2008년과 2009년에는 교과서 없이 독서토론으로만 1년간 수업을 운영했다. 그 시기에는 학생들과 단행본도 읽고, 단편소설도 읽고, 애니메이션 영화를 보기도 하면서 이야기 나누고 글 쓰는 수업을 했다. 매번 학생들과 어떤 책, 어떤 작품을 볼까를 고민하는 시간은 행복한 시간이었다. 물론 그 2년 동안 고등학교 국어과 교육 과정과 무관하게 내 주관적인 판단에 따라 수업을 하고 있는 것은 아닌가 싶은 생각이 들어서 마음 한켠이 좀 불편했던 건 사실이다. 그럼에도 2년 내내 이러한 수업을 지속할 수 있었던 것은, 독서토론을 통해 학생들과 즐겁게 소통하면서 학생들의 사고력과 표현력이 성장하는 것을 지켜볼 수 있었기 때문이다.

그런 시간들을 보내면서 나는 국어라는 교과에 대한 나름의 관(觀)을 정리할 수 있었다. 매년 3월이면 새로운 학생들에게 한 해의 수업 계획을 안내하면서 나의 교과관을 학생들과 공유하고 있다. 그렇게 정리한 내용은 아래와 같다.

"언어는 힘이 세다. 천지를 창조하고 사람의 마음을 움직일 수 있을 만큼! 국어 교과를 통해 언어를 대하는 바른 마음과 잘 사용할 수 있는 방법을 배웁니다. 이를 통해 소통이 잘 되는 교실을 꿈꿉니다."

고등학교에 입학하기까지 9년이나 국어 교육을 받은 학생들이 기초적인 의사소통에 어려움을 느끼는 일은 거의 없을 것이다. 그럼에도 고등학교에서 국어를 계속 배우는 이유는, 좀 더 정교하게 자신의 의사를 표현하고 상대방의 의사를 수용할 수 있는 마음을 배우고 연습하기 위해서가 아닐까.

2010년에 고3을 맡게 되면서는 아무래도 1학년 때와 같은 독서수업을 하기는 어려웠다. 학생들이 고3에 올라오는 동안 접한 문학작품이 많지 않아서 다수의 단편 작품을 읽히는 수행평가를 하긴 했지만, 단순한 독후감이나 독서퀴즈 풀기 정도로는 깊이 있는 독서교육은 되지 않았다. 토론이나 서평 쓰기 같은 방식은 미처 시도하지도 못했다.

그러다 2011년에는 다시 1학년 수업을 맡으면서 교과서와 독서토론 수업을 병행하였다. 이즈음에 입학한 학생들은 기존의 입학생들과는 다르게 입학사정관•이 주축이 된 새로운 방식으로 선발되었다. 전형의 성격상 그동안 가르쳤던 학생들보다 국어 교과에 대한 관심과 호응이 높은 편이

• 과학고등학교는 학교에서 자체적으로 학생을 선발한다. 지금은 입학사정관의 명칭이 입학담당관으로 바뀌었다.

라 수업을 하기가 무척 좋아졌다. 그래서 단원의 학습 목표에 맞는 제재를 선정해서 때로는 단행본을 읽기도 하고 때로는 단편을 읽기도 했으며, 독서퀴즈 대신 대립토론이나 원탁토의 방식으로 수행평가를 시도했다. 학생들은 준비하는 데도 열을 올리며 제법 긴장감 있게 토론 활동에 참여했다. 한 해를 마치며 수업을 돌아봤을 때 학생들이 가장 인상적으로 꼽은 수업이 대립토론이었으며, 거기서 얻은 배움에 큰 의미를 두는 것 같았다.

그 이후로는 독서토론 교육에 더욱 확신과 용기를 얻게 되어, 고3 수업을 하면서도 수행평가는 꼭 단행본을 읽고 토론하고 글을 쓰는 것으로 진행하고 있다.

한 반에 3명?
환상적인 과학고 3학년

과학고등학교의 매력은 여러 가지가 있다. 수학이나 과학을 좋아하는 학생들이 원 없이 수학, 과학 공부를 할 수 있다는 점이 그렇고, 16개나 되는 과학실험실에서 교과 시간은 물론 특별 연구활동, 과학동아리 활동 등을 통해 다양한 실험 및 연구를 할 수 있다는 점이 그렇다. 경기도 각지에서 모여든 좋은 친구들을 사귈 수 있고, 집을 떠나 기숙사에서 전교생이 생활해보는 경험 또한 특별할 것이다. 학생 수는 학급당 20명 정도이며, 5개 학급 총 100명 정도가 그야말로 한 가족처럼 생활한다는 점도 매력이다. 여기에 하나 더, 조기졸업 제도를 꼽을 수 있다. 실제로 우리 학교는 최근 몇 년간 90퍼센트 정도의 학생들이 2학년을 마치고 조기졸업하여 대

학에 진학했다.•

그러다 보니 3학년으로 진급하는 학생들은 2학년 때 대입에 실패했거나 더 나은 대학에 가고 싶은 마음으로 조기졸업을 포기한 아이들이다. 때로는 과학 관련 올림피아드 국제대회에 한국 대표로 출전하기 위해 3학년을 선택한 학생도 있었다. 그래서 3학년 학생들의 학년 초 분위기는 비교적 가라앉아 있다. 과학고 입시까지는 나름대로 성공을 거두며 살아왔는데 대입에서 처음 실패를 경험한 탓이다. 게다가 함께 기숙사에서 살다가 대학생이 된 다수의 친구들과 자신들의 입장을 비교하지 않을 수 없었을 것이다.

그러나 소수의 학생들만 있다 보니 선생님들의 관심과 사랑을 전폭적으로 받는 환상적인 환경에 놓이는 학년이기도 하다. 매년 조기졸업자의 인원을 가늠할 수 없기에 3학년의 학급 수는 3개 학급으로 고정되어 있다(해마다 졸업생 수에 맞춰 학급 수를 조정하는 것은 교사 수급 면에서도 곤란하다). 그러다 보니 적을 때는 2~3명이 한 학급 인원이 되기도 한다.

2013학년도에 3학년은 1반 2명, 2반 3명, 3반 2명 이렇게 총 7명이었다. 그중 여학생은 단 한 명뿐이었다. 체육처럼 인원에 따라 활동에 제한을 받는 과목은 합반 수업을 했지만, 그 외의 모든 교과는 소수이지만 철저히 반별 수업을 했다. 교사와 학생, 학생과 학생 간 소통이 매우 원활하게 일어날 수 있는 놀라운 구조를 갖추고 있는 것이다.

• 2014학년도 신입생부터는 교육부의 지침에 따라 최대 40퍼센트까지만 조기졸업이 가능하도록 바뀌었다.

아주 특별한 일 년

: 문학을 통해 자신을 성찰하기

각기 개성이 뚜렷한 일곱 명의 3학년 학생들과 보낸 지난 1년의 국어 수업 이야기를 시작해본다. 그래도 고3이니 아이들 대부분은 수능 준비를 하고 싶어 했다. 그래서 3학년이 시작되기 전 겨울방학에 EBS 교재로 수능 준비를 시작했고, 정규 수업시간에도 많은 시간을 수능 준비로 보냈다. 그래도 수행평가만은 다르게 하고 싶었다. 어떤 선생님은 수능 문제의 지문들을 활용해 가볍게 독후활동을 유도하기도 하지만, 나는 그렇게 쪽글을 읽는 것보다는 긴 호흡으로 책 한 권에 푹 빠져보는 단행본 읽기를 선호한다. 이런 기회가 아니면 학생들이 책 한 권을 붙들고 깊이 있게 읽고자 애쓰는 경험을 해보기가 쉽지 않기 때문이다. 그래서 단행본을 읽고 말하고 글 쓰는 수행평가를 2주에 걸쳐 집중적으로 진행하는 독서수업을 계획했다.

1학기에는 문학책을 한 권 읽고 발문 만들기, 글쓰기, 원탁토의 단계로 진행했다. 애초에는 좀 두툼한 책을 선택하려고 하였으나, 수행평가를 하려고 했던 6월 즈음에 학생들이 수능 모의평가를 치르고 나서 많이 지친 분위기라 학생들의 피로감을 덜어줄 수 있는 따뜻한 책을 선택해보았다. 바로 장 자크 상페의《얼굴 빨개지는 아이》! 이 책은 읽는 데 시간이 많이 걸리지 않는 데다가, 예쁜 그림과 길지 않은 글 속에서 마르슬랭 까이유와 르네 라토가 이어가는 우정이 따뜻하게 그려진 소설이다. 고3이 읽기에는 퍽 쉬운 수준이지만 인간관계에 대한 깊은 성찰이 가능한 책이었다.

1차시는 책읽기 시간. 도서관에 소장 중인 책이 두 권 있어서 내 책 한 권을 보태 세 권을 준비했다. 내가 가진 책은 남편이 연애 시절 선물해준 것이었는데 까마득히 잊고 있다가, 학생이 남편의 쪽지 편지와 서명이 되어 있는 페이지를 펼쳐 보이며 질문을 해서 잠시 쑥스럽기도 했다. 아무튼 수업 중에 이 책을 읽으면서 학생들이 행복한 미소를 짓는 것을 보니 나도 덩달아 행복해졌다. 책이 두껍지 않아서 한 시간에 세 번은 충분히 읽을 수 있을 정도라, 발문 만들기 안내도 1차시 때 함께 하였다(참고자료 1).

발문이란, 사고 활동을 유발하고 논리를 자극시켜나가기 위해 문제 제기를 하는 것이다. 학생들에게 책을 그냥 읽으라고만 할 때보다는 목적을 갖고 읽도록 할 때 더 적극적으로 읽는 것을 보았다. 실제로 그렇게 읽어야 나중에 기억에 남는 내용도 많다. 따라서 발문을 만들면서 읽는 것은 '깊이와 넓이가 있는 책읽기'를 돕는 방법이라고 생각한다. 그리고 학생들이 작성하여 제출하는 발문지를 보면 그 학생이 책 내용을 이해한 수준과 깊이, 흥미를 느낀 대목 등을 어느 정도 짐작할 수 있다. 이것을 개인 평가의 자료로 삼을 수도 있지만, 읽는 동안에도 평가를 받는다는 부담감을 주지 않기 위해 제출 여부만 평가에 반영하고 발문지의 수준은 평가 대상으로 삼지 않기로 했다.

2차시는 본격적인 발문 작성의 시간. 이미 1차시 때 발문을 만들기 시작한 학생도 있지만 이번 시간에 시작하는 학생도 있다. 어쨌든 2차시 안에 완성해서 제출하도록 하였는데, 발문을 바로 그 자리에서 읽어보면서 학생과 책 이야기를 주고받을 수도 있다. 특히 이 시간에 발문 내용 중 궁금한 점을 묻기도 하면서 책을 매개로 편안히 대화를 나눌 수 있어서 좋았다. 학생들이 제출한 발문지는 이후 글쓰기 논제를 만들 때 참고자료로 삼았다. 이렇게 만든 논제는 학생들의 눈높이에 맞을 뿐만 아니라, 학생들의 관심과 흥미를 반영할 수 있다. 그리고 논제 앞에서 학생들이 망연자실이나 묵묵부답인 경우가 거의 없이 더욱 흥미를 갖고 논제에 도전할 수 있다는 장점이 있다.

계획에는 없었지만 시간에 여유가 있어서, 책을 읽고 가장 인상적인 장면을 골라 이야기 나누는 시간을 갖기도 하였다. 학생들은 저마다 각기 다른 장면을 꼽으며 이유를 설명했는데, 같은 장면을 선택했더라도 그 이유는 조금씩 달랐다. 즉흥적이었지만 각자 고른 장면을 나름대로 해석하고 의미 부여하는 학생들의 이야기를 듣는 경험은 한 권의 책을 다각도로 살펴볼 수 있는 즐거운 대화 시간이었다. 또한 입시로 인한 피로를 풀면서 서로의 감성이 풍부해지는 시간이기도 했다. 나는 한 장면을 찾아보라고 얘기했었는데 어느 학생은 두 장면을 골라 비교, 대조하면서 예리한 관찰력과 통찰력을 보여주어 감탄했던 기억이 난다. 학생들은 교사보다 창의적인 모습을 보여줄 때가 참 많다.

학생들이 제출한 발문들을 몇 가지 소개해본다.

· 태어날 때부터 가지고 있었던 신체적 특징 때문에 놀림을 받거나 혼자 놀았던 적이 있는가? (1단계)
· 책 중간에 '그러나'라는 글자가 더 크고 검게 쓰인 이유는? (2단계)
· 마르슬랭은 르네의 편지를 잃어버린 부모님을 어떻게 생각했을까? (2단계)
· 다른 사람들과 다른 점 때문에 차별 혹은 놀림을 받을까 봐 그들을 따라하거나 그들과 같아지려고 시도해본 적이 있는가? (3단계)
· 처음에는 마르슬랭이 친구를 사귀지 못했지만 르네와 만나고 헤어진

이후에는 다양한 친구를 사귀게 되었다. 왜 그렇게 되었을까? (3단계)

· 남들과 다르다는 이유로 자기 자신을 혐오하는 삶을 사는 사람들과, 차이를 인정하고 받아들이며 사는 사람들의 차이를 생각해보자. (3단계)

· 마르슬랭의 최대 고민인 '왜 나는 얼굴이 빨개질까?'라는 고민처럼, 자신만의 고민이 있는가? 고민 해결을 위해 어떤 노력을 했는가? (3단계)

배경지식과 관련된 발문 1단계에서는 주인공에게 공감하고자 하는 발문이 여럿 보였다. 그리고 책의 내용과 관련된 발문 2단계에서는 주요 인물들에 대해 관심이 집중되었는데, 책에서 글자의 크기나 색깔이 특이하게 표현된 부분까지 주목할 만큼 책을 꼼꼼히 봤다는 사실을 알 수 있었다. 인간의 삶이나 사회와 관련된 발문 3단계에서는 사회학적 또는 심리학적으로 작품에 접근해보려는 학생들의 고민을 발견할 수 있었다. 여러 학생의 발문지에 공통적으로 등장한 것은 진정한 친구, 친구의 조건, 친구의 가치, 친구를 대하는 마음가짐 같은 것들이었다.

우리 안의 수많은 마르슬랭'들' : 원탁토의 1

원탁토의는 1반과 3반을 합반하여 진행했는데, 그러다 보니 시간 조정에 어려움이 있어서 글쓰기를 먼저 하고 원탁토의를 나중에 하게 되었다. 3차시에 아래와 같은 글쓰기 논제를 학생들에게 제시했다. 책의 앞부분에 저자가 두 주인공에 대하여 "아주 행복한 아이로 지낼 수도 있었지만 그렇지 못했다"라고 쓴 문장에서 핵심 단어를 '행복'으로 잡고, 책의 내용 이해를 묻는 질문 2개와 그에 비추어 자신을 돌아볼 수 있는 질문 2개를 넣어서 논제를 만들었다.

> 작가는 마르슬랭 까이유와 르네 라토가 아주 행복한 아이로 지낼 수도 있었지만 그렇지 못했다고 쓰고 있다.
> ① 그 이유를 두 인물이 처한 상황을 중심으로 설명하고,
> ② 이 상황에 대해 두 인물이 대처한 방식을 구체적으로 서술해보자.
> ③ 고등학생인 우리의 삶 속에서 사람들과의 관계와 관련하여 행복할 수 있는 상황과 그렇지 못한 상황을 나열하여 이유를 밝히고,
> ④ 각각의 상황과 이유에 대처하는 자신의 모습을 서술해보자.

글쓰기는 주로 수업시간에 하였는데, 글쓰기 작성 양식을 나눠주고 먼저 개요를 세워 초고를 써보도록 했다. 최종적으로 완성한 글은 4차시에 손글씨로 적어서 내도록 하였더니 손글씨로 글을 쓰는 게 습관이 되지 않은 학생들은 많이 힘들어했다. 각자 작성한 글에는 적절한 제목을 붙여보도록 했다. 학생들이 제출한 글의 제목은 '행복하지만은 않은 삶 속의 단비', '내 인생 속의 마르슬랭'들'', '눈에 보이지 않는 가치, 우정과 행복', '내 삶에서의 소중한 것', '친구와 함께', '외톨이 마르슬랭의 친구 사귀기', '삶이라는 행복의 굴레' 등이었다.

이 둘이 혼자 놀고 산책하면서 위안을 얻은 것은 주변에 자신과 같은 상처를 지닌 이가 없었기 때문이다. 그러다가 이 둘이 만나 서로의 상처를 치

유하고 서로를 변화시킨다. 결국 마르슬랭은 르네가 이사를 간 후에도 전처럼 혼자 지내지 않고 많은 '다른 친구들을 사귀게 된다.' 책에는 명시되어 있지 않지만 이사를 간 르네도 전처럼 혼자 산책하며 위안을 얻지는 않았을 것이다. (…) 결국 내게 있어 행복한 일과 불행한 일은 모두 마르슬랭과 관련이 있었다. 마르슬랭 같은 친구들이 있어 행복을 느끼고, 아직 마르슬랭이 되지 못한 친구와의 마찰로 힘들어하기도 하고…. 어쩌면 여기에 인생의 의미가 담겨 있을지도 모르는 일이다. 앞으로 인생을 살아가면서 만나게 될 수많은 마르슬랭'들'을 기다리면서 오늘 하루도 열심히 살아가 보자!

(3학년, 김요한, '내 인생 속의 마르슬랭'들" 중에서)

앞서 말한 이 책의 두 인물은 그들의 삶 속에서 친구들과의 관계로부터 남들과 다른 모습 때문에 외톨이가 되었지만 스스로가 불행하다고 생각하지 않아 결코 불행하지 않았으며, 처지가 비슷한 친구와 새로운 관계를 가짐으로써 또 다른 행복을 느낄 수 있었다. 결국 행복은 주체의 주관에 따라 주체적으로 바로잡는 것이 가능한 상대적인 것이며, 자신의 사고방식을 변경함으로써 바뀔 수 있는 여지를 남겨놓고 있다. 따라서 만약 나와 같은 상황에 처해 곤란해하고 있다면 '진정한 행복'이라는 것에 대해 다시 한 번 깊이 생각할 시간을 가져보았으면 한다. 또한 함께 달리는 친구들을 하나 둘 넘어뜨리고 제칠 때마다 생기는 행복을 당연한 것으로 여기지 말고, '행복=우월감'이 아닌 '행복=자신감'이 되어 꿈을 향한 발판으로 삼았으면 좋겠다. 이러한 의미들에서 바라볼 때의 삶이란 어쩌면 '행복'과 언제든 행복으로 변화 가능한 '행복하지 않음'의 끊임없는 굴레가 아닐까?

(3학년, 박준형, '삶이라는 행복의 굴레' 중에서)

완성된 과제를 제출한 뒤에 학생들로부터, 오랜만에 친구들을 떠올리며 옛 추억에 젖어보기도 하고 중학교 때 친구에게 전화를 걸어보기도 해서 좋았다는 이야기를 들었다. 과학고 3학년이라는 팍팍한 현실에서 잠시 숨고르기를 하며 스스로의 인간관계를 돌아보고 나름대로 삶의 철학을 다지는 모습을 발견할 수 있었다는 점에서 의미 있는 독서활동이었다.

이 책에 대한 원탁토의 논제는 학생들이 제출한 발문지를 바탕으로 했는데, 특히 빈번하게 등장한 내용이 친구에 관한 것이었기에 아래와 같은 논제를 만들어보았다.

① 이 작품 속의 두 주인공 마르슬랭 까이유와 르네 라토는 특별한 친구이다. 마르슬랭의 입장에서 친구에 대한 정의를 내려보고, 그렇게 정의를 내린 이유를 근거를 들어서 말해보자.

② 마르슬랭의 입장과 자신의 입장을 비교 또는 대조하여 친구에 대한 정의를 내려보고, 그렇게 정의 내린 이유를 근거를 들어서 이야기해보자.

③ 친구의 조건이 있을까? 있다면 또는 없다면? 구체적인 사례를 들며 이야기 나눠보자.

원탁토의는 5차시에 하였는데, 1반과 3반을 합반하여 4명을 한 팀으로 하고, 2반 3명을 한 팀으로 하여 진행했다(참고자료 2). 발언의 순서는 공평하게 제비뽑기로 정했다.

먼저 2반. 제1토론자 역할을 맡은 민수가 논제를 정확하게 파악해서 자신의 의견을 다양한 사례를 들어가며 제시하고, 다른 토론자들의 얘기를 경청하며 토의를 이끌어나간 점이 돋보였다. 제3토론자였던 동균이는 책 내용을 풍부히 인용하면서 제1토론자와 활발하게 의견을 주고받은 점이 좋았다. 제2토론자였던 문혁이는 진솔하게 자신의 경험을 얘기한 점은 좋았으나 전체적으로 발언이 적어서 아쉬웠다. 그러나 마지막 3차 발언에서는 토의를 통해 자신의 생각이 어떻게 변하게 되었는지를 이야기했는데, 토의에 적극적으로 나서서 발언하지는 않았지만 경청하는 가운데 스스로를 돌아볼 수 있었다는 점에서 의미 있는 토의였다고 평가했다.

두 번째로 1반과 3반의 합반 팀은 토의 시간 내내 '친구'의 정의에 대해 이야기하다가 시간이 다 가고 말았다. 남학생만으로 이루어진 토의라서 분위기가 더 경직되지 않았을까 하는 생각도 들었다.

우리 학교 학생들은 전원이 기숙사 생활을 하며 함께 지내기 때문에 일반 학교 학생들보다 서로 친해질 여지가 많다. 그러나 각자 개성도 강해서 유유히 혼자 다니기를 즐기는 학생도 종종 있다. 3학년이 겨우 일곱 명밖에 남지 않아서 다들 무척 친하게 지낼 것 같지만, 각자 처한 상황이 절박하다고 여기는 만큼 특별히 서로를 더 돌아보거나 더 친해질 만한 여유는 그다지 없어 보인다. 그래서 이번 독서활동을 마무리하며 학생들에게 들었던 말들 중 "책 하나를 자세히 뜯어볼 수 있어서 좋았던 것 같아요. 그리고 옆에 있는 이런 얼굴들에 대해서 다시 한 번 생각해볼 수 있는 기회였던 것 같아요"라는 동균이의 이야기가 기억에 남는다. 목적이 아니라 존재 자체인 사람, 곁에 있는 친구를 한 번 더 보게 되었다는 점만으로도 이번 독서수업은 성공적이었다고 자평해본다.

이번 수행평가에서는 불가피하게 글쓰기를 먼저 하고 원탁토의를 진행했는데, 마치고 보니 글쓰기를 나중에 하는 것이 더 낫다는 생각이 든다. 글쓰기라는 것이 어떤 활동을 정리하는 의미가 크기 때문이다. 그래서

2학기에는 반드시 원탁토의 후에 글쓰기를 하는 순서로 진행해야겠다고 생각했다.

인문정신이 시대정신이다

여름방학을 다른 학교보다 조금 이른 7월 17일에 시작해서 8월 8일 개학을 했다. 그래서 남들보다 이르게 2학기를 시작하게 되었다. 8월에는 1학기에 풀다 말았던 EBS 문제집을 함께 풀었고, 8월 말부터는 대입 수시 원서와 함께 제출할 자기소개서 쓰기 지도에 집중했다. 그래서 9월 초반에 내가 한 수업 준비란 컴퓨터를 사용할 수 있는 환경을 제공하는 것이었다. 교내의 정보검색대나 컴퓨터실, 도서관 중 수업이 없는 빈 공간을 찾았고, 필요한 경우 담당 선생님의 양해를 구했다.

2012년 대학 입시부터는 학생들이 지원할 수 있는 학교의 수가 제한되었지만 우리 학교 학생들이 많이 지원하는 카이스트(한국과학기술원)나 지스트(광주과학기술원) 등은 교육부 산하 대학이 아니기에 그에 포함되지 않는다. 게다가 2013년도부터는 디지스트(대구경북과학기술원)도 학부생을 선발하기 시작했기에 원서 제출의 기회가 더 늘어났다. 그러다 보니 학생들이 작성하는 원서가 일반 고등학교보다 좀 더 많은 편이다. 또 이 학교들은 한국대학교육협의회에서 협의한 자기소개서 공통 문항 외에 추가 문항을 넣거나 에세이를 요구하기도 한다. 그래서 자기소개서를 비롯한 입시 서류 작성에 많은 시간과 노력이 필요했다. 어쨌든 3학년의 수시 지원은 2학년 때보다 신중하고 겸손해질 수밖에 없다. 그래서 학생들이 검토를 부탁해오는 자기소개서를 더 마음을 써서 봐주려고 노력했다. 일 대일로 첨삭 또는 조언을 해주는 방식으로 지도하며 수업시간을 보냈다.

2학기 독서교육을 어떻게 할 것인가는 이런 상황 속에서 고민하게 되었다. 원래 학년 초의 계획은 2학기 때도 1학기와 같이 단행본 한 권을 읽는 것이었다. 그런데 6월에 있었던 독서토론 직무연수와 의정부 중등독서토론교육연구회 선생님들의 사례 발표에서 시집 읽기 활동 이야기를 듣다 보니 다른 생각이 들었다. 내가 익숙하게 잘 하는 단행본 외에 시집을 읽는 활동도 해보고 싶어진 것이다.

그래서 2학기 초에 수행평가 계획을 바꿨다. 9월 수능 모의평가 이후에는 단행본을 읽고, 수능을 마치고 2차 지필평가를 보기 전인 일주일 동안에는 시집을 읽기로 했다.

2학기에 선택한 단행본 도서는《비밀 많은 디자인씨》(김은산)이다. 부제가 '디자인으로 세상 읽기'인 이 책은 디자인이라는 소재가 우리 삶의 모든 영역에 영향을 미치고 있음을 환기시키면서 세상을 바라보는 또 다른 관점을 보여주는 인문도서이다. 디자인이라는 소재는 우리 학교 학생들이 많이 접하지 못하는 것이다. 교육 과정에 미술 과목이 없으니 더더욱 그럴 것이다.

이 책은 디자인을 둘러싼 세상 이야기를 다루되 지속가능한, '나중에 온 사람'을 위한 디자인에 대해서까지 이야기하고 있기에 우리 학생들이 꼭 읽어보기를 바랐다. 디자인에서 말하는 '지속가능'을 과학기술 분야의 '적정기술'•과 연계하여 의미 있게 소개할 수 있겠다는 생각도 들었다. 총 8차시 동안 진행했는데, 주당 4시간 수업을 하였으니 2주를 오롯이 독서 활동으로 보낸 것이다.

1차 지필평가를 마친 뒤 수행평가 공지를 했다. 일곱 명의 학생들 가운데 이 책을 읽어봤다는 학생이 두 명 있었다. 준구와 민수였는데, 둘 다 관심 분야라서 흥미로운 책이었다고 호감을 표했다. 다시 읽어도 좋은 책이고 그만큼 더 생각할 거리를 던져주는 책이라고 생각해서 계획대로 수행평가를 추진했다. 학교 도서관에 소장 중인 세 권을 몽땅 빌려와서 수업시간마다 나눠주고 걷어오기를 반복했다.

이번 책은 1학기에 읽었던 책에 비해 두껍고 내용도 어려웠기에 1차시부터 3차시까지를 책읽기에 할애했다. 발문지는 4차시에 제출하도록 했으나, 1차시 때 발문 작성 안내도 함께 하여 학생들이 책을 읽으면서 동시에 발문을 만들 수 있도록 했다. 책이 두꺼울 때는 책읽기와 발문 작성을 함께 하는 것이 집중력을 갖고 읽는 데 더 도움이 된다.

발문 1단계, 배경지식과 관련된 발문에서는 디자인의 의미, 가치, 범위, 창의성과의 관련성, 표지판이나 상표를 다시 생각해보는 발문이 많이 나왔다.

발문 2단계, 책의 내용과 관련된 발문에서는 좀 더 다양한 발문들이 나왔다. 책의 저자가 이야기하는 현대 디자이너들의 문제점, 시장을 위한 디자인의 문제점, 유니버설 디자인의 의미, 공공 디자인, 인간을 중심에 둔 디자인 등등. 특히 책에 등장하는 디자인 비평가 엘리스 로손이 제시한, 좋은 디자인을 판단하기 위한 질문과 관련된 발문이 인상적이었다. 윤리적 문제와 관련 지어 그 제품을 구입해 사용하는 것이 죄책감을 불러일으

• '적정기술(appropriate technology)'이란, 제3세계로 직수입된 근대 과학기술이 그 나라의 근대화에 기여하기보다 인적·물적 환경을 파괴한 데 대한 반성에서 나온 것으로, 새로이 자립경제의 관점에서 모색된 기술 개념이다.

키는지의 여부를 생각해보아야 한다는 로손의 이야기는 나 역시도 인상적으로 읽었던 대목이다.

발문 3단계, 인간의 삶이나 사회와 관련된 발문에서는 디자인이 사회적 약자에게 구체적으로 어떤 도움을 줄 수 있을지, 디자인으로 우리 사회에 기여할 수 있는 방안, 지구온난화와 환경오염 등 각종 사회 문제를 해결하는 데 도움이 되는 디자인의 예 등과 관련된 발문이 눈에 들어왔다.

세상의 모든 디자인을 논하다
: 원탁토의 2

5차시 원탁토의 시간이 되었다. 학생들이 제출한 발문을 훑어보면서 흥미롭게 이야기 나눌 만한 논제를 고민했는데, 그 결과 두 가지의 이야기를 들어보기로 하고 최근의 뉴스 기사•를 첨부하여 아래와 같은 논제를 제시했다.

① 저자가 이 책을 통해 보여준 다양한 디자인의 의미와 가치를 바탕으로 과학을 공부하고 있는 학생의 입장에서 디자인의 정의를 내려보자.

② 오늘날 우리나라 사람들은 다수가 아파트에 거주하고 있다. 이 책의 108~110쪽 '아파트라는 중산층의 사고방식' 부분과 아래 뉴스 기사를 읽고, 놀

• 2013년 9월 7일자 SBS 뉴스 취재파일에 방영된 "아파트 놀이터에 가시 철조망… 갈라진 동심" 기사. 경기도 안양의 한 아파트 단지 내 놀이터에 외부 아이들의 출입을 막기 위한 철조망을 설치해 논란이 된 사건이다.

이터에 철조망이 등장하게 된 원인을 다각적으로 분석하고 이를 해소할 수 있는 방안을 이야기해보자.

첫 번째 논제는 이 책을 읽으면서 생각해본 디자인의 의미와 가치를 정리해보도록 한 것이다. 이 책에서 디자인은 단순히 제품을 만드는 것이 아니라 주거 공간까지 포함한 삶의 디자인, 결과물만이 아닌 과정의 디자인이다. 따라서 학생들이 그 부분까지 감안하여 자기만의 디자인 정의를 내려보기를 바랐다. 아울러 '나중에 온 사람'을 위한 디자인, 지속가능한 디자인과 연결 지어볼 수도 있다면 금상첨화라고 생각했다. 그리고 두 번째 논제는 책을 읽으면서 떠오른 최근의 뉴스 기사가 있어서 그것을 포함시켰다. 기사문만이 아니라 뉴스 동영상도 보여주며 자료로 제시하였다.

먼저 2반. 학생들은 1번 논제에 시간을 너무 많이 쓴 나머지 2번 논제에 대한 이야기는 별로 나누지 못했다. 그래서 토의를 마친 후 학생들에게, 소감과 함께 저자에게 하고 싶은 질문이 있는지 물어보았다. 10월 마지막 주에 이 책의 저자를 교내 독서주간 행사의 강사로 초청한 터였기 때문이다. 산업디자인 쪽으로 진로를 생각하고 있는 민수가 주도적으로 여러 질문들을 내놓았는데, 이 책에서는 산업디자인이 대체로 부정적으로 서술되고 있다면서 저자의 정의가 한쪽으로 치우친 것 아닌가 하는 의문을 제기했다. 그리고 책에 등장하는 디자이너 빅터 파파넥처럼 소수의 사람들을 위한 실용적인 디자인이 가장 인상적이었다며, 이런 디자인의 예를 더 알고 싶어 했다.

1반과 3반 합반 팀의 원탁토의는 다음날 진행하였다. 1학기에 이 팀은 주어진 시간 동안 논제들을 다 이야기하지 못한 채 엉성하게 토의를 마쳤었기에, 미리 노파심으로 시간 안배를 잘하라는 조언을 해주었다. 그래서인지 이번에는 훨씬 유연하게 토의가 잘 진행되었다. 같은 구성원들이 같은 형식의 토의를 다시 경험하면서 서로를 좀 더 배려하고 변화 발전하는 모습을 보여준 점이 특히 돋보였다. 준형이의 3차 정리발언을 옮겨본다.

문제 1번에서 약간 멀리 떨어져 있어 보이는 과학과 디자인을 합쳐서 정의 내려보자라는 문제에서, 저는 디자인을 설계라는 단어로 바꾸고, 설계는 증명이나 실험에서 꼭 필요한, 좋은 설계는 좋은 결과를 낳고 참신한 설계는 새로운 결과를 낳을 수 있는 것으로 생각을 했기 때문에 디자인을 설계라고 생각했습니다. 또한 토의에서 그러한 설계가 낳는 효과 또한 디자인의 형태를 정의한다고 생각했습니다.

문제 2번에서 철조망에 대한 생각을 많이 말씀해주셨는데, 이 해결 방안으로 방음쿠션, 공공 놀이터를 재밌게 한다든지 아니면 시간을 서로 협상하는 그러한 많은 이야기가 나왔는데, 저는 그러한 방음쿠션이나 무언가 돈을 들여서 만드는 것은 근본적인 해결 방안이 아니라고 생각했습니다. 이러한 사람들의 이기주의와 우월주의가 돈으로 해결되는 게 아니기 때문에 그러한 생각이 나왔고, 오히려 돈 문제에서 끝나는 게 아닐 수 있기 때문에 근본적인 해결책이 아니라고 생각했고요, 이런 것을 해결하기 위해 인식의 전환이 필요하고 이러한 인식의 전환은 캠페인을 통해 가능하다고 생각합니다. 이러한 인식이 변화되면 그때 협상을 진행해서 양쪽 모두가 이익이 되는 것을 만들면 된다고 생각합니다. **(3학년, 박준형)**

6차시부터는 글쓰기를 시작했다. 1학기 때 학생들이 손글씨로 쓰는 걸 힘들어했기에 이번에는 컴퓨터로 작성하여 이메일로 제출하도록 했다. 이번 글쓰기 논제는 학생들이 작성한 발문에 교사의 의견을 좀 많이 얹어서 만들어보았다. 학생들에게 제시한 논제는 다음과 같다.

저자는 '디자인으로 세상 읽기'라는 부제에 따라 디자인을 둘러싼 다양한 이야기를 펼치고 있다.

① 이 책을 읽으며 '디자인'에 대해 새롭게 알게 된 점과 '디자인'에 대해 갖게 된 생각을 서술해보자.

② 저자가 이 책을 통해 말하는 '열린 디자인'과 '닫힌 디자인'의 의미를 책 속에 언급한 구체적인 사례를 인용하여 서술해보자.

③ 고등학생인 우리 삶 속에서 발견할 수 있는 '열린 디자인'과 '닫힌 디자인'의 사례를 각각 한 가지씩 구체적으로 서술하고,

④ 위 3번에 서술한 '닫힌 디자인'의 사례를 '열린 디자인'으로 바꾸기 위한 방안을 모색하여 서술해보자.

학생들의 수행평가 글쓰기 결과물이 속속 이메일로 도착했다. 썰렁하고 무심한 녀석들! 어쩌면 이메일에 파일을 첨부하면서 한마디도 메일 내용이 없을 수가 있는지! 유일한 여학생인 민수만 아래와 같은 다정다감한 편지를 몇 줄 보태서 과제를 제출해왔다.

책을 다 읽었는데도 쓰다가 책을 보려고 하는데 어느새 또 책에 빠져서 읽느라고 쓰는 데 오래 걸린 것 같아요ㅠㅠㅠ 정말 좋은 책인 것 같습니다. 정말 많은 것을 깨닫게 해주는 것 같아요. 기회가 된다면 작가님과 함께 개

인적으로 대화해보고 싶네요. 작가님 강연을 들을 수 있도록 기회를 만들어주셔서 정말 감사드립니다~! 쓰고 싶은 말을 막 적느라 정리도 잘 안 되어 있고 부족한 글이지만 쓰면서 정말 재미있었어요. 시간이 더 있다면 더 좋게 쓸 수 있을 것 같은데 아쉬워요. 입시 끝나고 다시 책 읽고 나서 길게 제 생각을 한번 적어보려고요. 선생님, 항상 감사드립니다~!

학생들이 제출한 글의 제목은 '닫힌 디자인을 열다', '초보 디자이너들의 역할', 'DESIGN, 이것은 우리들의 삶이다', '인간을 위한 디자인', '디자인, 너는 누구냐', '우리 삶 속에서 바라본 디자인', '오픈 디자인' 등이었다. 이 책을 가장 어려워했던 문혁이의 글 일부를 인용해본다.

이 책을 읽기 전에 나는 디자인에 대해 별다른 관심이 없었을 뿐만 아니라 디자인이 어떤 형태로 우리와 만나게 되는지에 대해서도 잘 알지 못했다. 그렇기에 나는 이 책의 내용 중에서 디자인의 속성과 가치에 대한 내용이 인상 깊었다. 특히 디자인은 산타클로스가 베푸는 선물이 아니라 하나의 '상품'이라는 말이 기억에 남는다. 즉, 우리가 만나는 디자인은 대부분 기업이 판매를 위해 생산하여 시장을 통해 소비자에게 공급하는 제품이나 서비스를 뜻한다는 의미이다. 이 내용을 읽고 지금까지 나는 디자인에 대해 잘못 이해하고 있었다는 생각이 들었다. 내가 생각하던 디자인은 시각적인 요소로서 작은 눈요깃거리에 지나지 않는 것이었다. 그런데 이 내용뿐만 아니라 책의 여러 부분에서 디자인은 이미 우리 생활에서 없어서는 안 될 요소로 강조되고 있음을 알 수 있었다. 위의 내용과 같이 디자인도 하나의 상품으로서 우리가 생활에서 사용하고 있는 대부분의 물건들에서 찾아볼 수 있을 뿐만 아니라, 사회적 약자들을 위한 시설물에까지 광범위하게 사용되고 있다는 것을 깨닫게 되었다. 또 디자인으로 단순히 시각적인 효과뿐만 아니라 사용되는 목적 혹은 효과까지 바뀔 수 있다는 것을 알게 되었다. 결론적으로 이 책을 읽고 나는 디자인에 대한 고정관념을 바꾸게 되었다. 단순히 시각적인 효과를 제공하는 것을 넘어서 어떤 것의 기능과 역할에도 영향을 줄 수 있다는 것을 알게 되었다. 뿐만 아니라 사용되는 목적이나 대상에 따라 디자인은 그 효과와 가능성이 매우 광범위해질 수 있다는 생각을 하게 되었다. **(3학년, 임문혁, '디자인, 너는 누구냐' 중에서)**

수행평가를 모두 마친 후, 책의 저자 김은산 선생님을 교내 인문 강연에 모셔서 이야기 듣고 질문하는 자리를 마련했다. 우리 학교에 강의를 하러 오시는 분들은 대개 과학 분야 교수님들인 경우가 많았기에 이번 강연은 학생들에게 다른 관점으로 견문을 넓힐 수 있는 좋은 계기가 되었으리라. 강연 후 질의응답을 주고받는 시간에는 주어진 시간을 훨씬 넘겨서 학생들의 질문을 더 이상 받지 못하고 끊어야 했다. 게다가 이어진 시간이 저녁식사 시간이었는데, 급식 먹기를 포기하고 저자를 기다렸다 이야기를 나눈 친구들도 있을 만큼 반응이 뜨거웠다. 모두에게 어느 때보다 특별한 경험이 되었을 것이다.

2학기 수행평가는 특정 분야의 책을 선택했던 만큼 내가 기대했던 것보다 더 많은 배움을 얻은 학생이 있기도 했지만, 생소하고 내용도 충분히 이해되지 않아 어려움을 겪은 학생도 있었다. 어떤 학생은 수능 문제 지문을 읽는 느낌이라고 말하기도 했다. 그러나 책이 어렵다고 느낀 학생들조차도 친구들과 이야기 나누며 글을 쓰는 과정을 거치면서 디자인에 대한 새로운 생각을 하게 되는 것을 보고 만족스러웠다.

다만 대학의 수시 1차 합격자 발표 결과가 속속 도착하고 때로는 그에 따라 면접을 보러 다니기도 하는 분주한 시기에 글쓰기를 하다 보니, 어떤 학생들은 형식만 갖추어 간신히 작성해 제출하기도 했다. 서운하기도 했지만 그렇게 생각할 일은 아니라고 스스로를 위로했다. 결론적으로 2학기 글쓰기 과제 제출 시기는 대입 수시전형을 고려하여 8월 개학 직후 또는 9월 수능 모의평가 직후로 잡는 게 낫지 않았을까 싶다.

시(詩)를 만나다, 내면을 만나다

11월 8일 수능이 끝난 다음날, 마지막 독서활동을 준비하기 시작했다. 보통 수능시험을 마치면 그 다음주에 바로 마지막 지필평가가 있는데, 우리 학교는 내년도 신입생 선발 일정 때문에 지필평가를 일주일 뒤로 연기하게 되었다. 그래서 그 일주일 동안 2차 수행평가로 시집을 읽고 글쓰기를 하기로 했다.

먼저 교사 연수와 사례 발표에서 수집한 자료를 바탕으로 수행평가 안내문을 만들고 학생들이 작성할 활동지를 만들었다. 활동지는 '10년 후 평생을 함께할 연인에게 바치고 싶은 시', '25년 후 중년이 된 자신에게 선물하고 싶은 시', '80년 후 나의 장례식장에 찾아온 이들에게 보내고 싶은 시'를 각각 고르고, 그 이유를 기록하도록 했다. 이 활동지 역시 글쓰기 과제를 위한 연습에 해당하는 것으로 제출 여부만 평가에 반영했다. 본격적인 글쓰기 과제는 시집을 읽으며 마음에 들어오는 시를 골라 시에 대한 느낌과 인상을 자신의 경험, 삶과 연관 지어 생각해보고 이를 감상문으로 작성하는 것이다. 분량은 A4 한 장을 넘기지 않도록 했다.

그리고 경기도중등독서토론교육연구회 자료실에 올라온 목록을 참고해서 시집 목록을 만들었다. 내가 평소 시집을 잘 읽지 않는 편이기 때문에 손수 만든 목록을 제시하지 못한다는 게 좀 부담되었는데, 그래서 사실 처음엔 목록을 제시하지 않을 생각이었다. 우리 학교 도서관에는 창비와 문학과지성사에서 나온 시집들이 거의 대부분 있기 때문에 학생들에게 서가에서 맘대로 골라 보라고 할까 했는데, 그러면 너무 막연할 것 같아서 그래도 목록을 만들어보기로 한 것이다. 우리 연구회의 김성희 선생님께 긴급 도움을 요청해서 발곡고등학교에서 사용했다는 시집 목록도 받았다. 친절하게도 김 선생님께서는 학생들의 호응도가 좋았던 책들에 별점 표시까지 한 목록을 이메일로 보내주셨다. 어찌나 감사했는지!

이런 과정을 거쳐 34권의 시집(참고자료 3)을 열람대에 모아놓고 학생들을 도서관으로 불렀다. 처음으로 학생들과 함께 시집을 읽기 시작하니 걱정이 되는 한편 설렘도 있었다.

3반의 1차시. 수행평가 안내문과 활동지를 나눠주고 도서관에서 찾은 시집들을 학생들에게 내밀었다. 학생들은 어떤 활동을 해야 하는지는 이해했지만 시집을 고르는 일은 어려워했는데, 특히 준형이는 시집을 몇 권 펼쳐보더니 무슨 말인지 도통 이해가 되지 않는다며 난색을 표했다. 그래서 시집들 가운데 고등학생들이 쓴 시를 모은 것과 아동용 시집, 중학생용 시집, 그리고 애송시 모음집 등을 골라서 건네줬다. 그리고 시 전체를 다 거론하지 않아도 되니까 시 속의 한 행이라도 마음에 와 닿는 것이 있으면 된다고 얘기해주었다.

1반은 1, 2차시를 블록수업으로 연속 진행했다. 1차시에 시를 고르더니 2차시에 활동지 작성까지 마치는 학생들을 보며 놀랐다. 활동지에는 특정 주제에 따라 시를 선택한 이유를 구체적으로 서술하라는 문제가 있었는데, 실제로 학생들이 쓴 내용은 너무나 간략해서 궁금증이 더 커지는 경우가 많았다. 그래서 어떤 시는 찬찬히 읽어보기도 하고, 아이들이 쓴 내용을 놓고 대화를 나누기도 했다.

3반의 2차시. 시 고르기를 다소 어려워했던 준형이가 오히려 빨리 활동지 작성을 마쳤다. 내용을 보니 시도 제법 잘 골랐고, 이유도 그럴싸하다. 아낌없는 칭찬과 감탄을 보내줬더니 쑥스러운 듯 미소를 짓는다.

준구는 '10년 후 평생을 함께할 연인에게 바치고 싶은 시'로 정호승의 〈슬픔이 기쁨에게〉를 골랐다. 정말로 사랑하는 사람이라면 기쁨이나 행복만이 아니라 슬픔까지도 함께 느낄 수 있겠다는 생각이 들어서 골랐단다. 그리고 준영이는 '25년 후 중년이 된 자신에게 선물하고 싶은 시'로 강윤후의 〈불혹, 또는 부록〉을 골랐다. 마흔이 되었을 때 자신의 심정이 어떠할지 예상하기는 힘들지만, 시에서처럼 '부록'과 같이 다시 시작하는 마음으로 '마음이 혹하는 일'들을 찾아 하고 싶은 것들을 즐기며 살라고 전하고 싶었단다. '80년 후 나의 장례식장에 찾아온 이들에게 보내고 싶은 시'로 민수는 박성우의 〈한 마리 곰이 되어〉를 골랐다. 귀여운 시인데, 곰이 겨울잠을 자려고 준비하는 과정을 자신이 다시 흙으로 돌아가는 과정에 비유하여, 죽음은 자연의 섭리이니 슬프게만 바라보지 말고 남은 생을 더 행복하고 기쁘게 살라고, 인생을 사랑하며 살라는 뜻을 전해주고 싶다고 하였다.

학생들이 시를, 알 수 없는 누군가가 쓴 나와 상관없는 몇 글자로 여기는 데서 멈추지 않고, 자신의 삶과 연결되는 지점을 찾아 스스로를 성찰하며 나름대로 자기 목소리를 낸 것이 퍽 대견했다. 더구나 겹치는 시가 거의 없을 정도로 다양한 시들을 골라와서 덕분에 나도 여러 편의 시를 새롭게 만날 수 있어서 좋았다.

최종 글쓰기 과제는 이메일로 받았다. 수업시간에 다 써서 제출한 학생의 글은 그 자리에서 읽고 피드백을 해주어 좀 더 보완하도록 했다. 그동안 단행본을 읽고 글을 쓸 때는 중간에 피드백하는 과정을 제대로 거치지 못했는데, 마지막에는 피드백까지 하면서 좀 더 완성도 있는 글쓰기 지도를 할 수 있어서 좋았다. 아이들의 글 일부를 소개해본다.

이제 나에게 대학이라는 또 하나의 중요한 갈림길이 나타났다. 중학생 때와는 다르게 지난 1년간 해온 내 미래에 대한 많은 고민과 생각을 바탕으로 어느 대학에 갈지 결정을 내렸다. 하지만 3년 전, 과학고라는 길에 한걸음 내디뎌 걸어온 내가 얼마나 자신감 있고 확신에 차서 걸어왔는지를 생각하면, 지금의 선택이 과연 나에게 맞는 선택인지에 대한 생각이 끊임없이 들었다. '4년 뒤의 나는 지난 3년간의 나처럼 과거의 선택에 대해 후회하거나 미련을 가지지 않을 수 있을까?'

오랜 시간 고민한 내가 결국 이 질문에 내린 답은 '없다'이다. 사소한 선택을 하고서도 결국 내가 선택하지 않은 것에 대한 후회를 하는 내가, 인생을 바꿀 정도로 큰 선택을 하는 것에 있어서 후회를 하지 않는다는 것은 기대할 수 없다는 생각이 들었기 때문이다. 아마 대학에 진학해서도, 그 이후에도 나는 내가 선택하지 않은, 가지 못한 길에 대한 미련을 가지고 후회하고 또 후회할 것이다. 하지만 결국은 내 선택에 후회를 남기지 않을 것이라고 생각한다. 3년이라는 고등학교 생활을 지낸 내가, 그동안 많은 후회와 고민을 반복했던 나에게 지금 남은 것은 후회가 아닌 추억이다. 그리고 결국은 나만이 걸어올 수 있었던, 나의 길이다.

이런 생각이 들자 많은 고민들이 사라졌다. 3년 전의 나는 당시의 생각으로 길을 걸었고 그 길을 끝까지 걸어왔기에 지금의 내가 될 수 있었다. 그렇다면 지금 내가 선택한 길을 끝까지 걷는다면, 그 끝에는 후회만 하는 내가 아닌, 또 새로운 선택의 갈림길 앞에서 오늘을 추억 삼을 수 있는 내가 될 수 있다는 생각이 들었기 때문이다. 오랜 시간이 지난 뒤, 내가 그동안 걸어왔던 길은 내가 가지 않을 수 없던 길, 나의 길이라 생각하며 미소 짓고 있을 수 있기를 기대해본다.

(3학년, 곽준구, '도종환의 〈부드러운 직선〉을 읽고-나의 길' 중에서)

이 시를 읽으며 고등학교 졸업을 앞둔 나 자신을 생각해볼 수 있었다. 과학고등학교에서 내가 꾸었던 꿈들은 어쩌면 시 속의 '청(靑) 무밭'이라는 생각이 들었다. '흰 나비'인 나는 내가 꿈꾸는 이상적인 세계(꿈)를 꿈꾸며 이제 사회 속으로 나아갈 것이다. 아직 사회가 얼마나 냉혹하고 잔혹한지는 모르겠지만, 아직 나는 흰 나비가 도무지 바다를 무서워하지 않는 것처럼 실감이 되지 않는다.

훗날 10년이 지난 나는 바다의 차가운 물결에 젖어서 지쳐서 돌아오는 흰 나비같이 냉혹한 현실 속에서 살아가고 있을 것이다. 미래의 나는 시 속에서 흰 나비의 허리 한구석엔 바다를 만나 입은 상처가 흉터로 남아 있는 것처럼 많은 상처와 시련을 경험하고 견디며 살아가고 있을 것이다. 특히 이런 현실 속에서도 지금의 내가 가지고 있는 이상과 꿈들을 잃지 않았으면 좋겠다. 경험을 하지 않고서는 많은 것들을 배울 수 없다. 내가 직접 부딪히면서 경험해야 비로소 성숙해질 수 있을 것이라고 믿는다.

바다가 차갑고 냉혹하다는 것을 안 나비는 이제 더 이상 여린 나비가 아니라고 생각한다. 앞으로 많은 시련과 경험들은 내 삶에 절대적으로 필요한 것이라고 생각하고 많은 가르침을 배울 수 있을 것이라고 생각한다. 10년 뒤에 내가 이 시를 읽어 10년 전 나의 꿈과 이상을 잃지 않고 좀 더 성숙해진 사회인으로서 당당히 내 꿈을 펼쳐나갔으면 좋겠다.

이 시를 쓴 시인도 훗날 자신에게 이 시를 바치기 위해 이 시를 썼을 것이다. 많은 시련이 다가와도 내 꿈을 향해 달려가는 과정이라고 생각하면 절대 힘들지 않을 것 같고, 많은 위로가 될 것이다. 이 시를 읽음으로써 고등학교를 졸업하는 시점에서 미래를 대처하는 나의 자세에 대하여 많은 것을 생각해볼 수 있는 가치 있는 시간이 된 것 같아 뿌듯하다.

(3학년, 김동균, '김기림의 〈바다와 나비〉를 읽고-10년 뒤 나에게' 중에서)

'꿈을 품고 한 걸음 더'
: 문집 만들기

내가 수능을 마치고 시집 읽기로 수행평가를 한다는 얘기를 했을 때, 다른 학교 선생님들은 이러한 계획 자체에 무척 신기하다는 반응을 보였다. 일반 학교라면 학생들이 출석도 잘 안 하고 학습 의욕이 없는 시기인데 그게 되겠느냐는 것이다. 하지만 우리 학교는 기숙학교라는 특성상 수능이 끝나더라도 졸업할 때까지 모든 학생들이 학교에서 생활하기 때문에 출결 부분은 문제가 되지 않는다. 다만 학습 의욕이 떨어지는 것은 비슷한 현상인데, 그래도 다른 학교보다는 양호한 편이라 계획대로 수행평가를 진행할 수 있었다. 다소 귀찮아하면서도 성실하게 마지막까지 과제를 완성해낸 학생들에게 고맙다는 말을 해야 할 것 같다.

학기말 학교생활기록부에 글쓰기와 토의 활동에 대한 평가를 적어주는 것으로 한 해를 마무리했다. 그리고 3학년 독서수업을 함께 실천했던 사회과 김연희 선생님과 마음을 모아, 학생들이 1년 동안 쓴 글을 묶어서 교과 문집으로 펴냈다. 국어 시간에 세 편, '법과 정치' 시간에 두 편씩을 썼으니 한 사람당 다섯 편씩 총 35편의 글을 한 권으로 만들어 선물로 주었다. 졸업 앨범은 아이들 대다수가 조기졸업하는 해에 이미 만들어서 나누어 가졌기에, 3학년 졸업생들은 집에 들고 갈 공식적인 앨범이 없다. 그래서 대신 문집을 한 권씩 들려 보내니 뿌듯한 마음이 들었다. 문집 제목은 '꿈을 품고 한 걸음 더'라고 지었다. 모두 자신이 가고자 했던 진로를 선택하여 진학하게 된 만큼, 고등학교 생활을 하는 동안 꾸었던 꿈들을 안고 한 걸음 한 걸음 잘 내딛기를, 그리하여 건강하게 우리 사회를 이끌어가는 과학 인재, 윤리적인 엘리트로 성장해가기를 바라는 마음을 담아 건넸다.

발문 만들기 활동지 예시

읽은 책(저자)	홍길동전(허균)

1단계 · 배경지식과 관련된 발문

해당 도서의 제목이나 주제 등과 관련된 발문을 작성하는 것입니다. 본문과 직접 관계가 없더라도 해당 도서를 이해하는 데 도움이 되는 발문, 대상 도서를 읽지 않아도 토론자들이 쉽게 반응할 수 있는 흥미 있는 발문을 제시합니다.

1. '홍길동' 하면 생각나는 단어가 무엇인가요?
2. 조선시대의 신분제도는 어떠했나요?

→ 책을 읽지 않고도 답할 수 있는, 책과 연관성이 있는 질문을 2개 쓰고, 그런 질문을 만들게 된 의도를 각각 씁니다.

2단계 · 대상 도서의 내용과 관련된 발문

본문의 내용을 얼마나 정확히 읽고 이해하고 있는가를 파악하는 질문을 작성하는 것입니다. 글의 구조, 인물, 사건, 배경 등과 관련되는 질문, 대상 도서를 읽었다면 일부러 외우지 않아도 알 수 있는 내용을 중심으로 내용 설명하기, 토론자의 생각은?, 왜 그렇게 생각하는가? 등으로 연속적이고 다양한 측면에서 창의성을 발휘할 수 있도록 발문을 만듭니다.

1. 홍길동은 왜 아버지로부터 호부호형을 허락받고도 집을 떠났을까요?
2. 홍길동이 활빈당을 조직한 이유는 무엇일까요?
3. 활빈당에 대한 사람들의 인식은 어떠했나요?
4. 홍길동이 도술을 부리는 이유는 무엇인가요?
5. 홍길동이 병조판서가 되고 싶었던 이유는 무엇일까요?

→ 책을 읽고 답할 수 있는, 책 내용 파악에 의미가 있는 질문을 5개 쓰고, 각각의 질문에 대한 답을 씁니다. 단답형, 서술형 모두 가능합니다.

3단계 · 대상 도서의 내용과 관련된 인간(나)의 삶이나 사회와 관련된 발문

대상 도서를 읽고 자신에게 적용할 수 있는 질문을 작성합니다. 대상 도서를 읽고 생각할 수 있는 사회 문제를 연결하여 사고하는 질문, 실제 쟁점이 되는 질문을 작성합니다. 실제로 토론이 이루어질 수 있는 발문, 갈등 문제 등으로 찬반이 나뉘거나 다양한 방법 등을 제시할 수 있는 발문이 좋습니다.

1. 홍길동이 살던 시대에는 적서차별이 엄연하게 존재하고 있습니다. 우리가 살고 있는 오늘날에 이와 비슷하게 존재하는 차별이 있다면 어떤 것이 있을까요?
2. 사람들은 왜 '율도국'과 같은 유토피아를 꿈꿀까요?

→ 책 내용과 관련된 나의 삶, 내가 속한 사회와 관련된 질문을 2개 쓰고, 그런 질문을 만들게 된 의도를 각각 씁니다.

원탁토의 안내문

말하기 평가 안내

1. 평가 방법

제시된 텍스트(도서)를 읽고 텍스트와 연관 지어 발문을 작성한다. 제출한 발문을 바탕으로 선정한 논제에 대하여 정해진 시간 동안 원탁토의를 실시한다.

2. 원탁토의의 흐름

단계	소요시간	내용	비고
1차 모두발언	각 2분	자신이 주제에 대해 생각하는 바를 말한다.	
2차 교차 자유발언	15분	1차에서 토론자들의 주장들 중 궁금했던 것을 묻거나 자신의 주장을 보충한다.	1인당 3분
3차 정리발언	각 2분	1차부터 2차 발언까지 말하고 들었던 내용들을 종합해 자신의 주장을 정리한다.	
	총 27분 정도 소요		

3. 원탁토의의 규칙

① 모두발언, 교차 자유발언, 정리발언의 세 단계의 토론 과정이다.
② 각 과정별로 일정한 시간 제한을 둔다. 화면의 타이머를 참고하며 발언한다.
③ 발언 순서는 제비뽑기를 통해 결정하며, 기회를 균등하게 부여한다.
　단, 모두발언과 정리발언의 순서는 역순으로 한다.
④ 2차 교차 자유발언의 순서와 방법은 진행자가 토론자와 협의하여 결정한다.
⑤ 토론자 상호간에 호칭을 정한다. (○○○ 학생 또는 제○토론자)
⑥ 토론 중에 현장에서 자신이 메모한 메모지는 볼 수 있으나 미리 준비한 자료는 볼 수 없다.
⑦ 토론자가 말하는 중에 상대방은 끼어들 수 없다.

4. 세부 척도안

평가 항목	평가 기준	점수
논리의 전개 (4점)	▪주요 용어의 정의 및 개념에 대한 이해가 명확한가? ▪주제를 정확히 파악하고 일관성 있게 주장을 전개하는가? ▪상대방의 논리를 정확히 이해 · 분석하여 적절하게 반론하는가?	상 4 중 3 하 2
객관성 및 창의성 (3점)	▪주장을 뒷받침하는 논거를 적절하게 제시하는가? ▪논거의 출처 및 내용이 객관적인가? ▪논거가 다양하고 독창적인가?	상 3 중 2 하 1
표현력 및 태도 (3점)	▪적절한 언어표현(어휘, 수사, 발음 등)을 구사하고 있는가? ▪적절한 태도(몸동작, 시선, 감정표현 등)를 갖추고 있는가? ▪상대방의 의견을 경청하며 존중하고 있는가?	상 3 중 2 하 1
비 고	만점 : 10점　　최하점 : 3점　　미응시 : 0점	*발문지 미제출: −1점

참고자료 03

함께 읽은 시집 목록

고은, 《내 변방은 어디 갔나》
고은, 《두고 온 시》
김사인, 《가만히 좋아하는》
김용택, 《시가 내게로 왔다(1, 2)》
나희덕, 《그곳이 멀지 않다》
나희덕, 《사라진 손바닥》
도종환, 《부드러운 직선》
도종환, 《부모와 자녀가 꼭 함께 읽어야 할 시》
문태준, 《어느 가슴엔들 시가 꽃피지 않으랴 2》
박성우, 《가뜬한 잠》
박성우, 《난 빨강》
서정홍, 《내가 가장 착해질 때》
서정홍, 《우리집 밥상》
신동엽, 《누가 하늘을 보았다 하는가》
신현림, 《딸아 외로울 때는 시를 읽으렴 2》
안도현, 《간절하게 참 철없이》
안도현, 《그 풍경을 나는 이제 사랑하려네》
양정자, 《아이들의 풀잎노래》
윤동주, 《정본 윤동주 전집》
이낭희, 《살아있다면 리플》
이병률, 《바람의 사생활》
임길택, 《산골 아이》
임길택, 《탄광마을 아이들》
전국국어교사모임, 《국어시간에 시 읽기(1, 2, 3)》
정끝별, 《어느 가슴엔들 시가 꽃피지 않으랴 1》
정호승, 《기쁨이 슬픔에게》
정호승, 《내가 사랑하는 사람》
정호승, 《외로우니까 사람이다》
정희성, 《저문 강에 삽을 씻고》
정희성, 《한 그리움이 다른 그리움에게》
최영미, 《서른 잔치는 끝났다》

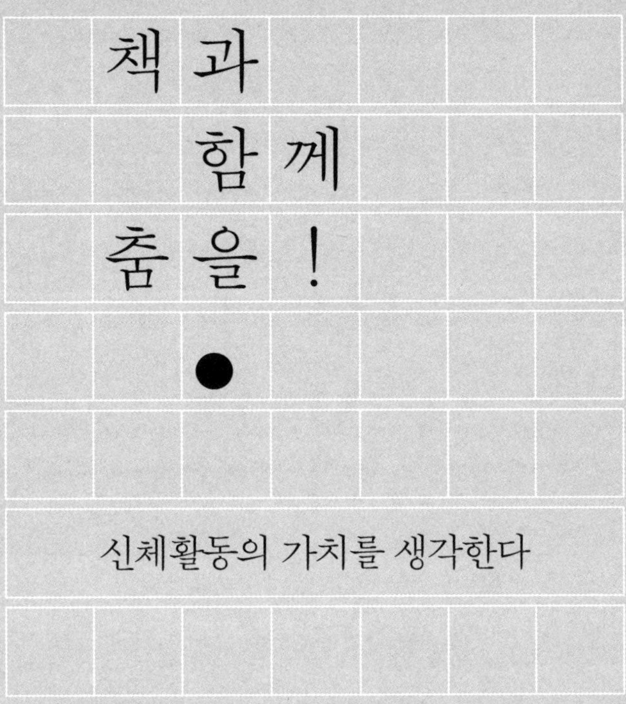

책과 함께 춤을!

신체활동의 가치를 생각한다

김재광
체육, 남양중학교
bmocjk@gmail.com

06

가치를 묻다
: 건강, 도전, 경쟁, 표현, 여가 + 그냥?

나는 체육 교사가 되기 위해 오래도록 공부를 해야 했다. 몇 차례나 시험에 낙방을 했기 때문이다. 시험을 준비하는 오랜 시간이 나에게 많은 것을 잃게 했지만, 지금 생각해보면 그렇게 잃었기에 지금의 내가 있으니 결국에는 얻은 것이다. 그리고 내가 얻은 것 중 가장 큰 것이 바로 책읽기다.

나는 책을 별로 좋아하지 않았다. 책에 대한 좋지 않은 소년기의 경험이 책을 멀리하게 만들었고, 그로 인해 중고등학교 시절에 깊이 생각하는 능력을 키울 수 없었다. 그러다 보니 책읽기 능력도 함께 저하됨을 대학에 진학해서야 알게 되었다. 대학 1학년 교양 강의 시간. 다른 많은 전공 수강생들 앞에서 책을 읽어야 하는 상황이었는데, 평소 책읽기를 많이 하지 않은 터라 글을 읽는 것이 어찌나 긴장되고 떨리던지, 그때를 생각하면 아직도 얼굴이 화끈거린다. 아마도 그때부터였던 것 같다. 책읽기를 다시 시작했던 것이.

노량진 고시원에서 전전긍긍하며 임용고시를 준비하던 시기에도 나는 다른 사람들과는 다른 방법으로 공부를 했다. 임용고시의 전형 절차가 2차에서 3차로 늘어나면서 5지선다형의 문제가 합격에 크게 영향을 주었는데, 고시학원에서 공부하던 대부분의 사람들은 정답 찾는 공부를 한 반면 나는 오답에 주목하였다. 그리고 오답이 오답인 이유를 알기 위해 책을 읽었다. 사람들이 교재를 통째로 토씨 하나 틀리지 않고 암기하는 모습이 놀랍기도 했지만, 나는 그렇게 머리가 좋은 편이 아니라 암기가 무척이나 어려웠고, 앞뒤 맥락을 모르는 상태에서 암기하는 것은 제대로 알지 못하는 것이라는 확신이 있었다. 그래서 원서를 구하여 한 장 한 장 정성을 다해 읽었다. 물론 그런 공부 방식은 합격의 문에 도달하기에는 무척 더딘 걸음이었고, 더디기에 더욱 힘들었다. 하지만 그 4년이라는 시간이 지금의 '생각하는 독서' 습관을 갖게 해주었고, 그것은 내 삶을 바꾸는 경험이 되었다.

드디어 2012년 3월 2일, 지금의 중학교에 첫 발령을 받았다. 나는 기간제 교사 경험이 있었기에 수업에 대해서는 크게 걱정하지 않았다(결국 큰 오산이었음을 알게 됐지만). 처음 배정받은 학년은 3학년이었는데, 어떻게 1년을 아이들과 함께 즐겁게 보낼 수 있을까, 아이들과의 첫 시간을 어떻게 보낼까 고민하면서도 어느 정도는 준비가 된 상태였다. 아이들과 첫 만남의 날, 나는 아이들에게 체육 교과의 특징과 필요성에 대해 내가 공부한 내용을 토대로 장황하게 설명을 했다. 그 장면은 이렇다.

"2007년 개정 체육과 교육과정에서는 여러분이 지금까지와는 다른 것을 배우길 바라고 있어요. 선생님이 체육이라는 교과를 배울 때는 스포츠 종목 중심으로 교육 내용이 만들어졌어요. 그런데 여러분이 경험하게 될 체육 교과는 스포츠 종목이 아닌 신체활동 가치를 중심으로 교육 내용이 조직되었답니다. 스포츠 종목으로 체육 교과 내용이 만들어지다 보니 마치 그 스포츠에 포함된 기능만을 배워야 한다는 생각이 커져서, 가르치는 선생님이나 배우는 학생들이 특정 종목에 포함된 운동 기능만 중시했던 것이죠. 그러다 보니 다른 것들은 배울 기회가 주어지지 않았던 겁니다. 여러분, 생각해보세요. 운동 기능만 배운다면 스포츠를 다 배운 것이라고 생각할 수 있나요? 그리고 만약 스포츠의 기능을 완전히 익히지 못한다고 해서 스포츠를 즐길 수 없을까요?

그래서 여러 가지 이유로 인해 스포츠 종목이 아닌 신체활동 가치를 가르치고 배우는 것이 좋겠다고 생각한 것이에요. 그렇다면 신체활동이란 무엇을 말하는 것일까요? 신체활동이란 일상적인 생활에서 몸을 움직이는 모든 것이 포함되는 개념이에요. 예를 들어 여러분이 아침에 학교에 오기 위해 걷는 것부터 공을 차기 위해 열심히 뛰는 것까지 포함되는 넓은 개념이라고 할 수 있어요. 그런 신체활동을 하는 이유를 체육 교과에서 여러분에게 가르쳐주길 바라는 것이에요. 그렇게 된다면 여러분이 졸업 후에도 신체활동에 지속적으로 참여할 수 있는 사람이 될 것이라고 생각하는 것이에요. 그래서 우리 교과서에는 신체활동의 이유(가치)가 5가지로 정해져 있답니다. 건강, 도전, 경쟁, 표현, 여가. 바로 이것이 여러분들이 신체활동을 통해 배워야 할 신체활동의 가치입니다."

설명하는 동안 아이들의 모습을 유심히 살펴보았다. 체육은 대체로 모든 아이들이 좋아하는 과목이지만, 자신의 신체적인 특징 또는 몸을 움직이는 것에 큰 거부감이 있는 아이들이 종종 있다. 모두가 좋아하는 과목은 없는 것처럼, 체육도 마찬가지다. 첫 수업에서 그런 학생을 모두 파악하기는 힘들지만 그래도 노력은 해야 한다고 생각했는데, 그런 내 눈에 위의 설명이 이해되지 않는다는 표정으로 고개를 갸우뚱거리는 아이, 크게 동의한다는 뜻인지 고개를 위아래로 흔드는 아이, 그냥 교사가 좋아서인지 눈을 똥그랗게 뜨고 뚫어져라 보는 아이들의 모습이 눈에 들어왔다. 그 다음은 아이들에게 동의를 구할 차례였다. 질문이 있냐고 물었더니, 설명하는 내내 고개를 갸우뚱거리던 아이가 손을 들었다.

"그냥 신체활동 하는 것은 어떻게 설명할 수 있나요? 저는 특별히 이유가 없이 하는 경우도 있거든요. 제 동생은 아직 어린데 동생은 아무 이유 없이 달리기를 좋아해요. 달릴 때가 가장 좋다고 하는데요."

빠르게 "질문 고맙다"는 말을 뱉은 후, 그 답을 찾기 위해 잠시 기다려 달라고 했다. 그 순간 교실에는 팽팽한 긴장감이 맴도는 적막이 흘렀다. 사실 답을 찾기 위해 머릿속을 뒤졌지만 그에 맞는 답은 어디에도 없었다. 그때 고맙게도 그 적막을 뚫고, 눈을 똥그랗게 뜨고 나를 봤던 아이가 손을 든다. 나는 속으로 '그래 너구나. 얼른 말하렴'이라는 말을 쥐여주고 태연한 척 "그래"라는 말을 던졌다.

"선생님께서 말씀하신 5가지 말고 다른 이유로 하는 경우도 있을 것 같아요. 제가 좋아하는 친구가 운동을 좋아해요. 저는 그 애랑 친해지고 싶어서 운동을 하거든요. 그래서 요즘 그 애랑 많이 친해졌어요. 이런 경우는 5가지 신체활동 가치 중 어디에도 포함되지 않는 것 같아요."

나를 구원해주리라 믿었던 그 아이의 입에서 흘러나오는 문자들은 내 몸을 휘감았고, 그것도 모자라 도끼가 되어 나의 발등을 찍었다. 두 아이의 질문은 이내 수업 분위기를 더욱 경직시켰다. 자신감 넘쳤던 첫 만남은 나에게 그렇게 기억되고 말았다. 정신을 차리고 교실에 집중하면서 질문을 다시 생각해보았는데, 아이들의 입장에서는 그렇게 생각할 수도 있겠구나 싶었다. 유연하게 이 순간을 넘겨야 한다는 생각에 고백을 했다. 충분히 그렇게 생각할 수 있겠다고. 그러고는 수업을 마무리했다.

첫 수업 이후 나는 신체활동 가치에 대해 진짜 고민을 하기 시작했다. 반성을 한 것이다. 내가 알고 있는 것이 완벽한 지식이 아님을 인정하면서 더 공부해야겠다는 생각으로 체육과 교육 과정, 전공 원서와 연구 논문들을 다시 읽기 시작했다. 공부할 때는 보이지 않던 부분들이 보이면서, 그리고 보았더라도 깊게 생각하지 못했던 부분들이 나의 생각의 폭을 넓게 만들어주었다.

잠시 체육과 교육 과정에 대해 이야기해보자. 내가 지금 아이들을 만날 수 있는 것은 체육 교과에서 교육 내용으로 구성되어 있는 '신체활동 가치'라는 견고한 5차선 다리가 있기에 가능하다고 생각한다. 이런 견고한 5차선 다리의 설계도와 제작을 담당한 사람들은 대부분 대학 또는 연구실에서 체육(스포츠) 교육을 공부했을 것이다. 그렇다 보니 그들은 당연히 체육(스포츠)을 가르치고 배우는 활동에서 '신체활동 가치'라는 견고한 다리를 통해 신체적 건강뿐만 아니라 내면의 변화, 심성의 변모까지도 이룰 수 있을 것이라고 확신하고 있을 것이다. 하지만 학교 현장에서의 아이들의 경험을 충분히 고려하지 않은 채 너무나 견고한 5차선 다리를 만들었다는 데 문제가 있다는 생각이 들었다. 그래서 말랑말랑한 다차선 다리가 필요하다는 생각에 이르게 되었다. 아이들의 선행 경험으로 만들어진 작은 다리가 자칫 무시될 수 있다는 것을, 아이들과의 첫 만남에서 배운 것이다.

그 후 나는 신체활동 가치를 경험하고 신체활동에 지속적으로 참여하는 사람들의 모습에 관심을 갖게 되었다. 그 관심은 동호회에 참가해 땀 흘려 운동하는 사람들의 모습을 다시 보게 만들었고, 또한 다양한 종류의 책을 통해 저자와 주인공의 삶을 보는 일에 더욱 재미를 갖게 했다. 내가 보고 읽은 사람들의 삶에서 운동은 무한한 에너지를 만들어냄과 동시에 그 어떤 것과도 비교할 수 없는 가치 있는 활동이었다. 내가 느끼고 경험한 그것을 아이들에게 알려주고 싶었다. 또한 내가 아이들에게 체육의 가치 또는 신체활동의 가치를 아무리 좋다고 말하는 것보다 아이들에게 직접 또는 간접적으로 체험할 수 있는 기회를 마련해주는 것이 좋겠다고 생각했다.

《수업이 바뀌면 학교가 바뀐다》(사토 마나부)라는 책에서는 배움을 '교육 내용인 대상 세계(사물)와의 만남과 대화이며, 그 과정에서 수행되는 다른 아이들의 인식이나 교사의 인식과의 만남과 대화이며, 새로운 자기 자신과의 만남과 대화이다'라고 말하고 있다. 다시 말해 배움을 중심으로 한 교육 과정은 구체적으로 '사물과의 만남과 대화, 친구와의 만남과 대화, 자기 자신과의 만남과 대화'를 단원의 단위로 하여 조직하는 것이다. 이런 교육적 아이디어를 토대로 '신체활동 가치 찾기'라는 주제를 가지고 다음과 같은 2단계의 프로그램을 만들게 되었다.

1단계 프로그램 : 독서를 통해 신체활동 가치 경험하기(방학 2주 전 6차시 시행)

책의 저자나 책 속 주인공의 삶에서 신체활동(운동)이 차지하는 비중과 가치를 찾아보고, 모둠 토론을 통해 생각의 폭을 넓히는 것에 목표를 둔다. 또한 그것을 새롭게 표현하여 전체 토론의 주제로 삼아 다양한 생각을 공유하는 시간을 마련한다. 더불어 책읽기의 중요성을 아이들에게 알려준다. 중학교 시절에 독서 습관 및 독서 방법을 알게 된다면 내가 겪었던 어려움을 피할 수 있을 것이라 생각하기 때문이다.

2단계 프로그램 : 동호회 탐방을 통해 신체활동 가치 경험하기(방학 중 시행)

2학기 논술 수행평가로 이어질 모둠별 동호회 탐방을 통해, 책 속에서 경험한 신체활동의 가치를 더욱 피부에 와 닿게 만들어준다. 독서토론이 이루어진 후 방학 과제로 부여될 이 프로그램은 인터뷰 계획서를 비롯한 보고서 작성 과정을 통해 신체활동의 가치를 더욱 강하게 경험하도록 해줄 것이라 확신하기 때문이다.

체육 시간에 책읽기? 선입견과 맞서기!

가장 큰 문제는 체육 교과에서 책을 읽는 것에 아이들의 의구심과 반발심이 크다는 것이었다. 처음 아이들에게 이러한 계획을 이야기했을 때가 생각난다. 1반에 들어가 기말시험 대비 이론 수업을 진행하고 난 후, 아이들 몰래 준비한 깜짝 선물이라고 생각한 '7월의 책으로 체육 수업하기' 계획을 공개했다. 기말시험 준비로 차분하던 교실은 이내 성난 파도처럼 술렁이더니 결국에는 쓰나미처럼 아이들의 질문과 반발이 쏟아졌다.

아이들의 반발을 예상하지 못했던 것은 아니었다. 체육 교과에서 책을 가지고 수업하는 사례는 보지 못했을 테니까. 그래도 그 정도가 너무 심했다. 어떤 아이는 그 마음을 여과 없이 온몸으로 표현했는데, 그 모습에서 체육 교과의 현주소를 본 것 같아 화끈거리면서도 화가 났다. 그 아이는 평소 체육에 열심히 참가하면서 나와 같이 운동하는 것을 좋아하는 아이였는데, 그런 아이라서 더욱 그랬는지도 모르겠다. 그 아이는 고개를 뒤로 돌려 친구를 바라보면서 나를 손가락으로 지목하고는 그 손가락으로 귓가에다 큰 원을 여러 차례 그리는 게 아닌가. 그 아이의 입은 아마도 '미친 거 아냐?'라고 했을 것이다.

그 아이는 내가 자신을 보고 있다는 걸 인지하지 못한 것 같았는데, 나는 어디까지 가나 볼 작정으로 아무 말 없이 보고만 있었다. 그 순간 함께 체육관에서 배드민턴을 치며 즐거워하던 그 아이의 얼굴이 머릿속을 스쳐갔다. 그런 내 시선이 나머지 아이들의 시선을 이끌었고, 아이들은 사태의 심각성을 파악했는지 쓰나미 같던 아우성은 곧 사그라들었다. 아이들은 곧 성난 사자가 으르렁대리라 예상했는지 나의 반응에 잔뜩 신경을 기울였지만 다행히 나는 폭발하지 않았다. '폭발하면 지는 거다'라고 속으로 주문을 외며 크게 숨을 내쉬었다. 그제야 그 아이는 나를 돌아보더니, 입으로 말하지는 않았지만 눈으로 죄송하다고 말하는 듯했다. 그 순간 그 아이에게 고맙다는 생각마저 들었다. 그 아이의 행동을 보고도 폭발하지 않은 자비로움을 지닌 자로 만들어주었기에.

그렇게 해서 3학년 1학기 2차 지필평가가 끝난 뒤 체육과 독서수업이 시작되었다. 아이들에게는 다시 한 번 이 수업의 중요성에 대해 진심을 다해 설명하였고, 수업이 끝나면 분명 얻는 것이 있을 것이라고 설득하고 교실을 나섰다. 복도를 한참 걷고 있는데 뒤에서 누가 따라오기에 돌아보니, 손가락의 주인공인 그 아이가 조심스럽게 다가왔다. 아이는 죄송하다는 말을 하고는 고개를 푹 숙였다. 나는 "네 잘못이 아니야"라고 말하며 괜찮다는 의미로 어깨를 조심스럽게 도닥여주었다.

하지만 체육 교과의 교수학습 방법의 한계점이 드러나서인지 마음이 편치 않았다. 지금까지 체육 교과가 너무 편중되게 진행되었음을 드러내주는 부분이기 때문이다. 모든 교과는 아이들이 좋은 삶을 살아가게 하는데 목적이 있다고 생각한다. 교과에서 다뤄지는 주된 도구만 다를 뿐, 모든 교과가 추구하는 것은 하나라고 생각한다. 그러나 교과 간의 벽이 너무 두껍고 높기에, 그 벽을 넘어 다른 교과의 교수 방법이나 도구를 다루는 것이 힘들다. 하지만 그러한 고정관념이 교사와 아이들의 사고를 오히려 딱딱하게 만드는 것 아닐까. 그 아이의 '미친 거 아냐?'라는 반응은 어찌 보면 당연할지도 모른다. 오히려 그 아이는 솔직하게 자신의 생각을 표현한 것이니까. 체육 교사로서 반성해야 할 부분이라고 생각한다.

당시 아이들이 체육과 독서수업에 대해 이야기한 견해들은 다음과 같다.

체육을 책으로 한다는 선생님의 말씀에 엄청 놀랐어요. 제가 경험한 체육수업에서는 체육 교과서도 지필평가 때만 활용되거든요. 국어 시간도 아닌데 책으로 무엇을 배울 수 있을지 의구심도 들고요. 하지만 새로운 경험이기에 기대되는 것도 있어요. 특히 저는 체육을 잘 못해서 늘 수업에서 소외된다는 느낌을 받거든요. 책으로 수업을 하면 그런 느낌을 받지 않을 것 같네요. (3학년, 홍○○)

이 학생은 신체적인 특성으로 인해 몸을 움직이는 것을 싫어할 뿐 아니라 운동 기능도 다른 아이들에 비해 다소 떨어지는 편이다. 중3이라는 시기는 신체적으로 많이 변화하는 시기인데 이 시기에 부적절한 체육 활동이 아이의 성장에 자칫 악영향을 줄 수도 있다는 생각을 평소에 가지고 있었다. 그래서 신체활동을 꺼려하는 학생들에게 강요한다거나 특히 여학생들에게 남학생들이 보는 앞에서 움직이게 한다면 그 순간은 평생 잊지 못할 것이다. 그래서인지 이 아이는 책을 가지고 수업을 하겠다고 했을 때 내심 반기는 눈치였다.

처음에 독서토론으로 수업을 한다고 했을 때는 '체육 시간에도 엉덩이 붙이고 앉아 있어야 하나……' 하며 상당히 부정적인 생각을 가졌었죠. 그 전까지는 체육 시간은 무조건 움직이는 시간, 운동하는 시간으로 생각해 왔는데, 갑자기 책을 읽고 토론을 한다고 했을 때는 그나마 학교에서 움직이는 시간까지도 빼앗겨버린 기분이라 정말로 체육 시간이 싫어졌어요. 그래도 저는 워낙 내 생각을 표현하는 것도 좋아하고 책 읽는 것도 많이 습관을 들여놔서 나중에 수업을 할 때는 거부감 없이 참여했지만, 처음 들었을 때에는 선생님이 밉기까지 했었다니까요!! **(3학년, 김○○)**

이 학생은 평소 공부를 잘하는 아이이다. 수업 자세를 비롯해 학교생활 전반에서 우수한 태도를 보이는 학생이지만 체육 시간만큼은 그렇지 못했다. 이 학생이 생각하는 체육 수업은 공부에 지친 몸과 마음을 다시 공부할 수 있는 상태로 만들어주는 시간인 듯했다. 그래서 체육 교과에서 책을 읽고 수업하는 것에 대해 많은 반감이 있었지만, 이런 아이가 변할 수 있다면, 그래서 체육 교과 자체가 어떤 수단이 아닌 목적이 될 수 있다면 내가 하려는 수업은 성공이지 않을까.

너와 나를 성장시키는 책을 고르자

어떤 책이라야 아이들이 신체활동 가치를 올바르게 이해할 수 있을까를 고민했다. 평소 책은 좋아했지만 체육 관련 소설이나 에세이를 특별히 찾아보지는 않았었는데, 그런 나에게 구세주 같은 존재가 있었으니 바로 학교 도서관이었다. 그곳에는 책뿐만 아니라 책을 좋아하는 사람들이 많았다. 사서 선생님을 비롯해 국어 선생님과 도서부 아이들이 내게 많은 도움을 줄 수 있을 거라고 굳게 믿었고, 그 믿음은 곧 현실이 되었다. 책 선정의 어려움을 토로하자 같이 근무하던 국어 선생님은 기꺼이 서점에 동행하여 체육 관련 소설과 수필을 추천해주었다. 그렇게 만들어진 10종의 도서목록은 다음과 같다.

《100km》(가타가와 요코)

《야구장에 출근하는 남자》(정우영)

《삼미슈퍼스타즈의 마지막 팬클럽》(박민규)

《배터리 1～6》(아사노 아쓰코)

《만약 고교야구 여자 매니저가 피터 드러커를 읽는다면》(이와사키 나쓰미)

《이게 다 야구 때문이다》(서효인)

《지지 않는다는 말》(김연수)

《나는 춤이다》(김선우)

《달리기를 말할 때 내가 하고 싶은 이야기》(무라카미 하루키)

《승리보다 소중한 것》(무라카미 하루키)

이 도서목록이 아이들에게 얼마나 의미 있게 전달될 것인지를 검증하는 과정에서 도서부 아이들의 도움을 받았다. 3학년 도서부 아이들에게 책들을 보여주면서 읽고 싶은 책을 고르게 하였는데, 평소 책을 좋아하던 아이들인지라 아이들은 즐겁게 책을 가방 속에 넣었다. 그 모습을 보며 그 아이들이나 책은 참 좋겠다는 생각이 들었다. 나는 다시 한 번 도서부 아이들에게 고맙다는 인사말과 함께 부탁의 말을 전했다.

"얘들아, 이 수업은 처음 해보는 수업이야. 그래서 어떤 책이냐에 따라 아이들의 반응에 많이 영향을 줄 거야. 너희가 먼저 책을 읽어보고 느낀 점을 솔직하게 말해주었으면 좋겠어. 어떤 내용들이 보고서에 작성될지 벌써부터 기대되는구나."

도서부 아이들은 약속했던 날까지 책을 읽고 보고서를 작성해왔다. 아이들의 생각을 적은 보고서가 내 손으로 왔을 때는 막상 기대감보다는 걱정이 앞섰다. '책을 좋아하는 아이들도 이 책들에 별로 관심을 느끼지 못하면 어떡하지?' 또는 '내가 생각했던 수업 의도를 아이들이 다르게 받아들이면 어떡하지?' 등과 같은 생각이 날 위축되게 만들었다. 그러나 아이들의 글을 읽는 순간 다행히 그 걱정은 봄바람에 흩날리는 벚꽃같이 예쁘게 사라졌다.

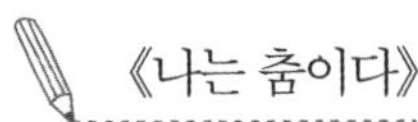

《나는 춤이다》

Q. 책에 대한 느낌

A. 절박해 보였다. 여기서의 주인공은 누구보다 절박하고 절실하게 운동을 했다. 그녀는 무대에 서는 것에 대한 두려움과 불안을 가지고 있으면서도

계속 무대에 서야만 했다. 그렇지만 그렇게 불안하게, 억압되어 살아가면서도 그녀는 무용을 놓치지 않았다. 놓아버리지 않는다는 표현이 적합할지도 모르겠지만, 그 어떤 누구라도 놓아버릴 만한 상황에서도 그녀는 자신의 가족을 버릴지언정 무용은 놓지 않았다. 결국 그녀가 숙청당하지만 그녀는 무용을 끌어안고 갔다. 그런 절박함과 같은 것들이 가장 인상 깊었고 그 절박함과 함께 끌어낸 광기 같은 것들이 무겁고 무서웠다.

Q. 감명 받은 구절이 있다면, 그렇게 생각하게 된 이유는?

A. "뭐든, 뭐든 말예요. 이건 기회예요. 나는 무대에서 죽을 수도 있는 사람이에요", "출 수 있어요, 출 수 있어요. 춰야만 해요. 이 기회를 놓쳐버리면 또 얼마나 기다려야 하는지 몰라요"라는 구절이 오래 기억에 남을 것 같다. 나는 그런 절박함을 생각해본 적이 별로 없다. 하고 싶은 건 대부분 할 수 있다고 생각한다. 하지만 이런 나의 생각이 다가 아닐 수 있다는 생각이 들었다. 절박함!! 나에게 절박함이란 무엇일까?

Q. 저자가 말하는 운동의 이유(가치)는?

A. 최승희에게 운동, 즉 무용이란 자신을 표현하는 언어였을 것이다. 단지 표현만이 아닌 의사소통의 수단이고 감정을 알아달라는 끝없는 외침과 같은, 그리고 더 나아가 자유인 것 같다. 이 책에서 그려지는 최승희의 삶은 뜨거웠다. 무지막지하게. 그리고 그 삶에서 빠져나올 수도 없었을 것이다. 그렇지만 그 삶을 감당하기에 북한이라는 닫힌 체제는 너무 춥고 차가웠다. 그렇기 때문에 그녀의 무용은 자신의 자유를 갈망하는 언어의 형식으로, 또는 그 이유로 이루어진 것 같다. 그리고 자신을 보호하는 자존감, 자

존심을 지키는, 자신의 생존의 이유였다. **(3학년, 박○○)**

《100km》

Q. 책에 대한 느낌

A. 전체적으로 쉬운 느낌의 평범한 소설책 같다는 생각이 문득 들었다. 그렇지만 아무래도 실제 경험을 바탕으로 쓴 이야기라 그런지 깐죽거리는 주인공의 삼촌이라든가, 하늘에 구멍이 뚫린 듯 쏟아져 내리는 깜깜한 밤에 저 멀리 보이는 회전차의 모습이라든가, 생각만 해도 배고파지는 고기 만두라든가 오뎅 같은 거. 나 역시도 주인공과 함께 100km의 긴 여행을 떠나는 듯한 기분에 책을 읽는 내내 설레었다.

Q. 감명 받은 구절이 있다면, 그렇게 생각하게 된 이유는?

A. 구절이라기보다는 주인공이 걸어가면서 느낀 과정들이 무척 부러웠다고나 할까. 나도 주인공처럼 잘하는 운동도 없고 그저 그런 아이인데, 그래서인지 더 주인공의 감정이 쉽게 이해되고 공감되었던 것 같다. 그래서 그 과정 하나하나를 주인공이 이겨나가는 과정이 가장 좋았던 것 같다.

Q. 저자가 말하는 운동의 이유(가치)는?

A. 도전을 통해 얻게 되는 소중한 것들이지 않을까. 100km 걷기에 어쩌다 도전하게 된 주인공이 그 과정에서 많은 것을 깨닫고 해피엔딩으로 끝난다는 그런 내용이다. 단순한 걸 좋아하는 나로서는 무척이나 맘에 들었던 스토리였다. 언제나 도전하는 것은 무모하고 괜한 고생 하는 게 아닐까

하며, 나 스스로 무언가에 도전하고 끝장을 보려는 태도는 보인 적이 없다. 하지만 나와 흡사한 주인공이 막상 성공해서 가족들과 부둥켜안는 모습을 상상했을 때 그렇게 부러울 수가 없었다. 어쩌면 도전은 나 혼자만을 뛰어넘는 것만이 아닌, 나를 지켜봐 주는 모두에게 희열과 감동을 줄 수 있는 하나의 해답이 아닐까 생각해본다. (3학년, 이○○)

보고서에 오롯이 담긴 아이들의 마음을 읽어내려 가면서 '아, 내가 보는 게 다가 아니구나'라는 생각을 했다. 내가 알고 있던 지식과 경험을 총동원하여 아이들의 삶에 의미 있게 다가갈 수 있는 책을 선정하기 위해 많은 고민을 했지만, 그런 고민을 통해 발견한 책들이 아이들의 시각에서는 전혀 다르게 읽힐 수도 있다는 것을 알았다. 내가 눈여겨보지 못하던 부분을 자신의 경험과 연결시켜 삶을 돌아보는 모습에 놀라지 않을 수가 없었다.

D-day를 위하여
: 분위기 조성하기

대부분의 아이들은 체육 교과를 '몸으로만 하는 수업'으로 인식하고 있다. 그렇기에 수업 분위기 조성이 중요하다. 아이들이 이 수업에 빠져들게 하기 위한 몇 가지 노력과 장치가 필요했다.

먼저 평소 책읽기의 중요성을 수시로 알리려 노력했다. 나부터 책읽기를 좋아하고 그것을 통해 많은 것을 알아가며 삶의 변화를 경험하고 있다는 것을 보여주려고 부단히 노력했다. 조회 시간이나 수업시간에 꼭 책을 끼고 다니면서, 조회 시간에는 책을 들어 보이며 "요즘 읽고 있는 책인데…"라고 책의 내용을 내 경험과 연결시켜 소개하곤 했다. 그리고 체육 시간에는 체육과 관련된 내용을 설명하면서, 특히 스포츠맨십이나 경쟁 또는 페어플레이 등과 같은 태도적인 설명을 할 때 자주 책을 거론하려고 노력했다. "《플레이 플레이 은하고》라는 책에서 은하고등학교 축구부 골키퍼는 이런 상황에서 스포츠맨십을 보이지 못하는데…"라는 식으로 말이다. 그리고 우리가 직접 경험해보지 못하는 것들을 책을 통해 경험할 수 있다고 자주 말하려 노력했다. 아마도 체육 교사가 책을 들고 복도를 활보하는 것만으로도 아이들은 느끼는 바가 컸을 것 같다.

토론 수업이 이뤄지는 장소도 중요하다. 체육 수업은 주로 체육관이나 운동장에서 이뤄지는데, 그곳에서는 독서토론 수업의 분위기가 나질 않기 때문이다. 조용히 책을 읽으며 자신의 경험을 돌아보고 친구들과 이야기 나누면서 생각의 폭과 깊이를 넓혀가는 과정이 필요한데, 체육관이나 운동장에서는 그것이 제대로 이루어지기가 힘들다. 그래서 학교 내의 넓은 공간, 그리고 사다리꼴 모양의 책상을 갖춘 장소를 찾아다녔다. 그 결과 내가 발견한 장소는 어학실이었고, 어학실은 생각했던 것 이상으로 수업하기에 좋은 곳이었다. 넓은 공간은 아이들에게 신선함과 쾌적함을 주었고, 사다리꼴 모양의 책상은 자유롭게 배열하여 책읽기, 모둠별 토론, 전체 토론이 원활히 진행될 수 있도록 도움을 주었다.

토론 수업의 목적은 아이들의 사고를 유연하게 하여 여러 생각들이 자유롭게 나오기를 바라는 것에 있다. 하지만 실제로 자신을 표현하는 수업을 할라치면, 아이들은 자유롭게 자기 얘기를 하는 데 주저하곤 한다. 이는 우리 교육이 안고 있는 가장 큰 문제점인데, 아마도 우리의 근현대사와 밀접한 연관이 있을 것이다. 그래서 나는 내 수업을 통해 학생들이 자신을 자유롭게 표현할 수 있는 능력을 갖게 되길 바랐다. 이를 위해 아이들의 마음을 편하게 해줄 수 있는 장치를 고심하였는데, 함께 근무하는 선생님 중 한 분이 '먹으며 대화하기'라는 방법을 추천해주셨다. 그래서 나도 그 방법을 활용해보기로 했다.

아이들에게 3차시 모둠별 토론과 5~6차시 전체 토론은 먹으면서 하자고 제안하고, '과자 한 봉지 준비하기'라는 과제를 내주었다. 또한 '먹으며 대화하기'를 통해 얼마나 자유로운 사고와 다양한 의견이 나올 수 있는가를 알아보기 위해, 과자가 있는 반과 없는 반으로 나눠 그 결과를 알아보고자 했다. 먹으면서 이야기하는 것은 분명 좋은 결과를 나타냈다. 먹을거리는 대화를 부드럽게 만들면서 다양한 의견을 수용하게 하는 마력을 발휘했다.

하지만 이때 주의할 점이 있다. 과자 한 봉지만으로도 충분한데 더 가져오는 아이들이 있고, 특히 음료수나 부스러기가 많이 생기는 라면류의 과자를 가져오면 오히려 토론 분위기를 망치는 경우가 있다. 그러니 먹을거리를 활용할 때는 그런 점들을 유념해야 할 것 같다.

1, 2차시
: 책을 읽으며 신체활동 가치 찾기

수업에 사용된 책은 총 8종이었는데, 도서부 아이들이 작성한 보고서를 토대로 선정했다. 도서목록을 바탕으로 아이들에게 책을 소개하고 읽을 책을 고르게 했다. 이때 미리 공지해야 하는 내용은, 같은 책을 읽는 아이들끼리 모둠이 된다는 것이다. 첫 수업을 한 학급에서는 내가 책을 소개한 후 원하는 학생이 나와 책을 고르게 하였더니 순번이 늦은 학생이나 반에서 힘(?)이 없는 아이는 읽고 싶은 책을 고르기가 힘들었다. 그래서 다음 수업부터는 다르게 해보았다. 먼저 책을 간략하게 소개한 후 내가 책을 들고 "이 책을 읽고 싶은 사람은 손을 드세요"라고 말한다. 책 한 종당 10권씩 준비했기 때문에 신청자가 10명 이하인 책은 바로 나눠주고, 신청자가 10명 이상인 책은 마지막에 가위바위보를 하여 책을 배분했다.

이제부터는 책읽기가 시작된다. 책상의 배열은 큰 원 모양으로 하였다. 이 배열은 사다리꼴 모양의 책상이 있었기에 가능했다. 그리고 그 원의 가운데에는 책상 두 개를 붙여 작은 원탁을 만들었다. 이곳은 다른 아이들의 책읽기를 방해하는 학생이나 책읽기에 집중하지 못하는 학생을 위한 곳으로, 아이들에게 '유배지'라고 불리었다. 그리고 장르에 따라 책 읽는 방법을 달리했는데, 소설은 처음부터 읽어야 이해를 할 수 있지만 수필이나 자서전 등은 목차를 보고 읽고 싶은 부분을 먼저 읽어도 좋다고 말해주었다. 내가 아이들에게 바라는 것은 2차시 동안 책을 그저 완독하는 것이 아니라는 점을 확실히 말해두었다. 완독을 하지 않더라도 책을 꼼꼼히 정성껏 읽음으로써 책에서 이야기해주는 신체활동의 가치를 찾을 수 있을 것이라고 생각했다.

1, 2차시 동안 책읽기를 진행하면서 각 시간 말미에 활동지를 기록하게 했다. '내가 찾은 신체활동 가치!!'를 간략하게 기록하여 3차시 토의·토론 수업의 징검다리를 놓는 것이다.

3차시
: 나와 다름을 인정하는 마음 배우기

3차시 수업은 같은 책을 읽은 아이들이 모여 대화(토의·토론)를 하는 것이다. 같은 책을 읽고 모둠별로 이야기를 나누면 '아, 저 아이는 이렇게 생각하는구나' 또는 '저 친구에게는 그런 경험이 있었구나' 하고 친구를 이해하는 좋은 기회가 되며, 더 나아가 자신을 되돌아보는 시간을 만들어줄 것이다. 나와 타인을 이해하는 경험, 이것이 요즘 교육이 놓치고 있는 부분이 아닌가 싶다.

그리고 활동지(첨부자료 1)를 나눠주었는데, 앞면에는 모둠원 스스로가 진행해야 하는 토의·토론의 방법을 간략하게 제시하였다. 하지만 활동지에서 글로 된 설명 부분이 어려웠는지 아이들은 그에 대한 질문을 많이 하였다. 그래서 제시된 방법에 대해 좀 더 구체적으로 설명해주고, 책을 읽으면서 저자 또는 주인공이 말하려고 하는 신체활동의 가치가 드러나는 부분을 찾아 그 내용을 바탕으로 자신의 경험을 덧붙여 활동지를 작성하고 토의·토론을 하게 하였다. 이때 중요한 것은 자신의 경험에 비추어 작성하고 대화하는 것이다.

저는 《100km》의 49쪽에 나오는 할아버지의 이야기를 하려고 해요. 할아버지는 아무런 이유 없이 걷고 있다는 사실만으로 행복감을 느낀다고 해요. 이 부분을 읽으면서 어떻게 걷는다는 사실만으로 행복할 수 있을까라는 생각을 했어요. 저에게 걷는 것은 뭔가를 얻기 위한 걸음이거든요. 예를 들어 학교에 등교하기 위해 걷고 학원에 가기 위해 걷거든요. 걷기는 단순히 나의 몸을 다른 곳으로 옮기는 목적으로 하는 행위, 이 정도 이유가 전부라고 생각했거든요. 하지만 할아버지는 그렇게 말하고 있지 않아요. 걷는 것만으로도 행복감을 느낄 수 있다는 말에 100퍼센트 공감이 가지는 않지만 그럴 수도 있다는 생각을 했어요. 제가 찾은 신체활동의 가치는 '행복감 얻기'입니다. (3학년, 이○○)

이 학생에게 걷기란 자신의 몸을 다른 곳으로 옮기는 것 외에는 다른 이유가 있어 보이지 않았다. 하지만 책 속에 등장하는 할아버지의 모습을 보고 자신이 생각했던 것이 전부가 아님을 알게 되었다. 할아버지의 걷기는 살아 있음을 확인할 수 있는 수단이며, 그 자체만으로 행복감을 얻을 수 있는 목적인 것이다. 이 학생은 아직은 이해할 수 없지만 자신의 생각의 폭이 넓어지고 깊어짐을 경험할 수 있는 계기가 되지 않았을까. 그것만으로도 이 활동의 의미는 충분하다고 생각한다.

이렇게 같은 책을 읽고 서로 다른 경험에 비추어 새롭게 이야기의 장을 만들기 위해, 모둠별로 토의·토론을 진행할 학생과 활동지를 작성할 학생을 정하게 하였다. 그리고 활동지의 뒷면에는 모둠원의 의견을 수렴하여, 다른 모둠에게 소개하고 싶은 신체활동 가치 한 가지를 선정해 작성하게 했다. 이때 민주적으로 설득의 과정을 거쳐 모둠원의 거수투표로 결정할 수 있다는 점을 말해주었다. 그 과정에서 아이들이 '나와 다름'이 '틀림'이 아님을, 그리고 그 다름이 인정되고 존중되어야 함을 자연스럽게 배워나갈 수 있기를 바랐다.

그렇게 결정된 신체활동 가치를 다음 수업(4차시)에서 어떤 방식으로(글, 그림, 상황극 등) 표현할 것인가에 대해 구상하게 하였다. 표현 장르에는 제한을 두지 않았는데, 모둠원의 재능과 소질, 그리고 표현하고자 하는 장면 또는 이야기를 고려하여 가장 잘 표현할 수 있는 장르를 선택하게 했다. 이 과정도 모둠원의 토의·토론을 거치게 된다.

이렇게 진행된 토의·토론의 모습은 내가 상상했던 것 이상으로 활발히 진행되었던 모둠이 대부분이었지만, 그렇지 못한 모둠도 있었다. 자신의 생각과 경험을 말하는 아이들의 표정은 각종 꽃들이 만개하는 봄을 연상케 하기도 했지만, 때로는 먹구름 가득하고 습한 장마철의 모습도 있었다. 모든 것이 생각과 계획처럼 되지 않음을 알게 되는 순간이었다. 하지만 애초의 계획에 그런 먹구름과 습함을 예상하고 포함시키지 못한 것을 탓해야 할 것이다.

토의·토론 수업이 이뤄진 지 얼마 되지 않았을 때다. 한 아이가 고개를 숙이고 눈물만 흘리고 있었는데, 평소 말수가 적고 의사표현력이 낮은 학생이었다. 모둠의 다른 친구들은 그런 모습을 자주 보아왔는지 대수롭지 않게 생각하는 듯했다. 아이에게 다가가 무슨 일이냐며 물었지만 아이는 대답 없이 눈물로 답하려는 듯 보였다. 그 모둠에서 토의·토론을 진행하는 아이는 평소 목소리가 크고 의사표현이 강한, 흔히 리더십이 있다고 하는 아이였는데, 혹시 진행을 맡은 아이가 그 아이를 막 다그친 거 아닐까 하는 생각이 들었다. 만약 그렇다면 역할을 정한 것이 문제가 될 수도 있는 것 아닌가. 진행자 역할을 맡은 아이가 만약 다른 친구의 말을 잘 들어주는 아이가 아닌, 말이 많은 아이였을 경우를 생각하지 못했던 것이다.

수업이 끝나고 그 모둠원들은 모두 남게 해서 왜 그런 일이 생겼는지를 물어보았다. 아이들과 둘러앉아 그때의 상황을 자세히 설명해주기를 요청하자 역시나 진행자 역할을 맡은 아이가 먼저 말을 하기 시작했다. 특히 눈물을 보인 그 아이는 다른 교과 시간에도 그런 모습을 많이 보인다며 그 아이의 탓으로 돌리는 모습까지 보였다. 화가 났다. 호흡을 크게 한 후 다른 아이들의 생각도 들어보고 싶다고 했다. 그러자 한 아이가 굳게 다문 입술을 힘겹게 열기 시작했다.

"서, 서, 선생님, ○○랑 저는 어렸을 때부터 친구예요. ○○는 어렸을 때는 매우 활발한 아이였어요. 물론 웃음도 많고요. 하지만 정확하진 않지만 ○○ 집에 무슨 일이 생기면서 조금씩 우울해졌어요. 그때부터 ○○는 자기 경험을 이야기하는 자리에는 전혀 관심을 보이지 않고 그 자리를 벗어나려고 해요. 오늘도 아마 그러고 싶었던 게 아닌가 싶어요."

아이들에게 고맙다고 말하고 교실로 돌아가도 좋다고 말했다. 특히 어렵게 말해준 아이의 어깨를 가볍게 두드리며 감사의 뜻을 전했다. 아이들이 모두 나간 텅 빈 어학실에 혼자 앉아 그 날의 사건을 처음부터 다시 생각해보았다. 아마도 그렇게 서럽게 울던 아이에게 그 날의 수업은 큰 상처로 기억되지 않을까 하는 생각에 마음이 무거웠다. 이런 상황을 만들지 않기 위해서는 어떻게 해야 하나 고민이 시작되었지만 그 고민이 언제 끝날지는 모르겠다. 그래도 이런 고민들이 모이다 보면 더 나은 수업과 배움이 되지 않을까. 모든 아이들의 입과 귀에 그리고 눈가에 봄이 오는 날을 생각해본다.

4, 5, 6차시
: 신체활동 가치 표현하기, 발표 및 전체 토론

4차시는 3차시 때 모둠별로 선정한 신체활동 가치를 표현하는 시간이다. 이때 표현 방법은 어떠한 것이라도 상관없다. 표현에 필요한 준비물도 가져와야 한다고 했지만 우리 아이들은 모두 말을 잘 듣지 않으니 내가 약간의 물품을 준비하였다. 채색 도구와 도화지, B4용지 등을 준비하고 아이들을 기다렸다.

아이들은 자신이 무엇을 해야 하는지 알고 있어 어학실에 들어오자마자 모둠별로 활동을 시작했다. 이렇게 만들어진 작품을 반별로 어학실 벽에 붙여놓고 모든 학생들이 볼 수 있게 하였다. 아이들은 같은 책을 읽은 아이들이 어떤 부분을 중요하게 생각하고 또 그것을 어떻게 표현했는가에 관심이 많았다. 그러한 관심을 매개로 한 대화가 아이들의 생각을 깊고 넓게 해주리라.

마지막으로 5, 6차시는 모둠별로 작품을 발표하고 전체 학생들이 자유롭게 대화하는 시간이다. 모둠에서 표현된 어떤 장면을 통해 드러내고 싶은 신체활동 가치에 대해 서로의 경험과 생각을 이야기하는 즐겁고 유쾌한 시간이었다.

어느 모둠에서는《달리기를 말할 때 내가 하고 싶은 이야기》를 읽고 상황극을 꾸며냈다. 모둠에서 각자 맡은 역할에 혼신의 연기를 펼치는 모습, 그리고 자기만의 개그 코드를 사용해 친구들을 즐겁게 만들었던 아이들의 모습이 생각난다.

책의 내용을 재구성해서 대본을 만들었어요. 아이들과 함께 이런 작업을 하는 것이 이렇게 재미있는 일이라는 걸 처음 알게 되었어요. 각자 자신의 개성을 드러낼 수 있는 대사를 작성하고 그것을 연습하는 내내 즐겁게 웃으면서 했어요. 물론 아이들 앞에서 나를 드러내는 일이 쉽지 않았지만 이 경험을 통해 나에 대해, 나의 끼를 발산하는 계기가 될 수 있다는 느낌이 드는 순간 두려움이 사라지더라고요. 모두가 열심히 각자 맡은 역할에 충실했기에 기억에 남는 수업이 될 수 있었던 것 같아요. 그리고 운동을 소재로 이런 것이 가능했기에 더욱 의미 있었던 것 같아요. **(3학년, 이○○)**

수업 진행은 교사인 내가 아니라 모둠원들이 맡아 진행했다. 모두가 해도 좋고 한 명이 대표로 해도 좋다. 진행할 때 중요한 것은 자기 모둠원의 말은 줄이고 다른 모둠 아이들의 이야기를 끌어내는 것이라고 강조했다. 아무 거리낌 없이 자신의 이야기를 하는 아이와 그것을 정성을 다해 들어주는 아이들이 있는 공간. 아마도 그 공간은 학교가 만들어야 하는 바로 그런 공간일 것이다.

절반의 성공, 절반의 실패

책 읽고 토론하는 아이들의 꽃 같은 모습에 가슴 벅차기도 했지만 몇 가지 문제점이 발견되기도 했다. 우선 내가 선정한 책들이 중학교 아이들에게는 너무 어려웠다. 운동에 관심이 없는 학생들은 스포츠 용어와 경기

규칙에 대해 알지 못하는 경우가 대부분이다. 그런 배경지식이 없는 상태에서 책의 내용을 이해하고 저자 또는 주인공이 말하려고 하는 신체활동 가치를 찾아내는 일은 여간 어려운 일이 아니다. 서점에서 책을 고를 때 스포츠 또는 신체활동에 관한 내용에만, 체육 교과에서 사용될 수 있는 내용에만 너무 신경을 썼기 때문이리라. 평소 책읽기를 좋아하는 어느 여학생의 이야기를 통해 문제점을 크게 인지할 수 있었다.

요즘 체육 시간에 책으로 수업을 한다. 신체활동 가치를 찾아보고 그것에 대한 의미를 내 삶 속 신체활동과 연관시켜 생각해보자는 수업이다. 책으로 체육 수업을 하는 방식은 신선하며 몸을 많이 움직이지 않고도 신체활동의 가치를 간접 체험할 수 있다는 점에서 좋은 것 같다. 하지만 그렇지 못한 점도 있는 것 같다. 내가 읽고 있는 책은 야구에 관한 책인데, 야구에 대해 평소 잘 모르던 나에게는 책의 내용이 잘 이해가 되질 않는다. 야구 규칙과 용어가 익숙하지 않아 그런 것 같다. 규칙과 용어에 대해 알아가면서 책을 읽을 수 있다면 지은이가 이야기하고자 하는 것을 알 것 같기도 하다. 아무튼 책으로 체육 수업을 하니 좋은 점도 있지만 그렇지 못한 점도 있는 것 같다. **(3학년, 최○○)**

그래서 다음 수업에서는 처음 책을 읽을 때부터 모둠별로 모여 앉아 읽게 해야겠다고 생각했다. 그러면 책을 읽다가 생소한 용어나 규칙에 대해 서로 묻고 대답해주면서, 함께 책 읽는 경험을 제공해줄 것이다. 아마 이런 경험을 통해 서로가 문제를 해결하는 방법을 배우게 될 것이며, 그런 경험을 통해 삶 속에서 예기치 못하게 발생하는 문제도 서로 힘을 모아 슬기롭게 해결해갈 수 있다는 배움을 얻을 것이라 확신한다.

또 한 가지 문제점은 책 속의 스포츠 또는 신체활동이 다양하지 못했다는 점이었다. 한 아이가 교무실 책상에 놓고 간 편지를 보면 이 부분을 미처 생각하지 못했음이 아쉬움으로 남는다.

선생님! 배드민턴에 관한 책은 없어요? 배드민턴이 좋은데. 최근에 아빠와 함께 배드민턴 클럽에서 운동을 하는 것을 좋아하거든요. 어렸을 때는 아빠랑 같이 운동했던 적이 많았지만 중학교에 진학하면서 아빠는 회사가 어려워졌다는 말과 함께 항상 늦게 퇴근하고, 쉬는 날이면 피곤하다며 잠만 잤거든요. 그런 아빠가 싫었어요. 그래서 중2학년 때(중2병)는 공부도 하기 싫고 집에 가도 별 재미가 없어 밖으로만 돌았어요. 그러다 보니 성적은 계속 떨어지더군요. 부모님과의 사이는 더욱 안 좋아졌어요. 부모님은 모두 이유를 저한테만 있다고 하시는데, 그렇지 않은 것 같아요. 부모님이 힘드신 건 알지만, 사실 저도 많이 힘들었거든요.

이런 제 마음을 알아주셨는지 최근에 아빠는 일주일 3번은 꼭 같이 배드민턴 클럽에 나가 운동을 해요. 아빠가 같이 시간을 보내자며 배드민턴을 제안하더라고요. 배드민턴은 나에게 아빠를 되돌려준 소중한 친구예요. 그 친구를 더욱 알 수 있는 책을 보고 싶어요. **(3학년, 김○○)**

이 편지를 읽는 내 가슴에 뭔가 모를 뭉클함이 쑥 올라왔다. 아빠와 아들의 모습이 눈에 선하게 그려지는 듯했다. 그건 어쩌면 내 학창시절과 비슷해서였는지도 모른다. 그 아이는 체육 시간이 되면 언제나 교무실에 와서 "체육 어디서 해요?" 하고 잔뜩 기대에 찬 얼굴로 묻곤 해서 귀찮은 내색을 하지 못한다. 체육을 좋아하는 그 아이에게 나도 환하게 웃으며 짧고 굵게 "체육관!!"이라고 말한다. 그 말을 듣는 아이의 얼굴에는 곧 환한 웃음꽃이 번지면서 "넵!!" 하고 힘차게 교무실을 나간다. 이 모습도 내 학창시절과 닮아 있다. 그 아이에게 그런 속사정이 있었는지는 몰랐다. 그런 아이에게 원하는 책을 주지 못함이 너무나 미안했다. 아이들이 평소 관심을 갖고 있던 스포츠 또는 신체활동을 고려하지 못한 도서 선정이었던 것이다. 새롭게 시도되는 체육 수업이라 책의 범위가 아직 넓지 않다는 변명만 한 채 아이들이 이해해주길 바랐던 내가 부끄러워졌다.

그리고 마지막으로, 아이들의 동기부여를 고려한 '시기'가 중요하다는 점을 덧붙이고 싶다. 독서수업을 진행한 시기는 신나는 여름방학이 있는 7월이었는데, 2차 지필평가도 끝나고 방학을 앞두고 있어 아이들이 미친 것처럼 들떠 있었다. 도저히 가만히 앉아 책을 읽을 수 있는 상태가 아니었다. 또한 장마철이라 후덥지근한 날씨도 책을 읽는 데 큰 방해요인이었다. 몸을 움직이고 싶어 환장할 시기에 교실의 딱딱한 의자에 웅크려 앉아 지금껏 시험공부를 했을 아이들을 생각하니 미안한 마음도 들었다. 그래서 2014년도 1학기에는 3월 학기를 시작하면서 바로 독서수업을 했다. 아이들이 신체활동은 '가치'라는 걸 처음부터 알면 이후 운동을 하는 게 더욱 의미 있는 일이 될 거라고 생각했기 때문이다.

독서수업을 통해 얻은 가장 큰 수확이라면, 운동을 기피했던 아이들의 변화 모습을 볼 수 있었다는 것이다. 체육 교사로서 아마 가장 큰 보람이자 즐거움이 아닐까 생각한다. 그런 아이들의 모습을 보면서 내가 나아가야 할 교직의 길을, 아직 뚜렷하지는 않지만 방향은 찾은 것 같다.

학교 체육 시간 독서활동을 하면서 저는 안 하던 운동을 하게 되는 계기가 되었어요. 조금 예전 이야기이긴 한데, 초등학교 때부터 많은 선생님들이 저를 운동하게 하려고 많이 노력하셨는데 대부분 다 제가 운동을 싫어하고 기피해서 결국 운동을 안 했거든요. 그런데 학교 체육 시간에서 신체활동 가치에 대한 탐구를 위한 독서토론 수업과 동호회 탐방 보고서 쓰기를 한 후 신체활동 및 운동에 흥미를 붙여 체육 선생님과 함께 운동을 같이 하게 되었어요. 운동장을 그냥 냅다 뛰는 운동부터 시작했는데, 처음엔 워낙 운동을 해오지 않아서 체력도 금방 떨어지고 숨도 금방 차서 오래 뛰지 못했었다가 이제는 체력도 많이 좋아진 것 같고 숨도 덜 차서 오랫동안 뛸 수 있게 된 것 같아요. 이제는 달리기뿐만 아니라 배드민턴도 열심히 치고 있고, 방학이 되어 시간이 좀 나서 꾸준히 강아지 산책과 더불어 근처 공터에서 열심히 운동을 하고 있어요. 이렇게 운동을 하게 되면서, 조금만 무리해도 몸이 아프더니 이제 건강해져서 보다 많은 활동을 하게 되었다고 생각해요. **(3학년, 김○○)**

1학기 독서토론 시간에는 저는 야구에 관련된 책을 읽었어요. 이 책의 주인공인 야구부 매니저는 선수 매니지먼트 일을 하게 되면서, 이제 선수들에 대한 투자나 야구라는 운동을 하는 선수들을 어떻게 잘 관리할까에 대한 고민들을 하는 모습이 주되었던 기억이 있어요. 이 책에서 직접적으로 이야기하는 신체활동 가치는 정확히는 기억이 나지 않지만, 아마 이 책의 주인공은 야구장에서 얻은 느낌이 신체활동의 영감이 되었던 것으로 기억해요. 저는 이 수업을 통해 운동을 무작정 건강 때문에 시작해야 한다는 것이 아니라 내가 진정으로 운동을 즐기기 위해 나만의 신체활동 가치를 찾아야겠다는 생각을 했어요. 그래서 지금은 주변의 도움으로 저만의 신체활동 가치를 찾게 되었죠. (3학년, 김○○)

2단계 프로그램
: 동호회 탐방으로 신체활동 가치 경험하기

책에서 간접적으로 경험했던 신체활동 가치를 더욱 생생하게 경험할 수 있는 기회를 제공해야겠다고 생각했다. 그러던 중 책을 읽고 저자를 찾아가 인터뷰하는 고등학생들의 모습을 책에서 보게 되었다. 그 아이들이 처음에는 저자 인터뷰가 성공할 수 있을지 확신하지 못했지만 각자 역할을 나눠 책임감을 가지고 하나씩 만들어가는 모습이 생생하게 쓰여 있었다. '이런 경험을 통해 아이들이 성장하는구나'라는 생각이 들었다. 그래서 난 나만의 방식으로 그런 성장을 아이들에게 선사하고 싶었다. 책을 통해 간접적으로 경험하는 것들도 중요하지만 생생하게 신체활동 가치를 경험하고 있는 인생 선배의 이야기를 듣는다면 더욱 의미 있는 시간이 되지 않을까 싶었던 것이다.

먼저 아이들이 생활하는 지역에서 활동 중인 동호회를 파악하는 것이 중요했다. 얼마나 많은 종목에서 얼마나 많은 지역 사람들이 동호회에 포함되어 신체활동 가치를 느끼고, 그것을 실현하기 위해 노력하는가를 알아보기 위해서다. 또한 아이들이 나중에 사회에 진출해서 지역사회의 일원으로 당당히 한 역할을 차지하기 위해서는 이런 지역 선배들과의 만남은 교과의 구분을 넘어 중요한 경험일 것이다.

학교가 위치한 지역의 체육회장을 만나 이러한 생각과 계획을 전달하고 도움을 청했다. 그는 흔쾌히 도와주었으며, 그렇게 해서 그 지역 동호회 현황을 파악할 수 있었다. 아이들에게 종목별로 어떤 동호회가 어디에서 언제 활동하는지를 알려주었다. 같이 책을 읽고 작품을 만들면서 친해진 아이들끼리 모여 어떤 종목을 언제 인터뷰할 것인가를 정했다. 그리고 인터뷰를 하기 위한 계획서와 보고서 양식을 홈페이지에서 다운로드하여 사용할 수 있도록 했다.

아이들은 새로운 형식의 논술 수행평가에 긴장하면서도 궁금해하는 모습이 역력했다. 그러한 경험을 통해 아이들이 무엇을 배워갈지 나도 긴장하고 설레기는 마찬가지였다. 아이들이 이 과정에서 배운 것을 소개한다.

동호회를 탐방하면서 회장님이 가지셨던 신체활동 가치는 인내심을 통한 성취감이라거나 자기 발전 등에 초점이 맞춰져 있었다. 그리고 또 다른 질문에서 동호회 회장님이 '어느 운동에 매력을 느껴서 그 운동 동호회에 들거든 같이 어울려 소속감을 가질 수 있도록 노력하라'는 말씀을 해주신 것을 보아, 함께 하는 운동에서 서로에 대한 배려와 소속감에 대한 중요성도 알게 된 것 같다. 이렇듯 운동은 건강을 위함이 전부가 아니라 사회성, 서로에 대한 배려 등 타인과 교감할 수 있는 법도 배울 수 있는 또 하나의 방법이라는 것을 배우게 되었다. **(3학년, ○○○조 보고서)**

신체활동의 가치라는 말은 사실 우리로선 생소했다. 사전적 정의로는 이해하기 힘든 말이었다. 하지만 그것은 누군가의 경험을 듣는 것만으로도 충분히 이해할 수 있었던 것이었다. 무언가를 이루어내었다는 성취감과 그로 인해 얻는 기쁨, 만족감, 그에 더해 몸도 마음도 정신도 모두 건강하게 되는 것이 바로 '신체활동의 가치'라는 것을 이번 인터뷰를 통해 이해하게 되었다. 운동이라는 것은 단순한 여가활동 그 이상이었다. 말로만 들어도 느낌이 팍팍 오는데 직접 해보면 얼마나 그 가치를 몸과 마음으로 느낄 수 있을까. 항상 미뤄두었던 운동. 이젠 실천해야겠다. **(3학년, ○○○조 보고서)**

텃밭 이야기

내가 진행하는 독서토론 수업에 대해 소개하는 자리가 몇 차례 있었는데, "한번 해본 수업에 어떻게 그렇게 확신할 수 있나요?"라는 질문을 받은 적이 있다. 내 답변은 "아이들이 독서를 통해 신체활동 또는 운동이 삶에 영향을 준다는 것을 생각하고 경험할 수 있다고 확신해요"였다. 하지만 그런 생각이나 경험이 꼭 독서가 아닌 다른 것을 통해서도 이루어질 수 있다는 생각은 하고 있다. 독서가 아니더라도 그러한 생각과 경험을 갖게 할 수 있는 활동이라면 충분히 체육 교육적으로 의미가 있을 것이라 생각한다.

얼마 전 《세상을 담은 밥 한 그릇》(김은진 외)이라는 책을 읽은 적이 있다. 인문학적 시각에서 밥에 대해 청소년들이 생각했으면 하는 것을 다룬 책이었는데, 그래서 나도 밥을 먹을 때 보통 때와는 다르게 먹게 되었다. 밥상에 올라온 흰쌀밥과 각종 반찬들을 주의 깊게 들여다보고 생각할 수 있는 계기를 책이 마련해주었던 것이다. 내가 지금 먹고 있는 흰쌀밥은 찰기가 없는 것으로 보아 베트남에서 넘어온 품종의 쌀일 수도 있겠구나, 또

앞에 놓인 반찬들 중 74퍼센트가 우리 농산물이 아닌 다른 나라에서 수확하여 무수히 많은 사람을 거쳐 밥상에 오른 것이구나, 이 고사리를 비롯한 음식을 먹으면 내 몸에 어떠한 영향을 미칠 것인가 등등. 아마도 이 책이 없었다면 밥과 반찬에 대해 그렇게 생각할 수 있는 계기를 마련할 수 있었을까 하는 생각이 들었다.

체육 교과에서 아이들에게 소개되는 스포츠 또는 운동들에 대해 아이들은 얼마나 알고 있을까? 어떠한 배경과 목적으로 우리나라에서 행해지고 있으며 지금까지 우리에게 권하는 것일까? 그냥 몸에 좋다고 하니, 또는 스트레스 해소와 인간관계 형성에 좋다고 하니 배우는 것일까? 그리고 과연 그런 스포츠와 운동을 그냥 하기만 하면 그런 좋은 영향들을 저절로 습득하게 되는 것일까?

얼마 전 여러 가지 고민들이 머릿속에서 떠나지 않아 마음고생을 했었는데, 문득 머릿속을 비우고 싶다는 생각에 뭐라도 해야 할 것 같아 마당의 텃밭에 나갔다. 올 봄부터는 이곳에 생명을 싹트게 하겠다는 다짐을 실천으로 옮기기 위해서다. 지난 가을에 밭의 모양만 만들어놓고는, 학교 교정에 국화가 예쁘게 피었기에 한두 뿌리 캐어다 옮겨놓았을 뿐이었는데 그 국화가 한겨울을 꿋꿋하게 버텨내더니 다시 찾아온 봄에 새롭게 커가고 있는 모습을 보았다. 참 기특하였다.

그런데 그곳 흙을 자세히 들여다보니 수분은 없고 거친 산업용 자갈과 폐기물 같은 것들이 잔뜩 섞여 있었다. 정말 척박하다는 표현이 딱 맞을 정도였다. 그래서 장갑을 끼고 손으로 흙을 뒤집으며 그것들을 골라내기 시작했다. 밭에 쪼그리고 앉아 한참을 작업하니 이마에는 땀이 송글송글 맺혔고 다리가 아파왔다. 작업이 끝난 뒤 허리를 펴서 한 걸음 물러나 밭을 들여다보니, 밭은 처음과는 다른 모습이 되어 있었다. 그 흙에서는 무엇이든 새롭게 태어날 수 있을 것 같다는 생각이 들었다. 문득 번뜩이며 스쳐가는 생각이 있었다. 아마도 독서교육이 이런 것이 아닐까?

우리 아이들은 거친 자갈과 폐기물에 의해 마음이 척박해져 있지 않을까. 그런 아이들에게 세상 누군가의 삶을 통해 자신의 삶 속에 박혀 있는 근심과 상처를 빼낼 수 있는 기회를 책이 마련할 수 있을 것이다. 그렇다면 우리 아이들이 때로는 마음 아프고 걱정거리로 힘들어할 때 신체활동과 운동을 통해 극복할 수 있는 모습을 보여준다면 스스로 그 근심과 상처를 이겨낼 수 있지 않을까.

한 걸음 더,
청소년소설 코너를 접수하다

2014년 새 봄을 맞아, 아이들의 삶을 소재로 한 청소년소설에 눈길을 돌렸다. 또 다양한 신체활동이나 운동을 소재로 한 이야기를 찾기 위해 노력했다. 지난해 수업에서 아이들이 책을 읽어내는 데 많은 어려움이 있었다는 것을 알기에 더욱 그랬다. 서점에서 청소년소설이 진열된 책장을 둘러보며 소설을 뒤적였다. 소설 속의 등장인물이 신체활동과 운동을 통해 성장해가는 모습에 초점을 두었는데, 비교적 많은 소설이 그런 내용을 담고 있었다.

이러한 책들로 다시 도전해볼 생각을 하니 기분이 좋아졌다. 이 목록은 체육 교과에서 아이들에게 신체활동과 운동의 가치를 다시 생각해볼 수

서명	종목	지은이	줄거리 및 활용법	관련 가치
100km	걷기	가타카와 요코	미치루라는 아이가 삼촌의 권유로 참가하게 된 100km 걷기 대회를 통해 사람들을 만나고 그 만남으로 성장해가는 모습을 그린 성장소설이다. 신체활동의 의미를 알지 못하는 여학생들에게 읽힌다면 좋을 것 같다.	도전
홈으로 슬라이딩	야구	도리 H. 버틀러	야구를 즐겨하던 여학생이 이사를 하게 된다. 이사를 가게 된 도시에서는 야구는 남학생만이 하는 운동으로 정해져 있다. 전학을 간 학교에서도 그런 이유로 여학생에게는 소프트볼을 하라고 권유한다. 여학생은 이를 인정할 수 없어 여러 가지 방법으로 그런 성차별적인 관념에 도전해나간다. 결국 여학생은 그 지역 여자야구리그를 만들게 된다. 이 소설을 통해 양성평등에 대해 생각해볼 수 있으며, 주인공에게 야구가 단순히 몸을 움직이는 스포츠를 넘어 삶의 일부였던 것을 아이들에게 알려준다면 스포츠를 새롭게 인식할 수 있는 계기를 마련할 수 있을 것이다.	경쟁 건강
열아홉의 프리킥	축구	줄리 A. 스완슨	축구선수 여학생의 꿈을 이루기 위해 헌신적인 사랑을 보여준 아버지가 암으로 세상을 떠난다. 그러자 주인공은 가족보다 축구가 더 중요하다고 생각했던 자신이 싫어 축구를 하지 않기로 한다. 하지만 엄마와 남자친구의 권유로 다시 축구를 하게 되는데, 그때의 축구는 예전의 축구와는 다르다. 승부보다는 축구의 진정한 가치를 찾게 된 것이다. 승부보다 중요한 가치를 배울 수 있는 작품이다.	경쟁
뛰어, 뛰어!	마라톤	슈리람 아이어	뭐든지 잘해내는 동생과, 장애를 갖고 있어 항상 동생과 비교 당하는 형의 이야기다. 자신의 존재를 드러내기 위해 시작한 마라톤, 결국에는 가족 모두의 응원에 힘입어 올림픽에서 금메달을 딴다. 장애를 바라보는 관점, 마라톤이라는 운동의 가치를 생각해볼 수 있는 작품이다.	도전
플레이 플레이 은하고	축구	김재성	승부 조작과 관련된 내용이다. 언론을 통해 보도되는 승부 조작 사건에서는 승부 조작을 강요당하는 아이들의 모습은 생략되는 것이 현실인데, 이 책에서는 그런 아이들의 심정의 변화 모습을 자세하게 보여준다. 스포츠에서 승부 경쟁의 문제점을 생각해볼 수 있는 계기를 마련해준다.	경쟁
그냥, 컬링	컬링	최상희	컬링이라는 비인기 스포츠를 통해 이 시대 청소년들의 마음을 엿볼 수 있는 작품이다. 제목의 '그냥'이라는 말에서 현 시대의 청소년들의 심정을 나타내고자 하는 작가의 노력을 엿볼 수 있다. 컬링 팀으로 구성된 청소년들이 겪게 되는 어려움을 통해 삶을 배워가는 아이들의 모습을 볼 수 있다.	도전
합체	농구	박지리	키가 작아 항상 손해를 보는 쌍둥이 형제, 체와 합의 이야기이다. 체는 합과는 다르게 어떤 변화를 통해 그것을 극복하고자 한다. 그러던 중 계룡산에서 수련하게 되면서 그런 것이 아무것도 아니라는 생각을 하게 된다. 계룡산에서 나온 합과 체는 마음이 많이 자란 모습을 보여준다. 보이는 것보다 중요한 것이 있다는 것을 알게 해주는 작품이다.	경쟁 건강

있게 하는 좋은 자료가 될 수 있을 것이다. 그렇게 발품을 팔며 보낸 공들인 시간의 결과물은 왼쪽의 표와 같다.

왜 1학년 첫 수업이 독서토론 수업이었나?

2014년도에는 1학년을 맡았다. 1학년 아이들은 체육 시간에 책을 가지고 수업을 한다고 해도 별 반감이 없었다. 아직은 때가 덜 타 그런 것 같다. 아니면 중학교에 처음 입학했으니 '아, 중학교에서는 체육도 다르게 하는구나' 하고 생각했는지도 모른다. 아무튼 잘된 일이다.

아이들은 초등학교에서 체육을 경험해보고 중학교에 입학하게 된다. 중학교는 모든 교과 선생님이 따로 있다는 게 초등학교와 다르다. 물론 초등학교에도 체육 전담 교사가 있다고는 하지만, 초등 체육에서는 신체활동 또는 운동을 하는 것에 집중되어 있을 뿐 왜 신체활동 또는 운동을 해야 하는지를 배울 기회가 없다. 그런 배움이 없는 상태에서 신체활동 또는 운동을 하는 것은 '왜?'가 없는 배움이 될 것이다. '왜?'가 없는 체육 교육은 알맹이가 빠진 배움이라고 생각한다.

1~3차시 동안에는 책을 읽었다. 글 읽는 속도가 느린 친구들을 위해 담임선생님의 양해를 구해 아침 자습시간 30분을 활용하기도 했다(이 부분에 대해서는 계속적인 보완이 필요하다고 생각한다). 아무튼 4차시 활동을 시작할 때에는 대부분의 학생들이 책을 완독한 상태가 되었다. 물론 그렇지 못한 아이들도 간혹 있어서 요즘에는 더 읽기 쉬운 책을 찾고 있는 중이다.

최근에 찾은《맨발로 달려라》(하이타니 겐지로)라는 책이 좋은 예다. 이 책은 달리기라는 신체활동을 통해 무엇을 가르치고 배워야 하는지, 그리고 달리기를 어떠한 생각과 느낌으로 배워야 하는지 알려주는 좋은 책이다. 그러면서도 글이 쉽게 쓰여 있고 중간 중간 삽화가 들어가 있어 내용에 관한 상황을 쉽게 알 수 있기 때문에 읽기 능력이 낮은 학생들에게도 알맞은 책이라고 생각한다.

그리고 4~5차시에 독서·토의를 진행했다. 같은 책을 읽은 아이들끼리 모여 앉아 대화를 하게 했는데, 이때 두 가지에 중점을 두게 했다. 하나는 책에서 중심적으로 이야기하는 내용이 무엇인지를 찾고, 다른 모둠 아이들에게 이 책을 어떻게 소개할 것인지를 구상하는 것이다. 다른 하나는 가치성장 카드를 한 장씩 선택하여 책의 내용에 대한 자신의 생각을 이야기하는 것이다. 그 과정에서 나온 이야기는 큰 종이에 쓰도록 했다.

요즘 아이들은 친구와 함께 무엇을 만들어나가는 경험을 자주 갖지 못한다. 자기 것을 자기가 알아서 하는 것에만 익숙하거나 남이 시켜서 하는 경우가 많다. 그리고 삶을 살아가는 데 필수적인 타인에 대해 생각하는 능력이 부족하고, 스스로 문제를 해결해나가는 능력이 길러지지 않은 경우가 자주 눈에 들어온다. 그러한 능력을 길러주기 위해서라도 책을 함께 읽고 서로의 생각을 나누는 자리를 만들어주는 기회를 제공하고 싶었다. 어쩌면 책의 내용을 알아가는 것보다 중요한 것은, 자신을 되돌아보고 앞에 있는 친구를 알아간다는 것일 수도 있을 것이다.

6차시는 모둠 발표 시간으로 했다. 모둠 구성원 전체가 교실 앞으로 나와서, 자기들이 생각한 내용을 적은 큰 종이를 칠판에 붙이고 자신들이 대화한 내용을 발표하게 했다. 아무래도 중학교 1학년 학생이다 보니 아직은 발표하는 것에 익숙하지 않아 어려움을 보이기도 했지만, 경험이 없어 그런 것이니 크게 염려하진 않았다. 이런 경험을 통해 아이들은 분명 성장한다고 생각하기 때문이다.

책을 읽기 전에 체육 교과에서 아이들이 배우길 희망하는 신체활동 가치와 건강에 대하여 문답식 수업을 진행했는데, 아이들이 건강에 대해 어떻게 생각하고 있는지를 질문하고 칠판에 적었다. 그러한 유도식 질문을 통해 아이들은 자신의 경험을 되돌아보며 생각하고 있었다. 단순히 신체적인 건강만이 아닌 정신적, 더 나아가 사회적으로 건강한 삶이 무엇인가를 알아갈 수 있었다. 이런 수업 이후에 책을 읽으면서 책 속에 등장하는 인물의 건강에 대해 생각할 수 있도록 활동지를 만들어 제공하였다. 책읽기가 진행된 1~3차시 동안 수업 종료 10분 전에는 활동지를 작성하는 시간을 주었다.

다음은 2차시 활동지의 질문과 학생의 답이다.

질문: 관계 형성 및 유지라는 측면에서 신체활동은 어떠한 영향을 미친다고 생각하나요? (책의 내용을 근거로 작성하되, 자신의 경험이 포함되어야 해요.)

답변: 스포츠는 사람과 사람의 관계 형성에 큰 도움을 준다. 스포츠 활동에 참여하면서 더 원만한 인간관계를 형성할 수 있고 친해질 수 있다. 하지만 그 뒤엔 이런 말이 붙는다. "만약 정정당당히 경기에 임한다면." 이 책에서는 몇 사람의 이익을 위하여 승부 조작이 된다. 정정당당하지 못하게 게임에 임할 수밖에 없었던 주인공은 죄책감에 시달린다. 그리고 몇 년 후 이런 일이 더 이상 일어나지 않도록 하기 위해 그는 심판이 된다. 친구들 간

놀이로 스포츠가 진행될 때는 별 문제가 없다가, 꼭 점수가 집계되고 그 점수로 인해 뭔가 결정되는 상황에 놓이면 승부가 치열해지는 경우가 있다. 얼마 전 친한 친구랑 그랬던 적이 있다. '정정당당히'라는 말과 '승부'라는 말의 연관성이 궁금하다. **(1학년, 김○○)**

이 아이가 읽은 책은《플레이 플레이 은하고》라는 책이다. 아이는 스포츠 또는 신체활동에 임하는 태도에 대해 배움을 얻어냈다고 볼 수 있다. 우리가 알고 있는 스포츠를 스포츠답게 만드는 특징 중 가장 핵심인 경쟁성을 자세히 들여다볼 필요가 있다. 체육 교과의 내용은 대부분 스포츠가 주된 내용이므로 스포츠를 배울 때 꼭 생각해야 할 부분인 것이다. 잘못 배우면 이기기 위해 무슨 수라도 쓰는 것을 배울 수 있기 때문이다. 꼭 우리 사회를 보는 것 같아 마음이 씁쓸하다. 아마도 이 아이는 스포츠를 배우거나 경험할 때 그런 것을 알고 신중하게 진솔한 마음을 갖게 될 것이다.

다음은 3차시 활동지의 질문과 학생의 답이다.

질문: 책 속 내용 중 자신의 일상생활(운동습관, 신체활동 모습 등)을 변화시킬 수 있는 부분을 찾아 쓰고, 자신의 일상생활에 어떠한 변화를 가져왔는지 이야기해보세요. (자신의 경험을 토대로 작성하세요.)

답변: 책의 내용 중 "이렇게 내가 가진 모든 열정과 힘을 쏟아 부어 무언가에 도전해본 일이, 자신의 한계를 극복하기 위해 불가능해 보이는 일에 맞서 싸워본 일이 지금까지 단 한 번도 없었다. (…) 지금 나를 걷게 만드는 힘은 무슨 일이 있어도 완보하고 싶다는 간절한 바람이었다. 아무리 어렵

더라도 끝내 100km를 멋지게 완보하고 싶다는 마음, 진심으로 응원해주는 사람들의 마음이 나를 걷게 했다"라는 부분이 나의 생각이나 행동에 변화를 불러왔다.

초등학교에 다닐 때 나는 발목이 골절되고 목을 다쳐 신체활동에 참여하고 싶어도 못 한 적이 있었고, 그런 적이 많아지다 보니 하기 싫어하기까지 했다. 이런 나의 모습을 생각하고 있을 때 문득 책의 내용을 통해 스스로에게 질문하고 있었다. '나는 내가 가진 모든 열정과 힘을 쏟아 부어 했던 적이 있었나? 나를 신체활동에 참여하게 했던 힘은 무엇일까?'라는 생각이 들었고, 이러한 생각에 대한 답을 찾기 위해 노력했다. 생각을 계속해 보니 내가 신체활동에 참여했을 때 잠시 느낀 승리의 쾌감과, 팀원과 힘을 모아 무언가를 이뤄냈다는 성취감이 신체활동에 지속적으로 참여할 수 있도록 나를 이끌었고 점점 더 신체활동의 재미를 느꼈던 것 같다.《100km》라는 책은 나에게 감동과 변화를 가져다준 책이다. **(1학년, 이○○)**

이 아이는《100km》를 읽었다. 주인공 미치루가 100km 걷기 대회를 통해 포기하지 않고 끝까지 완주하는 모습에서 큰 감동과 변화를 가져왔다고 진술하고 있다. 아마도 이 학생은 신체활동 또는 운동에 참여할 때 그때의 감동을 생각하면서 자신도 포기하지 않고 끝까지 이겨내도록 노력할 것이다. 또한 그러한 모습은 일상생활에 전이되어 공부나 어려운 일에 처할 때도 포기하지 않을 것이다. 이는 분명 삶을 변화시키는, 무엇이라도 될 수 있다는 희망을 안겨주는 계기가 될 것이다. 바로 이것이 내가 원하는 바이다.

나는 아직 교직 경력이 짧다. 아이들을 매일 만나 대화하고 같이 운동하고 삶에 대해 고민한다. 놀라운 것은 아이들 하나하나가 어쩜 그렇게 다를 수 있을까 하는 것이다. 정말 똑같은 삶이란 없다. 아이들의 삶을 통해 내 삶을 되돌아보는 계기가 된다. 너무나 다행스럽고 감사한 일이다. 그래서 이러한 생활이 즐겁다.

체육관 지붕이 부서질 듯 때리는 빗소리 때문에 아이들의 소리가 잘 들리지 않는다. 소리는 없지만 표정과 몸짓은 살아 있음이 잘 보인다. 웃는 아이, 진지한 아이, 인상 쓰는 아이…. 개개인의 표정과 몸짓이 눈에 들어올 때면 그 아이들의 삶을 떠올려본다. 오늘 아침은 먹고 왔을까, 아빠랑 화해는 했을까…. 한참을 그렇게 떨어져 아이들 모습을 지켜보다가, 아이들의 소리가 듣고 싶어 라켓을 들고 아이들에게 다가간다. 난 늘 지금처럼 아이들에게 다가갈 것이다.

우리가 찾아 친숙한 신체활동 가치

모둠이 읽는 책 이름		반	

좋았던 부분 또는 신체활동 가치를 포함하는 내용을 모둠원들과 함께 대화(토론)하시오.

▶ 대화(토론)시 친구의 말을 잘 들어주는 것이 중요해요. 친구의 마음을 편하게 해주는 것도 능력이에요.

▶ 모둠원 중 글쓰기를 좋아하는 사람은 활동지를 작성하고, 진행을 잘하는 사람은 대화를 이끌어주세요.

▶ 이 활동을 통해 여러분의 생각을 넓히는 기회와 친구와 소통하는 방법을 배우길 바라요.

쪽 수 발언자	책 속의 내용 및 아이들의 생각

우리 모둠이 아이들에게 들려주고픈 신체활동 가치는?

4차시 – 우리가 찾은 신체활동 표현 계획서 Q. 표현 장르는?

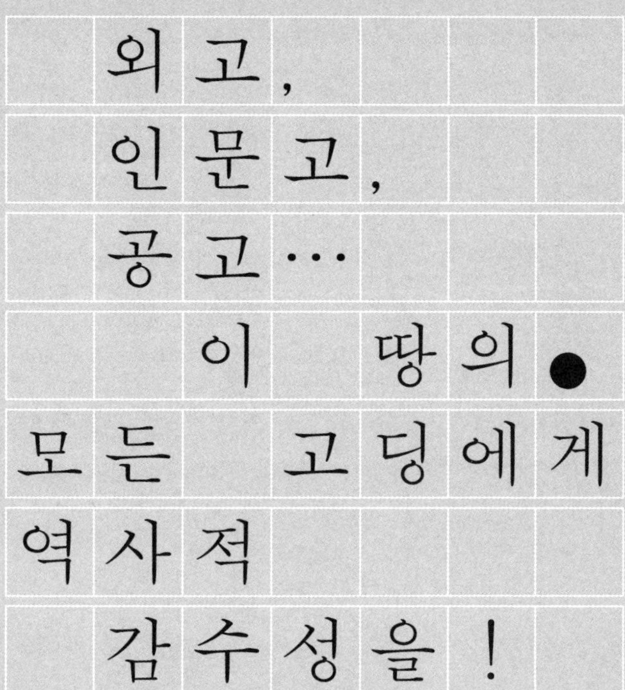

우현주
역사, 의정부공업고등학교
woohyjoo@hanmail.net

07

역사 교사인 것이 무겁고, 무섭다!

2013년 청룡영화제 수상식에서 여우주연상을 수상한 배우 한효주는 "부족한 제가 이렇게 큰 상을 받아 무겁고 무섭다"고 했다. 수상 소감을 듣는 순간 나도 내가 교사인 것이, 그것도 역사 교사인 것이 '무겁고 무섭다'는 생각을 했다.

나는 날마다 배움으로부터 도주하려는 아이들과 소통의 부재를 실감하는 공교육 현장의 교사로 사는 것이 이제 '무겁고 무섭다!' 교실 현장에서 아이들에게 역사적 경험을 통해 평화와 인권 감수성을 가진 민주시민으로 성장할 수 있게 도우려면 어떻게 해야 할까를 고민하지만, 정작 현실 정치에서 역사 해석이 정쟁의 화두가 되고 역사 교과서가 온 국민의 관심의 대상이 되는 시대를 살고 있는 것이 '무겁고 무섭다!'

역사 교사로서 나는 최근 몇 년간의 역사 교육 강화에 대한 여론이 반갑지만은 않다. 한동안은 일본 극우 세력이 자국의 전후(戰後) 역사 인식(전쟁과 식민 지배를 반성하며 평화와 민주주의를 실천하는)을 자학사관이라고 비판하면서 시작한 새로운 역사 연구가 정계와 교육계에 침투하였고, 그렇게 만들어진 역사 교과서와 독도 영유권 논란이 우리 국민의 애국심을 자극하였다. 또 한동안은 어느새 세계 경제의 패권국가로 발돋움한 중국이 다민족 중화제일주의를 내세우며 현재적 영토 개념을 고대사에 적용하여 한국 고대사를 중국 역사로 둔갑시키려는 시도에 상처받았다.

그런데 최근 우리 사회에서 벌어지는 역사 논쟁은, 주변 국가와의 관계에서 국가주의를 부추기며 역사 교육을 강화해야 한다는 여론이 일어났던 때와는 근본적으로 다르다. 마치 일본의 '새역모(새로운 역사교과서를 만드는 모임)'가 등장하여 정치세력화하는 과정과 비슷하게, 벌써 오래 전부터 '식민지 근대화', '건국의 아버지 이승만' 등을 주장하며 그간의 역사학계의 연구에 딴지를 걸어오던 뉴라이트 계열의 인사들이 역사 교과서를 집필했다.

친일과 독재를 미화하는 뉴라이트 역사관의 교학사 교과서는 이루 헤아릴 수 없이 많은 사실 오류 등을 이유로 학계로부터 함량 미달이라는 비판을 받았음에도 불구하고 교과서 검정을 통과했다. 그리고 이제는 유신 시절 국정 교과서를 통해 정권 홍보의 수단으로 악용되었던 악몽이 되풀이될 기미마저 보인다. 선진국이라면 검정 교과서 제도마저도 자유 발행제로 바꾸기 위한 논의를 전개해야 할 시점에 거꾸로 검정 제도마저 국정화하여 오직 한 가지 역사 해석만을 획일적으로 주입시키겠다는 시대착오적 망발이 공공연히 나오고 있다. 한편 일부이긴 하지만 교학사 교과서를 채택했다는 정보가 전해진 학교의 동문 선배, 학부모를 포함한 지역사회 시민들이 나서서 교과서 재선정을 요구하는 목소리를 내고 그 여론이 반영되는 과정을 보면서 우리 사회의 역사 교육에 대한 관심이 건강한 에너지가 되기를 바라는 마음도 간절하다.

'민주화 = 개성을 억압하는 것'?
: 역사, 무엇을 가르칠 것인가

최근 10대 청소년과 20대 젊은이들 사이에 급속히 확산되는 일베(일간 베스트) 현상은 역사 교사로서의 수치심과 자책감으로 안타깝기가 그지없다. 일베 회원들은 5·18 민주화운동을 북한이 개입된 폭동으로 왜곡하고, 김대중·노무현 대통령을 모욕 비방하며 지역감정을 조장하고, 여성 인격을 폄하하는 내용의 게시물을 올린다. 진실은 더 이상 중요하지 않고 놀이로서 즐길 뿐이고 더욱 자극적인 소재를 찾게 된다. 익명성의 가면 뒤에 숨은 인터넷 게시물을 통해 기성 사회를 조롱하는 일베 언어가 청년 문화의 일부가 되어가고 있다.

인기 아이돌 그룹의 리더가 한 라디오 음악 방송에 출연해서 "저희는 개성을 존중하거든요. 민주화시키지 않아요!"라고 말한 것이 사회적으로 큰 파장을 일으키기도 했다. '민주화시키다'라니! 이해할 수 없는 표현이다. 일베 회원들은 게시물이 마음에 들 경우 '일베로'를 클릭해 공감의 의미로 추천하고, 반대의 의미이면 '민주화'를 누른단다. '민주화'를 반대, 획일화, 억누르다, 억압하다 등 부정적인 의미로 사용하면서, 인류가 오랜 사투 끝에 쟁취한 인간 존엄, 공동체 합의의 원리를 조롱하고 있다.

다수 청소년들이 가입한 온라인 사이트 일베가 일본의 넷우익처럼 오프라인에서도 선동적인 시위대로 등장한다면 이들의 이기심과 배타심은 우리 사회의 건강한 네트워크를 불안하게 할 것이다. 작금의 이 일베 현상을 파편화되고 원자화된 사회의 극단적인 냉소주의라고 염려하고 말 것인가? 보수 성향 정치인들이 정권을 장악했기 때문이라고 책임을 전가할 것인가?

일베 현상은 청소년들의 역사 교육에 대한 불신에서 비롯된 것이다. 정권이 바뀌면 역사 해석도 바뀔 수 있는 역사 교과서, 현재의 내 삶과 동떨어진 과거와 실랑이하는 재미없는 교실에서의 탈출구가 일베인 것이다. 그러나 또 그것은 역사 교사만의 몫도 아니라고 변명도 하고 싶다. 현대사회가 개인의 자유와 인권이 보장되고 풍요로운 소비가 가능하다고 하지만, 여전히 치열한 경쟁에서 살아남기 위해 현재의 고통을 인내하기를 강요할 뿐 미래를 낙관할 수 없는 것이 현실이다. 그러니 이제 이 아이들을 책망할 것이 아니라 그들의 좌절과 분노를 보듬어야 한다.

게다가 나는 역사 교사. 5,000년 전과 500년 전, 100년 전, 분명히 시기마다 갈등과 타협, 희생과 헌신이 있었으며, 그 과정에서 얻은 성과와 시행착오가 오늘날 우리의 모습이 되었다는 것을 알게 해주는 매우 경건한 공부가 역사 공부다. 그러나 스포츠와 연예계 뉴스가 메인 기사로 떠 있는 인터넷 최신 정보가 관심거리일 뿐 장기 파업으로 해고된 노동자와 그 가족의 삶은 외면하게 되고, TV만 켜면 나 자신이 광고주가 보여주는 상품의 주인이라고 착각하게 되고, 삶의 터전이자 아름다운 생태의 보고(寶庫)에 들어서는 군사기지와 송전탑에 반대하는 지역 주민들의 외로운 싸움은 나와는 상관없다고 여기는 아이들…. 복잡한 지하철 안에서도 스마트폰 작은 화면의 예능 프로그램 영상을 보며 혼자 키득키득 웃고, 가족끼리 함께 거실에 있어도 친구들과 SNS 대화에 몰입하느라 서로를 소외시키는 아이들과 어떻게 역사를 소재로 이야기할 것인가? 이 아이들에게 역사 공부의 경건함을 어찌 납득시킬 것인가? 과거를 현재와 어찌 연결시킬 것인가? 역사를 왜 배우는지, 무엇을 가르칠 것인지에 대한 역사 교사의 고민과 실천! 내게 그 답은 최대한 과거 인물과 사건을 재연할 수 있는 역사적 상상력을 발휘하여 그 시절을 살던 사람들의 마음을 공감적으로 이해하고 현재적 의미와 연관시켜 대안적 미래를 그려보도록 하는 것이었다!

그럼에도 지금까지 아이들에게 역사 과목은 수많은 사실들을 구조화시켜서 오래 기억하는 능력이 관건인 과목으로 여겨졌다. 그리고 실제로 수능이라는 표준화된 시험에서 상대평가에 따라 높은 등급을 받으려면 많은 지식을 외우고 있어야 하니 암기 과목이라는 불명예를 인정해야 하는 건지도 모른다. 특히 인문계 고등학교에서는 선택 과목으로 호불호가 갈리는데, 역사 과목은 외울 것이 많아 어려운 과목으로 여겨졌다. 예를 들어 일제 강점기 독립운동 단체와 그 활동에 대해 수업을 할 때, 국내에서 일제에 협력하며 안온한 삶을 살았던 이들의 이름은 기억하면서 왜 가족과 고향을 떠나 기약 없는 싸움을 위해 생명을 걸었던 이들은 그 이름마저 남아 있지 않는 것인지, 이들의 고민과 결단, 긴장과 두려움 등을 떠올리며 '가슴으로 외우자'고 설득하지 않을 수 없었다.

다른 학교, 다른 수업!
새로운 도전!

교사라는 직업이 역동적일 수 있는 이유는 해마다 다른 아이들을 만나 다른 경험을 하기 때문이리라. 특히 공립학교 교사는 옮겨가는 학교마다 너무나 다른 아이들을 만나기에 수업과 평가, 학급 운영, 그리고 학교의 특색에 따른 업무까지도 항상 새롭다. 그래서 늘 2월은 싱숭생숭 긴장하고, 3월에는 탐색하고, 익숙해질 만하면 1년이 마무리되고 또 다른 시행착오로 후회도 하면서 새로운 시도를 준비한다.

초임지인 중학교에서 2년 근무한 것을 제외하고는 12년을 고등학교에서 국사, 세계사, 근현대사 과목을 가르쳤다. 그중 9년은 의정부 지역 명문고와 외고, 그리고 3년은 소도시에 근접한 농촌의 인문계 고등학교에서 근무했다. 그리고 2013년에 처음으로 공고에 발령받아 이제 2년째를 맞고 있다. 특히 작년부터 공고에 근무하게 되면서 내 교직 인생이 새로 시작되었다고 해도 과언이 아니다.

대학 입시의 진학 지도가 초미의 관심사였던 인문계 고등학교와는 달리 취업 역량을 강화하여 고교 졸업과 동시에 취업할 수 있도록 지원하는 것이 전문계 고등학교의 관심사다. 학교가 다르니 아이들도 다르고, 선생님들도 다르다. 처음에는 인문계 고등학교가 아닌 공고로 발령을 받은 것이 못내 섭섭하고 개운치가 않았다. 왜 그랬을까? 전문계 고교의 존립 취지가 자립적인 능력을 갖춘 전문 직업인을 양성하는 것임에도 불구하고, 학력이 재력이 되고 명예가 되는 한국 사회에서 전문계 고교에 진학하는 아이들은 대학 입시의 경쟁 구도에 들어가기를 포기한 경우가 많기 때문이다. 경쟁에서 여러 차례 밀려났던 경험이 학업에 대한 자존감을 낮추고 학교에 대한 기대감마저 박탈해버린, 그 아이들과 만나는 것이 두려웠기 때문이리라.

1년이 지난 지금, 나는 여전히 이 아이들과 만나는 것이 쉽지만은 않음을 고백한다. 그러나 내가 전문계 고등학교에 근무하면서 비로소 교육 현장의 새로운 패러다임을 진지하게 고민하고 성찰하게 되었다는 점에서는 참으로 다행이라는 생각을 하게 된다.

최근 근무했던 세 곳의 학교는 한국 사회 고등학교의 진면모를 모두 보여준다고 할 수 있다. 학력 수준이 높고 거듭되는 경쟁에서 성공했던 경험들로 인해 자존감과 성취욕이 매우 높았던 특목고(동두천외고). 그리고 학력 수준과 학업, 진로에 대한 기대감이 천차만별이긴 하나 그래도 대학 문턱에라도 들어가는 것이 목표라 진학에 매진하는 일반 인문계 고교(양주백석고). 반면 누적된 학습 부진으로 인한 무기력이 때로 분노로 표출되기도 하여 생활 지도에서 갈등이 끊이지 않는 전문계 고교(의정부공고).

각기 다른 형태의 수업을 진행했고, 매번 새로운 도전이었던 것 같다. 그럼에도 역사적 감수성과 비판의식을 배우는 것을 지향하는 목표는 한 가지였고, 특히 역사책 읽기를 통해 스스로 역사에 접근해가는 공부를 시도했다는 것도 공통적인 방법이었다. 평생학습 사회를 살아갈 아이들이 학교에서 배우는 것은 공부의 방법과 성취감의 경험이지, 인류가 오랫동안 축적해온 지식의 성과에 가위눌리는 경험이 아니라고 믿기 때문이다. 이 세 학교의 특징을 정리해보고 각각의 학교에서 시도했던 역사책 읽기 수업의 사례를 소개하고자 한다.

공부 욕심이 많고 잘하는 아이들
: 외고에서의 역사 수업

2008~2009년에 동두천외고에서 만난 아이들은 역사 교사인 내가 한껏 욕심을 부려 지적 희열에 도취될 수 있게 해주었다. 외국어 교과에 배

당되는 시수가 많았기 때문에 국사와 근현대사는 일반 인문계와는 달리 일주일에 2시간씩밖에 배당되지 않았다. 하지만 수능시험을 준비하기 위해서는 시시콜콜 자세하게 다루지 않으면 안 되었기에 방과후나 방학 중의 보충수업은 물론이고, 대형 강의실에 학년 전체 학생을 모아놓고 수업을 진행하기도 했다. 그런데도 아이들은 열심히 수업을 들어주었고, 다양하게 진행하는 수행평가에도 진지하고 열정적으로 응해주었다.

2008년에 1학년, 2009년에 2학년이었던 이 아이들과 선사시대부터 현대사까지 한국사 전체를 대상으로 수업을 하면서 수많은 추억을 만들었다. 다양한 방식의 수행평가와 글쓰기를 시도해보았는데 열심히 따라오는 아이들이 고마웠다. 역사적 상상력과 비판의식을 발휘하여 과거를 현재와 연관시키고 미래의 건전한 대안을 찾아가는 수업, 그리고 수능시험의 사회탐구 선택 과목으로 좋은 성과를 얻게 하기 위한 수업. 이른바 두 마리 토끼를 잡기 위해 밤도 주말도 방학도 없는 수업과 교재 연구, 수행평가 채점 등으로 하루가 짧은 날들이었다.

물론 상위권 대학 진학을 목표로 하는 입시 경쟁에서 모든 과목을 다 좋아하고 잘할 수는 없다. 선택 과목의 여부에 따라 수업에 대한 열의에 얄밉게 차별을 두는 아이들도 있었고, 역사 과목을 어려워하고 힘들어하는 아이들도 있었다. 역사 공부에 수학 공부보다는 에너지를 덜 쓰고 싶어하는 아이들에게는 지나간 시대의 일을 잘게 쪼개어 의미를 부여하는 일이 현재나 미래와 전혀 연관되지 않는 모양이었다. 또 논리적 사고 과정에 따라 통쾌하게 풀리는 수학 문제처럼 딱 떨어지는 결론이 아니라 입장에 따라 해석이 다를 수 있는 역사 사실들이 도통 복잡하게 느껴지는 모양이었다.

내 욕심은 그런 아이들에게도 '머리로 하는 공부가 아니라 심장이 뛰게 하고, 분노하고 슬퍼하고 감동하는 역사 공부'여야 한다는 것이었다. 그래서 열변을 토하며 수업을 했고, 적어도 그 진정성만은 통했다고 믿는다. 그리고 비록 정규 수업시간에 역사책 읽기는 주 2단위의 수업만으로는 도저히 상상할 수 없었지만, 여름방학 과제로나마 책읽기를 통한 역사 논술 쓰기를 2학기 수행평가에 반영하면서 자기주도적이고 창의적인 배움의 가능성에 대해 함께 감동한 경험을 가지게 되었다.

1학년의 국사 교과에서는 조선후기까지, 2학년 근현대사 교과에서는 현대사까지 수업을 진행했다. 특히 1학년 수업에서는 관련 단원의 역사적 쟁점과 관련된 논술 문제를 제시하고(참고자료 1), 학생들은 1년 동안 총 28개의 쟁점이 되는 사실(史實)들에 대해 별도로 마련한 논술 노트를 작성하도록 했다. 논술 노트를 읽어보고 첨삭하는 일이 내게는 아이들과의 교감이자 소통이었고, 내 수업에 대한 성찰의 시간이었다. 과거와 현재를 연결 지을 수 있도록 읽기 자료는 물론이거니와 시청각 자료를 포함해 다양한 자료를 수집하고, 역사에 대한 개방적이고 비판적인 사고의 기회를 충분히 제공해주는 일이 역사 교사에게 주어진 숙제였다.

당시 아이들이 작성한 논술문 중 일부를 소개해본다.

서태지와아이들 그룹이 〈발해를 꿈꾸며〉 뮤직 비디오를 철원의 노동당사에서 제작한 것은 남북국시대와 현재의 분단 상황이 비슷하다고 생각해서였던 것이다. 발해와 신라는 약간의 교류를 하기도 했지만 대체로 긴장·대립 관계를 유지했다. 현재의 남북관계와 비슷한 모습이다. 따라서 신라와 발해의 역사를 연구하면 분단 현실을 타개하는 데 시사점을 얻을 수 있을 것이다. 하지만 현재까지 신라에 대한 연구는 많이 이루어졌지만 발해는 상대적으로 주목을 받지 못했다. 왜냐하면 발해가 멸망한 뒤 직접적으로 계승한 나라가 없었을 뿐만 아니라 발해인 스스로 남긴 기록이 없고, 대부분의 유물 유적이 중국에 있거나 소실되었기 때문에 그 역사를 연구하기에 어려웠다. 하지만 중국과 러시아, 일본이 발해 역사를 한국의 역사로 인정하지 않고 자신들의 이해관계에 따라 해석하려는 현실에서 우리는 발해 역사에 대한 적극적인 연구를 더는 늦출 수 없다. 그러므로 앞으로 발해 역사에 대한 연구는 발해가 고구려를 계승한 한국 역사임을 확실히 하고, 발해와 신라와의 관계와 남북국시대 이후 고려라는 통일국가가 성립된 과정을 중심으로 하여 남한과 북한이 평화적으로 통일을 이룰 수 있는 방법을 찾는 쪽으로 이루어져야 할 것이다. **(1학년, 장인경)**

무신에 의한 정변이 일어나기 전, 정권을 잡고 있던 문신들은 농민으로부터 토지를 빼앗는 부정한 관리가 많았고 이들의 사치 또한 심했으며 탐관오리의 횡포도 심각했다. 무신들은 12세기 후반 고려의 사회·경제적 문제들을 제대로 파악하여 이를 개혁안으로 내세워 일반민들의 기대를 높이샀다. 그러나 무신들의 끝내주는 개혁안은 본인들의 개혁을 정당화하기 위한 명분이었을 뿐, 처음부터 개혁을 추진할 의지도 없었고 개혁을 실천하지도 않았다. 기대가 크면 실망도 크다는 말이 사실인 듯, 농민과 천민을 중심으로 전국적인 민중항쟁이 일어났다. 그도 그럴 것이 농민들은 더 많은 양의 곡물을 빼앗겼고, 그나마 있는 토지까지 빼앗겼으니 당연한 일이다. 관리의 사치를 금한다고 했던 사람들이 집을 지을 때 많은 수의 민가를 허물고 부역을 동원하여 대궐과 비슷한 규모의 집을 지으니 백성들의 원성이 자자하였다. 이렇게 계속되는 민중항쟁으로부터 자신을 지키기 위해 무술깨나 하는 사람들을 모아 자기 집을 지키게 하니 사병이 강화되고, 이에 반해 관군이 약화되는 일도 발생했다. 이 시기에 농민과 천민의 반란이 많아진 이유는 무신정변을 통해 천민이 수장이 되는 등 사회적으로 약자였던 사람들이 신분 상승이 된 적이 있었기 때문에 너도 나도 신분 상승을 꿈꾸었던 것이다. 이 사건은 많은 농민과 천민들이 자신들의 권리를 찾기 위한 목적으로 봉기하는 일의 효시라고 할 수 있다. **(1학년, 이여름)**

창의적 배움의 가능성과 뜨거운 질문들

이미 1학기에 역사 논술 작성을 경험한 아이들에게 여름방학 과제를 내주면서 2학기 수행평가에 반영할 것임을 공지했다. 과제는 조선시대와 관련된 역사소설 및 역사 교양서를 스스로 선택하여 읽고, 스스로 논제를 정해서 논술문을 작성하는 것이다.

이 과정을 통해 학생들이 주로 관심을 갖는 주제를 분석해볼 수 있었다. 교사의 권장도서에 영향을 받기도 했지만 주로 개혁 군주인 세종과 정조 시대에 관심이 많았으며, 개혁을 추진하고자 하는 국왕과 견제하는 보수 집권 세력 간의 갈등을 다루는 내용이 많았다. 또한 외교적으로 민감했던 시기의 국왕과 지도자들의 현실 인식과 대응 과정에 대한 평가에 관심이 많았다. 그래서 광해군과 인조, 효종 시기에 대한 책을 많이 선택했다. 또 역사적 인물에 대한 재평가를 다룬 책도 많이 선택했는데, 광해군과 연산군, 사도세자 등이 그 예이다. 정치, 외교, 전쟁 관련 주제 이외에 조선시대 유교 윤리에 구속되어 스스로 능력을 발휘하기 어려웠던 황진이, 허난설헌 같은 여성 문예인들에 대한 관심도 많았다. 그중 한 편을 소개해본다.

패자 광해군, 그의 업적을 통해 보는 현 시대 바람직한 지도자의 모습
-소설《광해군》(이기담)을 읽고

광해군의 부정적인 이미지의 가장 큰 원인은 승자에 의해서 역사가 기록되기 때문이다. 당시 권력의 중심에서 멀어져 있던 서인들은 인조반정을 통해서 세력을 장악하게 된다. 그런 그들에게는 광해군을 폐위시킬 명분이 필요하였다. 그래서 그들은 명을 배신한 것과 폐모살제와 무리한 토목공사를 명분으로 내세웠다. 자세히 살펴보자면, 광해군이 이끌던 조선은 지고 있는 명과 무섭게 떠오르는 후금 사이에서 애매하게 끼어 있어서 어떻게 처신하냐에 따라 전쟁이 일어날 수도 있는 위험한 상황에 놓여 있었다. 세자 시절에 왜란을 겪었던 광해군은 전쟁의 참혹함을 너무나도 잘 알고 있었고, 따라서 백성들을 보호하기 위하여 '중립외교'라는 위험한 방법을 실행하게 된다. 그렇지만 당시 조선은 명나라에 대한 사대사상이 강하던 사회였다. 그런 조정 관료들에게는 광해군의 결정과 후금과 화친하려는 행동이 명나라에 대한 배신과 사대의 예를 저버린 것으로 여겨졌다. 또한 왕권 강화를 위한 임해군과 영창대군의 죽음, 인목대비의 폐비는 유교사상을 중시하였던 조선에서 유교사상을 무시한 꼴이 되었고, 전쟁 후의 무너진 왕실의 기강을 살리기 위해 이루어졌던 토목공사는 정사를 어지럽

혔다는 이유로 또 하나의 명분이 되었다. 결과적으로 보았을 때 광해군은 인조반정에서 패하였던 패자였으며 서인들은 승리했던 승자였다. 승자에 의해 기록된 역사는 광해군을 '폭군', '패륜아'로 만들었으며 광해군은 패자였기에 아무 말도 하지 못한 채 있어야 했던 것이다.

광해군은 비록 폐위되었던 왕이었지만 훌륭한 업적들이 남아 있다. 먼저 세자 시절 왜란 때 전국을 돌아다니며 군사들을 격려했고 같이 동고동락했다. 왕위에 오른 후에는 늘 백성들을 사랑하고 그들의 말을 소홀히 흘려듣지 않고 가슴에 새겼으며, 공납의 폐해를 너무나도 잘 알고 있었기에 경기도를 대상으로 새로운 조세제도인 대동법을 실행하여 백성들에게 희망을 주었다. 명과 후금 사이에서 위기에 처해 있었던 때에는 백성들에게 또 하나의 고통을 주지 않기 위해서 사대부들의 반대에 부딪히면서도 실리를 추구하며 강홍립으로 하여금 중립외교를 실행하게 했다. 한편 북방을 경계했을 뿐만 아니라 북벌을 원했고, 새로운 무기제작 기술을 알기 위해서 노력했다. 또한 서적을 중요시하여 허준으로 하여금《동의보감》을 편찬하여 백성들에게 도움이 되게 하였다.

시대를 잘못 만난 불행한 군주였던 광해군, 우리는 그에게서 지금 우리에게 필요한 지도자의 모습을 볼 수 있다. 명과 후금 사이에서 조선을 위해 실리를 취해야만 했던 광해군, 백성을 너무나도 사랑했던 광해군. 그 옛날 조선처럼 지금 한국은 주위 여러 나라들 사이에서 이해관계를 따지면서 힘의 균형을 맞춰나가야 하는 상황에 놓여 있다. 북한, 미국, 일본, 중국, 러시아 등 여러 나라들 사이에서 명분보다는 실리를 추구하면서 우리나라를 지켜나가고 국제 정세를 잘 살펴서 알맞게 살아야 하는 것이다. 우리나라는 강대국이 아니며 우리 주변에 있는 나라들에 비하면 너무나도 약한 나라이다. 이러한 상황에서 우리나라가 당당히 원하는 것을 외치기 위한 방법은 국제 상황을 잘 고려한 현명한 외교적 능력과 실리를 중시하는 마음이다. 옛 감정에 얽매여서 현재를 보지 못해서도 안 되고, 체면이나 명분 때문에 어리석게 굴어서 현실을 파악하지 못해서도 안 된다.

또한 국민을 진심으로 사랑하고 걱정해야 한다. 광해군의 중립외교도 모두 백성에 대한 사랑에서 나온 계책이었다. 현대 사회에서 국제사회에서 실리를 추구하는 것은 지도자 자신의 안위와 권력 유지를 목적으로 이루어지는 것이 아니다. 국민을 위해서, 국민에게 도움이 되고, 국민이 더 잘 살 수 있는 나라를 위한 마음을 바탕으로 이루어져야만 한다. 백성을 사랑하고 과감히 명분을 버리며 국제 정세를 살펴 실리를 추구했던 광해군 같은 지도자가 바로 지금 우리가 그토록 바라는 가장 바람직한 지도자인 것이다. **(1학년, 박지은)**

독서를 통해, 저자와의 교감을 통해 스스로 질문하고 그 답을 찾아가는 과정을 배우고 있다. 역사적 사실의 진위 여부, 다양한 해석 가능성을 잣대로 평가할 필요는 없다고 생각한다. 앞으로 또 다른 계기를 통해 역사를 새롭게 이해할 수 있는 가능성도 아이의 몫이다.

아이들 중에는 대학에 들어가서도 SNS를 통해 나와의 수업을 기억하며 진지한 질문을 해오는 경우가 있었다. 공교육 역사 수업의 기회가 다시 없는 '시민'이 된 제자들이 역사가 어떤 공부인지, 역사를 새로 쓴다는 것이 무엇인지를 배운다. 새로운 발견과 연구 성과에 의해 학창시절에 교실에서 배운 역사 지식보다 훨씬 다양한 해석의 가능성에 경이로움을 느끼게 될 것이고, 역동적인 삶의 경험과 인문학적 성찰을 통해 현재를 읽는

지혜를 얻게 될 것이다.

Q. 선생님, 저 동두천외고 4기 박주영입니다. 오늘 학교 선배와 역사라는 것에 대해서 이야기를 나누다가 궁금한 점들이 생겨서 이렇게 메시지를 보냅니다. (…) 선배의 말에 의하면, 우리가 한국인으로서 필요한 얼과 혼이 역사 공부를 안 한다고 없는 것은 아니고 역사라는 과목을 공부해서 얻을 수 있는 이득은 실질적인 측량이 불가능한 것인데, 우리 한국 사회에서는 지나치게 역사라는 것을 배우기를 강요하는 측면이 있다고 하더라고요. 공무원 공부에서도 한국사에 합격하지 않으면 시험 자격이 주어지지 않는데, 선배는 이것 또한 한국 사회에서 지나치게 국민의 의견(포퓰리즘적)에 의거해서 역사를 중요시한다고 하더라고요. (…) 선배는 옛것에서 배울 수 있다 해도 지금 시대에서 살아나가기 위해서는 역사보다는 과학이 더 중요하다고 말하고(국방력 등), 현재 문제시되는 대한민국 내 외국인 문제도 대한민국의 (민족적인) 역사관에 의한 문제라고 하더라고요.

그래서 대화를 마치고 나서 역사를 왜 배워야 하고 공무원으로서 역사를 왜 배울까 생각해보니, 생각의 깊이가 짧아서 그런지 온고지신이나 대한민국의 얼 같은 추상적인 것밖에 생각이 안 납니다. 또 한 가지 드는 생각은 역사는 다른 일반적인 학문(수학, 물리학 등)과는 다르다는 것이었습니다. 수학, 물리학은 어떠한 답을 구하기 위해서 공부하는 학문이지만, 역사를 필수적으로 대한민국 사람이라면 누구나 공부한다는 것은 답을 구하고자 하는 학문이 아닌, 한반도 내에 살아가는 사람들 간의 공동체 의식을 함양하기 위한 정신적인 학문이기 때문이라고 생각합니다. 과연 이런 생각이 올바른 것일까요?

그리고 하나 더, 선배와 많은 논점이 되었던 것 중 하나가, 대한민국이 제국주의 시대에 살아남지 못한 이유로서 성리학과 같은 정신적인 측면을 강조하는 공부만을 위엣분들(왕이나 관료)이 하였기 때문에 일본이나 유럽의 기술적인 측면을 따라잡을 수 없었다는 부분이었습니다. 선배는 대한민국이 망하게 된 이유가 그러한 시대적 흐름을 쫓아가지 못한 정체된 공부를 한 위엣분들의 책임이라고 하더군요. 그때 위엣분들의 선택이 어찌되었나도 중요하지만 역사를 이해하는 데 있어서는 결과론적인 관점에서 바라보지 않을 수 없기 때문에, 대표적으로 말해 고종황제와 보필했던 많은 관료들에게 책임이 있다고 하더군요. 저는 이 부분에 대해서는 선배와 의견이 많이 충돌했습니다. 제 생각에는 조선이 망하고 일제시대에 들어간 것은 누구의 책임도 아니라고 생각합니다. 단지 일본이 좀 더 일찍 개화되었고 일찍 기술 발전을 이루어서 당한 것이라고 생각합니다. 물론 굉장히 수동적인 관점일 수도 있지만, 그때 당시에 많은 분들도 최선의 선택을 했음은 분명할진대, 결과가 나빴다고 해서 그분들을 비난만 할 수는 없다고 생각하는데, 선생님은 어떻게 생각하시나요?

A. 주영아, 반갑구나. 네가 역사에 관한 의문들을 고등학교 때 역사 선생님인 내게 SNS를 통해서 해결하고자 한다는 데 대해 나는 너무나 기쁘고 고맙게 느낀다는 말부터 하고 싶구나. 실은 나도 동외고 4기 전체의 친구들과 한국사의 선사시대부터(아니 역사철학부터 시작했구나) 근현대사까지 수업했던 경험이 너무나 특별하게 기억되고 있단다. 비록 다른 인문계 고등학교만큼의 수업시간을 배당받지 못했지만 나 나름으로는 많은 것을 이야기하고 싶은 욕심, 또 너희가 열심히 들어주고 고민해주는 모습에 감동하면

서 대규모 강의실에서 집중 수업도 하고 책도 읽고 발표도 하고 역할극도 해보고… 참 소중한 추억이다.

네 질문에 답을 해야겠지? 결론적으로 역사학은 본질적으로 인문학이라는 거야. 절대로 사회과학이 아니라는 거지. 그러하기에 네가 제기했던 것처럼 실증주의 역사학은 분명히 한계가 있단다. 다만 실증주의, 객관주의는 역사가의 주관적 해석이 정치적으로 악용될 수 있었던 문제에 대한 경고라고 여겨주면 좋을 것 같다. 역사는 어찌됐든 역사관이 반영될 수밖에 없는, 다시 말해 상상과 해석의 여지가 충분히 있는 인문학이지만, 적어도 인류의 보편적인 철학의 수준에서 역사가 스스로 학문적 양심으로 객관성을 보증해줘야겠지? 한때 우리에게도 온고지신, 민족애와 애국심을 위해 역사라는 학문이 존립한 때도 있었단다. 그러나 시대가 바뀌고 있기에 이제 역사라는 학문의 정체성도 바뀌어야 한다고 생각한다. 지식정보화 시대, 글로벌 시대에 역사학은 이제 새로운 인문정신을 실천해야 한다고 생각한다. 인류 역사는 노동의 창조성과 땀 흘려 노동하는 사람들이 건강한 사회의 주인임을 알려준다. 폭력과 전쟁이 만들어낸 공포와 희생을 알려준다. 이기심과 배타심이 공동체의 협동과 평화를 저해했음을 알려준다. 그러므로 역사 공부는 네 선배가 생각했던 것처럼 애국심을 위해 필요하기보다 이제는 평화와 민주주의, 다양성(다문화)과 공존의 가치를 이해하는 인문학의 본질로 돌아가야 한다고 생각해. 또 한편 그러하기에 우리 근대사의 아픈 역사를 보는 관점에서도, 위정자들의 무책임한 역사의식에도 그 이유가 분명히 있지만 제국주의의 침략성을 은폐하고자 하는 역사성에 속아서는 안 된다고 생각해. 그리고 성리학자들 가운데도 실학적 실천으로 개혁을 주장했던 지식인들이 있었다는 점도 주목해야겠지? (…) 답이 됐는지 모르겠다. 언젠가 너희 동기들과 만나 이와 같은 이야기를 허심탄회하게 나눌 수 있으면 정말 좋겠구나. 기회 되면 너희 모임에 한 번쯤은 초대해주렴. 아무튼 청년의 건전한 문제의식이 너무나 고맙고 반갑구나.

소도시 농촌 지역 아이들
: 인문계 고등학교에서의 역사 수업

2010년에 새로운 학교로 옮겨갔다. 양주 백석고등학교. 소도시 주변의 농촌 지역이어서 농어촌특별전형의 혜택이 적용되는 학교다. 다수 아이들이 대학 진학을 목표로 하지만 대부분 수능시험이 절대적인 정시보다는 내신 성적과 비(非)교과 활동, 면접 등에 의해 선발되는 수시로 진학하는 경우가 많다. 지역의 토박이들도 많지만 부모 세대에서 유입하여 정착한 가족도 많다. 농촌 지역이라도 농업 인구보다는 비정규직 노동 인구가 훨씬 많고, 한부모 가정이나 기초생활수급자 가정도 매우 많다. 다양한 문화적 환경에서 소외되어 있고, 특히 다른 중소도시와 비교해 영어 사교육 경험이 거의 없으니 영어 듣기 시험에서는 오지선다형 답안에 미리 답을 찍어두고 엎드려 자는 경우가 허다하다. 같은 인문계 고등학교라도 학력 수준은 매우 낮을 수밖에 없다. 저학력의 원인이 결국 어릴 때부터의 안정적인 돌봄의 취약함, 지역사회 문화시설의 취약함 때문임을 실감했다. 어찌됐든 약 70퍼센트의 아이들은 교과서는 물론이고 교과서 내용을 구조화하여 풍부한 자료로 보충해놓은 수업 자료에 대한 독해력마저 의심스럽다.

첫해에 이 아이들에게 전 학교에서 사용했던 수업 자료를 그대로 활용해 수업을 진행했던 걸 생각하면 지금도 얼굴이 뜨겁다. 그러다 점차 학교와 아이들에게 적응해가면서 다양한 수업 방식을 시도해보았더니 대다수 아이들이 스펀지처럼 스며들어 왔고, 교사와 학교에 대해 생각보다 긍정적 기대감이 매우 높은 아이들임을 알게 되었다. 교직 경력 10년을 훨씬 넘겼지만 오랫동안 학력 우수 집단 아이들을 대상으로 수업을 해왔던 나는, 수능시험에서 비교적 자유롭고 역사적 기본 개념의 이해 수준이 매우 낮은 이 아이들을 만나면서부터 그야말로 진지하게 역사 수업에서 무엇을 배우도록 해야 할지를 고민하기 시작했다.

이미지에 익숙한 아이들에게 텍스트 읽기의 범위를 '동영상'까지로 확장해보았다. 단원별 동영상 자료가 풍부하게 수집되었고, 3명의 역사 교사들이 다행히도 쿵짝이 잘 맞아 '동영상 활용 학습지'를 공동으로 제작했다. 역사적 상상력을 경험하고 감수성을 기르는 공부, 역사적 비판의식을 배우고 공동체의 당당한 일원으로서 민주시민으로 성장하는 데 도움을 주는 공부를 고민하면서, 3년차인 2012년 수업에서 처음으로 정규 수업 시간에 역사책 읽기 수업을 시작했다.

1학기 집중이수제로 3학년 근현대사 시간은 주 8시간이었는데, 블록수업으로 주 4회 운영하였으니 내게는 다시 없는 기회이고 행운이었다. 주 1시간은 무조건 도서관에 가서 역사책을 읽는 시간으로 했다. 도서목록을 만들어 사서 선생님과 협조해서 도서를 확보하고, 교과 시간 활용 도서의 수납 코너를 별도로 만들었다. 그리고 수업일기 쓰기를 시작했는데, 매일 수업이 끝나면 배운 내용에 대한 소감을 쓰면서 과거와 현재와 미래를 연결해볼 수 있도록 했다. 검사 내용을 교과 세부 특기사항에 적어주겠노라고 유인하면서 공책에는 댓글을 달아주었다. 주 1회 아이들의 수업일기를 읽어보는 것이 부담스런 업무이기도 하지만 수업으로 소통한다는 기쁨이 되었다.

교과서의 텍스트도 읽기 어려워하는 아이들이 1주 1시간의 독서 시간을 기다린다는 것이 참 신기하다. 책읽기에 부담을 주지 않기 위해서 처음부터 끝까지 다 읽지 않아도 된다, 수업이 끝나고 일정하게 정해진 양식에 기록하지 않아도 된다고 얘기해주니 아이들도 안심한다. 아이들이 선택하는 책에 관심을 보이며 저자나 해당 주제에 대해 이야기를 나눈다. 책장을 잘 못 넘기는 책을 가지고 있다면 다른 책을 권해보기도 하고, 수업일기에서 보았던 아이의 성향과 관심에 따라 책을 권해보기도 한다.《만화 박정희》와《만화 전두환》은 쉬운 내용은 아니지만 제일 먼저 손이 간다. 유신 독재와 광주 민주화운동에 대해서만큼은 교과서에서 읽지 않았을 내용을 읽어낸다.

독후활동인 서평 쓰기와 역사신문 만들기는 사전 준비 시간을 갖고 도서관에서 책을 보면서 하게 될 것임을 안내했다. 적어도 2회의 독후활동을 통해 스스로 읽은 책을 다시 한 번 되짚어보고 자기 글로 정리해보면 창의적인 상상력과 비판적인 역사의식이 발휘된다. 어쩜 단 한 명도 자지 않고 몰입하다니! 한 권을 다 읽지 않았어도 스스로 읽은 내용을 구조화해서 정리하기도 하고, 1학기 동안 4~6권을 읽은 아이는 독후활동으로 어떤 책을 활용할지를 고민하기도 한다. 아이들이 정리한 서평이나 역사신문은 독서와 연계한 독후활동이기에 그 내용이 풍부하다. 강의 수업에 대한 과제의 수준보다 훨씬 뛰어나다. 인터넷 정보의 바다 속에서 네이버 지식iN이나 검증되지 않은 개인 블로그 글들과는 차원이 다른 좋은 책들의 글을 인용하고 그 안에서 상상하고 구조화한다.

아이들이 다시 보인다!
: 수업일기로 아이들과 소통하다

수업일기를 통해 소통하면서, 독서를 통해 스스로 배워가는 모습을 보면서, 수업에 무관심할 것이라고 접어두었던 아이들이 다시 보였다. 교실에서 강의 수업을 할 때는 간혹 아이들이 영어 단어나 사회 깜지 쓰기 숙제를 한다. 실제로 영어 단어가 외워지지도 않고 사회의 주요 개념들이 본인의 언어로 이해되지도 않을 테지만 말이다. 그런데 이 아이들이 내가 보여주는 동영상을 흘끔흘끔 보기도 하면서 아주 가끔은 반응하기도 한다. 특히 최근의 시사 문제나 가족 혹은 친구 간에 벌어진 일과 관련된 주제라면 수업일기를 써서 의기양양하게 제출하기도 한다.

수업일기를 통해 소통하지 않았다면 그 진면목을 발견하지 못했을 아이들이 보였다. 과거를 현재와 연관시켜 일상의 문제와 대화하게 했더니 역사 공부를 어렵다 여기지 않고 진정성 있는 고민을 담아 글을 쓴다. 그 글이 점점 양이 늘어나고 표현이 정밀해지고 풍부해지기도 한다. 교사가 적어준 댓글과 기록지를 보고 성심에 감복했는지 더 열심히 쓴다.

무엇보다 아이들의 글씨체는 물론 성향, 때로는 진로에 대한 고민까지를 거의 다 파악할 수 있게 되었다. 특히 수업하는 두 반 중 한 반은 지적 수준은 물론 정서적 수준까지도 고3학년이라고는 생각할 수 없을 정도였는데(학년 초에 교사를 소외시키니 주 8시간의 수업이 너무나 고독했고 좌절스러웠

다) 수업일기를 한 달 쓰고 독서활동을 하면서 신뢰감이 생겨났을까, 아이들이 바뀌었다. 호감을 표한다. 눈빛이 순하다. 누군가 오버한다 싶으면 자기네들끼리 자정 노력을 하면서 되돌아온다.

독서활동 시간에《만화 박정희》만 읽더니 영화 〈효자동 이발사〉를 보여주자 아는 체를 한다. 칭찬을 해주니 영화 감상을 수업일기에 쓰고, 역사신문에 박정희의 일대기를 스스로 정리해내고는(80퍼센트 이상 책을 인용했지만) 어찌나 뿌듯해하는지! 본인이 완성한 수행 과제로 거의 처음이라며 갖은 생색을 다 낸다. 이제 수업에서 아이들로 인해 노여울 일이 없다. 때로 내 인내심을 시험하는 아이들이 있을지라도 내 안에서 '화내면 스스로에게 지는 거다, 아이들과 지금껏 만들어온 신뢰감을 잃는 거다' 하며 나를 조절하고 있다.

독서활동을 하고 나서 수업일기에 기록한 사례를 들어본다.

읽은 책:《북한 현대사》(69~112쪽)

6·25전쟁에 대한 글을 읽었다. 6·25전쟁 때 중국, 영국, 미국, 오스트레일리아, 그리스 등 세계의 다수 국가들이 참전했다니, 6·25전쟁이 세계적으로 큰 역사 속의 전쟁이었다는 사실을 알았다. 그리고 '전쟁의 최고 피해자는 일반 시민들이다'라는 글을 읽으면서 전쟁의 참혹함을 느낄 수가 있었다. 특히 피카소의 〈한국에서의 학살〉이라는 작품은 정말 놀라운 그림이었다. 그때 당시 여성과 어린이들이 얼마나 힘들고 무서운 날들을 보냈는지가 잘 표현된 것 같았다. (…) 우리나라가 온전한 하나의 지도로 합쳐졌으면 좋겠다는 생각을 했다. **(3학년, 김선진)**

읽은 책:《국어 선생님의 시로 만나는 한국 현대사》(22~54쪽)

나는 시인들이 정말 대단하다고 생각한다. 자신이 처한 현실과 내적인 갈등과 고난을 짧은 글 몇 마디에 실어내는 것을 보면 그렇다. 오늘 나는 8·15해방과 한국전쟁 관련 시를 읽고 그 어떤 장황한 글보다 마음에 와 닿는 느낌이었다. 시의 짧지만 의미 있는 울림이 재미있고 흥미롭게 느껴졌다. **(3학년, 이현경)**

그리고 자신이 읽은 책 중 한 권을 선택하여 완결된 한 편의 서평을 쓴다. 서평을 쓰는 작업이 수월하게 여겨지도록 1차시에는 도서관에서 저자가 전하는 메시지, 역사적 과거와 현재적 문제와의 연관성에 대한 탐구, 현재에 살고 있는 나와의 연관성에 대한 생각 등을 적어보게 하여 좀 더 세심한 2차 독서를 하도록 지도한다. 그리고 2차시에는 1차시에 정리한 내용을 바탕으로 서평을 완성하도록 지도한다. 그중 일부를 소개한다.

나는 이 책을 읽으면서 사건의 내용만, 지식만 공부하는 나의 공부법에 대해 반성할 수 있었다. 그 과거의 사건들을 머리로 이해하고 마음으로 이해해서 우리가 이루어야 할 역사적 사명감을 확인하고, 과거를 통해 현재를 이해하고 미래를 준비한다는 중요한 이치를 깨달은 것이다. (…) 하루하루 교과서만 공부하고 문제집만 공부하면서 내가 왜 사는지, 왜 이렇게 살아야 하는지 고민하고 있는 학생들이라면 이 책을 읽고 나 또한 역사의 주체로서 '지금 이순간의 역사를 만들 수 있다'라는 것을 깨닫고, 역사에 무임승차하지 않고 주체적으로 만들어가는 우리의 역사야말로 진정한 역사라는 것을 깨달을 수 있을 것이다. **(3학년, 김민중, 《지금 이순간의 역사》를 읽고)**

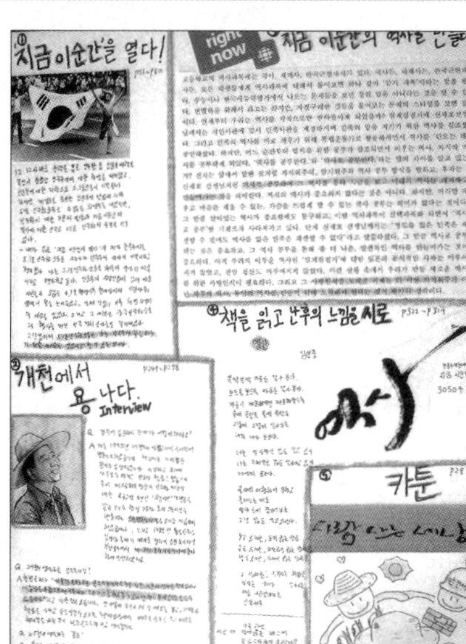

역사신문 만들기. 역사책에서 읽은 내용을 글로 표현하려니 교과서를 뒤적이게 된다. 저절로 복습이 되고, 어느새 배움이 일어난다. 점수를 매긴다는 것은 큰 의미가 없다. 책을 읽었고, 생동적인 역사의 숨소리를 느꼈을 것이다.

이 책은 용어를 통해 바른 역사관을 가질 수 있다고 말한다. 우리가 서양을 비롯한 다른 나라들이 만든 용어를 쓰지 않고 우리 스스로가 그 이름을 붙일 수 있다는 것은 민주주의의 문제이면서 주체성을 보여준다. 이 책은 60여 가지를 다시 생각해서 사용해야 한다고 말한다. 나는 이 책을 통해서 지금까지 못 보았던 시각으로 역사를 볼 수 있게 되었다. 특히나 일본은 일제 강점기에 우리 민족의 분열을 꾀하였고, 정부나 반란 세력 등 각기 다른 이해관계를 가진 집단들은 서로의 관점에 따라 용어를 사용한다. 또 용어 속에는 역사가 살아 숨 쉬고 있다는 것 역시 이 책을 꼭 읽어야 하는 이유이다. 그 역사적 사건에 참여한 사람들의 삶과 그 당시의 분위기 역시 용어를 통해 배울 수 있다. **(3학년, 우종미, 《역사용어 바로쓰기》를 읽고)**

1학기 동안 읽은 역사책을 활용하여 역사신문 만들기를 했다. 한 권을 집중적으로 탐색해도 좋고, 연관된 도서들을 종합해도 좋다. 독후활동과 연계하여 스스로 배우는 성취감을 경험하게 된다. 역사신문을 구성하기 위해 시대와 인물과 사건을 재구성한다. 또다시 책을 들여다보고 사실을 확인한다. 그리고 글을 쓰면서 또 책을 들여다본다. 글을 잘 쓰려면 제대로 잘 쓴 글을 많이 읽어봐야 함을 안다. 지금의 우리 삶과 비교하여 성찰한다. 자유와 인권에 대해서, 평화와 연대에 대해서, 정의와 책임에 대해서 생각한다. 아이들이 적은 수업일기와 서평, 역사신문 만들기 활동 등은 학기말 생활기록부의 교과 세부 특기사항에 정성껏 기록해주었다.

배움으로부터 도주하려는 아이들
: 공고에서의 역사 수업

2013년에 의정부공고에 발령받아 이곳에 온 지 2년째, 수능시험이 거의 의미가 없는 아이들을 만난 거다. 전문계 고교에서 한국사 수업은 1학기 집중이수로 2단위라 인문계 고등학교의 3분의 1이었으니 교육 과정을 재구성해야 했다.•

입시 부담이 없는 전문계 고등학교, 게다가 인문계 고교의 3분의 1밖에 안 되는 수업시간에 무엇을 어떻게 배우도록 할지가 고민이었다. 전체 시대를 다 다룬다는 욕심은 버리기로 했다. 그 대신 적어도 삶을 위한 역사 수업으로서 의미가 있을, 근현대사 관련 주제별 수업으로 더 깊게 배우도록 하는 욕심을 가져보기로 했다. '지금 현재'에 살고 있는 우리가 과거의 역사를 통해 배울 수 있는 삶의 지혜란 무엇인가를 염두에 두고 교육 과정을 재구성해보았다. 다음은 새로 구성한 주제별 단원과 세부 지도 내용이다.

- 미래지향적 한·일 관계 : 일본군 위안부, 독도 영유권, 동아시아 평화
- 부끄러운 과거를 반성하는 역사 : 이회영과 만주 독립운동, 항일과 친일
- 민주주의의 역사 : 4·19혁명과 광주 민주화운동, 6월 민주항쟁
- 역사책 읽기와 역사적 감수성 : 역사를 통해서 배울 수 있는 삶의 지혜

• 그나마 2014년부터는 역사 교육 강화의 붐을 타고 전문계 고교에서도 1년 동안 안정적으로 일주일에 3시간씩 6단위 수업을 할 수 있게 된 것은 다행한 일이다.

- 돈보다 사람이 소중한 사회 : 전태일의 삶과 노동 인권
- 탈냉전, 공존·공영의 세계 평화 : 한국전쟁과 민중의 삶

'역사책 읽기와 역사적 감수성'이라는 단원을 설정하고 정규 교과 시간에 독서수업을 계획했다. 2012년에 용감(?)하게 의정부 중등독서토론교육연구회 '맛(있는)책'에 가입했다가 동료 교사들의 실천을 따라해보겠다고 시작했던 수업. 비록 독서교육의 환경이나 독서력 수준에서 결코 쉽진 않겠지만 '그것이 맞다'고 믿기에 망설임 없이 독서수업을 준비했다. 내가 모든 것을 가르쳐주겠다는 강박관념에서 벗어나 보일 듯 말 듯 세세한 관심만 가져준다면 아이들 스스로도 배움을 만들어갈 수 있다는 가능성을 믿기로 했다.

2013년 3월, 도서관 사서 선생님과 상의해서 1차 지필고사 이후 5월 한 달 동안 도서관 수업을 진행하기로 하고, 9권의 역사책을 각각 5권씩 구입하여 준비하였다. 준비한 책과 주제는 다음과 같다.

《20년간의 수요일》(윤미향) : 일본군 위안부

《만화 박정희(1, 2)》(백무현·박순찬) : 한국 현대사와 박정희 ※만화

《26년》(강풀) : 5·18 광주, 가해자와 피해자 ※만화

《100℃》(최규석) : 1980년대 민주화운동, 6월 항쟁 ※만화

《4·19혁명》(윤석연) : 독재와 민주주의

《역사e》(EBS) : 삶과 사회를 읽는 역사

《이회영》(김은식) : 노블레스 오블리주

《청년 노동자 전태일》(위기철) : 노동 인권

《국어 선생님의 시로 만나는 한국 현대사》(신현수) : 문학과 역사

총 8차시, 약 한 달 동안 진행한 수업이다. 1차시에는 책의 주요 내용을 요약한 학습지를 배부하여 앞으로 읽게 될 책과 주제에 대해 공유하고 수업과 평가의 진행 방식을 안내했다. 3차시 동안 진행된 책읽기 시간에는 A4 반 장 분량의 양식에 그 시간 동안 읽은 분량과 '새로 알게 된 사실', '배우고 느낀 내용'을 쓰도록 했다. 5차시에는 모둠별 토론을 통해 모둠 구성원들이 함께 읽은 책을 소개하기 위한 준비의 시간으로 활용하였다. 네 가지 정도 질문에 대한 토론 내용을 기록하게 했고, 교사는 모둠별 토론 과정에서 질문에 답하거나 토론 진행 과정을 지원하였다.

그리고 그 다음 2차시 동안 모둠원들이 함께 책 홍보 포스터를 만들었다. 그 과정에서 다시 책을 들여다보고, 질문과 토론이 오가고, 교사를 불러 상의하거나 하소연하기도 한다. 포스터를 만드는 과정 자체가 그 책과 저자의 메시지를 나누는 배움의 과정이고, 선생님이 왜 이 책을 읽게 했을까를 갑론을박하면서 역사적 감수성을 몸으로 익혀가는 과정이었을 것이다.

마지막 8차시 발표 시간은 교실에서 진행하였다. 칠판에 8~9개의 포스터를 부착하고 차례로 나와서, 그 책을 가지고 약 한 달간 씨름해온 과정과 자신들의 배움을 다른 친구들에게 전달하는 시간으로 활용하였다.

책을 읽으면서 아이들이 기록한 내용의 일부를 소개한다.

《20년간의 수요일》

새로 알게 된 내용 : 베트남전쟁 당시 한국군이 성폭력과 전쟁범죄를 저질렀

다고 한다. 그래서 지금 베트남에 학교를 설립하고 성금 모금 등을 하고 있기도 하다. 이용수 할머니는 용기를 내어 베트남에 있는 한국 대사관 앞에 가서 피해 여성들에게 사죄하고 배상하라고 데모를 하였다.

배우고 느낀 내용 : 일본군 위안부만 배워서, 인정하지 않는 일본에 대해 부정적인 마음이 더 커졌었다. 그런데 베트남전쟁이 일어나고 한국인이 일본군과 똑같은 범죄를 했다는 것이 엄청난 충격이었다. 일본군 위안부에 대해서만 배우고 우리 한국군의 잘못은 그냥 넘어가려는 것 같아서 속상하다. 일본군과 한국군이 다른 것이 없다. 베트남에 대해서 좀 더 자세히 배우고 싶어졌다. **(1학년, 양라윤)**

《26년》

새로 알게 된 내용 : 26년 전, 1980년에 일어났던 광주 민중항쟁의 직간접적인 피해자가 많고 아직도 그 분노가 가시지 않았음을 알았다. 또한 '그 사람'이 아직 떳떳이 살아 있고 과거를 부정한다는 사실이 놀랍다. 그는 죽은 사람과 그 가족의 고달픔을 모른 채, 자신의 삶에만 급급한 비겁자임을 알았다.

배우고 느낀 내용 : 광주 민중항쟁은 많은 사람이 다치고 죽어간 애달픈 사건이다. 이러한 역사가 앞으로 후세에 전달되어 되풀이되는 일이 없었으면 좋겠다. 그가 역사를 인정하지 않는 것은 분명 잘못된 것이다. 그는 광주에서 희생된 사람들 앞에서 작아지고 겸손해져야 한다. 그가 계속해서 역사를 부정한다면 유가족들의 시간은 80년 광주에서 영원히 멈출 수밖에 없다. **(1학년, 이정환)**

미래의 민주시민이 될 아이들에게, 희망을 품다!

8차시 수업을 마치고 지금까지의 수업에 대한 소감과 '지금 현재'에 살고 있는 우리가 역사를 통해 배울 수 있는 삶의 지혜는 무엇일지 자신의 생각을 적어보도록 했다. 그 내용 중 일부를 소개해본다.

자유롭게 상상하고 자신의 생각을 적을 수 있어서 나뿐만이 아니라 우리 모두에게 좋았을 것이다. 하지만 아직 익숙하지 않고, 정해진 문제에 정해진 답을 써내려가는 우리들에게는 적응이 안 되는 것 같다. 역사를 통해 과거의 정치, 군사, 경제 등 많은 부분을 배울 수 있다. 하지만 거기에 머무는 것이 아니라 더 나은 삶을 위해 그것을 연구하고 발전시켜나가 지금보다 더 나은 세상을 만들 수 있는 지혜를 얻을 수 있게 된다. **(1학년, 김재민)**

나는 개인적으로 강의식 기본 수업이 좋다. 물론 이와 같은 수업은 협동심이 생긴다. 하지만 친한 친구끼리 했다면 더욱 열정적으로 할 수 있을 텐데, 이기적인 친구들 때문에 힘이 들었다. 지금 우리 사회에서는 무엇이든 배려를 찾기 힘들다. 그런데 우리 역사를 보면 배려와 도움의 손길이 끊임없이 필요하다는 것을 알 수 있다. **(1학년, 장태인)**

강의식 수업에서는 멍 때리고 있거나 잠깐 쉴 수도 있는데 모둠 활동에서는 내가 잘 못하면 피해가 가니까 열심히 해야겠다는 생각이 들었지만 어려웠다. 일본군 위안부 문제에 모두가 침묵한다면 인권과 평화가 사라질

것이라는 메시지를 배우게 되었다. (1학년, 양라윤)

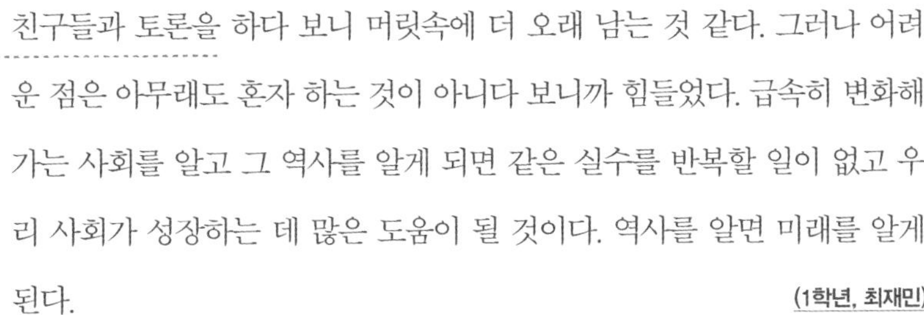
친구들과 토론을 하다 보니 머릿속에 더 오래 남는 것 같다. 그러나 어려운 점은 아무래도 혼자 하는 것이 아니다 보니까 힘들었다. 급속히 변화해 가는 사회를 알고 그 역사를 알게 되면 같은 실수를 반복할 일이 없고 우리 사회가 성장하는 데 많은 도움이 될 것이다. 역사를 알면 미래를 알게 된다. (1학년, 최재민)

도서관에서 수업을 진행하는 것은 이미 다들 알고 있지만, 수업이 시작되었을 때 도서관에 와 앉아 있는 아이가 한 명도 없는 반도 있다. 데리러 간다. 시작부터 쉽지 않다. 신중하게 골라서 구입했던 책들이 천덕꾸러기 취급을 받기도 한다. 만화책인 《26년》이 단연 인기였기 때문에 다른 책을 읽는 것이 불만이라고 화를 내기도 한다.

처음부터 실패와 좌절이 예상되었다. 초등학교 때부터 책을 손에 쥐고 읽어본 적이 없다는 아이들이 절반 이상이다. 웹툰 만화와 동영상에 익숙한 아이들이다. 초등 고학년이나 중학생 정도 아이들에게 권하는 책이라도 읽기가 힘들단다. 심지어 《만화 박정희》, 《100℃》를 다 읽고도 무슨 내용인지 모르겠단다. 그림만 보고 지나간단다. 1차 지필고사 이전에 함께 공부했던 일본군 위안부, 4·19혁명 관련 책들은 그래도 익숙하게 읽어냈지만, '낯설고 이질적인 것을 탐구하는 것이 공부이고 독서는 스스로 하는 가장 좋은 공부'라는 말은 적용되지 않는다. 아이들에게 사전 지식(수업) 없이 독서를 통해 배우도록 하는 경험 자체가 어려웠다. 《국어 선생님의 시로 만나는 한국 현대사》를 읽는 모둠은 대체로 실패했다. 한 시대를 짊어지고 사는 시인의 번민과 갈등을 이해하기에는 추상적인 시어들이 다가오지 않나 보다. '교사가 지치지 않는 독서교육'이라고? 아이들을 달래고 어르느라, 너무 지친다.

모둠별로 책의 내용을 이야기하고 그 책의 홍보 포스터를 결과물로 만드는 과정, 아마 개별 과제로 했다면 집중력을 발휘해서 더 재미나게, 더 기발한 창의력을 발휘하는 작품이 많이 나왔을 수도 있다. 하지만 비록 비협조적이고 과제 수행에 전혀 도움이 되지 않는 아이들이라도 책을 조금이라도 들여다보고 무임승차로라도 조별 점수를 받게 하고 싶었다. 그리고 주도적으로 이끌어갈 수 있는 능력이 있는 친구들이 비록 어렵고 힘들더라도 모둠원들과 함께 하나의 완성된 작품을 만드는 데 리더십을 발휘할 수 있기를 바랐다.

처음에는 이 수업이 절반의 실패였다고 생각했는데, 작품을 완성하고 발표하는 과정에서 아이들은 민주주의, 평화, 배려와 나눔, 정의 등에 대해 생각하고 있었고, 함께 해냈다는 성취감으로 자랑스러워하고 있었다. 지치지 말고, 실패의 시행착오가 또 다른 시도를 위한 시작이 되어야겠다고 다짐했다.

또 새로운 시도,
나는 지치지 않는다

2학기에는 새로운 아이들과 만났다. 아이들끼리는 이미 서로 익숙한데, 나를 시험대에 올려놓고 '간을 보는' 아이들과 적응하느라, 아니 내 진정성을 이해시키느라 9월 한 달을 힘겹게 보냈다. 2학기 때는 1학기 수업에서 비중 있게 다뤄보지 않았던 '해방정국의 친일 청산'이라는 주제를 포함시켜보기도 했고, 1차 지필고사 이후에는 '영화 〈효자동 이발사〉를 통해 보는 1960~70년대 현대사'를 주제로 수업을 하고 영화감상문 쓰기 수행평가를 했다.

영화라는 매체가 그 어떤 텍스트보다 매력 있는 교재임을 다시 한 번 실감한다. 그리고 영화를 통해 역사적 상상력, 민주주의적 감수성을 배움으로 이끌어내기 위해 교사는 더 치밀한 발문을 개발하고, 더 구체적인 학습지를 구성해야 할 것 같다. 어찌되었든 오로지 한 편의 영화를 가지고 교사가 역사적 사실의 맥락을 엮어 설명하면서 함께 보는 과정을 통해 마음의 문을 열고 편안하게 수업에 몰입하는 모습도 볼 수 있었다. 그러고 나서 약 3주 동안 또다시 독서수업을 진행했다. 1학기 수업에서의 시행착오를 평가해보고 다시 시도하는 방법이다.

이번에는 21종의 역사책을 많게는 각 5권씩부터 적게는 1~2권씩 구비하고 네 개의 바구니에 담아 교실로 운반하여, 자기가 보고 싶은 책을 4차시 동안 읽기로 했다. 4시간 동안 매 시간 다른 책을 읽는 아이도 있었지만, 단연 《26년》, 《각시탈》(허영만), 《태일이》(박태옥 · 최호철) 같은 만화책이 인기다. 물론 《청년 노동자 전태일》이나 《쏭내관의 재미있는 궁궐 기행》(송용진), 《이회영》을 꾸준히 읽은 아이도 있다. 역사책에 대한 부담감으로 어떤 책을 읽을지 고민하는 아이에게 《십시일反》(박재동 외)이나 《난 빨강》(박성우)을 권해주니 책장을 덮지 않고 책에 빠져든다. 생각보다 조용히 책을 읽는 학급 분위기에 본인들도 적잖이 놀랐다고 말한다.

교과 수업 시간에 독서활동을 해본 경험이 신선했단다. 또 함께 읽은 친구들과 대화 거리가 만들어졌다. 책을 보다가 관련 역사 사실에 대해 질문을 해주면 교사는 너무나 고맙다. 본인이 읽고 있는 책을 교사도 함께 읽었으리라는 공감대를 가지고 아는 체를 하면 반갑게 맞이한다. 나도 1학기 때보다는 훨씬 편안하게 아이들을 살필 수 있고 책을 매개로 이야기 거리를 만들 수 있다. 4차시, 매 시간 아주 짧은 분량으로 읽은 내용을 간단히 메모한 독후 기록을 수행평가에 반영했고, 자기가 읽은 책을 친구들에게 소개하는 글쓰기와 발표하기의 수행평가를 진행했다.

아이들은 적어도 한 시간 동안 자기가 읽었던 책을 다시 한 번 들여다보면서 그 책의 저자와 주인공들, 그리고 책 속의 역사적 맥락들과 대화하고 소통하고 표현했다. 어휘력, 문장력은 물론 발표력과 경청의 능력도 평균적인 고등학교 1학년에게 기대할 수 있는 수준에는 미치지 못하지만, 몇 개 단어와 이모티콘으로 의사 표현을 하고 예능이건 다큐건 명료하게 요약된 자막이 있는 동영상에 익숙한 시대를 사는 아이들에게 종이로 된 책을 읽히고 펜으로 완성된 문장을 써보게 하는 것을 소홀히 해온 것이 우리 교육 현장이었음을 실감한다. 게다가 경제적으로든 문화적으로든 낙후한 경기 북부 지역에서 전문계 고교에 입학하는 아이들이 누적된 학습 무기력에 의해 스스로 배움으로부터 도주하는 현실이 너무나 마음 아프다. 이 아이들과 독서수업을 해보았다는 데 만족할 수만은 없다는 고민이 어깨를 무겁게 한다.

이 아이들에게 자신의 삶과 자신이 경험할 세상에 대해 자신감 있고 당당하게, 그래서 더 여유 있고 겸손하게 만날 수 있도록 해주고 싶다. 이 아이들에게 그 해답이 바로 독서에 있음을 알게 해주고 싶다. 그리고 그 배움이 평생의 과정이기에 그리 고단하지도 않은 것임을 알게 해주고 싶다.

학교는, 교사는 그 배움을 만들어갈 수 있도록 도와주는 존재이고, 그러하기에 조금만 따뜻하고 친절하게 마음을 열어보자고 말해주고 싶다. 무겁고 무서운 마음으로 교실의 역사 교육에 대해 더 많이 고민해야겠다. 글로벌 시대, 평생학습 시대에 우리가 과거 역사에서 무엇을 배울 수 있는지에 답해야 한다. 나는 이렇게 답하고 싶다.

'땀 흘려 노동하는 사람들의 창조성이 역사를 발전시켜왔다. 폭력과 전쟁은 공포와 희생을 강요했다. 경쟁과 배타심이 공동체의 협동과 평화를 저해했다. 이기심으로 숨긴 진실과 정의는 반드시 밝혀진다. 사회 구성원들이 스스로 주인이 되어 자율성과 책임감을 발휘하고 협력하고 배려하여 건강한 사회를 꿈꾼다.'

역사 교육이라고 해서 특별나지 않다는 거다. 역사를 매개로 우리 아이들이 건전한 민주시민으로 성장할 수 있도록 돕는 것이다.

국사 논술 문제(1학년)

	관련 주제	논술 문제
1학기		
1	단군 이야기	다음의 글 〈우리는 모두 단군의 자손인가〉를 읽고 필자의 주장과 관련하여 오늘날 세계화 시대에 한국인의 정체성과 바람직한 역사의식에 대한 자신의 견해를 적어 보시오.
2	수수께끼 가야왕국	가야 관련 자료를 보고 이를 종합하여 가야 역사 및 가야 역사 연구의 의미와 과제에 대하여 다큐멘터리를 제작하는 PD의 입장에서 서술하시오.
3	고대국가	4세기 삼국의 정치 상황을 살펴보고 고대국가를 이끈 국왕들에게 어떤 어려움이 있었을지, 정책 과제로 여긴 것은 무엇이었을지 국왕의 독백 형식으로 서술하시오.
4	동북공정과 고구려	5세기, 고구려 장수왕은 광개토대왕릉비를 축조하였고, 그것은 오늘날 세계문화유산으로 지정되어 이 시기 역사 사실을 입증하는 역사적 가치를 인정받고 있다. 장수왕대의 고구려의 국내외적 발전과 관련하여 광개토대왕릉비 축조의 의미는 무엇인지, 오늘날 일본 또는 중국과 관련하여 어떤 역사적 쟁점으로 문제가 되고 있는지, 어떤 논리로 대응할 것인지에 대하여 외국인 친구에게 편지 형식으로 서술하시오.
5	對당 외교	연개소문과 김춘추, 7세기 중반에 살던 두 사람의 역사적 행적을 비교해보고 두 사람에 대한 평가가 시대에 따라 어떻게 달라졌는지 그 이유와 의미에 대해 서술하시오.
6	삼국통일 과정	다음의 두 자료를 읽어보고 신라에 의한 통일에 대해 문제를 제기하는 이유는 무엇인지, 그럼에도 불구하고 신라에 의한 삼국통일이 가능했던 배경과 그 과정에서 생겨난 위기는 무엇이었는지, 어떻게 극복했는지, 신라가 이룬 통일의 의미는 무엇인지에 대해 정리해보자.
7	신라 중대의 정책과 성과	오랜 역경 끝에 이룬 통일 국가, 신라 중대의 국왕으로서 국가의 기틀을 다지고 민생을 안정시키기 위해 해야 할 일은 무엇이었을까, 어떤 어려움이 있었을까, 실제로 신라 정부는 어떠한 정책적 노력과 문화적 성과가 있었는지 적어보자. 그리고 현재의 남북한이 통일 정부를 이루게 된다면 외교적, 경제적으로 어떤 기대 효과가 있을지, 극복해야 할 과제는 무엇인지 적어보자.
8	신라 하대 전환기의 역사	신라 하대에 해당하는 시기, 새로운 사회를 꿈꾸는 지식인의 입장에서 신라 1,000년의 역사가 무너지고 중앙 정부의 통제력이 약화되는 과정 및 배경에 대하여 분석해보고, 문제의 해결을 위한 구체적인 대안을 제시해보자.
9	발해	서태지와아이들 그룹이 '발해를 꿈꾸며' 뮤직 비디오를 전쟁의 폐허가 된 철원의 노동당사에서 제작한 것의 의미와 관련하여 우리나라 전체 역사에서 발해 역사의 의미는 무엇인지 적어보자. 또한 지금까지 발해 역사 연구에서 장애가 되는 요인이 무엇이었으며 앞으로 발해 역사 연구의 방향은 어떠해야 할지 적어보자.

10	고려 건국	궁예, 견훤, 왕건 세 인물은 9세기 말~10세기 초의 격동기 역사를 대표하는 인물인데, 왕건이 최종적인 승자가 된 이유와 의미, 건국 시조인 왕건의 정책 방향을 통해 고려 왕조 성립의 의의를 정리해보자.
11	고려 초기 정부 과제	고려 왕실이 고대 신라를 부정하고 새롭게 시작되어 이후 500여 년간이나 왕실의 권위가 지속될 수 있게 된 것은 고려 건국 초기에 정국을 안정시킬 수 있었기 때문이다. 최승로의 고민과 제안을 중심으로 고려 건국 초기 지식인들이 생각하는 고려 정부의 과제는 무엇이었을까, 어떻게 해결해갔을까에 대해 서술하시오.
12	고려 초기 대외 정책	고려 초에 해당하는 시기, 동아시아의 국제 정세 및 고려 정부가 처한 대외적 위기에 대해 적어보고 이 시기 고려 정부 및 지식인들의 대응 및 해결 방식은 어떠했는지, 그것이 가능했던 배경이 된 역사의식, 사회의식에 대해 적어보자.
13	고려 중기 외교 쟁점	고려 중기, 12세기에 해당하는 시기, 동아시아의 국제 정세 및 고려 정부가 처한 위기, 고려 정계의 주요 쟁점은 무엇이었으며 그 결과와 영향은 어떤 방향으로 흘러가게 되었는지 정리해보자.
14	고려 중기 민중항쟁	고려시대 무신에 의한 정권 교체가 일어나게 된 사회 경제적 배경이 무엇인지 정리해보고, 이 정권 교체에 대한 일반 민들의 기대 혹은 실망에 대해 상상하면서 이 시기에 농민과 천민의 반란이 많아진 이유 및 역사적 의의에 대해 정리해보자.
15	대몽 항쟁	몽고 침입 시기 보수 권력층과 일반 민중들의 대응 방법을 비교해서 정리해보고, 민중의 대몽 항전 과정에서의 역할이 역사 발전 과정에서 차지하는 의의를 정리해보자.
16	원 간섭기	다음의 이야기 〈홍복원 부자 이야기〉를 통해 몽고와의 전쟁 및 강화 이후 원 간섭기에 살던 홍복원 부자의 가치관 및 생존 방식에 대해 정리, 평가해보자.
17	원명 교체기 공민왕	원명 교체의 동아시아 정세 전환기, 공민왕과 신돈의 개혁정치의 개혁 대상, 개혁의 내용, 개혁의 기반, 개혁을 방해하는 요인, 개혁의 결과와 영향 등을 정리해보자.
2학기		
18	조선 초기 정책 구상	조선 건국 초기의 대표 군주인 태종, 세종, 세조, 성종 가운데 1인을 택하여 해당 군주의 입장에서 해당 시대의 역사적 사실을 토대로 정치 현실과 과제, 고민, 정책의 구상 등을 적어보자.
19	조선 중기 사화	16세기는 사화의 세기라고 할 수 있다. 각각의 특수한 이해관계에서 비롯되었음에도 불구하고 이 시기에 사화가 일어나게 된 배경과 원인, 과정을 정치 권력, 사회 경제적 변화(토지를 둘러싼 민생 문제), 사상(성리학 연구와 발달) 측면에서 정리해보자.
20	임진왜란	아래 두 글((가)임진왜란은 이긴 전쟁이다. (나)전쟁에 대한 승리란 무엇인가)을 읽고 임진왜란은 이긴 전쟁인가에 대한 자신의 생각을 정리해보자.
21	광해군	임란 이후 광해군과 북인 정권이 집권하게 된 시기의 특징 및 과제, 정책 내용을 설명해보고, 광해군에 대한 역사적 재평가의 의미에 대해 자신의 생각을 서술해보자.

22	인조 시대의 호란	소현세자는 볼모로 가 있던 청에서 어떤 경험을 하였으며, 그 경험이 국내 정치에 구현되었다면 역사의 향방이 어떻게 달라질 수 있었을까. 소현세자 죽음과 그 이후 조선 정치의 현실과 비교하여 그 의미를 서술하시오.
23	효종 시대의 북벌 정책	효종이 추진한 북벌 정책의 명분과 실효성, 정국의 분위기, 영향을 설명해보자.
24	숙종대의 환국정치	역사 드라마 중에 인현왕후 민씨와 장옥정, 두 여인의 이야기가 단골 소재가 되고 있는 이유는 무엇인가? 오늘을 사는 시청자의 역사의식과 관련하여 이와 같은 드라마의 연출 방향은 어떠해야 하는가? 숙종대 잦은 정권 교체의 정치적, 사회 경제적 배경 및 결과에 대해 설명해보자.
25	붕당정치	붕당정치의 ①원리와 영향, ②긍정적 측면과 ③한계점에 대해 언급하면서 ④조선시대 정치 운영의 특징과 그에 대한 다양한 평가의 의미에 대해 자신의 생각을 서술하시오.
26	영조대의 탕평정치	탕평책을 실시하겠다고 천명했던 영조대 정치 운영의 특징을 설명해보자. 정신병자라고 알려진 사도세자의 죽음의 진실은 무엇인가?
27	정조대의 탕평정치	정조대 혁신 정치(탕평책)의 배경, 내용, 정치적 · 사회 경제적 의미에 대해 그가 추진한 화성 신도시 건설과 관련하여 정리해보자.
28	세도정치	정약용이 다음의 두 글(세도정치 폐해)을 통해 전하는 메시지는 무엇인가? 정조의 갑작스런 죽음 이후에 전개되는 19세기 약 60여 년간의 정치 운영 과정의 특징과 그 영향에 대해 정치적, 사회적 관점에서 정리해보자.

“이것은 질문입니까?”

질문과 토론의 씨앗 뿌리기

허진만
사회, 삼일상업고등학교
92butter@gmail.com

넌 왜 교사를 하려고 하니?

군대를 제대한 1997년 1월, 그간의 게으름을 반성하자며 학문에 전의를 다졌다. 입대 전 학점이 2.38이었으니 아마도 우리 과 40명 중 하위 10명에 내가 있지 않았을까. 외국계 회사에 다니던 나의 아버지는 일찌감치 위기를 감지한 회사의 감원 정책에 따라 1순위로 퇴직을 하셨다. 퇴직금 한 푼 없이. 우리 가족은 대책이 필요했다.

나름대로 학교 적응하랴 생계 마련하랴 알뜰하게 살았지만, 결국 등록금과 생활비 마련을 위해 나는 휴학을 했다. 그해 겨울 졸업생들은 본격적으로 불어닥친 IMF의 된서리를 견뎌야 했다. 졸업까지 1년이 남았던 나에게 제대하자마자 마주친 이 냉혹한 현실은 너무나 생경했다. 난 군대가 싫었지만 현실은 더 싫었다.

선택권 없는 어정쩡한 대학 3학년생은 먼저 졸업하는 동기들의 입사 전쟁을 목도하며 취업을 진지하게 고민하기 시작했다. 난 사범대학에 속해 있었지만 그 당시 내가 다닌 학교는 교사가 되기 위해 들어온 학생들이 그리 많지 않았다. 은행 인사팀에 들어가거나, 사법고시나 행정고시를 준비하거나, 전과를 하거나, 당시 흔치 않던 복수전공을 통해 전향을 꿈꿨다. 나도 마찬가지였다. 이제까지 교사가 되려는 생각은 해본 적이 없었지만 그해 맞닥뜨린 이른바 '외환위기'는 모든 것을 바꿔놓았다. 잘나가던 선배는 돈을 꾸러 다니고, 아버지가 투자한 모 은행은 파산했다. 위기에 처한 나는 선배들 앞에서 교사가 되려고 한다는 이상한 고해성사를 했고, 선배는 싸늘하게 물었다.

"너 왜 교사를 하려고 하니?"

"……."

"교사가 그냥 아무렇게나 결정할 수 있는 건 아니잖아. 너는 교사로서 어쩌고저쩌고…."

선배 말은 하나도 틀린 게 없었다. 너무 당연한 말이라 할 말이 없었다. 학생들의 가치관에 영향을 주고 인생을 바꾸는 롤 모델이 될 수도 있는 사람인데, 코너에 몰렸다고 해서 그걸 어떻게 쉽게 결정한단 말인가? 1980년대 주입식 대량생산 교육의 결과물 중 하나였던 나는 '그렇게 쉽게 결정할 수도 있지 뭐' 하는 생각을 아주 은밀하게 했다. 이 글을 읽는 제자가 있다면 부끄러운 일이지만, 그게 나였다.

운 좋은 놈!

졸업하던 해, 선배가 근무하던 학교에서 90일짜리 기간제 교사를 하게 되었다. 교육 실습과는 차원이 다른 실제 근무였다. 나는 선배 집에서 기거하며 나도 잘할 수 있을 거란 생각으로 출근했다. 하지만 첫날, 아이들 앞에서 고개를 드는 것이 너무나 어색했다. 아이들의 얼굴을 똑바로 쳐다볼 수 없었고, 붉어진 얼굴과 어정쩡한 포즈로 정신없는 수업을 했다. 하지만 아이들은 '너 같은 교사 많이 봐왔다' 하는 표정으로 나를 받아주었고, 나는 아이들 품에 파묻혀 이것저것 신나는 것들을 함께 했다. 그때 모둠별로 시민단체를 탐방하여 인터뷰 보고서를 제작했던 것은 아직도 기억에 남는다. 대학로 노래방에서 아이들과 함께 노래를 부른 건 다시 갖기 힘든 경험이다.

나는 그 기억을 소중하게 껴안고 공립학교 임용시험에 도전했지만 보기 좋게 낙방했다. 하지만 곧이어 도전한 사립학교 시험에서 다행히 합격하여 지금까지 15년째 잘 다니고 있다. 그렇지만 처음으로 교사의 사명감을 물었던 선배들의 질문이 지금까지 따라다니는 걸 보면, 난 아직도 그 문제를 해결하지 못하고 있다.

교과서를 포기하다

내가 15년째 다니고 있는 이 학교는 야간 산업체 학생들의 학급까지 있었던 상업고등학교다. 성적이 좋지 않거나 가정형편이 어려운 학생들이 주로 지원했던 학교다. 처음 이곳에 와서 난 학생들을 제대로 가르칠 수 없었다. 교실에 들어가면 삼분의 일은 잤고, 삼분의 일은 떠들었으며, 나머지 삼분의 일만이 나를 불쌍히 여겨 내 얘기를 들어주었다. 입에선 쉴 새 없이 '씨○'과 '존○'가 튀어나왔고, 교사에 대한 신뢰라곤 열에 하나 정도 있을까 말까였다. 이 아이들과 내가 무얼 할 수 있을까? 내가 직장을 얻은 행복감을 느끼기엔 여유가 없었다.

교과서를 포기해야 했다. 학습 동기가 거의 없는 학생들에게 교과서는 의미가 없었다. 그럴 바에는 차라리 그들이 현재 처한 상황을 바탕으로 배워야 하는 '당위'에 접근할 수 있는 다른 길이 필요했다. 학생들이 뭘 하고 싶어 하는지, 좌절감의 근원은 무엇인지, 어떻게 살아야 삶이 조금씩 나아질 수 있을지 나는 머리를 맞댔다. 특별한 수업 방법이 필요하지는 않았다. 그저 내가 학생들을 일방적이고 권위적으로 대하지 않는 사람이라는 걸 인식시켜주기만 하면 됐다. 결론을 정해놓고 사람을 대하면 아이들은 본능적으로 선을 긋는다는 걸 알게 됐으니까. 그렇게 좌충우돌하면서 초임 교사 1년이 지났다.

아이들은 불행한 삶을 살고 있었고, 그 불행의 원천은 가난과 가정 불화였다. 교육사회학의 갈등 이론에서 듣던 것들이 이들에게는 대부분 현실이었다. 버스비가 없어서 몇 정거장을 걸어오는 아이가 있는가 하면, 술 취한 아버지가 교복을 태워버려서 밤새 못 잔 얼굴로 트레이닝복을 입고 등교하는 아이도 있었다. 그러니 수업의 초점을 재조정해야 했다. 아이들의 삶에서 출발한 이야기로 수업을 구성했다. 학급 운영에서 상담에 활용하는 글쓰기 자료들을 수업시간에 쓰게 하고, 일상에서 흔히 접하는 소재로 말을 걸었다. 교사의 일방적 수업 진행은 최소화했고, 가능한 한 학생들의 의견을 말할 수 있도록 했다. 찬반 토론의 형식을 빌려 규칙을 정해 이야기를 해보게 하는 것이 말을 꺼내는 데 도움이 됐다. 이런 노력은 학생들의 관심사와 눈높이에 맞춘 수업을 구상하는 데 많은 도움이 되었다.

변화의 바람
: 어떤 학생들을 길러낼 것인가

게다가 수업의 체질 개선에 외부의 변화가 상당한 영향을 주었다. 그 외부의 변화란 입시 제도였다. 2004년에 실업계 고등학교의 대학 진학 폭을 넓히는 특별 전형이 실시됐고, 또 몇 년이 지나 실업계 고등학교는 '전문계' 고등학교로, 또 전문계 고등학교는 '특성화' 고등학교로 이름을 바꾸었다. 입시 경쟁에서 상대적으로 안전한 실업계 고등학교로 전략 지원하는 학생들이 하나 둘 늘었고, 전문계 고등학교 학생들에 한하여 정원 외 5퍼센트까지 특별 전형하는 제도가 생기면서 서울 소재 대학에 우리 학생들이 많이 입학했다. 2011년부터는 고졸 특채가 붐을 일으키며 취업을 원하는 학생들이 대거 우리 학교로 지원하기 시작했다. 불과 10년도 채 안 되는 사이에 학생들의 수준은 높아졌고, 또한 비슷한 목표를 가지고 들어오는 학생들로 균질해졌다.

이는 우리 학교에 유리하게 작용했다. 학생들이 일반계 고등학교에 진학하는 이유는 결국 대학 진학 때문인데, 비싼 등록금 들여 들어간 대학의 취업난이 날로 심화하고 있는 현실을 반영한 결과였다. 게다가 고졸 채용 정책이 공교육(직업교육) 정상화 차원에서 신뢰를 얻으면서 취업문이 넓어져, 조기에 진로를 결정한 학생들이 특성화 고등학교를 선택하는 경향이 뚜렷해졌다. 지금은 일반계 고등학교는 특성화 고등학교에 비해 수업하기가 쉽지 않다. 학생들의 편차가 이전보다 커졌기 때문이다.

어찌됐든 나에게 두 가지 선명한 목표가 생겼다. 첫째, 경제적인 환경 등 여러 가지로 여전히 주눅 들어 있는 학생들에게 자신감을 주는 것. 둘째, 실제 취업에 도움이 되는 수업을 하는 것. 이러한 방향 설정은 나의 교사 생활에 활력을 주는 모멘텀으로 작용했다. 학생들에게 자신감을 주는 것이야 수업 방식에서 별다른 특이점이 필요하지 않았지만, 취업에 도움이 되는 사회 수업이 내가 추구하는 수업과 어떤 차이가 있을까 고민하게 되었다. 나는 학생들이 마주치는 입사 시험 문제를 분석했다.

최근까지 공공기관 고졸 공채에서 시행된 논술·면접 문제이다.

- 휴대폰 중독 현상의 해결책을 말해보라. (2013, 국민연금공단)
- 밀양 송전탑 문제의 해결책을 말해보라. (2013, 금융감독원)
- 한국 사회의 자살 문제에 대한 의견을 논하시오. (2014, 예탁결제원)

하나같이 사회 현안에 대한 고민을 충분하게 한 사람만이 답할 수 있는 문제다. 교과서가 소화하기 어려운 현실의 문제를 담고 있다는 말이다. 논술 학원에서 제시문 분석을 통해 계량화하여 채점할 수 있는 문제 풀이가 통하지 않는다는 의미이며, 자신의 머리로 생각한 해법을 스스로 말할 수 있어야 한다는 얘기이다.

영국의 두 명문 대학인 옥스퍼드와 케임브리지의 입학사정관들의 질문을 모은 책《이것은 질문입니까?》(존 판던)를 보면, 실제 그 대학들에서는 엉뚱함을 넘어 황당해 보이기까지 하는 질문들을 한다. '로미오는 충동적인가?'(케임브리지대학 중세현대유럽언어학부), '세상의 모래알은 전부 몇 알일까?'(옥스퍼드대학 물리학과), '전지전능한 신이 있다면, 자신도 들지 못할 돌을 만들 수 있을까?'(옥스퍼드대학 서양고전학부) 등등. 책의 표지에는 이런 말이 쓰여 있다.

"중요한 것은 '당신의 지식'이 아니라 '어떻게, 얼마나 생각할 줄 아는가'이다!"

취업을 준비할 수 있는 수업 구상을 하다 보니 우리나라 입사 시험 면접에도 이런 바람이 조금씩 불고 있음을 알게 되었다. 나는 사회가 원하는 인재상을 제대로 분석하고 싶어, 중학생들이 진학하고 싶어 하는 고등학교 입시 문제도 살펴봤다.

- 한국을 10번째 방문한 외국인 친구에게 가장 소개하고 싶은 장소 한 곳을 선정하고, 그곳을 선정한 배경과 소개할 내용은?
- 한국 사회의 '사회적 약자'를 아는 대로 말해보고, 이들 중 가장 도움이 필요한 사람은 누구이며 그들에게 우리 사회가 어떤 도움을 주어야 하는지 말하시오.
- (제시어: 디지털 매체, 문화, 미래 / 제시 사진: 남녀가 한 테이블에서 커피를 마시며 각자 휴대전화에 몰두) 사진을 보고 제시어를 사용해 자신의 생각을 말해보시오.
- 본인이 중학교 수학 교사라 가정하고, 중1 학생들에게 수학 교과서의 첫 단원이 왜 '집합'인지 설명하시오.

언뜻 봐도 교사 스스로도 고민하게 만드는 문제이다. 공통점은 정답이 따로 있는 게 아니란 점이다. 자기 생각을 표현하여 타인을 설득할 수만 있다면 이 문제는 해결된 것이다. 어려운 것은 그 사고의 과정이다. 아이들은 그런 질문을 제시하거나 받아본 적도 없기 때문에 사고의 훈련이 되어 있지 않은 것이다.

이러한 질문들에는 사회에 대한 문제의식이 흐른다. 기성세대만이 해결할 수 있는 문제는 없다. 기성세대나 전문가들이 문제를 다 해결할 수 있다면 우리 사회에는 철인 정치가 진작 구현되었을 것이다. 질문은 사회의 아픈 곳을 상징하고, 우리가 머리를 맞대고 풀어가야 할 지점이 어디인지 알려준다. 그걸 우리는 바보처럼 '공부'해왔다. 해결하려고 하지 않고 말이다.

과감한 수업 구성
: 21세기 스마트 시대에도 여전히 교사가 필요한 이유

그럼에도 교사가 '어쩔 수 없이' 손에 들 수밖에 없는 것이 교과서이다. 교과서는 서울에 있는 영식이부터 부산에 있는 선아까지 다양한 상황의 학생들이 어쩔 수 없이 받게 되는 일반화 교재이다. 교과서의 특성은 지식을 일반화하여 표현했다는 점이다. 따라서 교과서에는 구체적인 상황을 전혀 전제하고 있지 않다. 어쩔 수 없는 일이다. 그래서 흥미나 현실감이 상대적으로 떨어진다. 그렇다면 학습자를 끌어들일 수 있는 흥미 요소는 누가 어디에서 찾아야 할까?

21세기 스마트폰의 시대, 스마트 교육을 추구한다는 이 시대에도 여전히 교사가 필요한 이유는 교육하는 대상이 사람이기 때문이다. 사람은 감정을 갖고 있고, 상황에 따라 얼마든지 변할 수 있다. 우리는 교육학에서 그걸 '가소성'이라는, 상당히 생소하고 어려운 단어로 배웠다. 사람은 변할 수 있고 특별히 좋은 쪽으로 변하도록 하는 것이 교육의 목표라는 데

동의한다면, 그것을 가능하도록 유도하는 역할은 인터넷도 아이패드도 아닌 교사만이 가능하다. 사실 교사 없이 학습이 가능하다면 학교는 필요가 없을 것이다.

2012년 경제 교과서를 가지고 3학년 수업을 구상할 때다. KDI(한국개발연구원) 경제교육원에서 보내오는 월간지 《클릭 경제교육》과 고등학교 경제 교과서를 번갈아 보며, 무엇을 가르쳐야 할지 잠시 혼란이 왔다. 《클릭 경제교육》은 건전한 시장경제의 발전을 지향하는 행정부의 경제교육 기관지이므로 당연히 교과서를 돕는 내용으로 구성되어 있다. 그런데 이 기관지나 교과서가 내게는 '학생들이 이것을 배운다면 참 경제관념이 양호한 사람으로 성장하겠구나' 하는 느낌을 주지 못했다. 잠시 나 스스로 '내가 반국가적인 인물인가?' 하고 자문해보았지만 특별히 그럴 일은 없었다. 그럼에도 이런 생각이 들었던 이유는, 교과서와 경제교육 기관지가 나의 흥미를 전혀 끌지 못했기 때문이다. 나에게도 재미없는 걸 아이들에게 가르친다는 생각에 이르자 1년 동안 그 고생을 할 생각에 몸서리가 쳐졌다. 살 길을 찾아야 했다.

아내에게 나의 이런 고충을 얘기했다. 아내는 잠시 고민하더니 평소의 생각을 바로 풀어냈다.

"당신이 근무하는 학교 애들 취업 많이 나간다며? 그럼 면접 질문처럼 학생들에게 실제 필요한 경제관념이나 가치관을 형성할 수 있는 질문을 주고, 그걸 글로 써보게 하면 되겠네. 요즘 면접 질문도 많이 재밌게 변하고 있는데, 실제 도움도 되지 않겠어?"

나는 무릎을 탁 쳤다. 바로 '나만 말할 수 있는 이야기'라는 제목으로 33가지 질문을 작성했다. 그리고 학기 초, 질문을 선택하여 발표문을 작성하고 발표하는 수행평가를 공지했다. 33가지 질문 중 몇 가지는 다음과 같다.

- 로또에 당첨되면 행복할까? 실제 당첨된 사람들의 사례를 조사해보고 자신의 경우라면 어떻게 행동할지, 그것이 행복과 어떻게 연결될지 말해보라.
- 여윳돈이 있든 없든 당신은 삼성전자 주식을 살 것인가? 이유는? (삼성전자의 주당 가격을 조사하고, 그에 따른 등락폭을 고려하여 위험도와 이익, 나의 기회비용을 따져볼 것.)
- 생활고를 비관하여 자살을 결심하면서 전 직장 동료를 살해하고 자신도 죽으려고 한 여의도 흉기 난동범에 대해 당신이 판사로서 판결을 내린다면, 어떤 형량과 판결문을 쓰겠는가?
- 독도를 두고 한국과 일본이 신경전을 계속 하고 있다. 독도가 한국 땅이라면 우리에게 무엇이 이익이 되는지, 또 한국 땅이 아니게 되면 무엇이 손해인지 이야기한다면? (이것은 이익과 손해의 문제인가? 아니면 자존심의 문제인가?)
- 발렌타인데이, 화이트데이, 빼빼로데이는 각각 어떤 기념일인지 설명하시오. 이것이 과자 회사, 초콜릿 회사의 마케팅으로 생겨난 것이라면, 그럼에도 사람들이 열광하는 이유는 왜인지 말하시오.

학생들은 재미있어했다. 1학기 때 이미 《이원재의 5분 경영학》이라는 책의 한 꼭지씩을 나누어 읽고 발표한 경험이 있어(참고자료 1) 익숙하게 발표 주제를 골랐다. 발표 내용이 학생의 특성을 그대로 반영하게 되니 서로의 가치관이나 경제관에 대한 질문도 제법 오갔다. 이 수업을 경험한 학생들은 경제가 우리 삶과 동떨어져 수치로만 존재하는 것이 아님을 새삼 깨달았으며, 뭔가 재밌는 걸 수업시간에 한다는 느낌이 들어 수업시간을 기다렸다(참고자료 2).

독서, 글쓰기, 발표…
: 친구들의 얘기를 재밌게 듣는 수업

2013년도에는 1학년 '법과 정치' 과목을 가르치게 되었다. 전년도에 3학년 '경제'를 가르칠 때 독서 발표로 재미를 봤던 《이원재의 5분 경영학》처럼 나에게 흥미를 줄 관련 책이 필요했다. 특히 '법과 정치'는 법에 대한 사람들의 선입견이 심한 과목이었다. 까딱하면 골치 아프고 질리는 과목으로 전락하기 십상이었다.

그러던 중 서점에서 찾은 책이 《생활법률 상식사전》(김용국)이었다. 이 책은 법원 사무관으로 오랜 기간 재직한 저자가 일상에서 자주 발생하는 분쟁 사례를 일반인도 알기 쉬운 용어로 순화해서 엮은 책이다. 2006년 미국의 한 언론이 '직업의 특성을 잘 살려서 전문적인 글쓰기를 하는 시민기자의 모델'로 저자를 선정하여 인터뷰하기도 했다. 헷갈리는 용어를 구분하기 위한 '바람난 남편, 고소할까 고발할까'라는 꼭지부터 판사의 고뇌를 엿볼 수 있는 '판결문은 눈물을 닦아줄 수 있을까'라는 꼭지까지 다양한 법률적 상식을 쉽게 배울 수 있는 책이었다. 게다가 교과서의 대단원과 싱크로율이 상당했다. 당장 책을 사서 읽어보고는 한 학급당 3권씩 윤독할 수 있도록 담당 선생님께 주문을 신청했다. 책의 목차가 흥미를 끌기에 충분했으므로, 독서 발표 수행평가 안내서에 목차를 집어넣었다(참고자료 3).

그리고 뒤늦게 발견한 또 한 권의 책은 청년유니온 대표인 김민수가 쓴 《청춘이 사는 법》이었다. 이 책은 알바를 전전하는 가난한 청춘들이 현실 속에서 부딪히는 법 이야기를 담았다. 앞의 책보다 분량은 적었지만 공감하기에는 충분했다. 과감하게 두 권 중 하나를 선택하여 발표하게 했다.

다음은 학생들의 독서 발표문 사례 중 하나이다.

1. 자기소개

안녕하십니까, 11월 12일 독서 발표자 홍○○입니다. 저는 아직 꿈을 정하지 못해 요즘 무슨 직업이 있는지, 나에게는 어떤 직업이 어울리는지에 대해 생각하고 있습니다. 항상 생각만 하고 아직도 정하지 못하였지만 나에게 맞는 직업을 찾기 위해 열심히 찾아보고 그 직업을 미래에 내가 할 수 있도록 열심히 노력하여 꿈을 이룰 수 있도록 할 것입니다.

2. 법은 이래서 중요하더라

우리나라는 법이 있어도 성폭행이니 살인이니 각종 많은 범죄를 저지릅니다. 만약 법이 없어진다면 우리나라에는 살아남는 자가 없을 것입니다. 사회가 혼란해지고, 규칙도 질서도 모두 무너질 것입니다. 또 하나는 권력자가 자기 마음대로 할 수 없도록 하기 위해서입니다. 우리 같은 국민들이 억울한 일을 당하지 않으려면 법이 반드시 필요하다고 생각합니다. 만약 법이 없다면 권력을 가진 사람이 모든 것을 자기들 마음대로 할 것이기 때문입니다. 우리 같은 국민은 억울한 일을 당해도 그냥 당해야 할 것입니다. 정말 무서운 세상이 되지 않기 위해서는 법이 꼭 있어야 한다고 생각합니다.

3. 어디를 읽었냐면

저는《생활법률 상식사전》의 'PART 5 : 죄 없다면서 법정에선 왜 떠니?' 부분의 '01 형사고소, 홧김에 했다가 큰코다친다 - 고소인이 알아야 할 몇 가지 진실'을 읽었습니다.

4. 사건 소개

그럼 오늘 사건을 소개하겠습니다.

한성질 씨는 평소 아내 배신자 씨와 돈 문제로 자주 다투었다. 이날도 밤 11시가 넘도록 부부는 심한 말다툼을 벌였다. 배씨가 싸움을 끝내기 위해 바람을 쐬고 오겠다며 자리를 피하려 하자 한씨의 분노는 행동으로 나타났다. 배씨에게 발길질을 하는 등 폭력을 사용했던 것이다. 배씨도 당하고 있지만은 않았다. 바로 친정 식구들에게 도움을 요청했다. 전화 연락을 받은 배씨의 부모와 오빠 배신남 씨가 집에 도착한 시각은 새벽 2시. 여동생의 처지를 보고 화가 난 배씨는 한씨에게 주먹을 휘두르며 앙갚음을 했고, 다른 식구들도 가세한 상황이 되었다. 급기야 한씨와 배씨 쪽은 서로 맞고소하기에 이르렀다. 경찰서에 낸 이들의 고소장이 이들의 인생에 미친 영향은 예상보다 훨씬 컸다. 때로는 가해자로, 때로는 피해자 자격으로 조사를 수차례 받았다. 그렇게 시간은 흘러 검찰이 한씨와 배씨 남매 세 사람을 기소하면서 사건은 법원으로 넘어갔다. 이들은 다시 피고인석과 증인석을 번갈아가며 법정에 섰다. 7차례 재판 끝에 폭행 사실이 인정된 한성질 씨와 배신남 씨는 벌금형을, 배신자 씨는 무죄를 선고받았다.

부부 간의 다툼이 이렇게까지 번진 것이 바람직할까요? 만일 양쪽 다 고소하지 않고 마무리 지었더라면, 아니 고소했더라도 판결이 나기 전에 타협점을 찾았더라면 어땠을까요? 참고로 단순폭행은 '반의사불벌죄'로, 피해자가 처벌을 원하지 않으면 법원도 유죄 판결을 내릴 수 없습니다. 이보다 더 무서운 상해죄라고 해도 서로 원만하게 합의하였다면 재판 결과는 달라졌을 수도 있을 것입니다. 한때의 기분에 따라, 아니면 홧김에 고소장을 내는 것은 삼가야 합니다. 이왕 고소해야겠다는 마음을 먹었다면 몇 가지 알아야 할 점이 있습니다.

첫째, 형사사건의 절차를 이해해야 합니다. 형사사건은 보통 경찰-검찰-법원의 단계를 거칩니다. 경찰-검찰은 수사 단계이고, 법원은 재판 단계라고 이해하면 됩니다. 둘째, 고소 전에 철저하게 준비해야 합니다. 고소인이 모르는 내용은 판사나 검사도 모릅니다. 그러기에 유리한 증거나 자료를 모으는 것도 상당히 중요합니다. 재판에서 증거의 영향력은 절대적입니다. 셋째, 고소한 사람도 고생을 감수해야 합니다. 고소인도 경찰, 검찰 조사를 받고 때로는 형사법정에 증인으로 불려 나갈 수도 있다는 말입니다. 고소를 하겠다면 이런 수고를 감수해야 합니다. 만일 감당할 자신이 없다면 고소하는 대신 당사자끼리 합의를 하거나 아예 그냥 넘어가는 편이 낫습니다.

5. 새롭게 알게 된 것

새롭게 알게 된 사실과 용어에 대해 말씀드리겠습니다.

1) 고소장 : 수사의 단서를 제시하고 범죄의 처벌을 촉구하는 의미

2) 대질신문 : 소송법상 증인과 증인, 당사자와 당사자, 또는 증인과 당사자 등을 대면시켜서 질문·응답하게 하는 일

3) 신문조서 : 수사기관이 피의자를 신문하여 그 진술을 기재한 조서

6. 이것만은 알자

오늘 제 발표의 핵심에 대해 말씀드리겠습니다. 이 글을 읽고 고소가 어려운 일이라고 생각할 수도 있을 것입니다. 하지만 고소는 피해자의 정당한 권리이니 수사기관이나 법원에서 부른다고 해서 결코 주눅 들 필요는 없습니다. 다만 자신의 권리를 지키고 진실을 밝히기 위해선 사건을 가장 잘 아는 피해자의 수고도 어느 정도 뒤따라야 한다는 점을 알아두셨으면 하는 것이 이 부분의 핵심입니다.

7. 이건 뭔가요?

마지막으로 궁금했던 점을 말씀드리겠습니다. 고소하는 것이 이렇게 힘든 일인 줄 몰랐는데, 고소는 하고 싶은데 과정에 자신이 없어 고소를 포기하는 사람들이 자신의 권리를 지킬 수 있고 진실을 밝힐 수 있도록 고소 말고 다른 방법은 없을까 궁금합니다. 이상으로 발표를 마치겠습니다. 감사합니다. (1학년, 홍○○)

이렇게 친구들이 직접 주도하는 독서 발표에 학생들은 긍정적으로 반응했다. 수업 내용을 친구들이 설명해주는 꼴이 되니 재미있기도 하고, 친구들이 발표에 대한 평가지를 직접 작성하니 자존심 경쟁이 붙기도 했다. 발표문에 일정한 개인사를 삽입하게 하여 서로를 알아가는 의미도 있었다.

수업의 효과도 쏠쏠했다. 당장 방학 때 알바하다 떼어먹힌 수당을 받아냈다며 고맙다고 인사하는 학생도 있었고, 법적 분쟁에 휘말린 고모에게 수업시간에 배운 이야기를 해서 선생님께 상담을 의뢰해도 되냐고 묻는 학생도 있었다. 수업 내용을 자기 현실에 적용시켜 해결하려고 애쓰는 아이들의 모습에 보람을 느꼈다. 당시 학생들의 반응을 몇 가지 인용해본다.

저는 '법과 정치' 수업시간을 통해《생활법률 상식사전》을 읽게 되었습니다. 이것이 곧 수행평가였기에 더 잘하고 싶은 마음도 있었지만, 무엇보다 각자 맡은 파트가 있었고 그 부분을 못 읽은 친구들을 위해 앞에 나와서 설명해주고 발표했던 점이 저에게 책임감을 만들어줘서 더 잘하고 싶은 마음이 더 컸었던 것 같습니다. 때마침 그때 시험 부분에 해당하는 파트를 읽게 되어 시험에서도 이익을 보았던 점도 있었습니다. 그때는 책을 파트별로 읽고 타인 앞에서 발표하는 수업 방식이 처음이라 낯설었지만, 반년을 그렇게 수업하고 난 후인 지금은 재밌었고, 어쩌면 주입식 교육으로 힘들고 수행평가로도 지쳤던 저에게는 쉽기도 했던 과제이면서 특별했던 과제였기에 또 한 번 이런 수업 방식으로 수업했으면 좋겠다는 생각이 들었습니다. **(1학년, 황선미)**

이 책에는 내가 몰랐었던 법들도 많이 있어서 새로웠다. 34명 모두 다른 주제를 선택했기 때문에 34가지의 새로운 법들을 알 수 있었고, 친구들이 발표하는 것에 대해 느낀 점을 썼기 때문에 아직도 이 책의 내용이 많이 기억난다. 나를 비롯한 요즘 청소년들은 책을 잘 안 읽고, 법에 대한 책은 더욱 관심이 없다. 나는 독서 발표를 하면서 내가 몰랐던 법을 재미있게 알 수 있었던 점이 좋았던 것 같다. 내가 법에 대해서 잘 모른다면 나에게 불리한 일이 생겨도 능숙하게 처리할 수 없을 것이다. 하지만 이 책에는 주위에서 자주 일어날 수 있는 사건에 대한 내용이 많이 있었고, 내가 이 책에 나온 사건을 겪게 된다면 잘 해결할 수 있을 것 같다. (…) 반 친구들 앞에서 발표를 하면서 자신감도 많이 생긴 것 같다. 남들 앞에서 발표하는 수업이 거의 없었는데, 독서 발표를 통해서 내 의견도 자신 있게 말할 수 있었던 것 같다. 책을 읽으면서 한 번 기억하고, 책에 있는 내용 중에 하나를 선택해서 글을 쓰면서 두 번 기억하고, 내가 쓴 글을 친구들 앞에서 발표하면서 세 번 기억하고, 친구들이 발표하는 내용을 들으면서 네 번 기억하고, 친구들이 발표한 내용을 독서 평가서를 통해서 완전히 기억하게 만드는 것 같아서 좋았다. 책을 읽기만 하는 것이 끝이 아니라 더 많은 활동을 하면서 책의 내용을 더 잘 기억하게 하는 활동이었던 것 같다. 나중에 '법과 정치' 시간을 생각해보면 내가 몰랐던 다양한 실생활에 필요한 법을 알고 발표를 통해 자신감을 키워주는 활동인 독서활동 생각이 날 것 같다.

(1학년, 박진슬)

수업을 순식간에 재미있는 것으로 만드는 결정적인 모형은 없다. 하지만 교사와 학생의 관계, 친근한 소재로 출발하여 교사와 학생이 함께 건드려보는 독서 발표, 그리고 그에 자연스레 이어지는 주제 토론은 핵심 요소만 적절히 버무린다면 그리 어려운 일이 아니었다. 이런 수업은 학생의 발표를 기점으로 자연스럽게 터져나오는 친구들의 질문과 토론을 유도할 수 있다는 점에서 교육 과정 재구성의 손쉬운 예시가 될 수 있을 것이다.

지식을 자기 것으로 만들기

지금의 교육은 지식을 많이 쌓는 것을 목표로 하는데, 결정적 한계는

'닥치고 외우는' 것이다. 해당 지식이 가진 맥락을 고려하지 않고 습득하는 지식은 그저 외우는 것일 뿐 '나의 지식'으로 체화되지 않는다. 수업에서 책을 활용하는 것은 수많은 미디어 활용 교육 중 가장 차분한 성찰을 가능하게 한다. 그러므로 교사가 스스로 책을 많이 읽고 교육 과정을 잘 분석해 알고 있다면 책으로써 교과서보다 나은 교육이 가능할 것이다.

이제는 교과서 그대로 수동적으로 가르치는 방식에서 벗어나 교과서 내용을 재구성하여 가르칠 것을 권하는 시기이다. 우리 사회에는 오늘도 많은 일들이 벌어지고 있지만, 학생들은 그런 시사적인 문제를 고3 때의 논술 문제나 입사 면접 준비 때 접하는 경우가 대부분이다. 하지만 성인이 되는 것은 그렇게 한순간에 이루어지지 않는다. 시험 준비도 마찬가지다. 교육 과정 재구성이 회자되는 이유도 기존 교육의 반성과 위기의식에서 비롯된다. 학생이 발표한 주제를 교사가 함께 생각해보는 것으로 좀 더 관용적이고 열린 사회를 기대한다.

마지막으로, 학생들이 작성한 수업 평가서("한 학기 '법과 정치' 시간이 내게 준 것") 몇 편을 소개해본다.

1. '법과 정치'에 관한 나의 선입견 (5줄 이상)

저는 고등학교를 들어와서 처음 '법과 정치'를 접하게 되었습니다. 중학교 때는 '사회'라는 과목이어서 법에 대해 배우지 않았습니다. 저는 제가 왜 법을 자세히 알아야 하고 고등학교 과정에 '법과 정치'라는 과목이 있는 줄 알지 못했습니다. 하지만 '법과 정치'라는 과목을 배우면서 내가 일상생활에서 알았던 것과는 다소 다른 점이 있었습니다. 또한 새롭게 알게 된 것도 있었습니다. 또 '법과 정치'를 배우게 되면서 전에는 관심이 가지 않았던 우리나라 정치에도 관심을 가지게 되었습니다. 법이 없어도 내가 양심대로 행동하면 살아갈 수 있다는 생각을 가지고 있던 제게 '법과 정치'를 통해서 내가 생각하지 못했던 부분에서는 법이 정말 필요하겠구나라는 생각을 하게 해준 것 같습니다.

2. '법과 정치' 시간에 이런 것들을 했고 이런 내용이었습니다 (7줄 이상)

'법과 정치' 시간은 저에게 항상 새로운 것을 알게 되는 시간이었습니다. 친구들이 발표를 하면서 새로운 법에 대해 알게 되고 시사 발표를 통해서 저의 상식을 키워나가는 시간이 되었습니다. 또 교과서를 벗어나 가끔은 우리들이 필요로 하는 법에 대한 상식도 알게 되었고, 소송의 절차나 형사와 민사의 차이, 나이 대에 따른 법의 효력 등 많은 것을 알게 되는 시간이었습니다. 또 내가 언제 한번 가볼까 말까 하는 검찰청에도 가게 되어 검사들이 하는 일, 검찰청에서 하는 일, 각각에 대한 자세한 내용들도 들었습니다. 또 친구들과 법정에 간 것처럼 재판을 통해 변호사, 검사, 판사의 편에 서서 그들이 실제 재판에서 하는 것처럼 실제로 재판을 해보았습니다. 이것으로 그들의 심정을 이해할 수 있는 좋은 계기가 되었습니다. 또 〈히어로〉를 보면서 사건을 해결하는 것을 보니까 처음으로 나도 선의의 편에서는 검사가 되고 싶다는 생각을 하게 되었습니다.

3. 가장 의미 있었던 활동 & 아쉬웠던 활동 (5줄 이상)

제게 가장 의미 있었던 활동은 재판이었습니다. 우리 반 친구들과 재판을 해보고 서로에 대한 생각을 들으면서 사건에 대한 의견을 말하고 서로 들어주면서 이 친구는 이런 생각을 하는구나 하는 생각도 들게 되었고, 나 또한 내가 변호사라면 이런 상황에서 무슨 말을 할지 생각할 수 있는 계기가 되어 좋았습니다. 하지만 아쉬웠던 활동은 마지막 재판에서 검사를 하고 싶었는데 하지 못해 아쉬웠던 점입니다. 하지만 처음 재판에서 변호사를 해보았기 때문에 전에 하지 못한 친구들에게 양보해주었다고 생각하고 있습니다. 또 배심원들이 더 적극적이었더라면 더 재미있는 재판이 아니었을까 하는 아쉬움도 있었습니다.

4. 나에게 있어 '법과 정치'란 (제한 없음. 편향되지 않게 진실하게 작성할 것)

'법과 정치'를 2학기 때 잠시 했던 과목이어서 그런지 몰라도 많이많이 재미있었고 많은 것을 알게 되어 우리 사회와 조금이나마 친해지는 시간이었습니다. 하지만 1년을 계속 했어도 좋았을 과목입니다. 나는 '법과 정치'를 필수적으로 넣으면 좋겠다는 생각을 했습니다. 왜냐하면 우리는 앞으로 사회에 나가야 하는데 '법과 정치'를 통해 법에 대해 자세히 알고 배우면서, 우리가 법이 필요할 때 배운 내용으로 해결하면 좋을 것이라고 생각하기 때문입니다. 가끔 선생님의 말씀으로 그날 배운 내용을 가족들에게 알려주는 경우가 많이 있기 때문입니다. 이로 인해 우리 가족이 법을 조금이나마 알 수 있게 되었습니다. '법과 정치'는 지금 우리 나이 때 그냥 시험을 보려고 공부하는 과목이 아닌, 우리들이 필수적으로 배워야 한다는 한국사처럼 '법과 정치'도 필수 과목에 포함시켜줘야 한다고 생각합니다. 다른 친구들은 몰라도 나는 이렇게 생각하는 편입니다. 따라서 나에게 '법과 정치'란 우리가 사회로 나가기 위해 필요한 옵션이라고 생각합니다.

(1학년, 김하늘)

1. '법과 정치'에 관한 나의 선입견

저는 처음에 '법과 정치'라는 과목을 배운다고 했을 때 기대도 컸지만 한편으로는 걱정도 있었습니다. 중학교 때도 사회 과목에서 역사보다 우리나라 헌법을 배우는 부분을 좋아했었고 평소에도 법이나 사회에 대한 내용에 관심이 많아서 기대를 품고 있었습니다. 하지만 법이나 정치 같은 것을 다루는 과목이라서 딱딱하고 이해하기 어려울 것 같아서 공부하기 힘들지 않을까 걱정하고 있었습니다.

2. '법과 정치' 시간에 이런 것들을 했고 이런 내용이었습니다

'법과 정치'는 집중 이수제 과목이라 5일 수업 중에 매일 1시간씩 들어 있어서 다른 과목에 비해 배울 수 있는 것이 많았습니다. 처음에 선생님께서 《확신의 함정》이라는 책을 복사하셔서 나눠주시고 다 같이 읽어보고 그 책 내용에 대해 여러 가지 이야기를 해보았는데 친구들과 함께 얘기해볼 수 있어서 좋았습니다. 또 법과 관련된 기사를 선택하여 기사 내용과 자신의 생각을 쓰고 친구들과 함께 기사에 대한 이야기를 나누는 시사 발표란 것을 했는데 평소에 접할 일 없는 여러 기사를 접하게 되어 좋았고, 선생님께서 나눠주신 《생활법률 상식사전》, 《청춘이 사는 법》이라는 책을 읽고 사건을 소개하고 이야기해보는 독서 발표 시간도 여러 가지 사례를 볼 수 있어서 좋았습니다. 그리고 한 명씩 발표가 끝나면 〈지식채널 e〉의 여러 동영상을 봤는데 그냥 말로 했으면 집중하지 못했을 내용들을 동영상으로 보아 이해하기 쉽고 재밌었습니다. 또 일본의 법정 드라마인 〈히어로〉라는 영상도 보았는데 내용도 재미있고 그 안의 여러 가지 사건도 재미있어서 정말 좋았습니다!

3. 가장 의미 있었던 활동 & 아쉬웠던 활동

가장 의미 있었던 활동은 아무래도 유언장 쓰기 시간인 것 같습니다. 사랑하는 가족과 주변 사람에 대해 더 깊은 생각을 해보았고 나의 미래 등에 대한 여러 생각을 갖게 되어서 좋았습니다. 아쉬웠던 활동은 모의재판 시간이었는데, 결혼 사기에 대한 〈히어로〉의 내용을 토대로 해서 판사, 검사, 변호사, 배심원 등 각자의 역할을 선택하여 재판을 했고 다음엔 징벌적 손해배상-괘씸죄에 관해 예시 든 상황을 토대로 해서 모의재판을 했는데, 다들 과거에 해보지 못한 경험이라서 어색해하고 집중력이 부족했던 것 같습니다.

4. 나에게 있어 '법과 정치'란

제게 '법과 정치'란, 지루한 수업시간 중 유일하게 집중하고 관심 있게 들었던 과목입니다. 다른 과목과 달리 여러 영상과 많은 자료를 접해서 좋았고, 평소에도 관심 있던 것에 대한 과목이라 더욱 집중할 수 있고 재미있게 들었던 것 같습니다. 이제 '법과 정치', 사회 과목 시간이 없어서 정말 아쉽습니다.ㅜㅜ

(1학년, 박소은)

1. '법과 정치'에 관한 나의 선입견

저는 인터넷에서 이슈가 되는 정치인들의 비리 사건이나 국민들의 호소에도 귀를 닫고 계속 그들의 이익을 위해 진행되는 법, 누가 봐도 마땅치 않은 판사의 판결 등을 보며 법은 사회적 강자들의 횡포를 감춰주는 나쁜 도구라고만 생각했습니다. 그래서 법은 지금과는 다르게 싹 고쳐져야 할 것이라고 생각했고, 그런 법의 단점을 알고 있으면서 고치려고 노력하지 않는 어른들이 이해가 가지 않았습니다. 하지만 1학기 동안 '법과 정치'라는 과목을 배우면서, 안전하게 횡단보도를 건너고, 피해를 입으면 보상을 받을 수 있고, 수업시간에 수업을 받을 수 있는 것조차 법의 범위 안에 있다는 것을 알게 되었고, 내가 모르게 누리고 있는 법의 효력을 알게 되었습니다. 여전히 고쳐져야 할 부분들은 있지만 법조차 사람들이 만들었기에 완벽할 수 없고 누구에게나 장점만 있는 법은 있을 수 없다는 것을 알게 되었습니다.

2. '법과 정치' 시간에 이런 것들을 했고 이런 내용이었습니다

'법과 정치' 시간에는 수업만 하는 다른 과목과는 다르게 평소에는 체험할 수 없었던 활동들을 해서 좋았습니다. 시사 발표를 하며 자신이 어떤 것에 관심이 있는지를 알게 되고 그것을 다른 사람에게 설명할 수 있다는 것과, 다른 친구들이 관심 있는 주제와 그것을 어떻게 생각하는지도 알게 되었습니다. 또 우리가 몰랐던 신기한 사실들, 〈지식채널 e〉와 같은 동영상을 보며 누가 가르쳐주는 것이 아니기에 더 값진 것 같습니다. 또한 법과 관련된 드라마를 보며 우리가 알지 못했던 사건들도 봤습니다. 직접 판사나 변호사, 검사, 배심원의 역할을 해서 나의 생각을 말할 수 있었고, 직접 알바생이나 고용주가 되어서 근로계약서를 작성해보며 나중에 알바를 할 때 피해를 입지 않아야겠다는 생각도 했습니다.

3. 가장 의미 있었던 활동 & 아쉬웠던 활동

저는 수업 시간에 했던 활동들 중에서 가장 의미 있었다고 생각되는 활동은 시사 발표입니다. 다른 사람들 앞에서 발표할 기회가 흔치 않고 또 다른 사람들 앞에서 나의 이야기를 하는 것을 해보지 않았기에 시사 발표를 하며 많은 자신감이 생긴 것 같습니다. 이 활동은 얼마 남지 않은 취업 면접 준비할 때 많은 도움이 될 것 같습니다. 또한 다른 사람의 이야기를 듣는 자세도 키웠고 다른 사람의 이야기를 요약해서 평가를 하는 활동도 의미 있었습니다. 아쉬웠던 활동은 딱히 없었고 다 나중에 저에게 많은 도움이 될 활동들이어서 1학기 동안 '법과 정치' 시간은 저에게 너무 알찬 시간이었습니다.

4. 나에게 있어 '법과 정치'란

나에게 있어 법과 정치란 나를 보호해주고 나라를 보호해주는 것이고 모든 사람들을 공평하게 보는 도구라고 생각합니다. **(1학년, 김선미)**

독서 발표 수행평가 예시

〈수업 방식〉

가_역할

① 교사 : 매 시간 2개 이내 개념 정리. 이 내용은 문제은행으로.

② 학생 : 매 시간 10분 동안 《이원재의 5분 경영학》의 한 꼭지 발표

발표를 듣는 학생은 발표 평가지 작성

나_수업 흐름

① 학급당 3권씩 도서 마련

② 해당 도서 내용 중 희망하는 한 꼭지(혹은 목차 순으로)를 택하여 발표

– 번호순 발표(수행평가 10%)

– 발표 전 학생의 발표 내용에 대한 교사의 지도 필요

– 학생 발표 내용의 개념은 문제은행으로 들어감

– 발표를 듣는 학생은 매 발표의 핵심 개념을 정리(수행평가 10%)

③ 교사가 학생 발표 내용 보충 설명(필요시)

④ 교사가 교과서 핵심 개념 설명 및 정리(이것도 문제은행으로)

〈발표 대상 도서 소개 : 《이원재의 5분 경영학》(이원재, 한겨레출판, 2009)**〉**

경영학 분야의 베스트셀러로서, 현실 시장에서 벌어지는 이야기를 엮었다. 언뜻 보면 기업을 경영하는 시각에서 쓴 책이지만, 사실은 소비자인 우리에게 경제 · 경영 개념에 대한 깊은 이해를 가능하게 한다. 책의 한 꼭지가 4쪽 안쪽으로 핵심 개념을 설명하고 있다. 따라서 학생들의 발표 수위와 방법을 잘 정해주는 것이 필요하다. 초반부에 발표하는 3～4명에게 책 내용을 현실과 잘 접목시켜서 발표하게끔 한다면 학습자가 경제 과목을 따분하게 여기지는 않게 될 것이다.

〈도서 내용 발표 방법〉

1. 해당 순서의 학생이 발표를 희망하는 한 꼭지(4쪽가량)를 정하여 읽음
2. 학생은 발표용 시각자료 파일을 완성하여 카페에 올림(추가 제출 없음)
3. 담당 교사는 해당 학생의 발표 전날 카페를 확인하여 수업 진행에 차질이 없도록 조치(파일 탑재 여부, 교실에 프레젠테이션 구동 여부 등)
4. 매 수업 초반 10분 안쪽의 시간을 할애하여 번호 순으로 발표
5. 여기서 발표는 반드시 자신이 이해한 수준에서 자기 언어로 해야 함
6. 발표를 거부하거나 기타 사정으로 하지 않은 경우 0점

   문자 등 텍스트만 넣었을 경우 기본 점수 80점

   이미지 · 동영상 등 시각화 자료를 활용한 경우, 알기 쉬운 설명으로 청중의 이해를 도왔을 경우 추가 점수 20점 부여

   총 100점 만점

7. 농구부 및 발표가 불가능한 공결인 경우 기본 점수 80점 부여

〈발표 평가지 작성 방법〉

1. 교사는 '경제 발표 평가지' 양식을 인쇄하여 1인당 4장씩 배부
2. 매 시간 학생이 이 평가지를 써야 하므로 수업 초반에 간단한 파일을 마련하게 공지하여 관리토록 함
3. 발표자 외의 청중은 평가지를 작성(해당 학생이 발표한 핵심 개념 및 발표 태도를 1~2줄로 정리)
4. 평가지는 한 학급 발표가 종료되는 시점에 담당 교사가 학급별로 취합
5. 모든 발표 평가 내용이 기재되어 있으면 100점
   5개 이내 미작성 시 90점
   6~10개 미작성 시 80점
   11개 이상 미작성 시 70점
   평가지 미작성 시 0점
6. 농구부 및 평가지 작성이 불가능하다고 지도 교사가 인정한 경우 70점

＊＊＊

안녕하세요, 1반~5반 경제 담당 허진만입니다.
여러분들의 첫 프레젠테이션 수행평가를 잘 준비할 수 있도록 돕기 위해 이 글을 씁니다.
혹시 내용이 이해가 잘 안 되면 반드시 문자 보내서 준비에 차질이 없도록 해주세요.

〈발표 준비 방법〉

1. 발표를 원하는 꼭지를 정하여 정독합니다.
2. 여러분이 읽는 책의 각 꼭지는 한두 개의 핵심 용어를 설명하기 위해 사례(에피소드)를 듭니다.
   따라서 이 책에서 말하는 방식으로 사례 중심으로 경제 용어를 설명하면 됩니다.
3. 핵심 용어를 딱딱하게 바로 설명하기보다는 사례를 중심으로 전개하세요.
4. 사례 제시 후 발표하는 핵심 메시지를 정리합니다.
5. 텍스트보다는 이미지 중심으로 파워포인트를 만듭니다.
6. 강조할 단어는 꼭 강조하세요.

〈파워포인트 구성 순서〉

– 첨부파일: 2012_3학년경제_발표샘플.ppt

1. 제목이 들어간 첫 페이지 (샘플 파일 형식을 따르세요)
2. 목차 중 발표하는 부분 표시 (이것도 샘플 파일에 있어요)
3. 발표하는 핵심 용어 (이것도 샘플 파일의 형식을 따르시면 돼요)
4. 책에서 말하는 사례를 인용하여 텍스트 최소화, 이미지 중심으로 이야기 만들기 (10페이지 내외 정도면 적당해요)
5. 책에서 말하는 핵심 메시지 정리 (이러이러해서 이런 게 필요하다/중요하다)
6. 핵심 용어 다시 정리 (○○○란 이런 것이다!)
7. 감사합니다. 학번 이름이었습니다.

(이렇게 하면 총 20페이지 안쪽으로 구성될 겁니다.^^)

〈준비 시뮬레이션〉 ('시멘트에도 마케팅이 필요한 이유'를 예로 들겠습니다)

– 첨부파일 2012_3학년경제_발표샘플.ppt

1. 우선 해당 내용에서 차례대로 이미지를 찾습니다. 본문에서 언급되는 회사의 로고 등 관련 사진을 있는 대로 인터넷에서 다운받습니다. 여기서는 시멘트 이미지를 모아야겠죠. (라파즈와 세멕스 회사 이미지나 로고, 본문에서 언급된 광고 등)
2. 이미지는 구글 이미지 검색(한글 및 영어 검색)을 이용하면 훨씬 다양하고 쉽게 찾을 수 있습니다.
3. 각 꼭지에서 소개한 에피소드에서 언급된 사진이나 광고, 동영상을 찾아 다운받습니다. 이 역시 구글 동영상 검색을 이용하면 효과적입니다. 에피소드의 흐름을 그대로 설명해도 좋습니다. 보기 쉬운 글이라 그대로 인용해도 큰 문제는 없지만 여러분 눈높이에 맞게 하려면 사례를 친구들이 이해할 수 있는 것으로 고쳐서 드는 게 낫겠습니다.
4. 핵심 메시지를 다시 한 번 강조합니다. (흔히 빠질 수 있는 오류가 가격 경쟁인데, 가격 경쟁을 무작정 시도하면 업계 전체가 함께 망할 수 있다. 그래서 도입된 것이 시장 세분화 전략으로서 '고객관계관리'라는 마케팅 기법이다. 라파즈와 세멕스 두 회사의 경우 '고객관계관리'를 통해 엄청난 매출 신장을 이뤄냈다.)
5. 여기에 매출 신장이나 업계 순위의 변화를 나타내는 그래프나 도표를 제시하면 훨씬 효과적입니다.
6. 마지막으로 용어를 다시 정리합니다. ('이런 게 바로 고객관계관리CRM이다!' 식으로)

'나만 말할 수 있는 이야기'

안녕하세요. 3학년 경제를 담당하고 있는 김○○, 오○○, 정○○, 허진만입니다.
2학기를 좀 더 내실 있게 보내고자, 그리고 여러분의 입사(취업 및 진학) 준비를 돕고자 재미있는 수행평가를 계획했습니다.
돈에 관한 가치 판단을 서로 나누고 생각해보는 수업을 하려고 합니다.
이른바 돈과 경제에 관한 '나만 말할 수 있는 이야기'!!!
여러분이 직접 선택하는 질문, 그리고 진솔하고 근거 있는 글쓰기와 발표를 통해 ○○상고에서의 마지막 발표 수업을 멋지게 마무리할 수 있을 겁니다.

1. 아래 제시되는 33가지 질문 중 하나를 택하고, 발표지 양식에 당신의 생각을 합리적으로 기술하여 자기 학급 게시판에 올려주면 됩니다.
   - 첨부파일: 2학기경제발표_발표문샘플.hwp

2. 효과적인 발표를 위해 여러분이 필요하다고 생각하는 프레젠테이션 도구를 활용하면 됩니다. 파워포인트, 그림, 사진, 동영상, 스케치북 등 청중에게 여러분의 생각을 명확히 전달할 수 있는 것이라면 어느 것이든 가능합니다.^^ 그저 발표문을 읽는 것은 아무런 도움이 되지 않겠지요. 프레젠테이션 역시 게시판에 파일을 발표문과 함께 올립니다. (파워포인트로 작성할 것을 권장합니다)
   - 첨부파일: 2학기경제발표_피티샘플.pptx

3. 한 시간에 한 사람 혹은 두 사람씩 발표하고, 발표를 듣는 사람들은 평가지 양식에 발표 별점과 평가글을 써주면 됩니다.

자, 그럼 질문 33가지입니다! 뒷번호부터 차례로 준비하되, 앞에 발표한 사람이 택한 주제를 중복해서 택할 수 없습니다.

〈선택 질문〉

1. 나이에 걸맞은 용돈이 있다면? 몇 살 때는 어느 정도 액수가 적당할까? 그 이유는?
2. 첫 월급을 받으면 어디에 얼마나 쓸 것인지? 그렇게 생각한 이유는? (현실적인 월급 액수로)
3. 로또에 당첨되면 행복할까? 실제 당첨된 사람들의 사례를 조사해보고, 자신의 경우라면 어떻게 행동할지, 그것이 행복과 어떻게 연결될지 말해보라.
4. 여윳돈이 있든 없든 당신은 삼성전자 주식을 살 것인가? 이유는? (삼성전자의 주당 가격을 조사하고, 그에 따른 등락폭을 고려하여 위험도와 이익, 나의 기회비용을 따져볼 것)
5. 당신의 회사가 경기가 안 좋다며 당신의 월급을 현물로 준다고 한다. 화장품(아이패드)과 쌀 중 선택하라고 한다면 어떤 것을 선택할 것인가?
6. 당신이 근무하는 회사가 이번 달 후생복지 정책으로 30만 원 상품권과 50만 원 상당의 펜션 이용권 중 하

나를 제공한다면 어떤 것을 선택할 것인가? (단, 수령 후 타인에게 판매는 안 된다)

7. 직장에 다니는 여자와 직장에 다니지 않고 살림과 육아를 잘하는 여자 중 배우자로 적합한 사람은 누구라고 생각하는가?
8. 연예인과 공무원 중 하나의 길을 택한다면 당신의 선택은?
9. 생활고를 비관하여 자살을 결심하면서 전 직장 동료를 살해하고 자신도 죽으려고 한 여의도 흉기 난동범에 대해 당신이 판사로서 판결을 내린다면, 어떤 형량과 판결문을 쓰겠는가?
10. 세계 제3차대전이 일어났다. 핵전쟁이 시작되어 벙커 안에서 훗날을 기약하는 인원수는 7명으로 한정되어 있다. 7명의 성별과 직업, 나이를 정하고 그 이유를 말한다면?
11. 10만 원권 화폐를 새로 발행하기로 했다. 기존 화폐와 차별성을 가지면서도 고액권에 걸맞은 인물은 누가 가장 적당하겠는가? 그리고 그 이유는? (기존 화폐의 인물 소개와 선정 이유도 함께 소개할 것)
12. 다시 태어난다면 어느 나라에서 어떤 성별로 태어나고 싶은가? 그 이유는 무엇인가? (해당 나라가 생활하기에 좋은 이유, 다른 성을 선택하지 않은 이유를 함께 서술할 것)
13. 독도를 두고 한국과 일본이 신경전을 계속 하고 있다. 독도가 한국 땅이라면 우리에게 무엇이 이익이 되는지, 또 한국 땅이 아니게 되면 무엇이 손해인지 이야기한다면? (이것은 이익과 손해의 문제인가? 아니면 자존심의 문제인가?)
14. 발렌타인데이, 화이트데이, 빼빼로데이는 각각 어떤 기념일인지 설명하시오. 이것이 과자 회사, 초콜릿 회사의 마케팅으로 생겨난 것이라면, 그럼에도 사람들이 열광하는 이유는 왜인지 말하시오.
15. 당신이 무기징역형을 받아서 앞으로 딱 24시간만 자유 시간을 받는다면 그 시간 동안 무엇을 할 것인가? 그 이유는? (장소를 이동한다면 이동 시간까지 고려해야 한다)
16. 당신은 이혼할 처지에 있는 사람이다. 당신은 당장 돈이 없는 상태인데 위자료로 현금을 받거나 땅을 받기로 했다. 두 가지 중에 무엇을 선택할 것이며, 그 이유는?
17. 30살이 되었을 때 당신은 어떤 일을 하고 있으며, 직책은 무엇인가? 당신의 하루를 기상부터 취침까지 시간의 흐름대로 구체적으로 말해보시오. (사는 장소와 집의 형태, 가족 관계, 동료 관계 등 당신을 둘러싼 주변의 상황까지 현실적으로 설명할 것)
18. 당신은 경제적으로 넉넉한 의사를 만나 결혼을 앞두고 있다. 남편 될 사람은 자신은 바쁘니 결혼 후에는 다니던 직장을 그만두고 전업 주부가 될 것을 요구한다. 당신의 생각은 어떠한가? 그 이유는?
19. 신체나이를 획기적으로 젊게 만들 수 있는 신약이 개발되었다. 하지만 이 약의 부작용은 생명이 단축될 수 있다는 것이다. 당신이라면 어떻게 할 것이며, 그 이유는? (약값이 턱없이 비쌀 것이라는 점과 부작용의 위험성을 고려할 것)
20. 당신이 하는 일을 그만두는 조건으로 당장 한 달 간 해외여행을 갈 수 있는 기회가 주어졌다. 어느 나라로 갈 것이며, 지금 하는 일을 하지 않고라도 그 나라에 가야 하는 이유는 무엇인가?
21. 당신의 삶을 바꿔준다는 사람이 나타났다. 두 가지 중 하나를 선택할 수 있는데, 하나는 김태희나 장동건처럼 얼굴을 이상적으로 멋지게 바꿔주는 것이고, 다른 하나는 아인슈타인과 같은 천재를 만들어주는 것이다. 당신이라면 어떤 선택을 할 것인가? 그 이유는? (삶을 바꾸는 선택을 안 하는 경우에도 그렇게 결정한 이유

를 쓰시오)

22. 27살인 당신에게는 10년 넘게 사귄 사람이 있다. 며칠 전 만난 좋은 집안의 매력적인 이성이 연락을 하여 당신이 이상형이란다. 급기야 자신과 결혼하여 함께 새로운 인생을 살자고 한다. 제안을 받아들일 것인가?
23. 당신은 면접을 보러 가는데 시간이 촉박한 상황이다. 그런데 길을 잃은 할머니가 당신에게 도움을 청하고 있다. 주변을 둘러보았는데 아무도 없고 당신뿐이다. 어떻게 할 것인가? 그 이유는?
24. 당신에게 술집 사장이 자기 업소에서 종업원으로 일할 것을 제안했다. 얼마를 주면 일할 것인가? 사장이 믿을 만한 사람일 수도, 아닐 수도 있다. 두 가지 경우 모두 고려하여 답하시오.
25. 마흔 살인 당신은 며칠 전 보증을 서줬던 친구가 파산하여 경제적으로 압박이 심해졌다. 퇴근 후 대리운전 등으로 갚아 나가면 10년은 걸린다. 그러던 어느 날, 퇴근길에 화장실에 들어가 일을 보는데 장기매매에 관한 광고가 있었다. 그 연락처로 전화해보니 신장 한쪽을 매입한다는데 딱 그 액수였다. 어쩔 것인가?
26. 당신에게 다른 사람 한 사람의 마음을 읽을 수 있는 능력을 준다면 누구의 마음을 읽고 싶은가? 그 이유는? (그런 능력을 받지 않겠다고 결정할 수도 있다. 그 경우도 이유를 쓸 것)
27. 당신이 생각하는 적절한 은퇴 시기는 몇 세인가? 그리고 은퇴 이후 노년을 보낼 당신이 하고 싶은 일은?
28. 당신이 생각하는, 최저 생활을 위한 임금은 얼마인가? 월 단위, 시간 단위 액수는? 그리고 그렇게 생각한 근거는?
29. 당신은 사회단체나 어려운 이웃을 위한 기부가 필요하다고 생각하는가? 그렇다면 사회적 기부는 월 수입의 몇 퍼센트 정도가 적당한가?
30. 부모님을 부양할 때와 부양하지 않을 때 경제적인 부담은 어떤 차이가 있을까? 그리고 부모님 부양 문제는 경제적인 면과 도덕적인 면 중 어떤 것이 더 중시되어야 한다고 생각하는가?
31. 당신이 지금까지 살면서 쓴 돈의 액수, 그리고 앞으로 쓸 돈의 액수를 따져서 계산해본다면? (당신이 사는 데 필요한 월 수입을 가늠해보자)
32. 신용카드 한도는 수입의 몇 퍼센트가 적당한가? (대출 한도가 아니라 신용카드로 지출하는 액수를 뜻한다)
33. 당신은 통장의 잔고가 얼마 이상이 되어야 안심이 되는가?

'법과 정치' 수행평가 안내문(1학년)

1. 수행평가 소개

1) 시사 발표 : 사회 문제에 관한 신문기사 내용을 토대로 자신의 의견을 정리하여 발표

2) 독서 발표 : 법과 정치에 관련된 책을 읽고 책 내용과 느낀 점을 소개하는 방식으로 발표

2. 수행평가 비중

1) 신문기사 인용하여 시사 발표 : 20% (100점 만점)

2) 《생활법률 상식사전》, 《청춘이 사는 법》 독서 발표 : 10% (100점 만점)

※ 논술 서술형 평가가 35%가 되어야 한다는 경기도교육청의 방침에 따라 발표식 수행평가 30%에 서술형 평가 중간 · 기말 각 3%(10점 만점)씩 6%로 구성하여 총 36%를 발표와 서술형 문제로 기획했다.

3. 준비 방식

1) 시사 발표(생략)

2) 독서 발표

① 《생활법률 상식사전》, 《청춘이 사는 법》 중 원하는 꼭지를 선택하여 읽고 발표문 작성

② 발표문 형식 (글자크기 10pt, 줄간격 160% 기준)

- 자기 소개 : 내가 요즘 관심있는 것과 그 이유 (3줄 이상)
- 법은 이래서 중요하더라 : 법이 중요하다고 느낀 상황 설명과 나의 생각 (3줄 이상)
- 어디를 읽었냐면 : 읽은 부분에 대한 소개
- 사건 소개 : 책에서 나온 사건을 설명 (제한 없음)
- 새롭게 알게 된 것 : 새로 알게 된 사실(혹은 용어)을 자신이 이해한 방식으로 설명 (3개 이상)
- 이것만은 알자 : 발표 내용의 핵심이라고 생각하는 것 설명 (3줄 이상)
- 이건 뭔가요? : 책을 읽다가 궁금했던 점 (1가지 이상)

③ 다음카페 '삼상법정'에 접속, 자기반 게시판에 발표일 전날까지 한글(워드)파일 올릴 것

④ 수업 시작 후 바로 발표 (발표문대로 천천히 읽으며 발표)

⑤ 궁금한 점을 토대로 자유토론

4. 각 도서의 목차(생략)

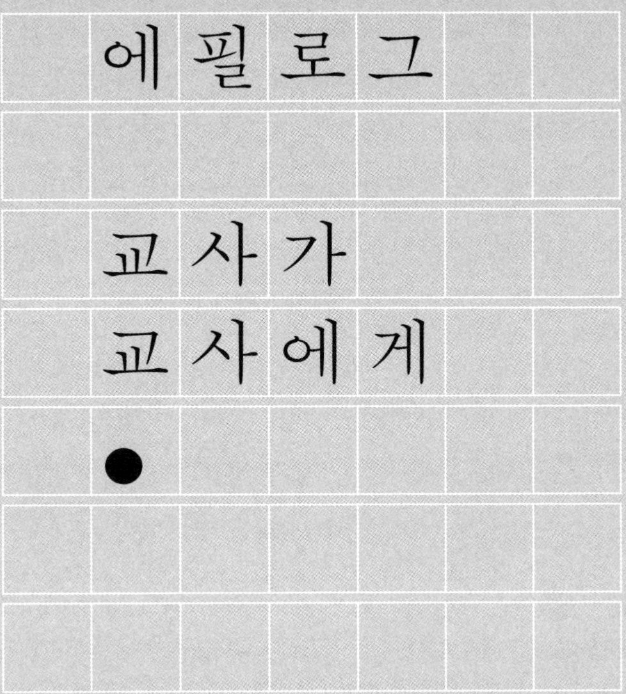

에필로그
교사가 교사에게

송승훈
국어, 광동고등학교
wintertree91@naver.com

Epilogue

학교에서 독서교육을 하려 할 때 흔히 듣는 말

학교에 있으면서 깨달은 점은, 교사들이 어려운 독서 이론을 몰라서 독서교육을 하지 않는 게 결코 아니라는 사실이다. 우수한 성적으로 초·중·고등학교를 졸업해서 사범대학에 들어가고 대학원까지 나온 뒤 극심한 임용시험 경쟁을 뚫고 교직에 들어온, 교육 수준이 매우 높은 국어 교사들조차 이론적 무지 때문이 아니라 매우 현실적인 고민 때문에 자신의 수업 시간에 학생들에게 책을 읽히지 못하는 경우가 많다.

우리나라에서 독서교육 정책을 논할 때, 학계에서 논의되는 독서교육의 이론적 논의를 소개하기만 해서는 현장 교사들이 움직이기는커녕 꿈쩍도 하지 않는다. 그런 논의가, 교사들의 발목을 잡는 현실 문제를 해결해주지 못하기 때문이다. 우리의 현장에서 지금 교사들이 '왜 독서교육을 못하겠다고 하는지'에 대한 불만과 고충을 듣고 거기에 맞게 대안을 마련해서 대답하는 일이 필요하다.

"학교 업무가 바쁜데 언제 책 읽는 수업을 준비하는가?"

"교과 진도가 빠듯한데 어떻게 독서수업을 할 여유를 마련하는가?"

"인터넷을 갖고 노는 요즘 학생들이 과연 책읽기에 호응할까?"

"입시 상황에서 문제집 풀기도 바쁜 학생들이 불만스러워하지 않을까?"

지금 학교에서 수업시간에 책을 읽히자고 할 때 흔히 듣는 말들이다. 그 사정이 모두 납득이 되어서 고개가 끄덕여진다. 그럼 독서교육을 하는 교사들은 이 말들에 어떻게 대답을 할까?

(1) "학교 업무가 바쁜데 언제 책 읽는 수업을 준비하는가?"

→ 정규 수업시간에 해서 교사가 부담을 느끼지 않게 한다.

대한민국 학교에서 교사는 얼마나 바쁜지, 해마다 업무 경감이 교육청의 주요 과제일 정도다. 정신없는 환경에서 풍부한 수업을 할 마음이 잘 생기지 않는다. 이런 환경에서는 정규 수업시간에 책읽기 교육을 해야 교사가 부담을 덜 느낀다. 수업시간에 책을 읽고, 글을 쓰고, 이야기도 나누어야만 많은 이들이 동참한다. 예를 들면, 한 반에 주 3~4시간 들어가는 과목이라면 1시간을 빼서 그냥 독서시간으로 활용하는 방법이 있다. 또는 학기에 2주 정도 수업을 빼서 교과 관련 책읽기를 해도 좋다.

(2) "교과 진도가 빠듯한데 어떻게 독서수업을 할 여유를 마련하는가?"

→ 교과서를 요령 있게 가르쳐서 여유 시간을 확보한다.

교과서는 그 전공의 여러 저작에서 핵심 내용을 요약해 정리해놓은 책이다. 짧은 분량으로 엄청나게 많은 내용을 담아놓았기에, 교과서 내용을 모두 설명하려고 하면 늘 시간이 모자랄 수밖에 없다. 대안은 자세히 가르칠 부분과 가볍게 설명하고 지나갈 부분을 구분하는 데 있다. 각 단원마다 관련된 모든 내용을 설명하기보다는 단원 학습목표 중심으로 가르치면 수업에 좀 여유가 생긴다. 또는 교과서의 절반은 과감히 주입식으로 가르쳐서 시간을 얻어도 된다. 이렇게 해서 마련된 시간에 그 교과 관련 책으로 수업을 한다. 그리고 책을 많이 읽히려 하면 안 된다. 교사 한 사람이 그 교과에서 학기에 1권 정도만 읽히자고, 부담이 적게 목표를 잡아야 한다.

(3) "인터넷을 갖고 노는 요즘 학생들이 과연 책읽기에 호응할까?"

→ 다양한 책을 제시하고 학생들이 선택하게 해서 호응을 얻는다.

중·고등학교에서 독서교육이 안 된다고 실패 경험을 말하는 교사들을 보면, 학생들에게 책을 4~5권 정도 알려주고 그 책을 모두 읽게 한 경우가 많다. 그러면 잘 되지 않는다. 학생들마다 기질이 다르기에, 같은 책을 읽히면 실패한다. 그 분야에서 인정받는 책을 교사가 15종 정도 뽑고, 학생에게 선택하게 해야 성공한다. 이때 15종 책은 수준이 달라야 한다. 만약 고등학생을 가르친다면, 고등학생용 책 5종, 대학생용 5종, 중학생용 5종 이렇게 섞는 편이 좋다.

(4) "입시 상황에서 문제집 풀기도 바쁜 학생들이 불만스러워하지 않을까?"

→ 책읽기 교육을 입시에 도움이 되는 쪽으로 한다.

문제집만 푸는 학습보다는 책읽기와 문제집 풀이를 병행하는 것이 입시 점수를 얻는 데도 더 도움이 된다. 독서만 하자는 게 아니라, 기존의 학습에 독서를 일부 섞자는 것이다. 한 교과에서 학기에 1권 정도 책을 읽히면 학생에게 별로 부담이 되지 않는데, 일 년이 지나면 교과서 말고도 책을 두 권 더 읽는 셈이다. 두 권 더 읽은 책 덕택에 학생은 어휘력이 늘고, 그 교과와 관련된 개념과 지식을 더 얻는다. 그 교과 내용이 현실에서 어떻게 쓰이는지도 알게 되어 사고가 넓어진다. 이런 독서 체험은 논술과 면접은 물론이고 수능 문제를 푸는 데도 유익하다.

(5) "부끄럽지만 책을 별로 읽지 않은 나 같은 교사는 어떻게 하는가?"

→ 실제 현장 적용을 거쳐 검증된 다른 교사의 자료를 쓰면 된다.

교사가 학생에게 권하는 책을 모두 다 읽으면 가장 좋다. 하지만 그러지 못할 때가 있고, 이때는 융통성이 필요하다. 지금 교사들은 학창시절에 독서교육을 받지 않은 사람이 대부분이다. 그리고 일부는 현재도 책을 즐겨 읽지 않기에 독서교육이 부담스럽다고 하소연하기도 한다. 이런 상황에서는 다른 교사들이 학생들에게 읽혀보고 나서 반응이 좋은 책만 뽑아 둔 목록을 쓰면 된다. 각 교과마다 수업시간에 권할 만한 책이 수준별로 정리되어 있으면, 독서 경험이 많지 않은 교사라 하더라도 독서수업을 할 수 있다.

교사가 지치지 않으려면

혼자서 열정적인 독서수업을 하는 교사들 말고, 주변 동료들에게 동의를 얻어가며 함께 나아가는 교사일수록 '교사가 지치지 않는 방법'이 중요하다고 또렷하게 짚는다.

한국의 교사들은 지금 지쳐 있다. 어느 언론에서는 해가 질 무렵 학교에 찾아가서는 남아 있는 교사들이 거의 없다는 소식을 전하며, 학교 교사들이 바쁘다는데 정말 그런가 하고 의문을 제기하기도 한다. 야근을 자주 하는 다른 직장을 번갈아 화면에 비추면서 말이다. 그러나 이것은 교사가 하는 일의 특성을 잘 알지 못해서 그렇다. 교육은 집중적으로 기운을 쏟는 특징이 있어서 사람의 진을 쏙 빼놓는다.

그렇기에 새로운 교육을 제안할 때, 교사들을 피곤하지 않게 해야 한다는 관점이 반드시 필요하다. 독서교육을 쭉 실천해온 교사들과 인터뷰했던 내용에서 추출한 방향들을 정리해서 적는다.

(1) 정규 수업시간에 하기

책읽기는 정규 수업시간에 해야 한다. 그래야 업무가 늘지 않아 해볼 만하다. 그리고 독서 행사와 대회는 되도록 자제해야 한다. 독서 행사가 많은 학교치고 독서교육이 제대로 되는 곳을 못 봤다. 생활기록부에 적어줄 거리를 만들려고 대회를 해야만 한다면, 수업시간에 수행평가로 그 활동을 하고 그 결과물을 활용하는 게 좋다.

그리고 정규 수업시간에 해야 전체 학생들이 참여한다. 방과후학교는 소수 학생들을 위한 활동인 경우가 많을 뿐만 아니라, 방과후학교에서 독서교육을 하면 교사에게 수업 부담이 더 생긴다. 새롭게 일을 더하기보다는, 본래의 일상을 개혁하는 것이 진짜 개혁이다.

(2) 교과 여건에 맞게 다르게 하기

교과마다 상황이 다르기에, 각기 다르게 할 수 있어야 한다. 주당 수업시수가 많은 교과는 상대적으로 자율성이 높고, 시수가 적은 교과는 시간을 융통하기가 까다롭다. 입시 부담이 높은 교과와 적은 교과도 상황이 다르다. 지식을 많이 가르쳐야 하는 교과와 실습 성격이 상당 부분 있는 교과도 처지가 다르다. 교사의 준비 정도와 기질에 따라서도 다르다. 긴 흐름으로 자세히 하는 방법과 단번에 쉽게 하는 방법을 각각 제시하고, 교사가 자기 교과에 맞게 선택해서 해야 한다.

(3) 평가와 연계하기

평가가 없으면 학생들의 참여율이 떨어진다. 수업시간에 깊이가 있는 활동을 하고 그 내용을 평가하는 것이 좋다. 진정한 독서는 평가와 상관없이 이루어져야 한다는 말은 매우 아름답다. 하지만 평가를 활용해서 더 깊고 본질적인 독서수업에 성공한 사례들이 많이 있다. 독서량을 살피는 물량주의적 평가나 책 내용을 기억하는지를 확인하는 단순 암기 평가 방식이 아니라면, 괜찮다.

(4) 현실적 이익을 얻게 하기

본질이 훼손되지 않으면서도 학생에게 현실적인 이익이 되게 한다. 이

때 현실적 이익이란 쉽게 말해서 수능 점수를 올리는 데 도움이 되는 것을 말한다. 책읽기는 어휘력과 지식수준을 높이고 논리력을 길러서 학습 능력을 키우는 데 도움이 된다. 문제집 풀이를 맹신하는 학생들에게 주기적으로 독서의 세속적 쓸모에 대해 교사가 설명해주는 일이 필요하다. 학생은 잘 먹고 잘살려는 세속적 욕구로 책읽기를 시작하지만, 교사가 고상한 가치를 담은 책을 권해주었기에 독서 과정에서 더 나은 인격을 얻게 된다.

(5) 독서량보다 독서의 질을 살피기

사람은 책에 담겨 있는 말을 그대로 받아들이지 않는다. 똑같은 글을 읽어도 사람마다 다르게 의미를 만들어낸다. 비정규직의 고단한 삶을 다룬 글을 읽은 학생들과 대화를 해보면, 어떤 학생은 '세상은 약육강식이다. 비정규직이 되면 큰일이다. 공부를 열심히 해야겠다'고 이야기하고,• 또 다른 학생은 '이런 불쌍한 사람들이 안 생기는 사회가 되면 좋겠다'고 말한다. 사람마다 자기가 이때까지 살아온 경험과 현재 놓인 처지, 인식 수준에 따라 다르게 의미를 만들어낸다.

훌륭한 책을 학생이 들고 있다고 해서 훌륭한 생각을 한다고 보면 안 된다. 교사가 권한 좋은 책을 학생이 읽고 있다는 것으로 만족해서는 안

• 기자들이 최저임금을 받는 사람들의 직업 체험을 며칠 동안 한 뒤 그들의 고단한 삶을 기록한 《4천원 인생》(안수찬 외, 한겨레출판사, 2010)이나 우리 사회에서 소외된 사람들을 찾아가 이야기를 나누고 르포로 기록한 《아파서 우는 게 아닙니다》(박영희, 삶이보이는창, 2007)와 같은 책을 읽었을 때 학생들이 보인 반응이다. 하지만 제정임이 쓴 《벼랑에 선 사람들》(오월의봄, 2012)을 읽었을 때는 학생들이 좌절하거나 '나부터 살아야겠다'는 식으로 반응을 보이지 않았다. 희망이 보이는 책과 그렇지 못한 책의 차이이다. 대안이 담겨 있으면서 현실의 아픔을 서술하는 책은 괜찮지만, 현실의 아픔만 보여주는 책은 청소년에게 생존의 공포를 심하게 느끼게 해서 윤리적인 독서로 나아가지 못하게 하는 면이 있다.

된다. 학생이 어떻게 의미를 구성하고 있는지, 그 마음을 교사가 들여다보고 거기에 끼어들어 몇 마디 대화를 해야 한다. 그래야 학생은 세상의 통념에서 벗어나 지적으로 성장하게 된다.

(6) 교사가 권장도서를 제시하고 학생이 선택하게 하기

학생에게 자유롭게 책을 골라오라고 하면 의외로 잘 안 된다. 그럴듯해 보이지만 내용이 얕은 책을 골라서 실망하거나, 유명한 책을 골랐는데 어려워서 감당하지 못할 때가 많다. 학생에게 책 선택권을 주는 것은 좋으나, 교사가 괜찮은 책을 알려주고 그 안에서 고르게 해야 안전하다. 한 번에 15종 이상 책을 제시하고, 학생들이 골라 읽어야 한다. 책 선정 과정에 학생 자신이 참여하지 않으면 대체로 그 책을 성실하게 읽지 않는다. 만약 같은 책을 읽고 토론하게 하고 싶다면, 학생들 4~5명을 작은 모임으로 해서 그 안에서만 똑같은 책을 읽게 하는 방법을 써야 한다. 한 학급 전체에게 같은 책 한 권을 읽히면 실패율이 아주 높아진다. 3~4종의 책을 권하는 것도 적절하지 않다.

(7) 교사 개개인마다 권장도서를 따로 정하기

권장도서는 교사 개개인마다 달라야 한다. 동료 교사와 목록을 합의하려는 시도는 하지 말자. 잘 안 된다. 상대가 제시한 책을 다 읽는 사람은 본 적이 없다. 남이 권한 책은 무슨 이유에서인지 읽기 힘들 때가 많다.

필독도서라는 말을 쓰는 학교는 그 구성원들의 마음을 얻어가며 독서교육을 하고 있는 학교가 아닐 가능성이 높다. 학교 차원에서 권장도서를 정하기보다 교사 개개인이 권장도서를 각자 운영하는 편이 참여율을 높인다. 자기 마음에 들지 않는 책으로 독서지도를 열심히 할 교사는 별로 없다. 교사의 내면에서 학생들에게 책을 읽히고 싶다는 마음이 생겨야 그 수업이 빛이 난다. 학교의 권장도서 목록은 상징적으로 두어야지, 그것을 교사 개인에게 강제한다면 매우 몰상식한 일이 된다.

구체적인 독서교육 방법

교과 연계 독서교육을 하려는 시도가 예전에도 있었다. 각 교과 단원별 권장도서를 만들고 교사들에게 연수를 한 다음에 학교 현장에서 실시하기를 권유했다. 그러나 그 사업은 지금 거의 흔적조차 찾을 수 없다. 아무도 그렇게 수업을 진행하지 않는다. 그것이 현재의 학교 교육 여건에서 무리한 주문이었기 때문이다.

또 다른 실패 사례로는 같은 책을 반 전체에게 읽게 하는 방법이 있다. 한 반의 학생들에게 똑같이 책을 읽게 하고 토론을 한 뒤 옆 반과 바꾸어 읽혔는데, 크게 실패했다. 사람마다 취향이 달라서, 학교에서 정해준 책을 학생들이 잘 읽지 못했기 때문이다.

교사도 읽지 않는 어려운 책을 읽게 하는 경우도 종종 있다. 이런 경우는 바깥의 시선을 향한 과시와 자기만족일 뿐, 실제 성과는 미미하다. 그리고 수업시간에 A4 1~2쪽짜리 글을 주고 20분 읽고, 10분 활동하고, 10분 강의하는 수업 방식도 있는데, 빡빡해서 힘들다. 그리고 A4 1~2쪽짜리 자료로는 깊이 있는 공부가 되기 어렵다.

현재의 교육 환경에서 보통 수준의 교사가 정규 수업시간에 할 수 있는 독서교육 방법을 다음과 같이 정리해본다. 물론 교과마다 상황이 다르기에 여기서 소개되는 방법들은 상황에 맞게 적용되어야 한다. 다음 세 가지 방법은 교사에게 부담이 크지 않은 방법들로, 여러 학교에서 이미 해보고 검토가 끝난 것들이다.•

(1) 정규 수업시간에 주 1시간 교과 관련 책읽기

정규 수업시간에 주 1시간씩 시간을 내서 책을 읽는 방법인데, 한 주에 3~4시간 들어가는 교과에서 해볼 만하다. 요령 있게 교과서 진도를 나가서 시간을 확보해야 한다. 한 주에 1시간씩 책을 읽고, 한 학기에 한 권을 읽는 것을 목표로 한다. 학기가 넉 달로 이루어진다고 할 때, 처음 두 달은 그냥 책만 읽고, 중간고사가 끝난 뒤 두 달 동안 활동을 하고 평가를 한다.

교사가 15종 정도의 교과 관련 도서를 선정해서 제시하면, 학생이 책을 골라서 읽는다. 같은 책을 들고 꾸준히 읽게 해야 공부가 성과로 남는다. 학생 4~5명이 공부 모임을 만들어서 같은 책을 읽고 독서 활동지나 서평을 각자 쓰게 해서 평가한다. 책에서 인상 깊은 내용을 다섯 가지 찾아서 세 줄씩 설명을 달고, 책과 연관된 세상일을 세 가지 찾아서 네 줄씩 설명을 달고, 책과 관련된 자기 경험이나 마음속 생각을 두 가지 적어서 반쪽씩 이야기를 쓰게 할 수도 있다. 학생의 독서활동 보고서는 교사가 읽고 의견을 말해준 뒤에, 학생이 고쳐서 다시 내게 하면 수준이 높아진다.

• 박혜숙·허진만·김태호·송승훈 외,《교과 독서교육 매뉴얼 : 국어, 사회, 과학, 기획》, 교육부, 2010.

한 학기에 단행본 한 권 읽기

내용	정규 교과 수업시간에 주 1시간씩 교과 관련 책을 읽는 활동이다.
장점	수업시간에 하므로 교사들에게도, 학생들에게도 부담이 없어서 호응이 좋다.
성과	중고생은 한 학기에 8과목 정도를 동시에 배운다. 그중 3과목만 실시해도 책을 3권이나 읽게 된다.
준비	이 방법은 주당 수업시수가 3시간 이상일 때 쓴다. 밀도 있게 수업해서 여유 시간을 얻고 책읽기를 한다. 교사가 교과 관련해서 공부가 될 만한 책을 15종 이상 제시한다. 그 목록에서 학생이 읽을 책을 골라서 산다. 학기 내내 주 1시간씩은 책읽기 시간으로 한다. 학기말에 책에 대해 글을 쓴다.
성공비결	학기말에는 책에 대한 보고서를 받아서 수행평가에 반영한다. 보고서는 다음의 세 부분으로 구성한다. ① 책에서 중요하다고 판단되는 내용을 다섯 가지 골라서 세 줄씩 설명 ② 책과 관련된 세상일을 세 가지 찾아서 네 줄씩 설명 ③ 책과 관련된 자기 주변의 이야기를 두 가지 찾아서 다섯 줄씩 설명 학생들이 4명씩 작은 모임을 이루고, 모임 친구들끼리 같은 책을 한 권씩 구해서 서로 상의하며 읽으면 더 잘된다. 어느 한 모임이 선택한 책은 다른 모임이 선택할 수 없게 하고, 선택이 겹칠 경우에는 '가위 바위 보'를 한다.
주의사항	반드시 책을 여러 권 제시하고 학생이 선택하게 한다. 책의 난이도를 상중하로 나누어서 각각 5권씩, 15권을 제시한다. 예를 들어 중학생을 가르친다면, 초등학교 고학년용 5권, 중학생용 5권, 고등학생용 5권을 넣는 게 알맞다. 책 선정이 성공과 실패를 가른다.

책은 학생들이 한 권씩 사는 방법이 가장 좋다. 그 책은 교과서를 공부하는 시간에도 늘 들고 다니게 해야 책 읽는 시간에도 준비가 잘 된다. 교사가 심혈을 기울여 책 목록을 만들고 학생이 선택해서 책을 정했다면, 책 구입에 학생들의 저항이 별로 없다. 처음에는 학생들이 책을 안 살 줄 알았는데 의외로 잘 사와서 놀랐다고 교사들이 한결같이 말한다. 학생에게

책을 사게 하기가 어려운 처지라면, 교사가 개인 돈으로 15종의 책을 5권씩, 75권을 사서 들고 다니며 학생들에게 읽히는 방법이 있다. 또는 학교 예산으로 책을 사서 한 학기 동안 장기 대출을 하도록 해도 된다.

주의할 점은, 학생들이 책을 읽으면 10분마다 10퍼센트씩 잠들어버리기에 교사가 계속 깨우며 진행해야 한다는 점이다. 학생들에게 책을 읽히면서 교사가 교탁 앞에 가만히 앉아 있으면 그 반 학생들 절반 이상이 잠을 잔다. 교사는 교실을 천천히 서성거리거나 중간쯤에 자리를 잡고, 잠드는 학생을 계속 깨우고 일으켜세워야 책 읽는 분위기가 유지된다.

주 1시간씩 정규 수업시간에 책을 읽으면 학생 부담은 별로 없다. 책읽기와 과제를 수업시간 안에 상당 부분 할 수 있기에 그렇다. 그리고 교사도 여러 학급에 수업을 들어가기에 일주일에 하루는 책읽기 시간으로 편하게 있을 수 있어서 좋다.

이 방법을 쓰면 과목당 한 학기에 한 권씩, 일 년 동안 두 권의 책을 수업시간에 읽을 수 있다. 국어와 사회 교과에서 무난하게 쓸 수 있고, 수업시수가 많은 다른 교과에서도 적용이 가능하다. 일주일에 1시간을 독서시간으로 마련해두면 이 시간을 이용해 교사가 상상력을 발휘해서 다양하게 독서활동을 기획할 수 있다.

(2) 1시간 교과 관련 책을 읽고, 1시간 정리하기 : 발췌 독서

학교 도서관에서 그 교과 관련 도서를 찾아 1시간은 그냥 읽고, 다음 1시간은 그 책에서 자기에게 도움이 되는 내용을 찾아 종이에 정리하는 방법이다. 종이에 정리할 때, 5분의 4는 책 내용을 쓰고, 5분의 1은 왜 그 내용이 자기에게 도움이 되는지 이유를 적는다. 발췌 독서이다.

가장 쉬운 활동, 발췌 독서 연습

내용	한 과정에 2시간을 기준으로 도서관에서 한다. 1시간은 책을 읽고, 그 다음 1시간은 인상 깊은 부분을 종이에 정리한다.
장점	부담 없이 도서관 활용 수업을 할 수 있다.
성과	모든 과목의 교사가 책읽기 활동을 학기에 1회씩 하면, 학생들은 3주에 두 번꼴로 도서관에 가서 각 교과의 책을 보게 된다. 학생들이 여러 분야의 책을 읽게 되어 편협한 독서 습관을 고치고 자기 관심사를 발견할 수 있다.
준비	도서관 담당 교사는 모든 교사가 참여할 수 있도록 도서관 이용 일정을 잡는다. 이 수업을 하는 교사는 도서관을 한 주 내내 써야 한다. 도서관에서 수업을 하지 못하는 교사는 수업 전에 학생들에게 책을 빌려오라고 해서 교실에서 한다. 내용 정리는, A4 1장에 5분의 4는 책에서 인상 깊은 부분을 요약하거나 옮겨 적고, 5분의 1은 자신이 인상 깊다고 판단한 부분에 대해 이유를 적는다.
성공비결	정규 수업시간에 그 과목 교사가 하고, 별도로 시간을 내지 않게 한다. 학생들이 쓴 활동 결과물을 평가에 반영할지 말지는 개별 교사의 뜻에 맡긴다. 이 방법은 많은 교사가 함께할수록 효과가 높다. 교사별로 학기에 1회만 하기로 해서 부담을 줄이고, 교과 교사가 대부분 참여하게 한다.
주의사항	책 읽는 시간에 학생들의 분위기가 흐트러질 수 있다. 교사가 가만히 앉아 있으면 분위기가 무너진다. 서성거리면서 잠든 학생을 깨우고 딴짓 하는 학생들을 챙겨야 한다.

세상에 있는 책 모두를 다 읽을 수 없기에, 자신에게 필요한 책을 골라서 그 시점에 의미 있는 정보를 찾아 정리하는 능력이 필요하다. 발췌 독서는 책을 처음부터 끝까지 꼼꼼하게 읽는 활동이 아니다. 하지만 학생이 평소에 관심 없던 분야의 책을 읽으며 새롭게 자극을 받을 수 있다. 종이에 책 내용을 정리할 때, 정보가 잘 보이게 공간 배분을 하고 적절히 여백을 두어 실용적으로 디자인을 해보라고 하면 학생들이 멋있게 잘한다.

주의할 점은, 학생들에게 책을 읽으라고 한 뒤 교사가 분위기를 계속 챙기지 않으면 학생들이 모두 딴짓을 한다는 점이다. 보통 이 수업은 학교 도서관에서 진행되는데, 책을 고르느라 움직이는데다 교실과 다른 분위기이기에 학생들이 들떠 있어서 떠들기 쉽다. 교사가 도서관 푹신의자에 앉아 독서 삼매경에 빠지면 학생들이 엉망이 된다. 교사는 책을 읽더라도 학생들을 살피면서 조용한 분위기를 만들어주어야 한다.

학생들이 써낸 종이를 보면, 대부분 내용 정리가 잘 되어 있다. 도서관에 있는 100여 권의 해당 교과 관련 책에서 자기 마음에 드는 책을 골라 마음에 드는 부분만 찾아 정리했기에 학생의 성취가 높게 나온다. 학생들이 쓴 종이는 수행평가에 반영해도 좋다.

사전에 그 교과 관련 책이 100권 이상 학교 도서관에 있는지 확인해야 한다. 여러 교과 교사가 동시에 이 방법을 쓰면 학교 도서관을 이용하기가 어렵다. 그럴 때는 음악 교사는 음악실에, 미술 교사는 미술실에, 과학 교사는 과학실에, 가정 교사는 가사실에 교과 관련 책을 100여 권씩 갖추고 각자의 교과 교실에서 하면 좋다. 학급 수가 많은 학교에서는 도서관에 여러 주제별로 책을 100권씩 담은 책가방이나 카트를 마련해두고, 교사가 교실로 가져가서 쓰게 한다. 미리 학생들에게 도서관에서 그 교과 관련해서 자기가 잘 읽을 만한 책을 두 권씩 빌려오게 해도 좋다.

발췌 독서는 2시간이면 끝나서 부담이 거의 없다. 수학, 음악, 미술, 체육을 포함해서 어느 과목이든 부담 없이 할 수 있다. 독서가 왠지 어색한 교사들이 많은 학교에서 전체 교사가 함께할 방법으로 좋다. 모든 교사가 학기에 1~2번씩 발췌 독서를 한다면, 학생들은 일주일마다 국어·영어·사회·과학·음악·미술·기술가정·역사·윤리·체육과 관련된 책을 계속

보게 된다. 교사 혼자 하면 성과가 적지만, 여럿이 함께하면 성과가 큰 방법이다.

(3) 책에서 25~30쪽을 인쇄해서 읽히고 가르치기

교과와 관련된 책에서 25~30쪽 정도의 분량을 인쇄물로 만들어서 학생들에게 1시간 동안 읽히고, 그 다음 1~2시간 동안 그 글에 대해 활동과 토론과 강의를 하는 방법이다. 학기에 2회 정도 하면 알맞고, 수업시간에 다룬 내용은 중간고사와 기말고사에 내는 게 좋다. 1년에 4회를 하면 100쪽 정도를 읽는 효과가 있다. 교사가 자기 교과에서 강조하고 싶은 주제 4가지를 정해서 그 내용과 관련된 글을 뽑아서 하면 좋다.

수업 진행은 간단하다. 첫째 시간은 그냥 글을 읽는다. 25~30쪽 정도 되는 글이기에 글을 읽으면 한 시간이 지난다. 두 번째 시간에는, 우선 교사가 학생들에게 인상 깊은 부분이나 중요하게 보이는 부분 세 군데를 찾아 표시하라고 한다. 중요한 곳을 표시하면서 학생들은 글을 전체적으로 살피게 된다. 그 다음에는 글 내용과 관련된 세상의 일이나 자기 경험을 한 개씩 찾아 적으라고 한다. 자기 혼자 생각이 안 나면 주변 친구들과 상의해서 적어도 된다고 한다. 학생들은 서로 생각을 주고받으며 글에 대해 더 깊이 이해하게 되고, 그 글이 어떤 경우에 적용될 수 있는지 생각하게 된다. 마지막으로 그 글을 보면서 교사에게 물어보고 싶은 물음을 세 가지씩 생각해서 쓰라고 한다. 여기까지 진행한 뒤에 학생에게 발표를 시키고, 교사가 논평을 하며 수업을 진행하면 된다. 마지막 정리는 학생들이 만들어둔 물음에 교사가 대답하는 것으로 하면 된다.

책 자체를 복사해도 되지만, 워드로 입력해서 보기 좋게 출력물로 나누

지필시험 활용하기

방법	책의 일부분을 인쇄해서 나누어주고 그 내용에서 시험문제를 낸다.
장점	한 번의 시험에서 한 과목마다 책을 25~30쪽 정도 읽힐 수 있다.
성과	학생들이 정기고사 때 여러 분야의 책에서 핵심 부분을 읽게 된다.
준비	교과마다 관련 도서에서 내용을 뽑아 인쇄해서 나누어준다. 책의 25~30쪽 정도를 인쇄해서 준다. 교과 수업시간에 1시간 읽고, 1시간은 그 내용에 대해 이야기한다. 시험 출제는 글을 제시하고 관련된 물음을 오지선다형으로 내거나 지식을 묻는 문제로 내면 된다.
성공비결	재미가 있으면서 배울 게 있는 글로 뽑아야 학생들에게 호응을 얻는다. 대다수 학생이 혼자 읽어서 이해가 되는 글을 선택하는 일이 무척 중요하다. 문제 출제와 관련해서 교사들에게 간단한 안내가 필요하다.
주의사항	평가 문제는 지엽적인 것보다 글의 핵심 내용으로 내는 것이 좋다. 신문 칼럼 등의 짧은 글은 부적절하다. 또 입시 학습서의 요약 정리된 글은 건조해서 읽기가 힘들다. 단행본 책에서 뽑은 적당히 긴 글이 설명이 많아 이해하기 쉽다.

어주면 읽기가 편하다. 워드 입력은 후한 품삯을 내걸고 학생 알바를 모집해서 해도 된다. 품삯이 최저임금의 두 배 정도 되면 구름같이 신청자가 몰려든다. 수업 자료로 쓴 책의 저자에게는 고마움의 표시로 도서관에 그 책을 10권 정도 갖추어둔다. 수업시간에 읽은 글에 매력을 느껴 더 공부하고 싶은 학생들이 빌려볼 수 있게 하는 의미도 있다.

수업시간에 모든 학생이 같은 글을 읽었기에, 중간과 기말 지필시험에서 다룰 수 있다. 수업시간에 읽을거리와 연관된 사례를 찾으라고 한 내용은 지필시험에서 그대로 서술형 문제로 내도 좋다. 수능 언어 영역은 인문·사회·과학·예술 서적에서 제시문이 뽑혀 출제되는데, 수능 문제 유형으로 교과 지필시험에 내도 좋다.

주의할 점은, 어떤 글을 뽑느냐에 따라 성공과 실패가 결정된다는 사실이다. 학생이 재밌게 읽을 만하면서 교사가 잘 설명할 수 있는 글을 찾아야 한다. 여러 책을 들추어보며 신중히 글을 골라야 한다. 그리고 입시 학습서에 요약 정리된 자료를 나누어주는 것은 좋은 방법이 아니다. 이 활동은 요약 정리되지 않은 원자료를 본다는 데 의미가 있다.

이 방법은 여러 교과에서 동시에 해도 전혀 무리가 없다.

얻는 것

이렇게 교과 수업에서 독서가 함께 진행될 때 우리 교육은 무엇을 얻을까.

첫째, 학생이 똑똑해진다. 교과서는 학습자가 선택할 여지가 없지만, 책은 정보량이 많아서 학생이 자기에게 필요한 내용을 찾아서 쓸 수밖에 없다. 인터넷은 정보가 많아 선택이 자유롭지만, 자극적으로 왜곡한 자료가 더 눈에 들어오는 문제가 있다. 인터넷으로만 공부하면 학생들이 고급스러워지지 못하고 엉터리 논리에 빠질 때가 종종 있다. 온전한 지적 체계를 갖추려면 책이 꼭 필요하다. 글쓴이들은 책으로 출판할 때 가장 공들여 작업을 하기 때문이다.

둘째, 교육이 그 시대의 한계로부터 자유로워진다. 교과서는 그 시대의 보편적인 합의 사항을 담은 책이다. 안정적이라는 장점이 있지만, 최신 논의를 담지 못하는 단점이 있다. 교과서가 재미가 없는 이유는, 학문적인 긴장감이 없는 데도 원인이 있다. 다 결론이 나 있는 내용만 실려 있는 교과서로는 학생의 탐구 의욕을 자극하기 어렵다. 그런데 책과 함께하면, 학생은 교과서에 한정되지 않고 자유롭게 정보를 찾으며 지적 자극을 받는 공부를 하게 된다. 책은, 가르치는 교사의 한계를 학생이 뛰어넘을 수 있게 해주기도 한다.

셋째, 교육의 빈부격차에 대응하는 효과가 있다. 현재 한국 교육은 부모의 경제력이 자녀의 교육 성과로 대물림되는 문제가 심각하다. 여기에 공공도서관과 여러 문화 · 교양 사업이 가난한 지역의 부족한 문화자본을 보충하는 기능을 한다. 학교 도서관도 가정에서 돌봄이 부족한 자녀들을 돕는 기능을 한다. 이와 마찬가지로 정규 교과 수업에서 하는 독서도 학생에게 부족한 문화자본을 보완하는 의미가 있다. 정규 수업이 고급스러워지면 사회의 빈부격차가 교육의 빈부격차로 이어지는 일을 막는 데 도움이 된다.

넷째, 양극화 사회에서 학생에게 인성 교육이 된다. 현대 사회는 20 대 80의 사회가 되어버렸다. 이 양극화 상황에서 학생들이 물질주의와 차별주의에 유혹 당하는데, 학교에서 사람의 가치를 가르치고 학생이 자기 삶에 대해 성찰할 줄 알게 가르쳐야 우리 공동체의 미래가 밝다. 상위 20퍼센트에 들어가는 학생들에게는 윤리성을 얻게 해서, 그들이 너무 이기심에 빠지지 않고 윤리적 엘리트가 되게 하는 일이 필요하다. 사회의 주요한 자리에 섰을 때 그들이 가진 영향력으로 사회를 더 인간적인 곳으로 만들 수 있도록 학교는 인성 교육을 할 책임이 있다.

또한 80퍼센트에 들어가는 학생들은 돈을 적게 쓰면서 풍요롭게 사는 법을 배워야 한다. 소비자본주의 사회에서 온갖 광고에 노출된 학생들은 자칫 비싼 물건을 사야 행복해진다는 유혹에 빠질 수 있다. 앞으로 물질이 넉넉하지 않을 학생들이 물질주의에 빠져 있으면 열패감에 시달리고 사는 맛이 떨어진다. 부자뿐 아니라 가난한 사람도 물질주의에서 어느 정도 벗어나야 행복할 수 있다. 가난한 노동의 정당성을 긍정하고, 일하면서 살아가는 삶을 떳떳하게 여기는 인간의 존엄함을 학교가 가르쳐야 한다. 교과 수업시간에 하는 독서교육은 학교가 이런 사명을 이루는 데 중요한 기여를 할 수 있다고 본다.